AF748317

लव कुश सिंह

(कल्कि महाअवतार)

जीवन, ज्ञान, कर्म और विश्वरूप

notionpress
.com

लव कुश सिंह
(कल्कि महाअवतार)
जीवन, ज्ञान, कर्म और विश्वरूप

लव कुश सिंह "विश्वमानव"

सत्यकाशी पीठ
पांचवां और अन्तिम शंकराचार्य पीठ

Notion Press

Old No. 38, New No. 6
McNichols Road, Chetpet
Chennai - 600 031

First Published by Notion Press 2020

ISBN 978-16-49194-57-2

समर्पण

यह पुस्तक समर्पित है -

उन सभी खोजी आत्माओं को,

जो सत्य की ज्योति को अपने भीतर

और संसार के हर कोने में जलाना चाहते हैं।

भारतीय संविधान के धारा-51 (ए)

नागरिक का मौलिक कर्तव्य के अनुसार

01. संविधान के प्रति प्रतिबद्धता, इसके आदर्शों, धाराओं, राष्ट्रीय ध्वज व राष्ट्रीय गान का आदर करना।
02. स्वतंत्रता के लिए संघर्ष हेतु प्रेरित करने वाले सुआदर्शों का अनुकरण करना व उन्हें चिरस्थायी बनाना।
03. भारत की सर्वोच्चता, एकता और अखण्डता की रक्षा करना तथा समर्थन करना।
04. जब भी आवश्यकता पड़े देश की रक्षा करना व राष्ट्रीय सेवाओं हेतु समर्पित होना।
05. समाज में भाई-चारें की भावना का विस्तार करना, मातृत्व भाव, धार्मिक, भाषायिक, क्षेत्रीय विभिन्नताओं में एकता कायम करना तथा नारी सम्मान आदि का ध्यान देना।
06. अपने मिश्रित संस्कृति का मूल्यांकन करना उसको स्थायित्व देना और इसकी परम्परा को कायम रखना।
07. प्राकृतिक सम्पदा की रक्षा करना जिसमें जलवायु, जंगल, झील, नदियां, जंगली जीवों व समस्त जीवों के प्रति दया का भाव सम्मिलित है।
08. वैज्ञानिक भावना को प्रोत्साहित करना, मानवीय भावनाओं के स्वरूप की परख करते रहना।
09. जन सम्पत्ति की सुरक्षा करना और हिंसा आदि का परित्याग करना।
10. व्यक्तिगत, सामूहिक गतिविधियों के प्रत्येक क्षेत्र में सर्वोच्चता हासिल करना, जिससे राष्ट्र शतत उत्थान, प्रयत्न व प्राप्ति की ओर अग्रसर होता रहे।
11. जो कि माता-पिता या अभिभावक हो, वे अपने 6 साल से 14 साल के बच्चों को शिक्षा या अन्य ऐसे सुअवसरों का लाभ उन्हें मुहैया करावें।

मूल जीवन मंत्र

"हे प्रभु, तेरे प्यार में बस दो ही बातें है। एक तो अपना कल्याण करूँ, दूसरा तुझ जैसा बन सबका कल्याण करूँ"

विषय- सूची

मुख पृष्ठ की व्याख्या
भूमिका

काल, युग बोध एवं अवतार
ऋषि और लव कुश सिंह "विश्वमानव"
विद्रोही या सार्वजनिक प्रमाणित कृष्णकला समाहित विश्वमानव कला

भाग-1: आविष्कार और आविष्कारक का संक्षिप्त परिचय

आविष्कार क्यों हुआ?
आविष्कारक कौन है?
क. भौतिक रूप से
ख. आर्थिक रूप से
ग. मानसिक रूप से
घ. नाम रूप से
च. समय रूप से
आविष्कार विषय क्या है?
आविष्कार की उपयोगिता क्या है?
आविष्कार किस प्रकार हुआ?

भाग-2: ईश्वर चक्र (सार्वभौम सत्य सिद्धान्त)

ईश्वर चक्र (सार्वभौम सत्य सिद्धान्त)
विश्वशास्त्र - विषय-प्रवेश,
विश्वशास्त्र - अध्याय-एक: ईश्वर
विश्वशास्त्र - अध्याय-दो: जीवन परिचय
विश्वशास्त्र - अध्याय-तीन: ज्ञान परिचय
विश्वशास्त्र - अध्याय-चार: कर्म परिचय (सार्वजनिक प्रमाणित दृश्य महायज्ञ)
विश्वशास्त्र - अध्याय-पाँच (भाग - 01): सार्वजनिक प्रमाणित विश्वरूप
विश्वशास्त्र - अध्याय-पाँच (भाग - 02): सार्वजनिक प्रमाणित विश्वरूप
विश्वशास्त्र - परिशिष्ट

भाग-3: 2020 - मन का नवीनीकरण

प्रारम्भ के पहले दिव्य-दृष्टि
व्यवस्था के परिवर्तन या सत्यीकरण का पहला प्रारूप और उसकी कार्य विधि
मिले सुर मेरा तुम्हारा, तो सुर बने हमारा

नये समाज के निर्माण का आधार
सन् 2020 ई0 - मन का नवीनीकरण

भाग-4: 2020 - ईश्वरीय समाज

ईश्वरीय समाज
ईश्वरीय समाज निर्माण की कार्यवाही आधारित पुस्तकें
विश्व-नागरिक धर्म का धर्मयुक्त धर्मशास्त्र - कर्मवेद: प्रथम, अन्तिम तथा पंचम वेदीय श्रृंखला
विश्व-राज्य धर्म का धर्मनिरपेक्ष धर्मशास्त्र - विश्वमानक शून्य-मन की गुणवत्ता का विश्वमानक (WS-0) श्रृंखला
प्राकृतिक सत्य मिशन (Natural Truth Mission)
विश्वधर्म मन्दिर
सत्यकाशी ब्रह्माण्डीय एकात्म विज्ञान विश्वविद्यालय
(Satyakashi Universal Integration Science University-SUISU)
"सत्यकाशी महायोजना" (वाराणसी-विन्ध्याचल-शिवद्वार-सोनभद्र के बीच का क्षेत्र)
डब्ल्यू.एस. (WS)-000:ब्रह्माण्ड (सूक्ष्म एवं स्थूल) के प्रबन्ध और क्रियाकलाप का विश्वमानक
हमारा व्यवसाय डब्ल्यू.एस. (WS)-000 के अनुसार
विश्व का मूल मन्त्र-"जय जवान-जय किसान-जय विज्ञान-जय ज्ञान-जय कर्मज्ञान"
विश्व सरकार के लिए शून्य आधारित अन्तिम आविष्कार का परिचय
एक विश्व - श्रेष्ठ विश्व के निर्माण के लिए आवश्यक कार्य

भाग-5: सत्यमित्रानन्द गिरि (19 सितम्बर 1932- 25 जून 2019)

भारत माता मन्दिर (ऋृषिकेश)

भाग-6: समष्टि धर्म दृष्टि

अनिर्वचनीय कल्कि महाअवतार भोगेश्वर श्री लव कुश सिंह "विश्वमानव" का मानवों के नाम खुला चुनौती पत्र
अनिर्वचनीय कल्कि महाअवतार का काशी-सत्यकाशी क्षेत्र से विश्व शान्ति का अन्तिम सत्य-सन्देश

भाग-7: सत्य आमंत्रण

पाँचवें युग - स्वर्णयुग के तीर्थ सत्यकाशी क्षेत्र में प्रवेश का आमंत्रण
पाँचवें युग - स्वर्णयुग में प्रवेश का आमंत्रण

भाग-8: परिवर्तन

सीधी समझ
नये भारत में, नये मनुष्य के उदय के लिए

व्यवस्था के परिवर्तन या सत्यीकरण का पहला प्रारूप और उसकी कार्य विधि
वे शब्द जिसके बिना युग परिवर्तन सम्भव नहीं

भाग-9: केन्द्र या मध्य (भारत) में पांचवां और अन्तिम सत्यकाशी पीठ

सत्यकाशी पीठ: स्थान
सत्यकाशी पीठ: इतिहास और उद्देश्य
पाँचवाँ और अंतिम शंकराचार्य पीठ: इसकी विशेषता

भाग-10: सत्यकाशी पीठ के कार्य

धारा-उद्धार: धर्म की पुनर्स्थापना
मनुष्य चेतना का रूपांतरण
साधना, दीक्षा और आध्यात्मिक अनुष्ठान
वैश्विक कार्य: मानवता के लिए संदेश
शिव-तत्व और कल्कि-तत्व का मिलन
"सार्वभौम सत्य-सिद्धान्त" पर आधारित "युग परिवर्तन श्रृंखला" के नवयुग के शास्त्र-साहित्य

मुख पृष्ठ की व्याख्या

यह मुख पृष्ठ *"लव कुश सिंह (कल्कि महावतार): जीवन, ज्ञान, कर्म और विश्वरूप"* की महान अवधारणा को भव्य, दैवीय और विश्व-चेतना से परिपूर्ण रूप में प्रस्तुत करता है। सम्पूर्ण मुख पृष्ठ का रंग विन्यास गहरे आकाशीय नीले और दिव्य स्वर्णिमा का संयोजन है, जो एक साथ *अनंतता, शक्ति, रहस्य और अलौकिक प्रकाश* का भाव उत्पन्न करता है।

मुख पृष्ठ के शीर्ष पर बड़े, प्रभावशाली पीले अक्षरों में शीर्षक अंकित है, जो दर्शाता है कि यह ग्रंथ केवल किसी व्यक्ति-चरित्र का वर्णन नहीं है, बल्कि *अवतार परंपरा के अंतिम और महत्तम रूप-कल्कि महावतार-के जीवन, ज्ञान और कर्म की व्यापक व्याख्या* है।

मध्य भाग में स्थित चित्र मुख पृष्ठ का केंद्रबिंदु है। यहाँ एक दिव्य पुरुष रूप दिखाई देता है-शांत, दृढ़, तेजस्वी और अपराजेय। उसके अनेक रूप-विष्णु के दस अवतारों की समग्र चेतना-उसके पीछे एक विशाल दीप्तिमान मंडल में प्रकट होते हैं। यह संकेत देता है कि अवतार का अंतिम स्वरूप किसी एक युग या एक रूप तक सीमित नहीं होता, बल्कि संपूर्ण अवतार-परंपरा की चेतना का समन्वित रूप होता है। पीछे फैला ब्रह्मांड, ग्रह-नक्षत्र, आकाश-गंगा और पृथ्वी का दृश्य यह स्थापित करता है कि यह विश्वरूप *केवल पृथ्वी तक सीमित नहीं, बल्कि समस्त लोकों और जगतों का समाहित स्वरूप* है।

अवतार के हाथों में दिखाई देते शस्त्र, चक्र, अग्नि, पृथ्वी और प्रकाशमय ऊर्जा-ये सब संकेत करते हैं कि यह केवल विनाश का रूप नहीं, बल्कि *धर्म-स्थापन, न्याय-नियमन, ज्ञान-प्रदान और विश्व-संतुलन* का भी सर्वोच्च स्वरूप है। उसके पीछे उभरते शहर, सभ्यता, विविध मानव-रूप और प्राचीन भवन यह बताते हैं कि यह अवतार आधुनिक दुनिया, राष्ट्रों, संस्कृतियों और सम्पूर्ण मानव समाज से सीधा जुड़ा हुआ है।

मुख पृष्ठ के निचले भाग में "सत्यकाशी पीठ - पाँचवाँ और अंतिम शंकराचार्य पीठ" का उल्लेख इस ग्रंथ को आध्यात्मिक आधार और मान्यता प्रदान करता है। यह दर्शाता है कि यह कृति केवल दार्शनिक व्याख्या नहीं, बल्कि *एक आध्यात्मिक परंपरा की अंतिम कड़ी, अंतिम उद्घोषणा और अंतिम ज्ञान* का स्वरूप है।

समग्र रूप से यह कवर **महावतार के दिव्य तेज, ब्रह्मांडीय चेतना, विश्व-नेतृत्व, धर्म-स्थापना और मानवता के भविष्य-मार्गदर्शन** का शक्तिशाली प्रतीक है। यह पाठक को तुरंत इस अनुभूति में ले जाता है कि वह किसी साधारण पुस्तक नहीं, बल्कि *एक युग-संदेश, एक अवतार-दर्शन और एक आध्यात्मिक विश्वघोष* को देख रहा है।

भूमिका

मानव सभ्यता का इतिहास केवल सत्ता, युद्ध या साम्राज्यों की घटनाओं का वृत्तांत नहीं है; यह *चेतना के क्रमिक उत्थान* का लेखा-जोखा है-वह निरंतर यात्रा जिसमें मनुष्य अपनी सीमाओं को पहचानते हुए एक ऐसे सत्य की ओर बढ़ता है जो उसके भीतर भी है और ब्रह्मांड के विस्तार में भी। जब-जब यह चेतना विकृत, कमजोर या दिशाहीन होती है-अवतार प्रकट होता है।

भारतीय परंपरा में अवतार कोई चमत्कारिक हस्तक्षेप नहीं, बल्कि **समय, समाज और चेतना-तीनों के संतुलन का नया विज्ञान** है। यही विज्ञान इस ग्रंथ का मूल आधार है। यह दस्तावेज़ स्पष्ट करता है कि अवतार का प्रत्येक उद्भव संसार के सत्य और धर्म-चक्र को पुनः व्यवस्थित करने का प्रयास है-चाहे वह प्रत्यक्ष विधि हो, जैसे पूर्व अवतारों में हुआ, या प्रेरक विधि हो-जैसे बुद्ध और अंतिम अवतार में होता है ।

इसी पृष्ठभूमि में *"लव कुश सिंह (कल्कि महाअवतार)"* नामक यह विस्तृत कृति एक ऐसे ग्रंथ के रूप में प्रकट होती है जो **काल-विज्ञान, युग-परिवर्तन, अवतार-दर्शन, विश्वशास्त्र, सार्वभौम सत्य-सिद्धांत, मानव-चेतना और भविष्य के सत्ययुग की संरचना** को एक सूत्र में पिरोती है।

काल, युग-बोध और अवतार-चक्र - इस ग्रंथ का दार्शनिक आधार

ग्रंथ के प्रारंभ में ही यह स्पष्ट कहा गया है कि प्रत्येक युग का परिवर्तन आकस्मिक नहीं, बल्कि *खगोल, ज्योतिष, मनोवैज्ञानिक और सामाजिक सभी कारकों के संयुक्त परिणाम* से होता है ।

कलियुग के अंतिम चरण में जब-

- मनुष्य की करुणा क्षीण हो,
- सत्य धुंधला पड़ जाए,
- राजनीति और धर्म अपने मूल धर्म से भटक जाएँ,
- और समाज प्रेरक की प्रतीक्षा करने लगे-

तब अवतार का अंतिम स्वरूप "प्रेरक विधि" से कार्य करता है, जैसा कि स्वयं ग्रंथ में स्पष्ट है ।

यह केवल धार्मिक अवधारणा नहीं, बल्कि *सामाजिक–आध्यात्मिक विज्ञान* है जिसे यह कृति "ईश्वर चक्र (सार्वभौम सत्य सिद्धांत)" नामक अध्याय में विस्तार देती है ।

"विश्वमानव" का उदय - अवतार का आधुनिक रूप

दस्तावेज़ का एक केंद्रीय विचार यह है कि अंतिम अवतार स्वयं को "सार्वभौम आत्मा" और "विश्वमानव" के रूप में प्रमाणित करता है, क्योंकि अंतिम अवतार की भूमिका किसी एक धर्म, जाति, देश या समुदाय की नहीं-**पूरी मानवता की चेतना को एकसूत्र में लाने की होती है**।

ग्रंथ में लिखा है कि यह चेतना व्यक्तिगत प्रमाण, सार्वजनिक दृश्य प्रमाण और विश्वस्तरीय प्रमाण-तीनों से स्वयं को व्यक्त करती है किः

- व्यक्तिगत प्रमाणित दृश्य कृष्णकला
- सार्वजनिक प्रमाणित विश्वरूप
- और "विश्वमानव" के रूप में चेतना का समर्पण

  यह अवतारवाद का आधुनिक, वैज्ञानिक और सार्वभौमिक रूप है ।

आविष्कार-चक्र और अवतार-चक्र का सम्बन्ध

इस दस्तावेज़ का एक अनोखा और अत्यंत रोचक पक्ष यह है कि यह अवतार को केवल धर्म या इतिहास के भीतर नहीं रखता, बल्कि उसे *आविष्कार-चक्र* से जोड़ता है।

भाग–1 में, "आविष्कार और आविष्कारक का संक्षिप्त परिचय" शीर्षक के अंतर्गत यह बताया गया है कि प्रत्येक अवतार वास्तव में एक *सार्वभौम आविष्कार* लेकर आता है-एक ऐसा आविष्कार जो मानवता की दिशा बदल देता है और जिसकी उपयोगिता युगों तक बनी रहती है ।

प्रश्न–उत्तरों के माध्यम से ग्रंथ एक वैज्ञानिक संरचना प्रस्तुत करता है-

- आविष्कार क्यों हुआ?
- आविष्कारक कौन है (भौतिक, मानसिक, नामरूप, समयरूप)?
- आविष्कार की उपयोगिता क्या है?
- वह किस प्रकार प्रकट हुआ?

यह विधि अध्यात्म-विज्ञान और सामाजिक-विज्ञान दोनों को एकीकृत करती है।

विश्वशास्त्र - मनुष्य और ब्रह्मांड का वैज्ञानिक धर्म

इस दस्तावेज़ का सबसे विशिष्ट हिस्सा है-*विश्वशास्त्र*-जिसे "विश्व का सत्य-शास्त्र" बताया गया है।

विश्वशास्त्र का उद्देश्य है-

- संपूर्ण मानवता को एक सार्वभौमिक नियम-चक्र प्रदान करना,
- ईश्वर (Universal Law) को समझना,
- जीवन, ज्ञान, कर्म, और विश्वरूप की एकता को जानना,
- और मनुष्य को व्यक्तिगत से विश्वस्तरीय चेतना तक पहुँचाना।

इसमें स्पष्ट अध्याय हैं-

- ईश्वर
- जीवन परिचय
- ज्ञान परिचय
- कर्म परिचय (सार्वजनिक प्रमाणित दृश्य महायज्ञ)
- विश्वरूप

इन अध्यायों का संक्षेप ग्रंथ के "विश्वमानव" स्वरूप को प्रमाणित करता है और *दिव्य चेतना से लेकर आधुनिक समाज तक* का सेतु तैयार करता है ।

अंतिम अवतार की विधि - प्रेरक शक्ति और सार्वजनिक सत्य

ग्रंथ बार-बार यह स्थापित करता है कि अंतिम अवतार "प्रेरक विधि" से कार्य करता है-अर्थात् बिना प्रत्यक्ष युद्ध, बिना चमत्कार, बिना दैवी हस्तक्षेप के-

केवल सत्य, ज्ञान, योजना, सार्वजनिक प्रमाण और मानवता को जोड़ने का कार्य करता है।

यह ठीक वही विधि है जो बुद्ध के समय भी लागू हुई थी, परंतु अंतिम अवतार में यह विधि *सार्वभौम स्तर* पर कार्य करती है।

इसमें जन जागरण, ज्ञान-प्रसार, सत्य-प्रतिष्ठा और विश्व-व्यवस्था की पुनर्स्थापना शामिल है।

ईश्वर चक्र और सार्वभौम सत्य-सिद्धांत - अवतार का वैज्ञानिक आधार

दस्तावेज़ में स्पष्ट कहा गया है कि "ईश्वर" कोई रूप नहीं, बल्कि सार्वभौम सत्य-सिद्धांत है-एक ऐसा नियम जो ब्रह्मांड से लेकर मनुष्य तक सभी पर लागू होता है।

यह सिद्धांत-

- ज्ञान को दिशा देता है
- कर्म को उद्देश्य देता है
- और जीवन को धर्म देता है

अवतार इस चक्र को समयानुसार पुनःस्थापित करता है, इसलिए उसे "ईश्वर का दृश्य रूप" कहा गया है।

सार्वजनिक प्रमाणित विश्वरूप - अंतिम सत्य का उद्घोष

ग्रंथ यह दावा करता है कि प्रत्येक अवतार अंततः अपने "विश्वरूप" से पहचाना जाता है-

- कृष्ण ने गीता में
- राम ने धर्म-राज्य में
- बुद्ध ने धम्म में

और अंतिम अवतार "सार्वजनिक प्रमाणित विश्वरूप"-
अर्थात् ज्ञान, कर्म, योजना, सत्य और विश्वशास्त्र-इन सबके संयुक्त रूप से प्रमाणित होता है।
यह दस्तावेज़ इसी विश्वरूप की व्याख्या करता है- *धार्मिक, वैज्ञानिक, ऐतिहासिक और आध्यात्मिक चारों स्तरों पर।*

निष्कर्ष - यह ग्रंथ केवल जीवनी नहीं, एक युग-दस्तावेज है

यह पुस्तक किसी व्यक्ति-चरित्र का साधारण वर्णन नहीं, बल्कि-

- युग-परिवर्तन का वैज्ञानिक मॉडल,
- अवतारवाद का अंतिम विस्तार,
- मानवता के नए धर्म का आधार,
- विश्वशास्त्र की उद्घोषणा,
- और "विश्वमानव चेतना" का सूत्रपात

प्रस्तुत करती है।

दस्तावेज़ में उपस्थित प्रत्येक कथन-चाहे वह अवतार-चक्र का हो, विश्वशास्त्र का हो, सार्वजनिक प्रमाण का हो या सत्य-प्रतिष्ठा का-एक ही दिशा में संकेत करता हैः
संसार अब एक नए युग-सत्ययुग/स्वर्णयुग-की दहलीज पर खड़ा है।
और इस परिवर्तन की आधारशिला है-
सत्य, ज्ञान, कर्म और विश्वमानव चेतना।

✍ ***लव कुश सिंह "विश्वमानव"***

एक शोधक, चिंतक और मार्गदर्शक, जिन्होंने अपना जीवन *मानवता, आत्मा और नव-सृष्टि* के अध्ययन एवं लेखन को समर्पित किया है।

- प्रमुख ग्रंथ: *विश्वशास्त्र*
- दृष्टि: *नव-मनुष्य और नव-संसार का निर्माण*

काल, युग बोध एवं अवतार
(सार्वभौम सत्य-सिद्धान्त के अनुसार)

सार्वभौम सत्य-सिद्धान्त के अनुसार काल और युग परिवर्तन और उसके माध्यम अन्तिम अवतार के सम्बन्ध में समय और रूप की व्याख्या निम्नवत् है।

विश्व-ब्रह्माण्ड के सर्वोच्च और अनन्त कार्यक्षेत्र का सार्वभौम दृश्य, विवादमुक्त, सार्वजनिक प्रमाणित सत्य-सिद्धान्त है- परिवर्तन। जिसे आदान-प्रदान (TRANSACTION) या क्रिया या व्यापार (TRADE) भी कहा जा सकता है। जिसे वैदिक साहित्य ने "सिद्धान्त", गीता ने "परिवर्तन", पुराण ने "शक्ति ", कपिलमुनि ने "क्रिया" कहा है। इसे ही प्राकृतिक- ब्रह्माण्डीय सत्य, कर्म, आदान-प्रदान, परिधि, व्यापार, काल, सर्वशक्तिमान भी कहा गया। इस सत्य की व्याख्या करने वाला शास्त्र-साहित्य सार्वजनिक प्रमाणित दृश्य समष्टि वेद, उत्पन्न नाम या शब्द को समष्टि ईश्वर नाम तथा नाम के अर्थ की व्याख्या करने वाले साहित्य को समष्टि उपनिषद् कहा जाता है।

उपरोक्त परिवर्तन जिस उत्प्रेरक की उपस्थिति में संचालित होता है उसे ही वैदिक साहित्य ने "ब्रह्म" या "आत्मा", गीता ने "मैं", पुराण ने "शिव "", कपिल मुनि ने "कारण", संतों ने "एक", हिन्दुओं ने "ईश्वर", सिखों ने "वाहे गुरू", इस्लाम ने "अल्ला" ईसाई ने "यीशु" इत्यादि कहा। इसे ही पूर्ण, धर्म, ज्ञान, सम, सार्वभौम, चैतन्य, केन्द्र, GOD, सत्य, अद्वैत, सर्वव्यापी, अनश्वर, अजन्मा, शाश्वत, सनातन इत्यादि भी कहा गया है। इस सत्य की व्याख्या करने वाला शास्त्र-साहित्य व्यक्तिगत प्रमाणित अदृश्य व्यष्टि वेद, उत्पन्न नाम या शब्द को व्यष्टि ईश्वर नाम तथा नाम के अर्थ की व्याख्या करने वाले साहित्य को व्यष्टि उपनिषद् कहा जाता है। इसी को सार्वभौम सत्य-सिद्धान्त में केन्द्र (CENTRE) कहा गया है।

वर्तमान पदार्थ विज्ञान भी यह स्वीकार कर चुका है कि इस ब्रह्माण्ड में कही भी कुछ भी स्थिर नहीं है। सभी का परिवर्तन या आदान-प्रदान हो रहा है। दृश्य पदार्थ विज्ञान के महान वैज्ञानिक आइन्सटाइन $E=MC^2$ से इसे सिद्ध भी किये है।

इस प्रकार विश्व-ब्रह्माण्ड को हम सर्वोच्च व्यापार केन्द्र (TRADE CENTRE) भी कह सकते हैं और विश्व-ब्रह्माण्ड के पर्यायवाची नाम के रूप में प्रयोग कर सकते हैं।

समस्त परिवर्तन या आदान-प्रदान मुख्यतः तीन बलो द्वारा ही संचालित होता है- मानवीय बल, प्राकृतिक बल व आत्मीय बल। और ये तीनो बल मूलतः तीन क्षेत्र के माध्यम से परिवर्तन लाता है। ये हैं- शारीरिक, आर्थिक व मानसिक। इस प्रकार हम देखते हैं कि यदि सर्वप्रथम मानवीय बल परिवर्तन लाने के लिए सक्रिय होता है तब वह पहले शारीरिक, फिर आर्थिक और अन्त में मानसिक कारण को माध्यम के रूप में प्रयोग करता है। इसी प्रकार प्राकृतिक बल और आत्मीय बल भी इसी क्रम से माध्यमों का प्रयोग करता है।

जब मानवीय बल और प्राकृतिक बल, आवश्यक परिवर्तन लाने में असफल हो जाता है तब सार्वाधिक शक्तिशाली व सर्वोच्च आत्मीय बल के प्रयोग का समय आ जाता है। चक्र रूप में मानवीय बल एक छोटा परिवर्तन, प्राकृतिक बल एक मध्यम स्तर का परिवर्तन तथा अन्तिम आत्मीय बल उस समय के सर्वोच्च स्तर का परिवर्तन लाता है जिस समय वह प्रभावी होता है।

यह आत्मीय बल ही अवतारों, पैगम्बरों, स्वर्गदूतों, धर्म प्रवर्तकों-स्थापकों के बल थे जो समयानुसार अपने-अपने क्षेत्रों में प्रयोग किये गये थे और जिसके कारण आज भी उनकी पहचान वर्तमान है। जब यह आत्मीय बल अंश रूप में अवतारों, पैगम्बरों, स्वर्गदूतों, धर्म प्रवर्तकों-स्थापकों द्वारा प्रयोग किये जाते हैं तब ये अंश अवतार, पैगम्बर, स्वर्गदूत, धर्म प्रवर्तक-स्थापक कहलाते हैं और जब यह आत्मीय बल पूर्ण रूप में अवतारों, पैगम्बरों, स्वर्गदूतों, धर्म प्रवर्तकों-स्थापकों द्वारा प्रयोग किये जाते हैं तब ये पूर्ण अवतार, पैगम्बर, स्वर्गदूत, धर्म प्रवर्तक-स्थापक कहलाते हैं।

वर्तमान समय में मानवीय बल व प्राकृतिक बल द्वारा परिवर्तन लाने के लिए शारीरिक, आर्थिक व मानसिक माध्यम का प्रयोग किया जा चुका है। साथ ही आत्मीय बल द्वारा भी परिवर्तन लाने के लिए शारीरिक व आर्थिक माध्यम का प्रयोग किया जा चुका है। अब केवल एक ही मार्ग आत्मीय बल द्वारा मानसिक माध्यम का प्रयोग बचा है। जो आने वाले समय में निश्चित रूप से होगा।

काल अर्थात् समय को समय से बांधा नहीं जा सकता। कोई भी व्यक्ति समष्टि के लिए किसी निश्चित दिन का दावा नहीं कर सकता कि इस दिन से किसी युग का परिवर्तन, किसी युग का अन्तिम दिन या किसी युग के प्रारम्भ का दिन है। क्योंकि हम दिन, दिनांक या कैलेण्डर का निर्धारण ब्रह्माण्डीय गतिविधि अर्थात् सूर्य, चाँद, ग्रह इत्यादि के गति को आधार बनाकर निर्धारित करते है। इसी प्रकार युग का निर्धारण पूर्णतया मानव मन की केन्द्रित स्थिति से निर्धारित होता है न कि किसी निर्धारित अवधि के द्वारा। मन की केन्द्रित स्थिति निम्न स्थितियों में होती है-

0 या 5. स्थिति - अदृय मार्ग से मन का आत्मीय केन्द्रित स्थिति।

1. स्थिति - व्यक्तिगत प्रमाणित अदृय मार्ग से मन का आत्मीय केन्द्रित स्थिति अर्थात् व्यक्तिगत प्रमाणित माध्यम द्वारा आत्मा पर केन्द्रित मन। यह स्थिति सतयुग की अन्तिम स्थिति है। इस युग में कुल 6 अवतार मत्स्य, कूर्म, वाराह, नृंिसंह, वामन और परशुराम हुये।

2. स्थिति -सार्वजनिक प्रमाणित अदृय मार्ग से मन का आत्मीय केन्द्रित स्थिति अर्थात् सार्वजनिक प्रमाणित माध्यम - प्रकृति व ब्रह्माण्ड द्वारा आत्मा पर केन्द्रित मन। यह स्थिति त्रेतायुग की अन्तिम स्थिति है। इस युग में सातवें अवतार श्री राम हुयें।

3. स्थिति - व्यक्तिगत प्रमाणित दृश्य मार्ग से मन का आत्मीय केन्द्रित स्थिति अर्थात् व्यक्तिगत प्रमाणित व्यक्ति व भौतिक वस्तु माध्यम द्वारा आत्मा पर केन्द्रित मन। यह स्थिति द्वापर युग की अन्तिम स्थिति है। इस युग में आँठवें अवतार श्री कृष्ण हुयें।

4. स्थिति - सार्वजनिक प्रमाणित दृश्य मार्ग से मन का आत्मीय केन्द्रित स्थिति अर्थात् सार्वजनिक प्रमाणित व्यक्ति व भौतिक वस्तु माध्यम द्वारा आत्मा पर केन्द्रित मन। यह स्थिति कलियुग की अन्तिम स्थिति है। इस युग में नवें अवतार बुद्ध हुये और दसवें और अन्तिम अवतार श्री लव कुश सिंह "विश्वमानव" व्यक्त हैं।

0 या 5. स्थिति - दृश्य मार्ग से मन का आत्मीय केन्द्रित स्थिति।

उपरोक्त स्थिति में स्थित मन से ही उस युग में शास्त्र-साहित्यों की रचना होती रही है। और उस अनुसार ही प्रत्येक व्यक्ति अपनी स्थिति का पता लगा सकता है कि वह किस युग में जी रहा है।
उपरोक्त में से कोई भी स्थिति जब व्यक्तिगत होती है तब वह व्यक्ति उस युग में स्थित होता है चाहे समाज या सम्पूर्ण विश्व किसी भी युग में क्यों न हो। इसी प्रकार जब उपरोक्त स्थिति में से कोई भी स्थिति में समाज या सम्पूर्ण विश्व अर्थात् अधिकतम व्यक्ति उस स्थिति में स्थित होते है तब समाज या सम्पूर्ण विश्व उस युग में स्थित हो जाता है।

युग परिवर्तन सदैव उस समय होता है जब समाज के सर्वोच्च मानसिक स्तर पर एक नया अध्याय या कड़ी जुड़ता है। और एक नये विचार से व्यवस्था या मानसिक परिवर्तन होता है। इस प्रकार यह आत्मसात् करना चाहिए कि सम्पूर्ण समाज इस समय चौथे युग-कलियुग के अन्त में है और जैसे-जैसे "विश्वशास्त्र" के ज्ञान से युक्त होता जायेगा वह पाँचवे युग-स्वर्ण युग में प्रवेश करता जायेगा। और जब बहुमत हो जायेगा तब सम्पूर्ण समाज या विश्व पाँचवे युग-स्वर्ण युग में स्थित हो जायेगा।

सत्य से सार्वभौम सत्य-सिद्धान्त तक का र्माग अवतारों का मार्ग है। सार्वभौम सत्य-सिंद्धान्त की अनुभूति ही अवतरण है। इसके अंश अनुभूति को अंश अवतार तथा पूर्ण अनुभूति को पूर्ण अवतार कहते है। अवतार मानव मात्र के लिए ही कर्म करते हैं न कि किसी विशेष मानव समूह या सम्प्रदाय के लिए। अवतार, धर्म, धर्मनिरपेक्ष व सर्वधर्मसमभाव से युक्त अर्थात् एकात्म से युक्त होते है। इस प्रकार अवतार से उत्पन्न शास्त्र मानव के लिए होते हैं, न कि किसी विशेष मानव समूह के लिए। उत्प्रेरक, शासक और मार्गदर्शक आत्मा सर्वव्यापी है। इसलिए एकात्म का अर्थ संयुक्त आत्मा या सार्वजनिक आत्मा है। जब एकात्म का अर्थ संयुक्त आत्मा समझा जाता है तब वह समाज कहलाता है। जब एकात्म का अर्थ व्यक्तिगत आत्मा समझा जाता है तब व्यक्ति कहलाता है। अवतार, संयुक्त आत्मा का साकार रुप होता है जबकि व्यक्ति व्यक्तिगत आत्मा का साकार रुप होता है। शासन प्रणाली में समाज का समर्थक दैवी प्रवृत्ति तथा शासन व्यवस्था प्रजातन्त्र या लोकतन्त्र या स्वतन्त्र या मानवतन्त्र या समाजतन्त्र या जनतन्त्र या बहुतन्त्र या स्वराज कहलाता है और क्षेत्र गणराज्य कहलाता है। ऐसी व्यवस्था सुराज कहलाती है। शासन प्रणाली में व्यक्ति का समर्थक असुरी प्रवृत्ति तथा शासन व्यवस्था राज्यतन्त्र या राजतन्त्र या एकतन्त्र कहलाता है और क्षेत्र राज्य कहलाता है ऐसी व्यवस्था कुराज कहलाती है। सनातन से ही दैवी और असुरी प्रवृत्तियों अर्थात् दोनों तन्त्रों के बीच अपने-अपने अधिपत्य के लिए संघर्ष होता रहा है। जब-जब समाज में एकतन्त्रात्मक या राजतन्त्रात्मक अधिपत्य होता है तब-तब मानवता या समाज समर्थक अवतारों के द्वारा गणराज्य की स्थापना की जाती है। या यूँ कहें गणतन्त्र या गणराज्य की स्थापना ही अवतार का मूल उद्देश्य अर्थात् लक्ष्य होता है शेष सभी साधन अर्थात् मार्ग।

सम्पूर्ण आध्यात्मिक सूक्ष्म एवं स्थूल सिद्धान्तों को व्यक्त करने का माध्यम मात्र मानव शरीर और कर्म क्षेत्र मात्र मानव समाज ही है। साथ ही उसका मूल्यांकनकर्ता मानव का अपना मन स्तर ही है। इसलिए अवतार सम्पूर्ण सिद्धान्तों को कालानुसार व्यक्त सगुण रूप मानव शरीर ही होता है। मूलरूप से अवतार शिव-आत्मा-ईश्वर-ब्रह्म अर्थात् सार्वभौम सत्य-सिद्धान्त के अवतार होते हैं परन्तु एकात्म ज्ञान अर्थात् ब्रह्मा और एकात्म ध्यान अर्थात् शंकर सार्वजनिक प्रमाणित दृश्य न हो सकने के कारण एकात्म कर्म-विष्णु के ही अवतार के रूप में जाना जाता है। क्योंकि एक मात्र कर्म ही मानव समाज में सार्वजनिक प्रमाणित होता है। इस एकात्म कर्म का कारण एकात्म प्रेम और एकात्म प्रेम का कारण मात्र एकात्म कर्म होता है।

विष्णु अर्थात् एकात्मकर्म का अव्यक्त रूप एकात्म प्रेम अर्थात् लक्ष्मी हैं। एकात्म कर्म का कारण एकात्म प्रेम तथा एकात्म प्रेम का कारण एकात्म कर्म होता है। वह कर्म जो आत्मा के लिए हो और वह प्रेम जो आत्मा के लिए हो अर्थात् समभाव और कर्म युक्त मानव शरीर ही विष्णु का अवतार है।

भगवान विष्णु के 24 अवतार (1. श्री सनकादि, 2. वाराह अवतार, 3. नारद मुनि, 4. नर-नारायण, 5. कपिल, 6. दत्तात्रेय, 7. यज्ञ, 8. ऋषभदेव, 9. पृथु, 10. मत्स्यावतार, 11. कूर्म अवतार, 12. धन्वन्तरि, 13. मोहिनी, 14. हयग्रीव, 15. नृसिंह, 16. वामन, 17. गजेन्द्रोधारावतार, 18. परशुराम, 19. वेदव्यास, 20. हन्सावतार, 21. राम, 22. कृष्ण, 23. बुद्ध, 24. कल्कि) का वर्णन श्री विष्णु पुराण एवं श्री भविष्य पुराण में स्पष्ट उल्लेख है। जिनमें मुख्य 10 अवतार (1. मत्स्य, 2. कूर्म, 3. वाराह, 4. नृसिंह, 5. वामन, 6. परशुराम, 7. राम, 8. कृष्ण, 9. बुद्ध, 10. कल्कि) ही माने जाते हैं।

ग्रन्थों में अवतारों की कई कोटि बतायी गई है जैसे अंशाशावतार, अंशावतार, आवेशावतार, कलावतार, नित्यावतार, युगावतार इत्यादि, जो भी सार्वभौम सत्य-सिद्धान्त को व्यक्त करता है वे सभी अवतार कहलाते हैं। व्यक्ति से लेकर समाज के सर्वोच्च स्तर तक सार्वभौम सत्य-सिद्धान्त को व्यक्त करने के क्रम में ही विभिन्न कोटि के अवतार स्तरबद्ध होते हैं। अन्तिम सार्वभौम सत्य-सिद्धान्त को व्यक्त करने वाला ही अन्तिम अवतार के रूप में व्यक्त होगा। अब तक हुये अवतार, पैगम्बर, ईशदूत इत्यादि को हम सभी उनके होने के बाद, उनके जीवन काल की अवधि में या उनके शरीर त्याग के बाद से ही जानते हैं। परन्तु भविष्य अर्थात् “आने वाले कल” के लिए कल्पित एक मात्र महाविष्णु के अवतार-कल्कि के आने से पूर्व ही जानने लगे हैं।

अदृश्य सत्य-सिद्धान्त से सार्वजनिक या ब्रह्माण्डीय प्रमाणित दृश्य सत्य-सिद्धान्त तक के व्यक्त होने की क्रिया में प्रयुक्त मानव शरीर ही अवतारों का शरीर है। इस क्रम में प्रत्येक अगला अवतार अपने पिछले अवतार का अगला चरण अर्थात् सामाजिक आवश्यकताओं की कालानुसार पूर्तिकर्ता सहित उसका पुनर्जन्म होता है। क्योंकि सत्य-सिद्धान्त को व्यक्त करने की इच्छा तब तक अवतारों में रहती है जब तक सत्य-सिद्धान्त पूर्णरूप से दृश्य सार्वजनिक या ब्रह्माण्डीय प्रमाणित रूप नहीं ले लेता। कोई भी मानव शरीर अवतारी ज्ञान, कर्म और ध्यान को रखते हुये भी यदि सम्पूर्ण सामाजिक या ब्रह्माण्डीय आवश्यकताओं का कालानुसार हल नहीं प्रस्तुत करता तो वह गुणों को रखते हुये भी अवतारी शरीर नहीं हो सकता। इस प्रकार प्रत्येक अगला अवतार अपने पिछले अवतार का संग्रहणीय, संक्रमणीय, गुणात्मक रूप का प्रतीक होता है। अवतारों का स्थूल शरीर किसी भी स्थूल अटलनीय, अपरिवर्तनीय, प्राकृतिक नियम-परिवर्तन या आदान-प्रदान से मुक्त नहीं होता सिर्फ उनका सूक्ष्म शरीर और व्यक्त सत्य-सिद्धान्त ही उससे मुक्त और अप्रभावी होता है जिसे दुःख-सुख, जन्म-मृत्यु इत्यादि से मुक्त कहते हैं।

अवतारों के प्रत्यक्ष और प्रेरक दो कार्य विधि हैं। प्रत्यक्ष अवतार वे होते हैं जो स्वयं अपनी शक्ति का प्रत्यक्ष प्रयोग कर समाज का सत्यीकरण करते हैं। यह कार्य विधि समाज में उस समय प्रयोग होता है जब अधर्म का नेतृत्व एक या कुछ मानवों पर केन्द्रित होता है। प्रेरक अवतार वे होते हैं जो स्वयं अपनी शक्ति का अप्रत्यक्ष प्रयोग कर समाज का सत्यीकरण जनता एवं नेतृत्वकर्ता के माध्यम से करते हैं। यह कार्य विधि समाज में उस समय प्रयोग होता है जब समाज में अधर्म का नेतृत्व अनेक मानवों और नेतृत्वकर्ताओं पर केन्द्रित होता है।

इन विधियों में से कुल दस अवतारों में से प्रथम सात (मत्स्य, कूर्म, वाराह, नृसिंह, वामन, परशुराम, राम) अवतारों ने समाज का सत्यीकरण प्रत्यक्ष विधि के प्रयोग द्वारा किया था। आठवें अवतार (श्रीकृष्ण) ने दोनों विधियों प्रत्यक्ष ओर प्रेरक का प्रयोग किया था। नवें (भगवान बुद्ध) और अन्तिम दसवें अवतार की कार्य विधि प्रेरक ही है।

जल-प्लावन (जहाँ जल है वहाँ थल और जहाँ थल है वहाँ जल) के समय मछली से मार्ग दर्शन (मछली के गतीशीलता से सिद्धान्त प्राप्त कर) पाकर मानव की रक्षा करने वाला ईश्वर (सार्वभौम सत्य-सिद्धान्त) का पहला अंशावतार मत्स्यावतार के बाद मानव का पुनः विकास प्रारम्भ हुआ। दूसरे कूर्मावतार (कछुए के गुण का सिद्धान्त), तीसरे- वाराह अवतार (सुअर के गुण का सिद्धान्त), चौथे- नृसिंह (सिंह के गुण का सिद्धान्त), तथा पाँचवे वामन अवतार (ब्राह्मण के गुण का सिद्धान्त) तक एक ही साकार शासक और मार्गदर्शक राजा हुआ करते थे और जब-जब वे राज्य समर्थक या उसे बढ़ावा देने वाले इत्यादि असुरी गुणों से युक्त हुए उन्हें दूसरे से पाँचवें अंशावतार ने साकार रुप में कालानुसार भिन्न-भिन्न मार्गों से गुणों का प्रयोग कर गणराज्य का अधिपत्य स्थापित किया।

ईश्वर (सार्वभौम सत्य-सिद्धान्त) के छठें अंश अवतार परशुराम के समय तक मानव जाति का विकास इतना हो गया था कि अलग-अलग राज्यों के अनेक साकार शासक और मार्गदर्शक राजा हो गये थे उनमें से जो भी राज्य समर्थक असुरी गुणों से युक्त थे उन सबको परशुराम ने साकार रुप में वध कर डाला। परन्तु बार-बार वध की समस्या का स्थाई हल निकालने के लिए उन्होंने राज्य और गणराज्य की मिश्रित व्यवस्था द्वारा एक व्यवस्था दी जो आगे चलकर "परशुराम परम्परा" कहलायी। व्यवस्था निम्न प्रकार थी-

1. प्रकृति में व्याप्त तीन गुण- सत्व, रज और तम के प्रधानता के अनुसार मनुष्य का चार वर्णों में निर्धारण। सत्व गुण प्रधान - ब्राह्मण, रज गुण प्रधान-क्षत्रिय, रज एवं तम गुण प्रधान-वैश्य, तम गुण प्रधान-शूद्र।
2. गणराज्य का शासक राजा होगा जो क्षत्रिय होगा जैसे-ब्रह्माण्डीय गणराज्य में प्रकृति जो रज गुण अर्थात् कर्म अर्थात् शक्ति प्रधान है।
3. गणराज्य में राज्य सभा होगी जिसके अनेक सदस्य होंगे जैसे-ब्रह्माण्डीय गणराज्य में प्रकृति के सत्व, रज एवं तम गुणों से युक्त विभिन्न वस्तु हैं।
4. राजा का निर्णय राज्यसभा का ही निर्णय है जैसे-ब्रह्माण्डीय गणराज्य में प्रकृति का निर्णय वहीं है जो सत्व, रज एवं तम गुणों का सम्मिलित निर्णय होता है।
5. राजा का चुनाव जनता करे क्योंकि वह अपने गणराज्य में सर्वव्यापी और जनता का सम्मिलित रुप है जैसे-ब्रह्माण्डीय गणराज्य में प्रकृति सर्वव्यापी है और वह सत्व, रज एवं तम गुणों का सम्मिलित रुप है।

6. राजा और उसकी सभा राज्यवादी न हो इसलिए उस पर नियन्त्रण के लिए सत्व गुण प्रधान ब्राह्मण का नियन्त्रण होगा जैसे- ब्रह्माण्डीय गणराज्य में प्रकृति पर नियन्त्रण के लिए सत्व गुण प्रधान आत्मा का नियन्त्रण होता है।

ईश्वर (सार्वभौम सत्य-सिद्धान्त) के सातवें अंश अवतार श्रीराम द्वारा इसी परशुराम परम्परा का ही प्रसार और स्थापना हुआ था।

ईश्वर (सार्वभौम सत्य-सिद्धान्त) के आठवें अवतार श्रीकृष्ण के समय तक स्थिति यह हो गयी थी राजा पर नियन्त्रण के लिए नियुक्त ब्राह्मण भी समाज और धर्म की व्याख्या करने में असमर्थ हो गये। क्योंकि अनेक धर्म साहित्यों, मत-मतान्तर, वर्ण, जातियों में समाज विभाजित होने से व्यक्ति संकीर्ण और दिग्भ्रमित हो गया था और राज्य समर्थकों की संख्या अधिक हो गयी थी परिणामस्वरुप मात्र एक ही रास्ता बचा था- नवमानव सृष्टि। इसके लिए उन्होंने सम्पूर्ण धर्म-साहित्यों और मत-मतान्तरों के एकीकरण के लिए आत्मा के सर्वव्यापी व्यक्तिगत प्रमाणित निराकार स्वरुप का उपदेश "गीता" व्यक्त किये और गणराज्य का उदाहरण द्वारिका नगर का निर्माण कर किये। उनकी गणराज्य व्यवस्था उनके जीवन काल में ही नष्ट हो गयी परन्तु "गीता" आज भी प्रेरक बनीं हुई है।

ईश्वर (सार्वभौम सत्य-सिद्धान्त) के नवें अवतार भगवान बुद्ध के समय पुनः राज्य एकतन्त्रात्मक होकर हिंसात्मक हो गया परिणामस्वरुप बुद्ध ने अहिंसा के उपदेश के साथ व्यक्तियों को धर्म, बुद्धि और संघ के शरण में जाने की शिक्षा दी। संघ की शिक्षा गणराज्य की शिक्षा थी। धर्म की शिक्षा आत्मा की शिक्षा थी। बुद्धि की शिक्षा, प्रबन्ध और संचालन की शिक्षा थी जो प्रजा के माध्यम से प्रेरणा द्वारा गणराज्य के निर्माण की प्रेरणा थी।

ईश्वर (सार्वभौम सत्य-सिद्धान्त) के दसवें और अन्तिम अवतार के समय तक राज्य और समाज स्वतः ही प्राकृतिक बल के अधीन कर्म करते-करते सिद्धान्त प्राप्त करते हुए पूर्ण गणराज्य की ओर बढ़ रहा था परिणामस्वरुप गणराज्य का रुप होते हुए भी गणराज्य सिर्फ राज्य था और एकतन्त्रात्मक अर्थात् व्यक्ति समर्थक तथा समाज समर्थक दोनों की ओर विवशतावश बढ़ रहा था।

भारत में निम्लिखित रुप व्यक्त हो चुका था।

1. ग्राम, विकास खण्ड, नगर, जनपद, प्रदेश और देश स्तर पर गणराज्य और गणसंघ का रुप।
2. सिर्फ ग्राम व नगर स्तर पर राजा (ग्राम व नगर पंचायत अध्यक्ष) का चुनाव सीधे जनता द्वारा।
3. गणराज्य को संचालित करने के लिए संचालक का निराकार रुप- संविधान।
4. गणराज्य के तन्त्रों को संचालित करने के लिए तन्त्र और क्रियाकलाप का निराकार रुप-नियम और कानून।
5. राजा पर नियन्त्रण के लिए ब्राह्मण का साकार रुप- राष्ट्रपति, राज्यपाल, जिलाधिकारी इत्यादि।

विश्व स्तर पर निम्नलिखित रुप व्यक्त हो चुका था।

1. गणराज्यों के संघ के रुप में संयुक्त राष्ट्र संघ का रुप।
2. संघ के संचालन के लिए संचालक और संचालक का निराकार रुप- संविधान।
3. संघ के तन्त्रों को संचालित करने के लिए तन्त्र और क्रियाकलाप का निराकार रुप- नियम और कानून।
4. संघ पर नियन्त्रण के लिए ब्राह्मण का साकार रुप-पाँच वीटो पावर।
5. प्रस्ताव पर निर्णय के लिए सदस्यों की सभा।
6. नेतृत्व के लिए राजा- महासचिव।

जिस प्रकार आठवें अवतार द्वारा व्यक्त आत्मा के निराकार रुप "गीता" के प्रसार के कारण आत्मीय प्राकृतिक बल सक्रिय होकर गणराज्य के रुप को विवशतावश समाज की ओर बढ़ा रहा था उसी प्रकार अन्तिम अवतार द्वारा निम्नलिखित शेष समष्टि कार्य पूर्ण कर प्रस्तुत कर देने मात्र से ही विवशतावश उसके अधिपत्य की स्थापना हो जाना है।

1. गणराज्य या लोकतन्त्र के सत्य रुप- गणराज्य या लोकतन्त्र के स्वरुप का अन्तर्राष्ट्रीय/ विश्व मानक।
2. राजा और सभा सहित गणराज्य पर नियन्त्रण के लिए साकार ब्राह्मण का निराकार रुप- मन का अन्तर्राष्ट्रीय/ विश्व मानक।

3. गणराज्य के प्रबन्ध का सत्य रुप- प्रबन्ध का अन्तर्राष्ट्रीय/ विश्व मानक।
4. गणराज्य के संचालन के लिए संचालक का निराकार रुप- संविधान के स्वरुप का अन्तर्राष्ट्रीय/ विश्व मानक।
5. साकार ब्राह्मण निर्माण के लिए शिक्षा का स्वरुप- शिक्षा पाठ्यक्रम का अन्तर्राष्ट्रीय/ विश्व मानक।

इस समष्टि कार्य द्वारा ही काल व युग परिवर्तन होगा न कि सिर्फ चिल्लाने से कि "सतयुग आयेगा" , "सतयुग आयेगा" से। यह समष्टि कार्य जिस शरीर से सम्पन्न होगा वही अन्तिम अवतार के रूप में व्यक्त होगा। धर्म में स्थित वह अवतार चाहे जिस सम्प्रदाय (वर्तमान अर्थ में धर्म) का होगा उसका मूल लक्ष्य यही शेष समष्टि कार्य होगा और स्थापना का माध्यम उसके सम्प्रदाय की परम्परा व संस्कृति होगी।

जिस प्रकार केन्द्र में संविधान संसद है, प्रदेश में संविधान विधान सभा है उसी प्रकार ग्राम नगर में भी संविधान होना चाहिए जिस प्रकार केन्द्र और प्रदेश के न्यायालय और पुलिस व्यवस्था है उसी प्रकार ग्राम नगर के भी होने चाहिए कहने का अर्थ ये है कि जिस प्रकार की व्यवस्थाये केन्द्र और प्रदेश की अपनी हैं उसी प्रकार की व्यवस्था छोटे रुप में ग्राम नगर की भी होनी चाहिए। संघ (राज्य) या महासंघ (केन्द्र) से सम्बन्ध सिर्फ उस गणराज्य से होता है प्रत्येक नागरिक से नहीं संघ या महासंघ का कार्य मात्र अपने गणराज्यों में आपसी समन्वय व सन्तुलन करना होता है उस पर शासन करना नहीं तभी तो सच्चे अर्थों में गणराज्य व्यवस्था या स्वराज-सुराज व्यवस्था कहलायेगी। यही राष्ट्रपिता महात्मा गाँधी की प्रसिद्ध युक्ति "भारत ग्राम (नगर) गणराज्यों का संघ हो" और "राम राज्य" का सत्य अर्थ है।

पूर्ण मनुष्य के निर्माण प्रक्रिया में निम्नलिखित दस चरण पूरे हुए हैं अर्थात् पूर्णता के लिए इन दस चरण में व्यक्त मुख्य-गुण सिद्धान्त का संयुक्त व्यक्तित्व ही पूर्ण मनुष्य के रूप में निर्मित होता है। विष्णु के निम्न दस अवतार के मुख्य-गुण सिद्धान्त निम्न प्रकार हैं-

01. अदृश्य काल

पहलायुग: सत्ययुग

अ. व्यक्तिगत प्रमाणित पूर्ण प्रत्यक्ष अवतार

01. अदृश्य काल के व्यक्तिगत प्रमाणित काल में व्यक्तिगत प्रमाणित अदृश्य प्राकृतिक चेतना से युक्त सत्य आधारित सतयुग में विष्णु के प्रथम अवतार - मत्स्य अवतार

मुख्य-गुण सिद्धान्त - मछलियों के स्वभाव जल की धारा के विपरीत दिशा (राधा) में गति करने से ज्ञान (अर्थात् राधा का सिद्धान्त) प्रथम अवतार मत्स्य अवतार का गुण था जो अगले अवतार में संचरित हुई।

02. अदृश्य काल के व्यक्तिगत प्रमाणित काल में व्यक्तिगत प्रमाणित अदृश्य प्राकृतिक चेतना से युक्त सत्य आधारित सतयुग में विष्णु के द्वितीय अवतार - कूर्म या कच्छपावतार

मुख्य-गुण सिद्धान्त - एक सहनशील, शांत, धैर्यवान, लगनशील, दोनों पक्षों के बीच मध्यस्थ की भूमिका वाला गुण (समन्वय का सिद्धान्त) सहित प्रथम अवतार के गुण सहित वाला गुण द्वितीय अवतार कूर्म अवतार का गुण था जो अगले अवतार में संचरित हुई।

03. अदृश्य काल के व्यक्तिगत प्रमाणित काल में व्यक्तिगत प्रमाणित अदृश्य प्राकृतिक चेतना से युक्त सत्य आधारित सतयुग में विष्णु के तृतीय अवतार - बाराह अवतार

मुख्य-गुण सिद्धान्त - एक मेधावी, सूझ-बुझ, सम्पन्न, पुरूषार्थी, धीर-गम्भीर, निष्कामी, बलिष्ठ, सक्रिय, अहिंसक और समूह प्रेमी, लोगों का मनोबल बढ़ाना, उत्साहित और सक्रिय करने वाला गुण (प्रेरणा का सिद्धान्त) सहित द्वितीय अवतार के समस्त गुण से युक्त वाला गुण तृतीय अवतार वाराह अवतार का गुण था जो अगले अवतार में संचरित हुई।

04. अदृश्य काल के व्यक्तिगत प्रमाणित काल में व्यक्तिगत प्रमाणित अदृश्य प्राकृतिक चेतना से युक्त सत्य आधारित सतयुग में विष्णु के चौथे अवतार - नृसिंह अवतार

मुख्य-गुण सिद्धान्त - प्रत्यक्ष रूप से एका-एक लक्ष्य को पूर्ण करने वाले (लक्ष्य के लिए त्वरित कार्यवाही का सिद्धान्त) गुण सहित तृतीय अवतार के समस्त गुण से युक्त वाला गुण चतुर्थ अवतार नरसिंह अवतार का गुण था जो अगले अवतार में संचरित हुई।

05. अदृश्य काल के व्यक्तिगत प्रमाणित काल में व्यक्तिगत प्रमाणित अदृश्य प्राकृतिक चेतना से युक्त सत्य आधारित सतयुग में विष्णु के पाचवें अवतार - वामन अवतार

मुख्य-गुण सिद्धान्त - भविष्य द्दष्टा, राजा के गुण का प्रयोग करना, थोड़ी सी भूमि पर गणराज्य व्यवस्था की स्थापना व व्यवस्था को जिवित करना, उसके सुख से प्रजा को परिचित कराने वाले गुण (समाज का सिद्धान्त) सहित चतुर्थ अवतार के समस्त गुण से युक्त गुण पाँचवें अवतार का गुण था जो अगले अवतार में संचरित हुई।

ब. सार्वजनिक प्रमाणित अंश प्रत्यक्ष अवतार

06. अदृश्य काल के व्यक्तिगत प्रमाणित काल में व्यक्तिगत प्रमाणित अदृश्य प्राकृतिक चेतना से युक्त सत्य आधारित सतयुग में विष्णु के छठवें अवतार - परशुराम अवतार

मुख्य-गुण सिद्धान्त - गणराज्य व्यवस्था को ब्रह्माण्ड में व्याप्त व्यवस्था सिद्धान्तों को आधार बनाने वाले गुण और व्यवस्था के प्रसार के लिए योग्य व्यक्ति को नियुक्त करने वाले गुण (लोकतन्त्र का सिद्धान्त और उसके प्रसार के लिए योग्य उत्तराधिकारी नियुक्त करने का सिद्धान्त) सहित पाँचवें अवतार के समस्त गुण से युक्त वाला गुण छठें अवतार परशुराम का गुण था जो अगले अवतार में संचरित हुई।

दूसरायुग: त्रेतायुग

स. सार्वजनिक प्रमाणित पूर्ण प्रत्यक्ष अवतार

07. अदृश्य काल के सार्वजनिक प्रमाणित काल में सार्वजनिक प्रमाणित अदृश्य प्राकृतिक चेतना से युक्त यज्ञ (अदृश्य कर्म) आधारित त्रेता युग में विष्णु के सातवें अवतार - श्री राम अवतार- रामायण (मानक व्यक्ति चरित्र)

मुख्य-गुण सिद्धान्त - आदर्श चरित्र के गुण तथा छठें अवतार तक के समस्त गुण को प्रसार करने वाला गुण (व्यक्तिगत आदर्श चरित्र के आधार पर विचार प्रसार का सिद्धान्त) सातवें अवतार श्रीराम का गुण था जो अगले अवतार में संचरित हुई।

तीसरायुग: द्वापरयुग

द. व्यक्तिगत प्रमाणित पूर्ण प्रेरक अवतार

08. दृश्य काल के व्यक्तिगत प्रमाणित काल में व्यक्तिगत प्रमाणित पूर्ण दृश्य सत्य चेतना से युक्त भक्ति और प्रेम आधारित द्वापर युग में विष्णु के आठवें अवतार -योगेश्वर श्री कृष्ण अवतार महाभारत (मानक सामाजिक व्यक्ति चरित्र)

मुख्य-गुण सिद्धान्त - आदर्श सामाजिक व्यक्ति चरित्र के गुण, समाज में व्याप्त अनेक मत-मतान्तर व विचारों के समन्वय और एकीकरण से सत्य-विचार के प्रेरक ज्ञान को निकालने वाले गुण (सामाजिक आदर्श व्यक्ति का सिद्धान्त और व्यक्ति से उठकर विचार आधारित व्यक्ति निर्माण का सिद्धान्त) सहित सातवें अवतार तक

के समस्त गुण आठवें अवतार श्रीकृष्ण का गुण था। जिससे व्यक्ति, व्यक्ति पर विश्वास न कर अपने बुद्धि से स्वयं निर्णय करें और प्रेरणा प्राप्त करता रहे। जो अगले अवतार में संचरित हुई।

चौथा युग: कलियुग

य. सार्वजनिक प्रमाणित अंश प्रेरक अवतार

09. दृश्य काल के व्यक्तिगत प्रमाणित काल में सार्वजनिक प्रमाणित अंश दृश्य सत्य चेतना से युक्त संघ और योजना आधारित कलियुग के प्रारम्भ में विष्णु के नवें अवतार - बुद्ध अवतार

मुख्य-गुण सिद्धान्त - प्रजा को प्रेरित करने के लिए धर्म, संघ और बुद्धि के शरण में जाने की मूल शिक्षा देना नवें अवतार भगवान बुद्ध का गुण (धर्म, संघ और बुद्धि का सिद्धान्त) था। जो अगले अवतार में संचरित हुई।

01. दृश्य काल

पाँचवाँयुग: सत्ययुग/स्वर्णयुग

र. सार्वजनिक प्रमाणित पूर्ण प्रेरक अवतार

10. दृश्य काल के सार्वजनिक प्रमाणित काल में सार्वजनिक प्रमाणित पूर्ण दृश्य सत्य चेतना से युक्त संघ और योजना (दृश्य यज्ञ या कर्म) आधारित कलियुग के अन्त में विष्णु के दसवाँ और अन्तिम - भोगेश्वर श्री लव कुश सिंह "विश्वमानव" निष्कलंक कल्कि अवतार - विश्वभारत (मानक वैश्विक व्यक्ति चरित्र)

आदर्श वैश्विक व्यक्ति चरित्र सहित सभी अवतारों का सम्मिलित गुण व मन निर्माण की प्रक्रिया से निर्मित अन्तिम मन स्वामी विवेकानन्द के मन के गुण मिलकर दसवें अन्तिम अवतार श्री लव कुश सिंह "विश्वमानव" में व्यक्त हुआ।

मुख्य-गुण सिद्धान्त - विश्व धर्म / वेदान्त धर्म / अद्वैत धर्म / एकता धर्म / लोकतन्त्र धर्म / समष्टि धर्म / प्राकृतिक धर्म / सत्य धर्म / संयुक्तमन धर्म / ईश्वर धर्म / हिन्दू धर्म / सार्वजनिक धर्म / दृश्य धर्म / मानव धर्म / धर्मनिरपेक्ष धर्म - लव कुश सिंह "विश्वमानव" - सन् 2012 ई0 - पूर्ववर्ती सभी धर्मो व मतों का समन्वय व एकीकरण करते हुये निराकार आधारित लोकतंत्र व्यवस्था का वृक्ष शास्त्र विश्व-नागरिक धर्म का धर्मयुक्त धर्मशास्त्र-कर्मवेद: प्रथम, अन्तिम तथा पंचम वेदीय श्रृंखला विश्व-राज्य धर्म का धर्मनिपेक्ष धर्मशास्त्र- विश्वमानक-शून्य: मन की गुणवत्ता का विश्वमानक श्रृंखला, आदर्श मानक सामाजिक व्यक्ति चरित्र समाहित आदर्श मानक वैश्विक व्यक्ति चरित्र अर्थात् सार्वजनिक प्रमाणित आदर्श मानक वैश्विक व्यक्ति चरित्र का प्रस्तुतीकरण।

ऋषि और लव कुश सिंह "विश्वमानव"

मानव के पूर्ण संस्कारण क्रिया के विभिन्न चरणों में गति देने वाले महापुरूषों, विभिन्न मुख्य विषयों एवं भविष्य के प्रति कर्मरत महापुरूषों के साथ "मन के मानक" प्रस्तुत करने वाले "अन्तिम समन्वयार्चाय" लव कुश सिंह "विश्वमानव" और उनके समन्वयक सार्वभौम सत्य-सिद्धान्त से तुलानात्मक अध्ययन। इनमें यदि कोई भी सकारात्मक या नकारात्मक विषयों के साथ तुलना न आ पाया हो तो यह न समझना चाहिए कि वे लव कुश सिंह "विश्वमानव" में विद्यमान नहीं है कि परन्तु वे सूक्ष्म और आवश्यक न होने के कारण प्रस्तुत करना आवश्यक नहीं समझा गया है। व्यक्तिगत प्रमाणित मन और आत्मा से सार्वजनिक प्रमाणित मन के मानक अर्थात् आत्मा या स्व या मैं के दृश्यरूप के व्यक्त होने तक की यात्रा पूर्ण अव्यक्त से पूर्ण व्यक्त होने की क्रिया है। मन हो या मन का मानक उसके व्यक्त होने का माध्यम शरीर ही है लेकिन मन के मानक के व्यक्तकर्ता मानव शरीर के साथ यह आवश्यक हो जाता है कि उनके पूर्व सभी महापुरूषों के जीवन, ज्ञान, कर्म, नीति के सत्य अंशों सहित सम्पूर्ण शास्त्र का उनमें समावेश हो अर्थात् मन के मानक का व्यक्तकर्ता मानव सम्पूर्ण ब्रह्माण्ड का दर्पण हो, ब्रह्माण्ड के समक्ष इस भाँति खड़ा हो कि बिना उसे आत्मसात् किये ब्रह्माण्डीय विकास का कोई रास्ता न हो। वे स्वयं सम्पूर्ण शास्त्र का जीवन्त मूर्ति हो। यह कुछ इस भाँति होता है जैसे उसे असंख्य, अनन्त, असीमित व्यापक के व्यक्त होने की तैयारी के लिए समय समय पर महापुरूषों ने आकर विभिन्न दिशाओं से अपना-अपना योगदान दे मन का निर्माण मानवों में कर रखा हो ताकि जब वह विश्वात्मा व्यक्त हो तो वह मात्र अपने स्वरूप को उन निर्मित मनों से जोड़कर स्वयं को व्यक्त कर दे, जैसे ईंट, पत्थर, छड़, सीमेन्ट, बालू इत्यादि और मानव की शक्ति से मिलकर एक सुन्दर भवन का निर्माण हो जाता है। और वह ईंट, पत्थर, छड़ इत्यादि किसी ने पहले से उस मानव के लिए ला रखा हो जिसे भवन का निर्माण करना है। इस प्रकार यह भी आसानी से सिद्ध हो जाता है कि प्रत्येक महापुरूषों में विश्वात्मा ही है लेकिन उनमें सिर्फ कोई विशेष गुण ही मुख्य रूप से प्राथमिकता के साथ व्यक्त हुआ। प्रत्येक की अन्तिम इच्छा जो शरीर त्याग के बाद सूक्ष्म शरीर में विद्यमान रहती है, उस विश्वात्मा में लीन हो शान्ति, स्थिरता, एकता, मोक्ष प्राप्त कर रही है। कभी-कभी अन्तिम इच्छा शरीर त्याग के पूर्व किसी दूसरे योग्य शरीर में संचारित कर दी जाती है। जिससे उनका कार्य जो वे न कर सकें दूसरे शरीर द्वारा समयानुसार पूर्ण हो सके। जैसा कि श्री रामकृष्ण परमहंस ने स्वामी विवेकानन्द में शरीर त्याग के दो-तीन दिन पूर्व संचरित कर दिया था। समयान्तराल अधिक होने के कारण स्वामी विवेकानन्द शरीर त्याग कर सूक्ष्म शरीर में रहे पुनः समयानुसार होने पर लव कुश सिंह "विश्वमानव" के रूप में व्यक्त हो गये।

चेतना शक्ति द्वारा मानव को पशुमानव से ईश्वर मानव के रूप मे संस्कारित करने के पूर्ण चक्र में मुख्य चार चरण है। वे है देश-काल बद्ध कर्म, देश-काल मुक्त ज्ञान, देश-काल बद्ध कर्म, देश-काल मुक्त कर्मज्ञान। जिसमें प्रथम दो व्यक्तिगत प्रमाणित अदृश्य आध्यात्म विज्ञान तथा अन्तिम दो सार्वजनिक प्रमाणित दृश्य आध्यात्म विज्ञान आधारित आध्यात्म के दो चरण हैं। ये दोनों चरण एक दूसरे के दृश्य और अदृश्य रूप हैं जबकि "आत्मा" या "मैं" या "स्व" या "ब्रह्म" या "शिव" दोनों में विद्यमान और व्याप्त है। दृश्य चरण में ये दृश्य, अदृश्य चरण में ये अदृश्य होते हैं।

देश-काल बद्ध कर्म से देश-काल मुक्त ज्ञान का चरण मानव सभ्यता का विकास, सांख्य दर्शन, वैदिक संस्कृति, वेद और वेद आधारित साहित्यों की रचना का काल रहा। देश-काल मुक्त ज्ञान से देश-काल बद्ध कर्म का चरण ज्ञानयुक्त कर्म की ओर श्रीकृष्ण द्वारा प्रेरित करने का समय रहा है। देश-काल बद्ध कर्म से देश-काल मुक्त कर्मज्ञान का वर्तमान और भविष्य का चरण मानव को परिणाम के ज्ञान से युक्त कर्म की ओर लव कुश सिंह "विश्वमानव" द्वारा प्रेरित करने का समय है और होगा। यही अन्तिम चरण है।

देश-काल मुक्त ज्ञान से देश-काल मुक्त कर्मज्ञान के व्यक्त होने के बीच के समय में संत, अन्य धर्म, सम्प्रदाय, भक्ति, योग, नीति, बुद्धि, ज्ञान, वेदान्त इत्यादि के विकास और मानव मन के निर्माण का समय रहा है। संत सम्प्रदाय के कबीर, नानक, रविदास इत्यादि समभाव अर्थात् अद्वैत योग के अन्तर्गत आ जाते हैं जो व्यक्ति के

लिए सत्य ज्ञान तो देते हैं लेकिन ब्रह्माण्डीय विकास के लिए कर्म की ओर प्रेरित नहीं करते हैं। जिन्हें व्यक्तिगत सन्तोष, निवृत्ति, मोक्ष इत्यादि प्राप्त करना है उनके लिए ये पूर्ण सत्य हैं लेकिन यह कहना कि ये या इनमें कोई ही सर्वोपरि है, शुद्ध अज्ञानता और उनके प्रति अंधभक्ति है परन्तु जिन्हें असन्तुष्ट प्रवृति और सभी के साथ मोक्ष प्राप्त करना हो वे समभाव या अद्वैत योग के साथ कर्म की ओर प्रेरित होते हैं।

विभिन्न सम्प्रदायों का जन्म तो श्रीकृष्ण के समय में ही होने लगा था इसके कारण ही उन्होंने सभी विचारों का समन्वय करते हुये गीता उपदेश देकर प्रथम समन्वयाचार्य के रूप में स्वयं को व्यक्त भी किये। सत्य ज्ञान व्यक्तिगत प्रमाणित होता है। इसी कारण उनके द्वारा कहा गया आत्मा के लिए ये शब्द "आदि में मैं हूँ और अन्त में भी मैं हूँ" सत्य होते हुये भी आज तक सार्वजनिक प्रमाणित और सर्वमान्य नहीं हो सका। धर्म-सम्प्रदायों के बढ़ने के कारण वह मानव समाज में आपसी मदभेदों और साम्प्रदायिक दंगों का कारण बना जिसका मुख्य उद्देश्य अपने-अपने धर्म सम्प्रदायों की सर्वोच्चता सिद्ध करना था। परिणामस्वरूप सार्वजनिक प्रमाणित आधार पर इनके बीच स्वयं को प्रयोगशाला बनाकर श्री रामकृष्ण परमहंस "जितने मत उतने पथ" का संदेश देकर समन्वय प्रक्रिया का भाव जगत से प्रारम्भ किये और उन्ही के सिद्धान्तों को स्वामी विवेकानन्द ने विश्वव्यापी रूप से ज्ञान जगत और भौतिक जगत के माध्यम द्वारा समन्वय स्थापित करने का प्रयत्न किये। पुनः उसी क्रम में आगे बढ़ाते हुये अन्तिम चरण में सत्य ज्ञान का दृश्यरूप सार्वजनिक प्रमाणित देश काल मुक्त सार्वभौम सत्य-सिद्धान्त को लेकर अन्तिम सामन्वयार्चाय के रूप मे वर्तमान समय में लव कुश सिंह "विश्वमानव" सम्पूर्ण विश्व के समक्ष व्यक्त हैं जिससे "आदि में मैं था और अन्त में भी मैं हूँ" का सार्वजनिक रूप और सर्वमान्य होने की विवशता व्यक्त है। परिणामस्वरूप भारतीय ऋषि-मुनियों का प्राचीन आविष्कार आत्मा ही एक सत्य है विश्वव्यापी स्तर पर पूर्ण रूप से सिद्ध हो चुका है। दृश्य काल के लिए वेद, ईश्वर नाम, उपनिषद, पुराण , शास्त्र और बुसधैव-कुटुम्बकम के लिए उसके विश्वव्यापी स्थापनार्थ योजना-नीति का निर्माण ऋषि कार्य है। जसके उदाहरण लव कुश सिंह "विश्वमानव" हैं।

"सृष्टि" का अर्थ होता है- सम्पूर्ण ब्रह्माण्ड की रुकी स्थिति के आगे एकात्मता के साथ नवनिर्माण। "सृष्टि करने की स्थिति" में भूतकाल की चर्चा की स्थिति आ जाने पर उसे "सृष्टि रूकना" कहते हैं ऐसी ही स्थिति महाभारत युद्ध के समय श्रीकृष्ण के समक्ष आ गया था जब अर्जुन ने युद्ध से मना कर दिया था परिणामस्वरूप श्रीकृष्ण "गीता" उपदेश के लिए भूतकाल की चर्चा में उलझ गये थे। **"रचना" का अर्थ होता है-** उपलब्धता पर आधारित एकात्मता के साथ नवनिर्माण। **"विकास" का अर्थ होता है-** उपलब्धता पर आधारित नवनिर्माण। विकास का कोई लक्ष्य नहीं होता। जब विकास एकात्मता की ओर होती है तो वह रचना बन जाती है। विकास लक्ष्य विहिन होता है इसलिए कालान्तर में वह विनाश का रुप ले लेती है।

वर्तमान में "पुनर्निर्माण" के अन्तर्गत वही कार्य हैं जो सरकार के वैधानिक प्रक्रिया के अनुसार, उसके सहयोग और उससे मुक्त अवस्था में रहकर व्यक्ति स्वयं सामाजिक, आर्थिक और मानसिक नवनिर्माण के लिए कर सकता है। क्योंकि इस संसार में कुछ भी सुधार के लिए नहीं है, या तो वह पूर्ण है या वह विकसित करने के लिए है। वृक्ष की शाखा को पुनः तने में नहीं समेटा जा सकता बल्कि उसे विकसित कर बीज तक अवश्य पहुँचाया जा सकता है, जिससे पुनः वृक्ष का नवनिर्माण हो। किसी व्यक्ति का सुधार नहीं होता बल्कि वह विकसित होता है। और वह नया मानव बनता है। समस्त सुधारों का एक मात्र रास्ता है-नवनिर्माण। इसलिए वातावरण को बदलना आवश्यक है जिससे व्यक्ति स्वयं बदल जायेगा और यही एक मात्र उपाय है।

सभी नवनिर्माण मुख्यतः तीन क्षेत्रों में होते हैं-शारीरिक, आर्थिक व मानसिक। जिस प्रकार किसी व्यक्ति (व्यष्टि) का शारीरिक, आर्थिक व मानसिक नवनिर्माण होता है उसी प्रकार व्यक्ति-समूह या देश (समष्टि) का शारीरिक, आर्थिक व मानसिक नवनिर्माण होता है। "पुनर्निर्माण" व्यष्टि व समष्टि दोनों के लिए नवनिर्माण का एक मात्र उपाय है।

पौराणिक कथाओं में एवं आधारित फिल्म या दूरदर्शन के धारावाहिकों में दिखाया जाता है कि नारद जी देव लोक जाते हैं और पृथ्वी की समस्याओं को देवताओं के समक्ष रखते हैं और उस अनुसार देवतागण अपने कार्य क्षेत्रानुसार समस्या पर चिन्तन करते हैं एवं हल निकालकर पृथ्वीवासियों को उपलब्ध कराते हैं।

शिक्षा में सुधार, सामाजिक परिवर्तन या कोई अन्य समस्या पर सम्मेलन, सेमिनार, संवाद इत्यादि केवल समस्या विषय पर चिन्तन हैं। जैसे पौराणिक कथाओं में देवताओं का समस्या पर चिन्तन होता है लेकिन समस्या का हल ही ना निकले तो चिन्तन केवल एक आयोजन मात्र बनकर रह जाता है। हाँ, देश-विदेश में इस प्रकार के होने वाले आयोजन से निकले विचार उनके लिए महत्वपूर्ण जरूर बन जाता है जो कहीं दूर से इसे आकड़ें के रूप में देखते हुये मनुष्यों के लिए आवश्यकता समझते हुये हल पर कार्य करने वाले होते हैं। इसलिए ही तो कहा गया है-

भक्त वही, जो भगवान को बेच सके,
चेला वही, जो गुरू से कुछ ले सके,
संत वही, जो समाज को कुछ दे सके,
और
अवतार वही, जो पृथ्वी की आवाज सुन सके।

वो आवाज सुनी गयी और उसका हल तैयार किया गया। जो निम्न मूल सिद्धान्त पर आधारित है। यदि यह सार्वजनिक रूप से सत्य है, स्वीकार है तो यह समझना चाहिए कि सार्वभौम समस्या समाधान के लिए विकसित प्रणाली पूर्णतया सार्वभौम सत्य सैद्धान्तिक है क्योंकि प्रणाली का विकास इन पर ही आधारित है चाहे वह समष्टि समाधान के लिए हो या व्यष्टि समाधान के लिए।

ये सिद्धान्त हैं-

1. **सम्पूर्ण ब्रह्माण्ड में कुछ भी स्थिर नहीं है।**
2. **सभी स्वयं की स्थिरता और शान्ति के लिए गतिशील हैं।**
3. **उस सार्वभौम एकात्म (सार्वभौम आत्मा) का कोई नाम नहीं हैं, उसका नाम मानवीय भाषा के केवल शब्द हैं।**

समष्टि (संयुक्त) समाधान

समष्टि रचना के लिए आवश्यक कार्य है- उपलब्ध संसाधनों का ज्ञान और उस पर एकात्म (सार्वभौम आत्मा) आधारित विकास की योजना। समष्टि समाधान के लिए निम्नलिखित प्रणाली को प्रेरणा के रूप में विकसित किया गया है जिसे इस दिशा से कार्य करने वाले राष्ट्रीय पार्टी/सामाजिक संस्था/दल/रचनात्मक/आन्दोलन/मोर्चा इत्यादि को मार्ग प्राप्त हो जाये। वे इसका प्रयोग बिना किसी के अनुमति के कर सकते हैं।

- विश्व राजनीतिक पार्टी संघ (World Political Party Organisation - WPPO)
- राष्ट्रीय क्रान्ति मोर्चा
- राष्ट्रीय सहजीवन आन्दोलन
- स्वराज-सुराज आन्दोलन
- विश्व एकीकरण आन्दोलन (सैद्धान्तिक)
- विश्वव्यापी स्थापना का स्पष्ट मार्ग
- एक विश्व - श्रेष्ठ विश्व के निर्माण के लिए आवश्यक कार्य

व्यष्टि (व्यक्तिगत) समाधान

व्यष्टि रचना के लिए आवश्यक कार्य है- एकात्म (सार्वभौम आत्मा) आधारित पूर्ण ज्ञान की शिक्षा। "सत्य मानक शिक्षा" का विवादमुक्त पाठ्यक्रम प्राप्त किया जा चुका है और वह मैकाले शिक्षा पाठ्यक्रम को बदले बिना "पूरक शिक्षा पाठ्यक्रम" के रूप में उपलब्ध है। इस आधार पर "सत्य मानक शिक्षा" का पाठ्यक्रम और उसे जन-

जन तक पहुँचाने के लिए योजना बनाया गया है। राष्ट्र के पूर्णत्व के लिए पूर्ण शिक्षा निम्नलिखित शिक्षा का संयुक्त रूप है-

अ-सामान्यीकरण (Generalisation) शिक्षा

ज्ञान के लिए-यह शिक्षा व्यक्ति और राष्ट्र का बौद्धिक विकास कराती है जिससे व्यक्ति व राष्ट्रीय सुख में वृद्धि होती है।

ब-विशेषीकरण (Specialisation) शिक्षा

कौशल के लिए-यह शिक्षा व्यक्ति और राष्ट्र का कौशल विकास कराती है जिससे व्यक्ति व राष्ट्रीय उत्पादकता में वृद्धि होती है।

स-सत्य नेटवर्क (REAL NETWORK) – समाज में प्रकाशित होने के लिए

वर्तमान समय में विशेषीकरण की शिक्षा, भारत में चल ही रहा है और वह कोई बहुत बड़ी समस्या भी नहीं है। समस्या है सामान्यीकरण शिक्षा की। व्यक्तियों के विचार से सदैव व्यक्त होता रहा है कि-मैकाले शिक्षा पद्धति बदलनी चाहिए, राष्ट्रीय शिक्षा नीति व पाठ्यक्रम बनना चाहिए। ये तो विचार हैं। पाठ्यक्रम बनेगा कैसे?, कौन बनायेगा? पाठ्यक्रम में पढ़ायेंगे क्या? ये समस्या थी। और वह हल की जा चुकी है। जो भारत सरकार के सामने सरकारी-निजी योजनाओं जैसे ट्रांसपोर्ट, डाक, बैंक, बीमा की तरह निजी शिक्षा के रूप में "पुनर्निर्माण-सत्य शिक्षा का राष्ट्रीय तीव्र मार्ग (RENEW-Real Education National Express Way)" द्वारा पहली बार इसके आविष्कारक द्वारा प्रस्तुत है।

सत्य सिद्धान्त के सम्पूर्ण विषयों में व्याप्त शाखाओं का सम्पूर्ण ज्ञान से युक्त हो एक साथ सभी दिशाओं से लव कुश सिंह "विश्वमानव" को देखने पर उनके विश्वरूप को तथा जीवन, कर्म और ज्ञान को एक साथ सभी दिशाओं से देखने पर लव कुश सिंह "विश्वमानव" के दिव्यरूप को देखा जा सकता है। विश्वरूप और दिव्यरूप को देखने के लिए पहले ज्ञान की व्याप्त शाखा और फिर दिव्य दृष्टि "अनेक दिशाओं से एक साथ देखना" से युक्त होना आवश्यक है। व्याप्त रूप इस प्रकार है।

01. धर्म प्रवर्तक और उनका धर्म चक्र मार्ग से

स्वर्णयुग धर्म
(धर्म ज्ञान का अन्त)
पहले विभिन्न धर्म प्रवर्तक और अब अन्त में "मैं" और मेरा "विश्वधर्म"

02. आचार्य और दर्शन चक्र मार्ग से

पहले विभिन्न आचार्य तथा उनके दर्शन और अब अन्त में "मैं" और मेरा "कर्मवेदांत" और "विकास दर्शन"

03. गुरू चक्र मार्ग से

पहले विभिन्न गुरू और अब अन्त में विश्वगुरू "मैं"

04. संत चक्र मार्ग से

पहले विभिन्न संत और अब अन्त में विश्वसंत "मैं"

05. समाज और सम्प्रदाय चक्र मार्ग से

पहले विभिन्न समाज सुधारक और अब अन्त में मेरा "ईश्वरीय समाज"

06. सत्य शास्त्र-साहित्य चक्र मार्ग से
पहले विभिन्न सत्य शास्त्र-साहित्य और अब अन्त में मेरा "विश्वशास्त्र"

07. कृति चक्र मार्ग से
पहले विभिन्न कृति और अब अन्त में मेरी कृति "सत्यकाशी ब्रह्माण्डीय एकात्म विज्ञान विश्वविद्यालय"

08. भूतपूर्व धार्मिक-राजनैतिक-सामाजिक नेतृत्वकर्ता चक्र मार्ग से
पहले विभिन्न भूतपूर्व धार्मिक-राजनैतिक-सामाजिक नेतृत्वकर्ता और अब अन्त में "मैं"

09. वर्तमान धार्मिक-राजनैतिक-सामाजिक नेतृत्वकर्ता चक्र मार्ग से
पहले विभिन्न वर्तमान धार्मिक-राजनैतिक-सामाजिक नेतृत्वकर्ता और अब अन्त में "मैं"

10. "भारत माता मन्दिर (ऋषिकेश) "
पहले भारतमाता मन्दिर और अब अन्त में उसमें "मैं" और "विश्वधर्म मन्दिर"

11. प्रकृति, काल और पुर्नजन्म चक्र मार्ग से

प्रकृति चक्र
पहले सर्वोच्च सत्-रज-तम मार्ग के श्रीकृष्ण, स्वामी विवेकानन्द एवं रावण और अब अन्त में "मैं"

पुर्नजन्म चक्र
पहले श्रीकृष्ण, स्वामी विवेकानन्द एवं रावण और अब अन्त में उनका पुनर्जन्म "मैं"

काल चक्र
पहले सर्वोच्च काल मार्ग के श्रीकृष्ण एवं स्वामी विवेकानन्द और अब अन्त में काल "मैं"

12. आत्मा चक्र मार्ग से
पहले सभी आत्मा और अब अन्त में विश्वात्मा "मैं"

13. मनु चक्र मार्ग से
पहले अदृश्य सात मनु और अब दृश्य आठवाँ सावर्णि मनु "मैं"

14. पहले सभी ऋषि और व्यक्तिगत प्रमाणित अदृश्य "मैं", अब अन्त में विश्व ऋषि और सार्वजनिक प्रमाणित दृश्य "सार्वभौम मैं"

किसी भी युग में अवतार, महापुरूष, संत या किसी भी व्यक्ति के गुण को सीधे देखकर पहचानने की क्षमता किसी भी व्यक्ति के अन्दर नहीं रही है। उस व्यक्ति को, स्वयं के अपने गुणों को ज्ञान, कर्म, जीवन के माध्यम द्वारा व्यक्त करना होता है। उसके बाद ही कुछ लोग उन्हें पहचानते हैं और उनके साथ एक-दूसरे के सदुपयोग के लिए साथ आते रहे हैं। प्राचीन समय में यह कार्य बहुत कठिन होता था इसके लिए वे अनेक प्रकार के आयोजन करते थे।

वर्तमान युग में भी अनेक प्रकार के आयोजन जैसे-सेमिनार, सम्मेलन, प्रदर्शनी, मेले, परीक्षाएँ, प्रतिस्पर्धा इत्यादि द्वारा अपनी योग्यता प्रदर्शित किये जाते हैं। परन्तु यह सब समय लेने वाला है और आम नागरिक के योग्यता को व्यक्त करने का माध्यम नहीं बन पाता। दुनिया बहुत तेज हो चुकी है। ऐसे में किसी विशेष कार्य के

लिए कोई भी संस्था/व्यक्ति/योजना संचालक शीघ्रता से अपने कार्य के लिए योग्य व्यक्ति से जुड़ना चाहता है। सीधे व्यक्ति से व्यक्ति के सम्बन्धित होने, परिचय बनाने के कार्य में मनुष्य जीवन इतना छोटा है कि वह एक सिमित दायरे तक ही रह जाता है। व्यापक दायरे तक जाने के लिए व्यक्ति का निराकार रूप विचार-गुण-योग्यता को ही प्रकाशित करना होता है।

शैक्षिक संस्थान अपने शिक्षार्थी की योग्यता को प्रकाशित करने के लिए अनेक कार्यक्रम जैसे-सेमिनार, सम्मेलन, परीक्षाएँ, प्रतिस्पर्धा इत्यादि आयोजित करती रहती है। राष्ट्र निर्माण का व्यापार-पुनर्निर्माण भी अपने विद्यार्थी के गुणों को प्रकाशित करने के लिए डिजिटल सत्य नेटवर्क की सुविधा और आजीवन रायल्टी प्रदान करता है।

विद्रोही या सार्वजनिक प्रमाणित कृष्णकला समाहित विश्वमानव कला

मैं कभी भी किसी भी जीवन में विद्रोही नहीं था और न हूँ, क्योंकि विद्रोह तो उसे कहते है जो सामाजिक धारा, इन्द्रिय, सांसारिकता और सांसारिक प्रबन्ध का पूर्ण विरोध करता है। व्यक्तिगत प्रमाणित अदृश्य रूप से सर्वप्रथम मैं (सार्वभौम आत्मा) "लव कुश" के रूप में व्यक्ति "राम" के विरूद्ध चलकर "राम" में ही समाहित हो गया। व्यक्तिगत प्रमाणित दृश्य रूप से मध्य में मैं (सार्वभौम आत्मा) "कृष्ण" के रूप में समाज की धारा के विरूद्ध चलकार समाज की धारा में ही व्यक्तिगत रूप से समाहित हो गया। इसलिए धारा के विरूद्ध अर्थात "राधा" प्रिय होते हुये भी मेरा लक्ष्य "राधा" नहीं थी, यही मेरा व्यक्तिगत प्रमाणित दृश्य कला अर्थात् व्यक्तिगत प्रमाणित दृश्य कृष्णकला थी। सार्वजनिक प्रमाणित दृश्य रूप से अन्त में मैं (सार्वभौम आत्मा) "विश्वमानव" के रूप में विश्व की धारा के विरूद्ध चलकर विश्व की धारा में ही सार्वजनिक रूप से समाहित हो गया। यह मेरी सार्वजनिक प्रमाणित कृष्ण कला है। जो मुझे प्रिय होते हुये भी मेरा लक्ष्य नहीं है। क्या मैं (सार्वभौम आत्मा) "लव कुश", "कृष्ण" और "विश्वमानव" के रूप में एक ही नही हूँ? क्या मेरी प्रिय कला-समाज के विरूद्ध "राधा" और "कृष्णकला" एक ही नहीं है।

प्रत्येक पूर्णावतार के जीवन में उसके व्यक्त होने की कला तथा अगले पूर्णावतार के व्यक्त होने की कला का संकेत रूप दिया रहता है। ब्रह्मा के पूर्णावतार श्रीराम के जीवन मे वर्तमान परिस्थितियों पर कर्म करना राम कला थी जबकि लव कुश का व्यवहार-विरूद्ध फिर समाहित होना अगले पूर्णावतार की कला का व्यक्तिगत प्रमाणित अदृश्य संकेत रूप था। विष्णु के व्यक्तिगत प्रमाणित पूर्णावतार श्रीकृष्ण के जीवन में रामकला समाहित समाज की धारा के विरूद्ध चलकर समाज की धारा में ही समाहित हो जाना कृष्ण कला थी। जो कि अगले पूर्णावतार की कला का व्यक्तिगत प्रमाणित दृश्य संकेत रूप था। शिव-शंकर के पूर्णावतार तथा विष्णु के सार्वजनिक प्रमाणित पूर्णावतार के जीवन में कृष्णकला का सार्वजनिक प्रमाणित दृश्य रूप है। जबकि विश्व की धारा जहाँ तक पहुँच चुकी है, वहाँ से स्वयं को जोड़ लेना "विश्वमानव कला" है।

मनुष्य जीवन इसलिए प्राप्त होता है कि वह आत्मोन्नति कर इस पृथ्वी पर ही यथार्थ स्वर्ग की अनुभूति करे। परन्तु सामान्यतः ऐसा देखने को नहीं मिलता है। हम यहाँ विभिन्न प्रकार की समस्याओं में मायाग्रस्त हो जाते हैं। इन विभिन्न समस्याओं अर्थात माया के बीच रहते हुये भी किस प्रकार अनासक्त होकर माया पर नियंत्रण अर्थात मायापति हो जीवन का सफलतम भोग और संचालन करें, यही जीने की कला है। व्यक्तिगत, व्यक्तिगत समाहित सामाजिक तथा व्यक्तिगत और सामाजिक समाहित सार्वजनिक जीवन तीनों का संग्रहणीय, संक्रमणीय, गुणात्मक स्तर में जीने की कला का सफलतम सर्वोच्च और अन्तिम अभिनयकर्ता क्रमशः व्यक्तिगत प्रमाणित श्री कृष्ण और सार्वजनिक प्रमाणित श्री लव कुश सिंह "विश्वमानव"हैं। जिनकी कला को क्रमशः कृष्ण कला और विश्वमानव कला के रूप में जानते हैं। इस कला को ही कर्मज्ञान या जीने की कला कहते है। इस कर्मज्ञान का पूर्ण व्यक्त अन्तिम रूप अन्तिम अवतार श्री लव कुश सिंह "विश्वमानव" द्वारा व्यक्त हुआ है।

आत्मा-शिव-ईश्वर-ब्रह्म तत्व के पूर्ण व्यक्त स्वरूप की व्याख्या कथा रूप में व्यक्तिगत प्रमाणित साकार प्रक्षेपण करने वाले शास्त्र को पुराण कहते हैं। जिसमें पूर्ण व्यक्त आत्मा शिव-ईश्वर-ब्रह्म रूप एकात्म ज्ञान और कर्म समाहित एकात्म ध्यान है। एकात्म ज्ञान का प्रक्षेपण ब्रह्मा, एकात्म ज्ञान समाहित एकात्म कर्म का प्रक्षेपण विष्णु तथा एकात्म ज्ञान और एकात्म कर्म समाहित एकात्म ध्यान का प्रक्षेपण शिव-शंकर हैं। अर्थात ब्रह्मा, विष्णु में तथा विष्णु, शिव-शंकर में समाहित हैं जिस प्रकार ब्रह्मा, विष्णु में तथा विष्णु, शिव-शंकर में समाहित हैं उसी प्रकार उनके साकार सगुण दृश्य पूर्णावतार क्रमशः श्री राम, श्री कृष्ण में तथा श्री कृष्ण, श्री लव कुश सिंह "विश्वमानव" में समाहित हैं। परिणामस्वरूप रामकला, कृष्णकला में तथा कृष्णकला का विश्वमानव कला में समाहित होना सिद्धान्ततः सत्य भी है।

विश्वमानव कला वही भोगेश्वर का अन्तिम सत्य कर्मज्ञान है जो योगेश्वर श्री कृष्ण के जीवन में अदृश्य व्यक्तिगत प्रमाणित अंश रूप में था। जिसे उन्होंने गीतोपनिषद में व्यक्त ही नहीं किया और इसे स्वयं अपने साथ ले गये, जो अब भोगेश्वर विश्वमानव द्वारा सार्वजनिक प्रमाणित रूप से व्यक्त हुई। ऐसा क्यों हुआ? ऐसा इसलिए हुआ कि बिना उचित समय के कोई ज्ञान समाज को प्राप्त नहीं होता। वर्तमान में सम्पूर्ण मानव जाति कर्मज्ञान के भूख में व्याकुल है जिसके बिना सारे दुर्गुण तेजी से बढ़ रही है। व्यवस्था सम्भालने के लिए बुद्धिजीवी, ज्ञानी, धर्मज्ञानी, नेता, समाजशास्त्री प्रयत्नशील है परन्तु स्थिति और भी खराब होती जा रही है। योगेश्वर श्री कृष्ण एकात्म कर्म करते हुए ज्ञान दे गये और एकात्म कर्मज्ञान ले गये। भोगेश्वर विश्वमानव एकात्म ध्यान द्वारा एकात्म कर्म करते हुये एकात्म कर्मज्ञान दे गये और स्वयं को सभी और सभी को स्वयं में एकाकार कर दिये।

इस कर्मज्ञान की सत्यता का प्रमाण क्या है। सम्पूर्ण क्रियाकलापों को संचालित वाले मूल दो कर्ता मानव और प्रकृति दोनों का कर्मज्ञान यही है। प्रकृति तो पूर्ण धारण कर सफलतापूर्वक कार्य कर रही है। मानव जाति में जो भी सफलता प्राप्त कर रहे हैं। वे इसके आंशिक धारण में तथा जो असफलता प्राप्त कर रहे हैं। वे पूर्णतः अज्ञानता और धारणमुक्त हैं बावजूद इसके कर्मज्ञान से प्रकृति या अन्य मानव या संयुक्त मन द्वारा प्रभावित और संचालित हैं। पूर्ण धारण करके ही श्रीकृष्ण अदृश्य व्यक्तिगत प्रमाणित योगेश्वर विश्वात्मा प्रथम समन्वयाचार्य श्रीकृष्ण के रूप में तथा श्री लव कुश सिंह, दृश्य सार्वजनिक प्रमाणित भोगेश्वर विश्वात्मा अन्तिम समन्वयाचार्य विश्वमानव के रूप में व्यक्त हुये। इस कर्मज्ञान को श्री कृष्ण और विश्वमानव ने आविष्कृत किया, स्वयं जीया और सार्वजनिक रूप से मानवजाति के कल्याणार्थ व्यक्त किया। इससे बढ़कर इस कर्मज्ञान की सत्यता का प्रमाण क्या हो सकता है। श्रीकृष्ण और श्री लव कुश सिंह "विश्वमानव" का कर्मक्षेत्र सम्पूर्ण ब्रह्माण्ड था परन्तु अन्य मानव का कर्मक्षेत्र छोटा हो सकता है। लेकिन कर्मज्ञान तो सभी का एक ही होगा।

चूंकि मानव कर्म करते-करते ज्ञान प्राप्त कर प्रकृति के क्रियाकलापों को धीरे-धीरे अपने अधीन करने की ओर अग्रसर है इसलिए पूर्णतः प्रकृति के पद पर बैठने के लिए प्रकृति द्वारा धारण की गई सन्तुलित कार्यप्रणाली को मानव द्वारा अपनाना ही होगा। अन्यथा वह सन्तुलित कार्य न कर अव्यवस्था उत्पन्न कर देगा। यह वैसे ही है जैसे किसी कर्मचारी को प्रबंधक (मैंनेजर) के पद पर बैठा दिया जाये तो सन्तुलित कार्य संचालन के लिए मैंनेजर की सन्तुलित कार्यप्रणाली को उसे अपनाना ही होगा। अन्यथा वह सन्तुलित कार्य न कर अव्यवस्था उत्पन्न कर देगा।

भाग-1

आविष्कार और आविष्कारक का संक्षिन्त परिचय

आविष्कार क्यों हुआ?

आविष्कारक कौन है?

क. भौतिक रूप से

ख. आर्थिक रूप से

ग. मानसिक रूप से

घ. नाम रूप से

च. समय रूप से

आविष्कार विषय क्या है?

आविष्कार की उपयोगिता क्या है?

आविष्कार किस प्रकार हुआ?

आविष्कार और आविष्कारक का संक्षिन्त परिचय

प्रत्येक आविष्कार के साथ जो घटनाएँ घटित होती है उनका स्पष्टीकरण निम्नवत् है-

01. आविष्कार क्यों हुआ?

स्थिर सूर्य हमेशा गर्मी व प्रकाश दे रहा है। यह अलग बात है कि गतिशील पृथ्वी पर जिस ओर प्रकाश पहुँच रहा है, उधर दिन है और जिस ओर नहीं पहुँच रहा उधर रात है। चाँद भी सूर्य के प्रकाश को लेकर पृथ्वी के रात के हिस्से में शीतल प्रकाश दे रहा है। हवा बहती है तो जीव-जन्तुओं को अच्छा लगता है। फलदार वृक्षों का फल खाना हमारी आवश्यकता है। रंग-बिरंगे फूल व अन्य के गंध से हमें सुगन्ध व दुर्गन्ध का आभास होता है। कोयल की आवाज हमें अच्छी लगती है।

परन्तु, सूर्य इसलिए गर्मी व प्रकाश नहीं दे रहा कि पृथ्वीवासीयों के कल्याण के लिए यह आवश्यक है। वह तो अपनी शान्ति व स्थिरता के लिए जल रहा है। उसके इस जलन में वनस्पतियों व जीवों की आवश्यकता सम्मिलित हो तो इससे सूर्य को क्या मतलब? इसी प्रकार चाँद की शीतलता भी हमारी आवश्यकता को ध्यान में रखकर नहीं आती। हवा भी हमारे लिए नहीं बहती, वह तो अपनी शान्ति व स्थिरता के लिए एक ओर से दूसरी ओर भागती है। बीच में हम सभी आ जाते हैं और उसका स्पर्श हमें अच्छा लगता है। फलदार वृक्ष भी इसलिए नहीं फलते कि ये फल जीवों को खिलाये जाने के लिए आवश्यक है। रंग-बिरंगे फूल भी हमारे लिए नहीं खिलते यह तो उनका स्वभाव या प्रकृति है और उनका रंग-बिरंगा रूप व गंध हमें अच्छा लगता है। कोयल भी अपनी आवाज हमें सुनाने के लिए नहीं निकालती, वह तो उसकी प्रकृति है।

यदि सूर्य को यह ज्ञान हो जाये कि मेरे ही प्रकाश से पृथ्वी पर जीवन है तो वह अहंकारी हो जायेगा। यदि चाँद को यह ज्ञान हो जाये कि मेरा शीतल प्रकाश जीवों की आवश्यकता है तो चाँद अहंकारी हो जायेगा। यदि हवा को यह ज्ञान हो जाये कि मेरा रहना व बहना पृथ्वीवासीयों के जीवन के लिए मजबूरी है तो वह अहंकारी हो जायेगा। इसी प्रकार फूलों, फलदार वृक्षों इत्यादि के सम्बन्ध में भी है।

इस संसार में कोई भी किसी दूसरे के लिए कर्म नहीं करता। सभी अपनी शान्ति एवं स्थिरता के लिए ही कर्म करते हैं। बस अन्तर इतना होता है कि किसी का कर्म पूर्ण रूप से उसी के लिए लाभकारी होता है वहीं अन्य किसी का कर्म पूर्ण रूप से उसके के लिए लाभकारी होते हुये भी अन्य को भी लाभ पहुँचाता है। यह उसी प्रकार है जिस प्रकार सूर्य का प्रकाश हमें लाभ पहुँचाता है परन्तु दूर स्थित तारे का प्रकाश हमें उतना लाभ नहीं पहुँचाता। जबकि दोनों अपनी ही शान्ति एवं स्थिरता के लिए कर्म कर रहें हैं।

यह आविष्कार भी इसलिए नहीं हुआ कि आविष्कारकर्ता इस विश्व का कल्याणकर्ता है बल्कि इसलिए हुआ कि यह उसका स्वभाव या प्रकृति है। वह अपनी शान्ति एवं स्थिरता के लिए कर्म किया जिससे यह आविष्कार परिणाम रूप में निकला है। अब यदि इससे विश्व कल्याण होता है तो हो जाये। जिस प्रकार मनुष्य, सूर्य के प्रकाश का उपयोग अपनी बुद्धि से अपने जीवन के लिए भिन्न-भिन्न प्रकार से कर लेता है उसी प्रकार इस आविष्कार का प्रयोग मनुष्य अपने जीवन में भिन्न-भिन्न प्रकार से कर ले तो यह मनुष्यों की अपनी बुद्धिमानी होगी और उनके लिए प्रकाशमय दिन होगा।

जिस प्रकार मन से युक्त प्रत्येक मानव अपनी स्थिरता व शान्ति के लिए कर्म करता है उसी प्रकार विश्वमन से युक्त मानव भी अपनी शान्ति व स्थिरता के लिए कर्म करता है। यह आविष्कार उस विश्वमन से युक्त मानव ने अपनी शान्ति व स्थिरता के लिए अपनी प्रकृति के अनुरूप किया है। इसलिए अनेक मनुष्य यह सोच सकते हैं कि मैंने विश्व कल्याण के लिए कार्य किया है, ऐसी बात नहीं है। समयानुसार इस विश्व को जब भी जिस ज्ञान

की आवश्यकता आ पड़ती है तब वह विश्वमन किसी योग्य मानव शरीर के माध्यम से उसे व्यक्त कर उपलब्ध कराता रहा है और कराता रहेगा, जब तक कि ज्ञान का अन्त न हो जाये।

जब कोई भी वस्तु अपनी प्रकृति को व्यक्त करता है तब अहंकार नहीं होता बल्कि वह स्वभाव और वास्तविक स्वरूप होता है। व्यक्तिगत "मैं" अहंकार है, सार्वभौम "मैं" वास्तविक स्वरूप है। व्यक्तिगत "मैं" असत्य है, सार्वभौम "मैं" सत्य है जिसमें सभी समाहित है और सब में विद्यमान है। इसलिए सूर्य को अहंकार नहीं, चाँद को अहंकार नहीं, हवा को अंहकार नहीं, फूलों, वृक्षों व कोयल को अहंकार नहीं क्योंकि ये सब अपनी प्रकृति व सार्वभौम "मैं" में स्थापित हैं।

जब मन युक्त मनुष्य व जीव अपनी शान्ति व स्थिरता के लिए कर्म विमुख नहीं हो सकता तो विश्वमन से युक्त मनुष्य अपनी शान्ति व स्थिरता के लिए कैसे कर्म विमुख हो सकता है? जिस प्रकार मेरे कहने से कोई अपना कर्म नहीं छोड़ सकता उसी प्रकार किसी के कहने से मैं अपना कर्म नहीं छोड़ सकता। जिस प्रकार मन से युक्त मानव का एक परिवार है जिससे वह प्रेम करता है और उसके लिए वह कर्म कर रहा है, उसी प्रकार विश्वमन से युक्त मनुष्य का परिवार यह सारा विश्व-ब्रह्माण्ड है जिससे वह प्रेम करता है और उसके लिए वह कर्म कर रहा है। जिसका जितने क्षेत्र से प्रेम होता है, ठीक उतने ही क्षेत्र के लिए वह कर्म करता है। यह आविष्कार विश्व क्षेत्र से प्रेम का परिणाम है। इस विश्व-ब्रह्माण्ड रूपी परिवार सहित प्रत्येक व्यक्ति व उसके परिवार के लिए है क्योंकि विश्व परिवार में सभी समाहित हैं। यही मन से युक्त मानव और विश्वमन से युक्त विश्वमानव में अन्तर भी है। यह आविष्कार इसलिए ही हुआ क्योंकि ऐसा समय आ गया था कि विश्व का मानवीय ज्ञान अपने चरम पर पहुँचकर विनाशात्मकता व नकारात्मकता की ओर गिर रही थी और विश्व पारिवारिक एकीकरण संकट में पड़ने की ओर बढ़ रहा था।

02. आविष्कारक कौन है?

पत्र-व्यवहार के द्वारा बहुत से लोगों ने पूछा था कि आप कौन हैं? यहाँ इस प्रश्न का उत्तर संक्षिप्त रूप से दिया जा रहा है। इस विश्वशास्त्र में विस्तारपूर्वक भी दिया गया है।

अपने विशेष कला के साथ जन्म लेने वाले व्यक्तियों के जन्म माह अक्टुबर के सोमवार, 16 अक्टुबर 1967 (आश्विन, शुक्ल पक्ष-त्रयोदशी, रेवती नक्षत्र) को रिफाइनरी टाउनशिप अस्पताल (सरकारी अस्पताल), बेगूसराय (बिहार) में जन्म हुआ और रिफाइनरी टाउनशिप के E-1/53, E-2/53, D-2F/76, D2F/45 और साइट कालोनी के D-58, C-45 में रहें। मैं यह बताना चाहता हूँ कि मैं भारत देश का एक सामान्य नागरिक और ग्रामीण क्षेत्र से हूँ। कभी किसी पद पर सरकारी नौकरी नहीं किया। नौकरी करता तो यह नहीं कर पाता। पद पर रहता तो केवल पद से सम्बन्धित ही विशेषज्ञता आ पाती। वैसे भी पत्र-व्यवहार या पुस्तक का सम्बन्ध ज्ञान और विचार से होता हैं उसमें व्यक्ति के शरीर से क्या मतलब? क्या कोई लंगड़ा या अंधा होगा तो उसका ज्ञान-विचार भी लंगड़ा या अंधा होगा? क्या कोई किसी पद पर न हो तो उसकी सत्य बात गलत मानी जायेगी? विचारणीय विषय है। परन्तु इतना तो जानता हूँ कि यह आविष्कार यदि सीधे-सीधे प्रस्तुत कर दिया जाता तो सभी लोग यही कहते कि इसकी प्रमाणिकता क्या है? फिर मेरे लिए मुश्किल हो जाता क्योंकि मैं न तो बहुत ही अधिक शिक्षा ग्रहण किया था, न ही किसी विश्वविद्यालय का उच्चस्तर का शोधकर्ता था। परिणामस्वरूप मैंने ऐसे पद "कल्कि अवतार" को चुना जो समाज ने पहले से ही निर्धारित कर रखा था और पद तथा आविष्कार के लिए व्यापक आधार दिया जिसे समाज और राज्य पहले से मानता और जानता है।

वर्तमान युग में कविताओं से जागृति नहीं आती न ही देश चल सकता है, अब वह एक मनोरंजन का रूप बन गया है। वर्तमान में और भविष्य में जो संस्कृति जन्म ले रही है वह है-रोजगार के प्रति चिन्ता और सुव्यवस्था। जिसमें ज्ञान-कर्मज्ञान की आवश्यकता है। 15 अगस्त 1986 को लगभग 19 वर्ष के उम्र में मैंने

निम्नलिखित कविता लिखी थी जिसको जीवन में उतारने के लिए प्रयत्न किया और उसका परिणाम आपके सामने "विश्वशास्त्र" के रूप में है।

क्या पता दिल में कौन क्या छुपाये रखा है।
हमने तो दिल में देश की ममता छुपाये रखा है।
सबके दिल में खुशी है, देश की आजादी का।
देश रहे आजाद, गम नहीं खुद की बरबादी का।
हमने तो अखण्डता का सिद्धान्त बनाये रखा है।
क्या पता दिल.................................।
देश में हो रहे अन्याय को हम मिटा डालेंगे।
हर नागरिक को उसका अधिकार दिला डालेंगे।
हमने तो देश में श्रीराम राज्य लाने को सोच रखा है।
क्या पता दिल.................................।
हम तोड़ डालेंगे उन नामी ताकतों को।
बढ़ाये हाथ जो इस तरफ, उन हाथों को।
हमने तो अपने यहाँ ऐसा यंत्र बनाये रखा है।
क्या पता दिल.................................।
एटम बम समाप्त हो जाये तो भी गम नहीं।
समाप्त हो जाये सारी शक्ति तो भी गम नहीं।
हमने तो एक ज्ञान बम बनाये रखा है।
क्या पता दिल.................................।
खुद को देश पर तन मन से लुटा जाना है।
उठाये आँख जो इस तरफ, उसको मिटा जाना है।
हमने तो कुर्बानी पर, पहला नम्बर लगाये रखा है।
क्या पता दिल.................................।

देश, रिश्ता और रक्त सम्बन्ध में खराबी ही पूर्णावतारों के अवतरण का कारण होता है। ब्रह्मा के पूर्णावतार श्रीराम के समय देश सम्बन्ध की खराबी सर्वोच्च थी, विष्णु के पूर्णावतार श्रीकृष्ण के समय में रिश्ता सम्बन्ध की खराबी सर्वोच्च थी। वर्तमान में शिव-शंकर के पूर्णावतार के समय में रक्त सम्बन्ध की खराबी सर्वोच्च हो रही है जिसका कारण मानसिक विवाद है। जो सम्बन्ध खराब होता है उसी वातावरण में अवतरण होता है।

भगवान बुद्ध के ज्ञान प्राप्ति वाले प्रदेश बिहार के जिले बेगूसराय में कूर्म क्षत्रिय जाति में जन्म लिया। श्रीराम, श्रीकृष्ण और शिव की नगरी काशी (वाराणसी) वाले प्रदेश उत्तर प्रदेश के मीरजापुर जिला, विन्ध्य क्षेत्र के "समाज" के जन्मदाता भगवान विष्णु के 5वें वामन अवतार के कर्मक्षेत्र चुनार क्षेत्र के ग्राम नियामतपुर कलाँ का निवासी हूँ। जो काशी (वाराणसी)-सोनभद्र-शिवद्वार-विन्ध्याचल से घिरा है जिसे मैं सत्यकाशी क्षेत्र कहता हूँ क्योंकि इसी क्षेत्र में इस जीवनदायिनी "विश्वशास्त्र" की अधिकतम रचना हुई। कितना विचित्र संयोग है कि विन्ध्य क्षेत्र से ही भारत का मानक समय निर्धारित होता है और इसी क्षेत्र से ही काल और युग परिवर्तन की घोषणा हो रही है। यह भी विचित्रता ही है कि व्यासजी द्वारा काशी को शाप देने के कारण विश्वेश्वर ने व्यासजी को काशी से निष्कासित कर दिया था और वे गंगा पार आ गये और गंगा पार से ही उनके बाद "विश्वशास्त्र" रचना हुई है।

क. भौतिक रूप से-भौतिक रूप से एक समान्य पुरूष के जितने अंग होते हैं शास्त्र लिखने तक सभी सही और कार्यशील हैं। इस शरीर के निर्माण में जन्म से 4 वर्षों तक माँ का दूध और 11 वर्ष की उम्र तक गाय का बिना गर्म किया हुआ दूध, बकरी का दूध, घी, फल घर का प्रथम पुत्र होने के कारण भरपूर मिला।

14 वर्ष की उम्र से घर से बाहर रहकर शिक्षा ग्रहण करने के दौरान में भोजन के विषय में काफी अनियमितता हुई। 20 वर्ष की उम्र के बाद शरीर तामसिक भोजन को भी ग्रहण किया अर्थात कलियुग के समस्त बुराईयों को धारण किया, कलियुग में वास किया और उससे निर्लिप्त रहते हुये, उसके ही नाश के लिए औजार बनाया और उस पर विजय पाया अर्थात कलियुग से बचने की कोशिश नहीं की बल्कि उससे युद्ध किया अर्थात कलियुग का विष पिया और संसार को बचाने के लिए कार्य किया। इन स्थितियों में कभी भी चरित्र को प्राथमिकता नहीं दी, केवल सार्वभौम सत्य-सिद्धान्त को प्राथमिकता दी क्योंकि चरित्र का जीवन तो मेरे जीवन तक ही है परन्तु सार्वभौम सत्य-सिद्धान्त के जीवन की अवधि तो अनन्त है। बहुत ही विचारणीय प्रश्न है कि कम्प्यूटर, मोबाइल इत्यादि आविष्कार, उपयोगिता के कारण से प्रयोग में है या आविष्कारक के चरित्रवान होने के कारण से? परिणामस्वरूप शरीर किसी सम्प्रदाय का न होकर या तो धर्म का हो गया या धर्मनिरपेक्ष-सर्वधर्मसमभाव का और व्यक्तिगत जीवन का जीवन और लक्ष्य दो चरित्र बन गया। जीवन सामने चल रहा था लक्ष्य अब प्रकट हुआ तब तक मैं ये हो गया-

ये दिल्ली, इतनी बार लुटी कि, लुटने का एहसास नहीं होता।
इसे करता होगा कोई मोहब्बत, मगर अब एहसास नहीं होता।

ऐसा क्यों हुआ? ऐसा इसलिए हुआ क्योंकि धर्म को पढ़ाना नहीं था, धर्म को जानना नहीं था बल्कि धर्म को अपने जीवन से दिखाना था। क्या अच्छा है क्या बुरा है वह जीवन से दिखे। केवल अच्छा ही न दिखे, न केवल बुरा ही दिखे। बल्कि दोनों दिखे और उसमें एक तीसरा भी दिखें जो इन दोनों में से कोई न हो, जिससे मेरा विश्वरूप साकार हो सके।

ख. आर्थिक/संसाधन रूप से-आर्थिक रूप से सामान्य हूँ इतना कभी नहीं हुआ और न रखा कि अर्थ ही तनाव का कारण बन जाये। चाहता भी नहीं कि इतना अर्थ आ जाये कि मेरी अपनी पहचान अर्थ से होने लगे। बस यह कार्य था और इसके लिए जितना जब जरूरत होती अपने कम्प्यूटर के छोटे से व्यापार से प्राप्त हो जाता रहा। जब व्यापार नहीं था तब कुछ सहयोगी मित्रों ने भी मेरे जीवन को चलाने के लिए अवश्य ही योगदान किया, परन्तु अधिकतर तो ऐसे ही रहे जो ज्ञान के व्यापार से पूर्णतया अछूते थे बल्कि वे इसे एक व्यर्थ का कार्य समझते थे। ऐसे में घर के सदस्य भी शामिल थे। जबकि मैं अपने उद्देश्य के अनुसार सदैव उन्हीं लोगों के साथ रहा जो इसकी महत्ता को समझते हों। दान लेने के लिए मेरे पास वह आडम्बर या भवकाली रूप नहीं था, जिससे श्रद्धानवत् हो लोग मुझे दान दें। इसलिए मेरा सीधा सा कहना था-या तो कर्ज दो या मेरे साथ व्यापार करो। मेरे काम के बारे में मत जानना चाहो क्योंकि तुम्हें अभी नहीं समझ में आयेगा। इस समय सिर्फ यह मान लो कि जैसे तुम क्रिकेट के प्रति रूचि लेते हो वैसे ही मुझे इसके प्रति रूचि है। किसी के रूचि को नहीं बदला जा सकता, जब तक वह उससे पूर्ण न हो जाये या उसके कारण उसे हानि न होने लगे। मैं नहीं जानता कि उसे क्रिकेट से क्या मिला पर मुझे अपनी रूचि से जो मिला वह "विश्वशास्त्र" आपके सामने है।

जहाँ प्रेम है, बस वहीं बसेरा है, जहाँ नफरत है वहाँ कहाँ हूँ मैं।
कभी तन्हाईयों में सोचना, क्या ले गया मैं और क्या दे गया मैं।

इस ब्रह्माण्ड से संसाधन के रूप में हवा, धूप, जल इत्यादि प्राप्त किया और बदले में धरती के लोगों के लिए यह "विश्वशास्त्र" दिया। छोटी सी ज्ञान के गठरी के रूप में कुल यही उपलब्धि है।

ग. मानसिक रूप से-प्राइमरी शिक्षा न्यू प्राइमरी स्कूल, रिफाइनरी टाउनशिप, बेगूसराय (बिहार) से प्राइमरी, माधव विद्या मन्दिर इण्टरमीडिएट कालेज, पुरूषोत्तमपुर, मीरजापुर, उ0प्र0 (दसवीं-1981, 13 वर्ष 6 माह में), प्रभु नारायण राजकीय इण्टर कालेज, रामनगर, वाराणसी, उ0प्र0 (बारहवीं-1983, 15 वर्ष 6 माह में) और बी.एससी. (जीव विज्ञान) में 17 वर्ष 6 माह के उम्र में सन् 1985 ई0 में तत्कालिन गोरखपुर विश्वविद्यालय से सम्बद्ध श्री हरिश्चन्द्र स्नातकोत्तर महाविद्यालय, वाराणसी से पूर्ण हुई। तकनीकी शिक्षा में कम्प्यूटर प्रोग्रामिंग एण्ड

सिस्टम एनालिसिस में स्नातकोत्तर डिप्लोमा इण्डिया एजुकेशन सेन्टर, एम-92, कनाट प्लेस, नई दिल्ली से सन् 1988 में पूर्ण हुई। परन्तु जिसका कोई प्रमाण पत्र नहीं है वह ज्ञान निम्नवत् है।

मछलियों के स्वभाव, जल की धारा के विपरीत दिशा (राधा) में गति करने से ज्ञान (अर्थात राधा का सिद्धान्त) प्रथम अवतार मत्स्य अवतार का गुण था जो अगले अवतार में संचरित हुई। एक सहनशील, शांत, धैर्यवान, लगनशील, दोनों पक्षों के बीच मध्यस्थ की भूमिका वाला गुण सहित प्रथम अवतार के गुण सहित वाला गुण द्वितीय अवतार कूर्म अवतार का गुण था जो अगले अवतार में संचरित हुई। एक मेधावी, सूझ-बुझ, सम्पन्न, पुरूषार्थी, धीर-गम्भीर, निष्कामी, बलिष्ठ, सक्रिय, शाकाहारी, अहिंसक और समूह प्रेमी, लोगों का मनोबल बढ़ाना, उत्साहित और सक्रिय करने वाला गुण सहित द्वितीय अवतार के समस्त गुण से युक्त वाला गुण तृतीय अवतार वाराह अवतार का गुण था जो अगले अवतार में संचरित हुई। प्रत्यक्ष रूप से एका-एक लक्ष्य को पूर्ण करने वाले गुण सहित तृतीय अवतार के समस्त गुण से युक्त वाला गुण चतुर्थ अवतार नरसिंह अवतार का गुण था जो अगले अवतार में संचरित हुई। भविष्य द्दष्टा, राजा के गुण का प्रयोग करना, थोड़ी सी भूमि पर गणराज्य व्यवस्था की स्थापना व व्यवस्था को जिवित करना, उसके सुख से प्रजा को परिचित कराने वाले गुण सहित चतुर्थ अवतार के समस्त गुण से युक्त गुण पाँचवें अवतार का गुण था जो अगले अवतार में संचरित हुई। गणराज्य व्यवस्था को ब्रह्माण्ड में व्याप्त व्यवस्था सिद्धान्तों को आधार बनाने वाले गुण और व्यवस्था के प्रसार के लिए योग्य व्यक्ति को नियुक्त करने वाले गुण सहित पाँचवें अवतार के समस्त गुण से युक्त वाला गुण छठें अवतार परशुराम का गुण था जो अगले अवतार में संचरित हुई। आदर्श चरित्र के गुण तथा छठें अवतार तक के समस्त गुण को प्रसार करने वाला गुण सातवें अवतार श्रीराम का गुण था जो अगले अवतार में संचरित हुई। आदर्श सामाजिक व्यक्ति चरित्र के गुण, समाज में व्याप्त अनेक मत-मतान्तार व विचारों के समन्वय और एकीकरण से सत्य-विचार के प्रेरक ज्ञान को निकालने वाले गुण सहित सातवें अवतार तक के समस्त गुण आठवें अवतार श्रीकृष्ण का गुण था। जिससे व्यक्ति, व्यक्ति पर विश्वास न कर अपने बुद्धि से स्वयं निर्णय करें और प्रेरणा प्राप्त करता रहे। प्रजा को प्रेरित करने के लिए धर्म, संघ और बुद्धि के शरण में जाने की मूल शिक्षा देना नवें अवतार भगवान बुद्ध का गुण था। आदर्श वैश्विक व्यक्ति चरित्र सहित सभी अवतारों का सम्मिलित गुण व मन निर्माण की प्रक्रिया से निर्मित अन्तिम मन स्वामी विवेकानन्द के मन के गुण मिलकर दसवें अन्तिम अवतार श्री लव कुश सिंह "विश्वमानव" में व्यक्त हुआ।

रज गुण सम्पन्न लक्ष्मण के साथ रहते-रहते सत्व गुण सम्पन्न श्रीराम को रज गुण को संचालित करने की कला समझ में आ गई। फिर सत्व-रज गुण सम्पन्न श्रीकृष्ण का अवतरण हुआ जो तम गुण सम्पन्न बलराम के साथ रहते-रहते तम गुण को संचालित करने की कला के अनुभवी हो गये। और तब सत्व-रज-तम गुण सम्पन्न श्री लव कुश सिंह "विश्वमानव" का अवतरण हुआ और तीनों गुणों से युक्त और मुक्त होकर अपने कार्य को पूर्ण किये।

लगा ली दो घूँट, यारों की खुशी से, जानता था लोग समझ लेंगे शराबी।
छुपाना था खुद को जहाँ से, तो लोगों बताओ, पीने में क्या थी खराबी।

श्रीराम के धर्म स्थापना का कारण शरीर आधारित युद्ध था, श्रीकृष्ण के धर्म स्थापना का कारण आर्थिक आधारित युद्ध था और अन्त में श्री लव कुश सिंह "विश्वमानव" के धर्म स्थापना का कारण मानसिक आधारित युद्ध है। अहंकार से भरे समाज में अहंकार का महान शास्त्र-विश्वशास्त्र।

घ. नाम रूप से-

लव कुश

त्रेता युग के श्रीराम के काल से स्थापित और रामायण का अन्त जिस नाम से होता है वह है-लव और कुश, जो अब दोनों एक ही में स्थित है। सर्वप्रथम श्रीराम कथा लव और कुश ने कही थी और सुनने वाले स्वयं भगवान श्रीराम ही थे। वाराणसी-इलाहाबाद मार्ग पर संत रविदास नगर भदोही जिले (उ0प्र0) में गंगा किनारे स्थित सीतामढ़ी भी महर्षि वाल्मीकि तपोस्थली, माँ सीता के निर्वासन स्थल व लव-कुश के जन्म के रूप में स्थापित है। यहाँ पर लवकुश विद्यालय, सीता समाहित स्थल, हनुमान मन्दिर, महर्षि वाल्मीकि आश्रम स्थित है। यहाँ लवकुश

मेला व श्रीरामायण मेला का भी आयोजन किया जाता है। अमृतसर (पंजाब, भारत) के रामतीर्थ में भगवान श्रीराम के पुत्र लव और कुश का जन्म स्थल माना जाता है। तुरतुरिया (छत्तीसगढ़, भारत) जो रायपुर से 113 किलोमीटर पर स्थित है भी लव और कुश का जन्म स्थल माना जाता है जो अब लव-कुश तीर्थ के रूप में स्थापित है। यह स्थान रायपुर-बलौदा बाजार मार्ग पर ठाकुरदिया नाम स्थान से 7 किलोमीटर की दूरी पर घने जंगल और पहाड़ों पर स्थित है। यहीं महर्षि वाल्मिकि का आश्रम स्थित है। वर्तमान समय में "लव-कुश विचारधारा" पत्रिका, "लव-कुश समाज", "लव-कुश छात्रावास", वाराणसी में नई सड़क पर शाकाहारी भोजन का प्रसिद्ध "लव कुश होटल", उदयपुर (राजस्थान, भारत) में "लव कुश स्टेडियम" भी स्थापित है। दिल्ली में "लव कुश रामलीला कमेटी" वर्षों से रामलीला आयेजित करती आ रही है। "लव-कुश" पर कई बार फिल्में भी बन चुकी हैं। प्रायः जुड़वा पुत्रों के नाम लव और कुश ही लोग रखना चाहते हैं। यह नाम या किसी भी व्यक्ति का नाम उसके अबोध अवस्था में ही रखा जाता है अर्थात व्यक्ति का प्रथम नाम प्रकृति प्रदत्त ही होता है। मुझे यह नाम मेरी दादी स्व0 श्रीमती दौलती देवी के द्वारा प्राप्त हुआ। जिस प्रकार श्रीकृष्ण के जन्म से पहले ही ईश्वरत्व उन पर झोंक दिया गया था अर्थात जन्म लेने वाला देवकी का आठवाँ पुत्र ईश्वर ही होगा, यह श्रीकृष्ण को ज्ञात होने पर जीवनभर वे जनभावना को उस ईश्वरत्व के प्रति विश्वास बनाये रखने के लिए संघर्ष करते रहे, उसी प्रकार इस लव कुश का नाम मुझे ज्ञात होने पर मैं भी इसे सिद्ध करने के लिए जीवनभर संघर्ष करते रहा जिसका परिणाम आपके समक्ष है। इस प्रकार अब निम्न तथ्य युक्त कविता सत्य हो चुकी है।

जग के सत्य हैं तीन नाम,
लवकुश, कृष्ण और राम ।
तम, रज और सत्व के ये परिणाम।
शंकर, विष्णु और ब्रह्मा के समान ।
समझो इनको मिलेगा पूर्ण ज्ञान।

श्रीराम की जन्म तिथि नवमी (9) है, श्रीकृष्ण की जन्म तिथि अष्टमी (8) है। 9 के अंक का किसी अंक से गुणा करें, सारांश (अंकों का योग) 9 ही रहता है। 8 का गुणा घटता-बढ़ता रहता है। अंक 8 लौकिक-संसारी है, 9 जटिल है जस का तस रहता है। डा0 लोहिया का कहना था-"श्रीराम मनुष्य हैं, मर्यादा और आदर्श पर चलते हुये देव बनते हैं, लेकिन श्रीकृष्ण देवता हैं। वे लोक संग्रह के लिए मनुष्य बनते हैं, देवत्व से नीचे उतरते हैं। श्रीराम और श्रीकृष्ण, भारतीय प्रज्ञा के सम्राट हैं।" इसी क्रम में मेरा (लव कुश सिंह) का जन्म तिथि त्रयोदशी (13) है। प्रत्येक मास में कृष्ण पक्ष की तेरहवीं तिथि की रात्रि मास शिवरात्रि तथा फाल्गुन मास की कृष्ण पक्ष की तेरहवीं तिथि की रात्रि महाशिवरात्रि कहलाती है। हिन्दू धर्म में मनुष्य के जन्म के बारहवीं तिथि के संस्कार को बरही तथा शरीर से मुक्त होने के तेरहवीं तिथि के अन्तिम संस्कार को तेरहवीं कहते हैं अर्थात तेरह का अंक शिवशंकर का प्रतीक है।

सिंह

संस्कृत शब्द "सिम्ह" अर्थात शेर से "सिंह" बना है। सामान्य रूप से यह उत्तरी भारत के क्षत्रिय जाति और राजाओं के मध्यनाम या सरनेम के रूप में प्रयोग होता है। नाम के अन्त में "सिम्ह" प्रथमतया दूसरी शताब्दी के महान क्षत्रप शासक रूद्ररमन के दो पुत्रों के नाम में मिलता है। सोलंकी-चालुक्य शासकों ने इसे 500 ई0 से 1100 ई0 तक प्रयोग किया। मालवा के परमार 10वीं शताब्दी में, नारवार के गहलोत ने 12वीं शताब्दी में तथा मारवाड़ के राठौर ने 17वीं शताब्दी में सिंह का प्रयोग अपने नाम में किया। 18वीं शताब्दी में राजपूतों के अलावा उत्तर प्रदेश और बिहार के कायस्थ और बनिया जाति के लोग भी इसका प्रयोग शुरू किये। सिख धर्म के दसवें गुरू-गुरू गोविन्द सिंह (मूल नाम गुरू गोविन्द राय) ने सन् 1699 ई0 के बैसाखी के दिन सिख पुरूष को "सिंह" की तथा महिला को "कौर" अपने नाम में लगाने के लिए कहा। सिंह, भूमिहार ब्राह्मण, क्षत्रिय समूह जैसे गुर्जर, जाट, राजपूत, यादव इत्यादि भी मध्यनाम या सरनेम के रूप में प्रयोग करते हैं। नामान्त के रूप में सिंह पंजाब से लेकर उत्तर प्रदेश, कश्मीर से राजस्थान, मध्य प्रदेश और महाराष्ट्र से उत्तराखण्ड, पूर्वी प्रदेशों मणिपुर, आसाम, त्रिपुरा,

सिक्किम में बहुत प्रयोग होता है। जो धीरे-धीरे विदेशों में जैसे भूटान, दक्षिण एशिया के देशों, गुयेना, त्रिनिनाद, सुरीनाम, मारीशस और फिजी तक फैल गया है।

विश्वमानव

प्रकृति प्रदत्त नाम के अलावा जब व्यक्ति को आत्मज्ञान होता है तब वह स्वयं अपने मन स्तर का निर्धारण कर एक नाम स्वयं रख लेता है। जिस प्रकार " कृष्ण" नाम है "योगेश्वर" मन की अवस्था है, "गदाधर" नाम है " राम कृष्ण परमहंस" मन की अवस्था है, "सिद्धार्थ" नाम है "बुद्ध" मन की अवस्था है, "नरेन्द्र नाथ दत्त" नाम है "स्वामी विवेकानन्द" मन की अवस्था है, "रजनीश" नाम है "ओशो" मन की अवस्था है। उसी प्रकार लव कुश सिंह नाम है "विश्वमानव" मन की अवस्था है और उसी प्रकार व्यक्तियों के नाम, नाम है "भोगेश्वर विश्वमानव" उसकी चरम विकसित, सर्वोच्च और अन्तिम अवस्था है जहाँ समय की धारा में चलते-चलते मनुष्य वहाँ विवशतावश पहुँचेगा।

च. समय रूप से-समय रूप से संसार का सर्वप्रथम वर्तमान में रहने वाला व्यक्ति हूँ क्यूँकि वर्तमान की अब नवीनतम परिभाषा है-पूर्ण ज्ञान से युक्त होना और कार्यशैली की परिभाषा है-भूतकाल का अनुभव, भविष्य की आवश्यकतानुसार पूर्णज्ञान और परिणाम ज्ञान से युक्त होकर वर्तमान समय में कार्य करना। जो सभी धर्मशास्त्रों और भविष्यवक्ताओं के अनुसार है और सभी को सत्य रूप में वर्तमान करने के लिए "विश्वशास्त्र" को व्यक्त किया हूँ।

चेहरा नहीं, तस्वीर नहीं, वक्त हूँ, हकीकत का आईना हूँ मैं।
टुकड़े-टुकड़े में देख अपने चेहरे को, मुझ पर भड़कते क्यूँ हो।

03. आविष्कार विषय क्या है?

आविष्कार विषय "व्यक्तिगत मन और संयुक्तमन का विश्व मानक और पूर्णमानव निर्माण की तकनीकी है जिसे धर्म क्षेत्र से कर्मवेद: प्रथम, अन्तिम तथा पंचमवेदीय श्रृंखला तथा शासन क्षेत्र से WS-0 मन की गुणवत्ता का विश्व मानक श्रृंखला तथा WCM-TLM-SHYAM.C तकनीकी कहते हैं। सम्पूर्ण आविष्कार सार्वभौम सत्य-सिद्धान्त अर्थात सम्पूर्ण ब्रह्माण्ड में व्याप्त अटलनीय, अपरिवर्तनीय, शाश्वत व सनातन नियम पर आधारित है, न कि मानवीय विचार या मत पर आधारित।"

सम्पूर्ण ब्रह्माण्ड में व्याप्त एक ही सत्य-सिद्धान्त द्वारा व्यक्तिगत व संयुक्त मन को एकमुखी कर सर्वोच्च, मूल और अन्तिम स्तर पर स्थापित करने के लिए शून्य पर अन्तिम आविष्कार WS-0 श्रृंखला की निम्नलिखित पाँच शाखाएँ हैं।

1. डब्ल्यू.एस. (WS)-0 : विचार एवम् साहित्य का विश्वमानक
2. डब्ल्यू.एस. (WS)-00 : विषय एवम् विशेषज्ञों की परिभाषा का विश्वमानक
3. डब्ल्यू.एस. (WS)-000 : ब्रह्माण्ड (सूक्ष्म एवम् स्थूल) के प्रबन्ध और क्रियाकलाप का विश्वमानक
4. डब्ल्यू.एस. (WS)-0000 : मानव (सूक्ष्म तथा स्थूल) के प्रबन्ध और क्रियाकलाप का विश्वमानक
5. डब्ल्यू.एस. (WS)-00000: उपासना और उपासना स्थल का विश्वमानक

मानक का अर्थ है-"वह सर्वमान्य पैमाना, जिससे हम उस विषय का मूल्यांकन करते हैं। जिस विषय का वह पैमाना होता है।" इस प्रकार मन की गुणवत्ता का मानक व्यक्ति तथा संयुक्त व्यक्ति (अर्थात संस्था, संघ, सरकार इत्यादि) के मूल्याकंन का पैमाना है चूँकि आविष्कार का विषय सर्वव्यापी ब्रह्माण्डीय नियम पर आधारित है। इसलिए वह प्रत्येक विषयों से सम्बन्धित है जिसकी उपयोगिता प्रत्येक विषय के सत्यरूप को जानने में है। चूँकि मानव कर्म करते-करते ज्ञान प्राप्त करते हुये प्रकृति के क्रियाकलापों को धीरे-धीरे अपने अधीन करने की ओर

अग्रसर है इसलिए पूर्णतः प्रकृति के पद पर बैठने के लिए प्रकृति द्वारा धारण की गई सन्तुलित कार्यप्रणाली को मानव द्वारा अपनाना ही होगा अन्यथा वह सन्तुलित कार्य न कर अव्यवस्था उत्पन्न कर देगा। यह वैसे ही है जैसे किसी कर्मचारी को प्रबन्धक (मैंनेजर) के पद पर बैठा दिया जाये तो सन्तुलित कार्य संचालन के लिए प्रबन्धक की सन्तुलित कार्यप्रणाली को उसे अपनाना ही होगा अन्यथा वह सन्तुलित कार्य न कर अव्यवस्था उत्पन्न कर देगा। आविष्कार की उपयोगिता व्यापक होते हुये भी मूल रूप से व्यक्ति स्तर से विश्व स्तर तक के मन और संयुक्त मन के प्रबन्ध को व्यक्त करना एवम् एक कर्मज्ञान द्वारा श्रृंखला बद्ध करना है जिससे सम्पूर्ण शक्ति एक मुखी हो विश्व विकास की दिशा में केन्द्रित हो जाये। परिणामस्वरूप एक दूसरे को विकास की ओर विकास कराते हुये स्वयं को भी विकास करने के लिए पूर्ण स्वतन्त्रता प्राप्त हो जायेगी। सम्पूर्ण क्रियाकलापों को संचालित करने वाले मूल दो कर्ता-मानव (मन) और प्रकृति (विश्वमन) दोनों का कर्मज्ञान एक होना आवश्यक है। प्रकृति (विश्वमन) तो पूर्ण धारण कर सफलतापूर्वक कार्य कर ही रही है। मानव जाति में जो भी सफलता प्राप्त कर रहे हैं वे अज्ञानता में इसके आंशिक धारण में तथा जो असफलता प्राप्त कर रहे हैं, वे पूर्णतः धारण से युक्त है। इसी कर्मज्ञान से प्रकृति, मानव और संयुक्त मन प्रभावित और संचालित है। किसी मानव का कर्मक्षेत्र सम्पूर्ण ब्रह्माण्ड हो सकता है और किसी का उसके स्तर रूप में छोटा यहाँ तक कि सिर्फ स्वयं व्यक्ति का अपना स्तर परन्तु कर्मज्ञान तो सभी का एक ही होगा।

04. आविष्कार की उपयोगिता क्या है?

वर्तमान समय के भारत तथा विश्व की इच्छा शान्ति का बहुआयामी विचार-अन्तरिक्ष, पाताल, पृथ्वी और सारे चराचर जगत में एकात्म भाव उत्पन्न कर अभय का साम्राज्य पैदा करना और समस्याओं के हल में इसकी मूल उपयोगिता है। साथ ही विश्व में एक धर्म-विश्वधर्म-सार्वभौम धर्म, एक शिक्षा-विश्व शिक्षा, एक न्याय व्यवस्था, एक अर्थव्यवस्था, एक संविधान, एक शास्त्र स्थापित करने में है। भारत के लिए यह अधिक लाभकारी है क्योंकि यहाँ सांस्कृतिक विविधता है। जिससे सभी धर्म-संस्कृति को सम्मान देते हुये एक सूत्र में बाँधने के लिए सर्वमान्य धर्म उपलब्ध हो जायेगा। साथ ही संविधान, शिक्षा व शिक्षा प्रणाली व विषय आधारित विवाद को उसके सत्य-सैद्धान्तिक स्वरूप से हमेशा के लिए समाप्त किया जा सकता है। साथ ही पूर्ण मानव निर्माण की तकनीकी से संकीर्ण मानसिकता से व्यक्ति को उठाकर व्यापक मानसिकता युक्त व्यक्ति में स्थापित किये जाने में आविष्कार की उपयोगिता है। जिससे विध्वंसक मानव का उत्पादन दर कम हो सके। ऐसा न होने पर नकारात्मक मानसिकता के मानवों का विकास तेजी से बढ़ता जायेगा और मनुष्यता की शक्ति उन्हीं को रोकने में खर्च हो जायेगी। यह आविष्कार सार्वभौम लोक या गण या या जन या स्व का निराकार रूप है इसलिए इसकी उपयोगिता स्वस्थ समाज, स्वस्थ लोकतन्त्र, स्वस्थ उद्योग तथा व्यवस्था के सत्यीकरण और स्वराज की प्राप्ति में है अर्थात मानव संसाधन की गुणवत्ता का विश्वमानक की प्राप्ति और ब्रह्माण्ड की सटीक व्याख्या में है। मनुष्य किसी भी पेशे में हो लेकिन उसके मन का भूमण्डलीयकरण, एकीकरण, सत्यीकरण, ब्रह्माण्डीयकरण करने में इसकी उपयोगिता है जिससे मानव शक्ति सहित संस्थागत और शासन शक्ति को एक कर्मज्ञान से युक्त कर ब्रह्माण्डीय विकास में एकमुखी किया जा सके।

05. आविष्कार किस प्रकार हुआ?

जिस प्रकार नदी में जल का सतत प्रवाह होता रहता है उसका उपयोग सिंचाईं में हो सकता है। परन्तु बाँध बनाकर जल का उपयोग करने से बिजली भी बनायी जा सकती है। उसी प्रकार मानव समाज में आकड़ों (डाटा) का सदैव प्रवाह हो रहा है उसे अपने मस्तिष्क में रोककर इकट्ठा करने से ही उसका विश्लेषण हो सकता है। जितने अधिक आकड़ों से विश्लेषण होगा परिणाम उतना ही सटीक होगा। यही बुद्धि है। कम्प्यूटर में भी यदि

आकड़े कम होंगे तो विश्लेषण भी कम ही प्राप्त किये जा सकते हैं। जितने बड़े क्षेत्र के लिए कार्य करना हो उतने बड़े क्षेत्र से सम्बन्धित आकड़े जुटाये जाते हैं। यही बुद्धि है। कोई भी कार्य सिर्फ एक कारण से नहीं होता। अधिक से अधिक कारणों को जानना, कर्म की सटीक व्याख्या है।

इसी को दूसरे रूप में ऐसे समझा जा सकता है कि कोई भी व्यक्ति जब मकान बनाने की तैयारी करता है तो सभी सामग्रीयों के आकड़े उसके सामने होते हैं, तब वह निर्माण कार्य प्रारम्भ करता है। अन्यथा उसका कार्य कभी भी रूक सकता है। सभी अवतार यदि आप सूक्ष्म रूप में देखें तो पायेंगे वे आकड़ों की शक्ति से ही धर्म स्थापना का कार्य किये।

समाज के ऐसे व्यक्ति जो यह जानना चाहते हैं कि यह आविष्कार किस प्रकार हुआ तो उनके लिए वर्तमान तक के सभी मत, विचार, महापुरूषों के जीवनवृत्त, विज्ञान, धर्म, व्यापार, समाज, राज्य, विश्व इत्यादि के सम्बन्ध में विश्व, भारत, अन्तर्राष्ट्रीय, समाज, परिवार व व्यक्ति स्तर पर बहुमुखी न्यूनतम मूल ज्ञान का आकड़ा होना अतिआवश्यक होगा। यह "विश्वशास्त्र" सभी प्रश्नों का आध्यात्मिक, सामाजिक, राजनैतिक और प्रबन्धकीय आधार सहित व्याख्या करता है जो विश्व शान्ति, एकता, स्थिरता, विकास, सुरक्षा, प्रबन्ध इत्यादि का अन्तिम, विवशता व मानवतापूर्ण मार्ग है।

भाग-2

ईश्वर चक्र (सार्वभौम सत्य सिद्धान्त)

ईश्वर चक्र (सार्वभौम सत्य सिद्धान्त)

विश्वशास्त्र - विषय-प्रवेश

विश्वशास्त्र - अध्याय-एक: ईश्वर

विश्वशास्त्र - अध्याय-दो: जीवन परिचय

विश्वशास्त्र - अध्याय-तीन: ज्ञान परिचय

विश्वशास्त्र-अध्याय-चार:कर्म परिचय (सार्वजनिक प्रमाणित दृश्य महायज्ञ)

विश्वशास्त्र - अध्याय-पाँच (भाग - 01): सार्वजनिक प्रमाणित विश्वरूप

विश्वशास्त्र - अध्याय-पाँच (भाग - 02): सार्वजनिक प्रमाणित विश्वरूप

विश्वशास्त्र - परिशिष्ट

ईश्वर या काल चक्र
(सार्वभौम सत्य-सिद्धान्त)/विश्व शास्त्र

प्रारम्भ → एकात्म ज्ञान, वाणी, प्रेम, कर्म, ध्यान व समर्पण ← प्रारम्भ

अन्त ← → अन्त

१.सत्व गुण (ब्रह्मा) एकात्म ज्ञान व वाणी (मानक पौराणिक व्यक्ति चरित्र)		३.तम गुण (शिव-शंकर/महेश) एकात्म ज्ञान, वाणी, प्रेम, कर्म, ध्यान व समर्पण (मानक वैश्विक पौराणिक व्यक्ति चरित्र)

२.रज गुण (विष्णु)
एकात्म ज्ञान, वाणी, प्रेम व कर्म (मानक सामाजिक पौराणिक व्यक्ति चरित्र)

अदृश्य काल व विज्ञान		दृश्य काल व विज्ञान	
व्यक्तिगत प्रमाणित पूर्ण प्रत्यक्ष अवतार द्वारा धर्मयुद्ध का माध्यम **सार्वभौम सत्य-विचार**	सार्वजनिक प्रमाणित पूर्ण प्रत्यक्ष अवतार द्वारा धर्मयुद्ध का माध्यम **मानव-शरीर**	व्यक्तिगत प्रमाणित पूर्ण प्रेरक अवतार द्वारा धर्मयुद्ध का माध्यम **अर्थ (धन)**	सार्वजनिक प्रमाणित पूर्ण प्रेरक अवतार द्वारा धर्मयुद्ध का माध्यम **सार्वभौम सत्य-सिद्धान्त**
सत्युग **सत्य**	**त्रेतायुग** **यज्ञ (अदृश्य कर्म)**	**द्वापरयुग** **भक्ति और प्रेम**	**कलियुग** **संघ और योजना आधारित यज्ञ (दृश्य कर्म)**
ईश्वर के अंश अवतार ब्रह्मा के अंश अवतार विष्णु के अंश अवतार महेश के अंश अवतार ०१. मत्स्य ०२. कूर्म ०३. बाराह ०४. नृसिंह ०५. वामन अवतार	ईश्वर के अंश अवतार ब्रह्मा के पूर्ण अवतार विष्णु के अंश अवतार महेश के अंश अवतार ०७.श्री राम अवतार (मानक मानवीय व्यक्ति चरित्र)	ईश्वर के अंश अवतार ब्रह्मा के पूर्ण अवतार विष्णु के पूर्ण अवतार महेश के अंश अवतार ०८. श्री कृष्ण अवतार (मानक सामाजिक मानवीय व्यक्ति चरित्र)	ईश्वर के पूर्ण अवतार ब्रह्मा के पूर्ण अवतार विष्णु के पूर्ण अवतार महेश के पूर्ण अवतार १०. कल्कि अवतार (मानक वैश्विक मानवीय व्यक्ति चरित्र)
(सार्वजनिक प्रमाणित अंश प्रत्यक्ष अवतार) ईश्वर के अंश अवतार, ब्रह्मा के अंश अवतार विष्णु के अंश अवतार, महेश के अंश अवतार ०६. परशुराम अवतार		(सार्वजनिक प्रमाणित अंश प्रेरक अवतार) ईश्वर के अंश अवतार, ब्रह्मा के अंश अवतार विष्णु के अंश अवतार, महेश के अंश अवतार ०९. बुद्ध अवतार	

युगानुसार धर्म, धर्म-शास्त्र और प्रवर्तक

०१.वैदिक/सनातन धर्म-ऋषि-मुनि गण ई०पूर्व ६०००-२५००चार वेद और वैदिक साहित्य १. ईश्वर कृत - ऋगवेद, सामवेद, यजुवेद व अथर्ववेद २. ऋषि-मुनि कृत - संहिता, ब्राह्मण कृत ब्राह्मण (कर्म काण्ड) व आरण्यक (ज्ञान काण्ड), उपनिषद्, वेदांग या सूत्र-साहित्य शिक्षा (स्वर विज्ञान), कल्प (धर्मानुष्ठान)-श्रौत सूत्र, शुल्व सूत्र, गृह्य सूत्र, धर्म सूत्र, व्याकरण, निघण्टु, निरूक्त (व्युत्पत्ति), छन्द, ज्योतिष उपांग - सांख्य दर्शन (प्रकृति आधारित), वैशेषिक दर्शन (काल या समय आधारित), मीमांसा दर्शन (कर्म आधारित), चार्वाक दर्शन, अपौरूषेय दर्शन, योग दर्शन (पुरूषार्थ आधारित), न्याय दर्शन (परमाणु आधारित), वेदांत दर्शन (ब्रह्म आधारित) उपवेद- आयुर्वेद, धनुर्वेद, गान्धर्वेद, अथर्वेद। पुराण - मत्स्य, मार्कण्डेय, भागवत, भविष्य, ब्रह्म, ब्रह्माण्ड, ब्रह्म वैवर्त, वायु, विष्णु, बाराह, बामन, अग्नि, नारदीय, पद्म, लिंग, गरूण, कूर्म, स्कन्द। भगवान परशुराम कृत - परशुराम परम्परा - साकार आधारित लोकतंत्र व्यवस्था। महाकाव्य- वाल्मीकि रचित - रामायण - आदर्श मानक व्यक्ति चरित्र का प्रस्तुतीकरण।	०१.वेदान्त अद्वैत धर्म-श्रीकृष्ण ई०पूर्व ३००० गीता-अद्वैत दर्शन भगवान श्री कृष्ण कृत - साकार आधारित परशुराम परम्परा का नाश, पूर्ववर्ती सभी मतो का समन्वय व एकीकरण करते हुये निराकार आधारित लोकतंत्र व्यवस्था के प्रारम्भ का बीज शास्त्र "गीता/गीतोपनिषद्" व्यास रचित - महाभारत - आदर्श मानक व्यक्ति चरित्र समाहित आदर्श मानक सामाजिक व्यक्ति चरित्र अर्थात व्यक्तिगत प्रमाणित आदर्श मानक वैश्विक व्यक्ति चरित्र का प्रस्तुतीकरण।	०१.बौद्ध-बुद्ध- ई०पू० १५६७-४८७ ०२.कन्फ्यूसी-कन्फ्यूसियश-ई०पूर्व ५५१-४७९ ०३.टोईज्म-लोओत्से-ई०पूर्व ६०४-५१८ ०४.जैन-भगवान महावीर-ई०पूर्व ५३९-४६७ ०५.पारसी-जरथुसट-ई० पूर्व ६ जेन्दा अवेस्ता ०६.ईसाई-ईसामसीह-३३ ई० बाईबल ०७.इस्लाम-मु०पैगम्बर-६७० ई० कुरआन ०८.सिक्ख-गुरुनानक-१५१० ई० गुरुग्रन्थसाहिब ०९.विश्वधर्म/वेदान्तधर्म/ अद्वैतधर्म/सत्यधर्म/ एकताधर्म/ लोकतन्त्रधर्म/ समष्टिधर्म/हिन्दूधर्म /प्राकृतिकधर्म/ संयुक्तमन धर्म/ ईश्वरधर्म/ सार्वजनिकधर्म/ दृश्यधर्म/ मानवधर्म/ धर्मनिरपेक्षधर्म सन् २०१२ ई० लवकुश सिंह "विश्वमानव" कृत - विश्वभारत - पूर्ववर्ती सभी धर्मो व मतो का समन्वय व एकीकरण करते हुये निराकार आधारित लोकतंत्र व्यवस्था का वृक्ष शास्त्र विश्व-नागरिक धर्म का धर्मयुक्त धर्मशास्त्र-कर्मवेद :प्रथम, अन्तिम तथा पंचम वेदीय श्रृंखला विश्व-राज्य धर्म का धर्मनिपेक्ष धर्मशास्त्र-विश्वमानक शून्य-मन की गुणवत्ता का विश्वमानक श्रृंखला, आदर्श मानक सामाजिक व्यक्ति चरित्र समाहित आदर्श मानक वैश्विक व्यक्ति चरित्र अर्थात सार्वजनिक प्रमाणित आदर्श मानक वैश्विक व्यक्ति चरित्र का प्रस्तुतीकरण।

जग के सत्य हैं तीन नाम, लवकुश, कृष्ण और राम ।
तम, रज और सत्व के ये परिणाम। शंकर, विष्णु और ब्रह्मा के समान ।
समझो इनको मिलेगा पूर्ण ज्ञान।

KNOWLEDGE BOMB (K-BOMB)

एक आइडिया जो बदल दे पूरी दुनिया, जोश सत्य का और तरक्की के लिए नया और अन्तिम नजरिया

शनिवार, 22 दिसम्बर, 2012 से प्रारम्भ हो चुका है–

1. काल के प्रथम रूप अदृश्य काल से दूसरे और अन्तिम दृश्य काल का प्रारम्भ।
2. मनवन्तर के वर्तमान 7वें मनवन्तर वैवस्वत मनु से 8वें मनवन्तर सांवर्णि मनु का प्रारम्भ।
3. अवतार के नवें बुद्ध से दसवें और अन्तिम अवतार–कल्कि महावतार का प्रारम्भ।
4. युग के चौथे कलियुग से पाँचवें युग स्वर्ण युग का प्रारम्भ।
5. व्यास और द्वापर युग में आठवें अवतार श्रीकृष्ण द्वारा प्रारम्भ किया गया कार्य "नवसृजन" के प्रथम भाग "सार्वभौम ज्ञान" के शास्त्र "गीता" से द्वितीय अन्तिम भाग "सार्वभौम कर्मज्ञान", पूर्णज्ञान का पूरक शास्त्र", लोकतन्त्र का "धर्मनिरपेक्ष धर्मशास्त्र" और आम आदमी का "समाजवादी शास्त्र" द्वारा व्यवस्था सत्यीकरण और मन के ब्रह्माण्डीयकरण और नये व्यास का प्रारम्भ।

ज्ञान व संस्कृति का क्षेत्र काशी–सत्यकाशी को राष्ट्रगुरू और भारत को जगतगुरू बनाने के लिए विश्व को एक अनुपम और सर्वोच्च प्रकाश भेंट

विभिन्न धर्मो के वर्तमान धर्म गुरूओं
एवं
एक मात्र राष्ट्रपुत्र स्वामी विवेकानन्द
के
१५१वीं जयंती वर्ष में
और
ब्रह्मलीन होने के १११ वर्ष बाद
राष्ट्र को समर्पित

एक मात्र शेष दसवें और अन्तिम अवतार - कल्कि अवतार द्वारा अहिंसक और शान्ति रूप से इसलिए व्यक्त किया गया है क्योंकि वर्तमान समाज में मनुष्य को मानव बुद्धि व विश्व-राष्ट्र के विकास की सभी उम्मीद धर्म गुरूओं और राजनेताओं से ही है। उन्हें ईश्वर और उनके अवतारों की कोई आवश्यकता नहीं है।

जिस प्रकार त्रेतायुग से द्वापरयुग में परिवर्तन के लिए वाल्मिकि रचित "रामायण" अवतरित हुआ, जिस प्रकार द्वापरयुग से कलियुग में परिवर्तन के लिए महर्षि व्यास रचित "महाभारत" अवतरित हुआ, उसी प्रकार कलियुग से पाँचवें युग–स्वर्णयुग में परिवर्तन के लिए "विश्वशास्त्र" अवतरित हुआ है।

मैकाले शिक्षा पद्धति हम बदल नहीं सकते लेकिन अलग से "सत्य मानक शिक्षा" ग्रहण तो कर सकते हैं।

सरकारी पाठ्यक्रम बनाम नीजी पाठ्यक्रम / सार्वभौम आत्मीय पाठ्यक्रम / ईश्वरीय पाठ्यक्रम

ज्ञान के इस युग में ज्ञान की ओर चलें

विश्वशास्त्र अध्याय	पाठ्यक्रम	उपाधि
विषय प्रवेश	पाठ्यक्रम – 1 PAPER - 1	पूर्ण ज्ञान में प्रमाण पत्र (Certificate in Complete Knowledge-CCK)
अध्याय–एक	पाठ्यक्रम – 2 PAPER - 2	ईश्वर शास्त्र व व्यापार ज्ञान में प्रमाण पत्र (Certificate in Godics & Business Knowledge-CGBK)
अध्याय–दो	पाठ्यक्रम – 3 PAPER - 3	अवतार ज्ञान में प्रमाण पत्र (Certificate in Avatar Knowledge-CAK)
अध्याय–तीन	पाठ्यक्रम – 4 PAPER - 4	गुरू ज्ञान में प्रमाण पत्र (Certificate in Guru Knowledge-CGK)
अध्याय–चार	पाठ्यक्रम – 5 PAPER - 5	संस्थागत धर्म में डिप्लोमा (Diploma in Institutional Religion-DIR)
अध्याय–पाँच	पाठ्यक्रम – 6 PAPER - 6	पूर्ण शिक्षा में स्नातक (Bachelor in Complete Education-BCE)
परिशिष्ट	पाठ्यक्रम – 7 PAPER - 7	पूर्ण शिक्षा में परास्नातक (Master in Complete Education-MCE)

इस पाठ्यक्रम की मान्यता क्या है?

1. यह पाठ्यक्रम किसी भी देश के सरकारी संस्थान द्वारा मान्य नहीं है न ही इससे कोई सरकारी नौकरी आपको वर्तमान में प्राप्त होनी है।
2. वर्तमान की सरकारी शिक्षा प्रणाली आपको अगली कक्षा मे प्रवेश और परीक्षा पास कर निर्भरता देने वाली है।
3. यह पाठ्यक्रम आपको जीवन की परीक्षा पास करने व आप में आत्मनिर्भरता देने वाली है।
4. यह पाठ्यक्रम विश्व के बुद्धिजीवियों से मान्यता प्राप्त व उनके सपनों का पाठ्यक्रम है।
5. यह पाठ्यक्रम ईश्वरीय मान्यता प्राप्त है।

परन्तु हमारा सदैव प्रयत्न रहेगा कि ये पाठ्यक्रम विश्वविद्यालय अनुदान आयोग, मानव संसाधन मंत्रालय, भारत सरकार से मान्यता प्राप्त होकर विद्यालयों के शिक्षा पाठ्यक्रम में अनिवार्य विषय के रूप में शामिल हो जिससे विश्व स्तरीय मानव का निर्माण प्रारम्भ हो सके जिसकी आवश्यकता पूरे विश्व में है। जिस ओर विश्व की बौद्धिक शक्ति की गति भी है।

इस पाठ्यक्रम से लाभ

1. चेला/शिष्य बनने और आशीर्वाद प्राप्त करने से मुक्त होकर आत्मनिर्भरता/गुरूता/स्वतन्त्रता की ओर यात्रा।
2. "पूजा ही कर्म है" से "कर्म ही पूजा है" की ओर यात्रा।
3. विकास के साथ विकास दर्शन की ओर यात्रा।
4. व्यक्ति विकास से वैश्विक विकास की ओर एकीकृत यात्रा।
5. वैश्विक विकास के मुख्य धारा की समझ और मुख्य धारा की ओर यात्रा।

पूर्ण विवरण के लिए www.moralrenew.com देखें

संचालक

Yes You I Yes You
TRADE NT R
S U I S U

सत्यकाशी ब्रह्माण्डीय एकात्म विज्ञान विश्वविद्यालय (स.ब्र.ए.वि.वि.)
(Satyakashi Universal Integration Science University (SU-ISU)
(शैक्षिक एवं जनकल्याणकारी ट्रस्ट)
ग्रा.– बघेड़ा, पो.– पुरूषोत्तमपुर, जिला–मीरजापुर (उ0 प्र0) भारत, पिन–231305
www.su-isu.org, e_mail : info@su-isu.org

भाग-3

2020 - मन का नवीनीकरण

प्रारम्भ के पहले दिव्य-दृष्टि

व्यवस्था के परिवर्तन या सत्यीकरण का पहला प्रारूप और उसकी कार्य विधि

मिले सुर मेरा तुम्हारा, तो सुर बने हमारा

नये समाज के निर्माण का आधार

सन् 2020 ई0 - मन का नवीनीकरण

प्रारम्भ के पहले दिव्य-दृष्टि

मेरे इस जीवन की एक अलग यात्रा में "दिव्य" शब्द का जो दर्शन हुआ वह इस प्रकार है। "दिव्य" शब्द का प्रयोग वेदों के समय से ही हो रहा है और वह दूसरे शब्दों के साथ मिलकर "दिव्य दृष्टि", "दिव्य रूप", "दिव्य दिन", "दिव्य वर्ष", "दिव्य युग" इत्यादि के रूप में हमारे सामने है। अनेक विद्वान व तत्वद्रष्टाओं ने इस दिव्य शब्द का अनेक-अनेक प्रकार से अर्थ बतायें हैं। यहाँ दिव्य शब्द के प्रयोग व उसके अर्थ को नीचे दिया जा रहा है जिससे हम सभी को उसके अर्थ के प्रति समझ बन सकें।

01. "महाभारत" का युद्ध और "गीता" ज्ञान का प्रारम्भ जिस दृश्य से होता है, वह है-"संजय" और "धृतराष्ट्र" के बीच वार्तालाप। जिसमें महर्षि व्यास द्वारा युद्ध को देखने व धृतराष्ट्र को उसका "जैसा हो रहा है वैसा ही हाल" सुनाने के लिए संजय को एक दृष्टि दी जाती है जिसे हम सभी "दिव्य दृष्टि" के नाम से जानते हैं।

02. "अखिल विश्व गायत्री परिवार" के संस्थापक, "युग निर्माण योजना" के संचालक व 3000 से भी अधिक पुस्तक-पुतिकाओं के लेखक पं0 श्रीराम शर्मा आचार्य (जन्म-20 सितम्बर, 1911, मृत्यु-2 जून, 1990), जिनके कई लाख समर्थक-सदस्य हैं, के अनुसार "दिव्य का अर्थ देवता नहीं हो सकता। ऋग्वेद (2,164.46) में कहा गया है-अग्नि रूपी सूर्य को इन्द्र मित्र वरूण कहते हैं। वही दिव्य सुपर गुरूत्मान है। निरूक्त दैवत काण्ड (7,18) में कहा गया है-जो दिवि में प्रकट होता है उसे दिव्य कहते हैं। दिवि, द्य को कहते हैं। नैघण्टुक काण्ड में दिन के 12 नाम लिखे हैं उनमें द्यु शब्द भी दिन का वाचक है। अब दिव्य का अर्थ हुआ कि-जो दिन में प्रकट होता है। और यह प्रत्यक्ष है कि दिन में सूर्य ही प्रकट होता है। अतः दिव्य सूर्य का नाम है। ऋग्वेद (1,16:3,10) के मन्त्र में कहा गया है कि-आग का घोड़ा (सूर्य) है। इसमें भी सूर्य का ही वर्णन है। वेद में दिव्य नाम सूर्य का है, देवता को दिव्य कदापि नहीं कहते। व्याकरण से भी दिव्य शब्द का अर्थ देवता नहीं बनता। दिव् धातु में स्वार्थेयत प्रत्यय लगाने से दिव्य शब्द बनता है। इसकी व्युत्पत्ति यह हुई-दिव भवं दिव्यन अर्थात जो दिवि में प्रकट होता है। अतः दिव्य केवल सूर्य ही को कहते हैं। दिवि, द्यु को कहते हैं और द्यु दिन का नाम है। देवता शब्द दूसरें देवातल आदि सूत्रों से बनता है। इस कारण भी दिव्य और देवता शब्दों का आपस में कोई सम्बन्ध नहीं है। "दिव्य" शब्द और "देवता" शब्द बनाने के रूप ही अलग-अलग हैं।"

03. "ज्ञान व संस्कृति" और "बाबा भोलेनाथ" की नगरी काशी (वाराणसी, उ0प्र0, भारत) के बनारसी संस्कृति में दिव्य शब्द का अन्य शब्द के साथ प्रयोग कर "दिव्य निपटान", "दिव्य स्नान", "दिव्य आनन्द" की परम्परा है। इस परम्परा का वाहक काशी (वाराणसी) का अस्सी मुहल्ला है जिस पर प्रो0 काशी नाथ सिंह द्वारा पुस्तक "काशी की अस्सी" भी लिखा गया है और फिल्म भी बना है। काशी ज्ञान की नगरी है। यहाँ के लोगों का जन्म ही ज्ञान में होता है और ज्ञान में ही जीवन जीते है, ज्ञान ही बोलते हैं तथा ज्ञान में ही शरीर त्याग करते हैं। इनकी जीवन शैली और भाषा में सारा शास्त्र समाहित होता है। इसके उदाहरण को केवल "दिव्य निपटान" के अर्थ से

ही जाना जा सकता है। सुबह हो या शाम, सामने गंगा बह रही हो, उपर खुला आकाश हो, भांग को गोला पेट में जा चुका हो, और जब किनारे पर निपटने (नित्य क्रिया) करने बैठते हैं तो बनारसी उसे "दिव्य निपटान" कहते हैं अर्थात उस प्रकार से क्रिया जिसमें कुछ भी बनावटी न हो अर्थात प्राकृतिक हो उसे "दिव्य" कहते हैं। इस प्रकार आधुनिक सुविधाओं से युक्त शौचालय में नित्य क्रिया करना बनारसी ज्ञान में किसी भी स्थिति में "दिव्य निपटान" नहीं हो सकती। इसी प्रकार कपड़े पहनकर नहाना "दिव्य स्नान" नहीं और आधुनिक सुख-सुविधाओं से आनन्द में होना "दिव्य आनन्द" नहीं।

सन् 1893 से सन् 1993 के 100 वर्षों के समय में विश्व के बौद्धिक शक्ति को जिन्होंने सबसे अधिक हलचल दी वे हैं-धर्म की ओर से स्वामी विवेकानन्द और धार्मिकता की ओर से आचार्य रजनीश"ओशो"। दृष्टि के सम्बन्ध में इनके निम्न विचार हैं। स्वामी विवेकानन्द के अनुसार-"अनात्मज्ञ पुरूषों की बुद्धि एकदेश-दर्शिनी होती है। आत्मज्ञ पुरूषों की बुद्धि सर्वग्रासिनी होती है। आत्मप्रकाश होने से, देखोगे कि दर्शन, विज्ञान सब तुम्हारे अधीन हो जायेंगे।" (राम कृष्ण मिशन, विवेकानन्दजी के संग में, पृष्ठ-118) आचार्य रजनीश "ओशो" के अनुसार-"श्रीराम कितने ही बड़े हों, लेकिन इस मुल्क के चित्त में वे पूर्ण अवतार की तरह नहीं हैं, अंश हैं उनका अवतार। उपनिषद् के ऋषि कितने ही बड़े ज्ञानी हों, लेकिन अवतार नहीं हैं। श्रीकृष्ण पूर्ण अवतार हैं। परमात्मा अगर पृथ्वी पर पूरा उतरे तो करीब-करीब श्रीकृष्ण जैसा होगा। इसलिए श्रीकृष्ण इस मुल्क के अधिकतम मन को छु पाये हैं; बहुत कारणों से। एक तो पूर्ण अवतार का अर्थ होता है, मल्टी-डाइमेंन्सनल; जो मनुष्य के समस्त व्यक्तित्व को स्पर्श करता हो। श्रीराम वन-डाइमेंन्सनल है। अब तक श्रीकृष्ण को पूरा प्रेम करने वाला आदमी नहीं हुआ। क्योंकि पूरे श्रीकृष्ण को प्रेम करना तभी सम्भव है, जब वह आदमी भी मल्टी-डाइमेंन्सनल हो। हम आम तौर पर एक आयामी होते हैं। एक हमारा ट्रैक होता है व्यक्तित्व का, एक रेल की पटरी होती है, उस पटरी पर हम चलते है। जो एक गुरू बोल रहा है, वह अनन्त सिद्धों की वाणी है। अभिव्यक्ति में भेद होगा, शब्द अलग होंगे, प्रतीक अलग होंगे मगर जो एक सिद्ध बोलता है, वह सभी सिद्धों की वाणी है। इनसे अन्यथा नहीं हो सकता है। इसलिए जिसने एक सिद्ध को पा लिया, उसने सारे सिद्धों की परम्परा को पा लिया। क्योंकि उनका सूत्र एक ही है। कुंजी तो एक ही है, जिससे ताला खुलता है अस्तित्व का।"

उपरोक्त विचारों से यह स्पष्ट होता है कि "दिव्य" का अर्थ सीधा सा प्राकृतिक रूप अर्थात "जैसा है ठीक वैसा ही" है तथा "दिव्य दृष्टि" का अर्थ सर्वग्रासिनी या बहुआयामी (मल्टी-डाइमेंन्सनल) दृष्टि होता है। इस प्रकार ब्रह्मा का "दिव्य रूप" चार सिर वाला, विष्णु का "दिव्य रूप" चार हाथ वाला और शिव-शंकर का "दिव्य रूप" पाँच सिर वाला पुराणों में प्रक्षेपित है। किसी भी वस्तु को एक दिशा से देखकर उसके वास्तविक रूप लम्बाई, चौड़ाई, ऊँचाई इत्यादि के साथ नहीं देख सकते। हम सभी अपनी आँखों से ही आँखों या पूरे शरीर को नहीं देख सकते। उसके लिए हमें दर्पण की आवश्यकता पड़ती है अर्थात स्वयं से बाहर आकर ही पूरे को देखना सम्भव हो पाता है। इसी प्रकार पृथ्वी को देखने के लिए हमें पृथ्वी से बाहर जाना पड़ता है और सारी पृथ्वी के विकास के चिन्तन के लिए मन को पृथ्वी से बाहर ले जाना पड़ता है। "विश्वशास्त्र" ऐसे ही मन की स्थिति का परिणाम है। वर्तमान और भविष्य के समय के लिए सबसे सत्य दृष्टि तो यही है-

"एक गुण से देखना दृष्टि है,
अनेक गुणों से एक साथ देखना दिव्य दृष्टि है,
सिर्फ विद्वता को देखना दृष्टि दोष है"
और
"जो मन कर्म में न बदले, वह मन नहीं और व्यक्ति का अपना स्वरूप नहीं।"

व्यवस्था के परिवर्तन या सत्यीकरण का पहला प्रारूप और उसकी कार्य विधि

उदाहरण के रूप में, यदि किसी शिक्षित व्यक्ति जिसे अंकगणित का ज्ञान हो, उसके समक्ष संख्या 5 लिख दिया जाये और उससे कहा जाये कि इस संख्या के आगे और पीछे की संख्या लिखें तो वह आसानी से उसे लिख देगा परन्तु अंकगणित का अज्ञानी ऐसा नहीं कर पायेगा। उसका सारा ध्यान केवल संख्या 5 पर ही टिका रह जायेगा क्योंकि वह संख्या पद्धति से अपरिचित है। अगर वह कुछ लिख भी देगा तो वह आवश्यक नहीं कि सत्य हो और उसमें सुधार की पूरी सम्भावना बनी रहेगी। समाज सुधार के क्षेत्र में भी यही बात है। हम एक समस्या देखते हैं फिर उसमें कुछ सुधार कर देते हैं। फल यह होता है कि कुछ समय बाद पुनः उसमें सुधार की आवश्यकता आ जाती है।

जितने अधिक आकड़ों को विश्लेषित कर हम परिणाम को खोजेंगे उतने ही सत्य परिणाम हमारे सामने आयेंगे। प्रस्तुत शास्त्र व्यक्त अधिकतम आकड़ों के व्यवस्थित प्रस्तुतीकरण का शास्त्र है। दूसरे रूप में इसे धर्म ज्ञान का बैलेन्ससीट भी कह सकते है। इन सम्पूर्ण आकड़ों पर आधारित होकर व्यक्ति, समाज और विश्व राष्ट्र के लिए लिया गया निर्णय ही एक सत्य निर्णय हो सकता है। समाज सुधार के सम्बन्ध में स्वामी विवेकानन्द का कहना है कि-"तथाकथित समाज-सुधार के विषय में हस्तक्षेप न करना क्योंकि पहले आध्यात्मिक सुधार हुये बिना अन्य किसी भी प्रकार का सुधार हो नहीं सकता (राम कृष्ण मिशन, पत्रावली भाग-1, पृष्ठ-29), भारत के शिक्षित समाज से मैं इस बात पर सहमत हूँ कि समाज का आमूल परिवर्तन करना आवश्यक है। पर यह किया किस तरह जाये? सुधारकों की सब कुछ नष्ट कर डालने की रीति व्यर्थ सिद्ध हो चुकी है। मेरी योजना यह है, हमने अतीत में कुछ बुरा नहीं किया। निश्चय ही नहीं किया। हमारा समाज खराब नहीं, बल्कि अच्छा है। मैं केवल चाहता हूँ कि वह और भी अच्छा हो। हमें असत्य से सत्य तक अथवा बुरे से अच्छे तक पहुँचना नहीं है। वरन् सत्य से उच्चतर सत्य तक, श्रेष्ठ से श्रेष्ठतर और श्रेष्ठतम तक पहुँचना है। मैं अपने देशवासियों से कहता हूँ कि अब तक जो तुमने किया, सो अच्छा ही किया है, अब इस समय और भी अच्छा करने का मौका आ गया है।"-(राम कृष्ण मिशन, जितने मत उतने पथ, पृष्ठ-46)

व्यक्ति हो या ज्ञानी, समाज हो या राज्य, देश हो या विश्व, समाज नेता हों या राजनेता सभी को अब यह जान लेना चाहिए कि विश्व एक परिवार है और उस परिवार का शास्त्र-"विश्वशास्त्र" है। जब तक यह शास्त्र उपलब्ध नहीं था तब तक इस विश्व परिवार के एकीकरण का मार्ग नहीं खुला था, अब वह मार्ग मिल चुका है। कोई भी समाज निर्माण या युग परिवर्तन का कार्य एक क्षण का कार्य नहीं है। यह एक लम्बी अवधि की प्रक्रिया का कार्य है। इसे हम उन समाज सुधारकों के संस्थाओं के कार्य को देख कर अनुभव कर सकते हैं।

व्यवस्था परिवर्तन, एक राजनीतिक लुभावना वाला शब्द है। वह कैसे होगा, इसके लिए एक प्रारूप की आवश्यकता होती है अगर वह नहीं है तो व्यवस्था परिवर्तन चिल्लाने से नहीं होता। फिर व्यवस्था परिवर्तन किस बात का? मानव समाज को संचालित करने के लिए तो सिर्फ दो ही मूल व्यवस्था है-एक राजतन्त्र, जिसका युग जा चुका है। दूसरा-लोकतन्त्र, जिसका युग चल रहा है और यही अन्तिम व्यवस्था भी बनी रहेगी क्योंकि ब्रह्माण्डीय व्यवस्था भी लोकतन्त्र से ही चल रहा है और मनुष्य के मस्तिष्क से अन्ततः वही व्यक्त हो रहा है। लोकतन्त्र से हम राजतन्त्र में नहीं जा सकते इसलिए व्यवस्था परिवर्तन का अर्थ ही निरर्थक है।

आवश्यकता है वर्तमान लोकतन्त्र व्यवस्था को ही सत्य आधारित करने की जिसे व्यवस्था सत्यीकरण कहा जा सकता है। इस कार्य में हमें मानकशास्त्र की आवश्यकता है जिससे तोल कर यह देख सके कि इस लोकतन्त्र व्यवस्था में कहाँ सुधार करने से सत्यीकरण हो जायेगा। यह मानकशास्त्र ही "विश्वशास्त्र" है। सिर्फ मतदाता बनने व वोट डालने से ही लोकतन्त्र स्वस्थ नहीं हो सकता। उसके लिए देश व विश्व के पूर्ण ज्ञान की आवश्यकता होगी। इसलिए आवश्यक है कि प्रत्येक मतदाता "विश्वशास्त्र" के ज्ञान से युक्त हो।

अच्छा होता कि हमारे राजनेतागण कुछ दिनों के लिए सन्यास लेकर थोड़ा कुछ अध्ययन-चिंतन करते रहते ताकि उन्हें बार-बार लक्ष्य के लिए शब्दों का परिवर्तन न करना पड़ता। एक ही स्थिति में बहुत समय तक रहने पर बुद्धि, बद्ध हो जाती है। एक-एक सीढ़ी चढ़कर, पहुँच गये-पहुँच गये चिल्लाने से अच्छा है कि अन्तिम सीढ़ी पर पर बैठकर चिल्लाना कि पहुँच गये।

चाहे कुछ हो यदि प्रारूप नहीं, तो न तो व्यवस्था परिवर्तन हो सकता है, न ही व्यवस्था सत्यीकरण हो सकता है, न ही सम्पूर्ण क्रान्ति। भीड़ से क्रान्ति नहीं सिर्फ हंगामा होता है। भीड़ में जोश होता है, होश नहीं।

इस मानक शास्त्र के प्रस्तुत हो जाने से व्यवस्था परिवर्तन की नहीं बल्कि व्यवस्था के सत्यीकरण का मार्ग खुल चुका है। जिसका व्यक्ति, समाज और विश्व राष्ट्र को आवश्यकता भी है। किसी एक विषय पर बहुत अधिक पुस्तक मस्तिष्क को भ्रमित ही करती है। यह शास्त्र प्रारम्भ से अन्त तक के विकास को क्रमबद्ध प्रस्तुत करता है जिससे हम सभी एक सत्य निर्णय करने में सक्षम हों और पूर्ण ज्ञान से युक्त हो जायें और हमारा कोई भी सुधार एक स्थायी, अच्छा और दूरगामी परिणाम देने वाला हो।

प्रश्न यह भी उठता है कि परिवार का मुखिया जिसके द्वारा परिवार का संचालन होता है, यदि वह परिवार के हित व विकास के विषय में कर्म न करता हो तो क्या परिवार का सदस्य उसमें हस्तक्षेप करने का अधिकारी है या नहीं? यही बात देश को चलाने वाले संसद के विषय में भी है। यदि संसद स्वयं देशहित व जनहित के प्रति उदासीन हो जाये तो क्या जनता संसद को मार्गदर्शन देने का अधिकार नहीं रखती? यदि नहीं तो संविधान की धारा-51(ए) के अन्तर्गत नागरिक का मौलिक कर्तव्य की उपयोगिता क्या है? ध्यान रखने योग्य विषय यह है कि कोई भी चुना हुआ प्रतिनिधि सिर्फ उतने ही बड़े क्षेत्र का प्रतिनिधि होता है जिस क्षेत्र से वह चुना जाता है। भारत में ऐसा कोई प्रतिनिधि जनता से नहीं चुना जाता जो भारत का प्रतिनिधित्व करता हो और जब तक भारत का प्रतिनिधित्व करने वाला चुनाव नहीं होता या भारत की जनता का राष्ट्रीय मुद्दों पर विचार कर संसद के कर्तव्य का बोध कराने वाली स्वतन्त्र संस्था नहीं बन जाती, तब तक जनता को संसद को संविधान की धारा-51(ए) के अन्तर्गत नागरिक का मौलिक कर्तव्य के अनुसार न्यायालय व संसद के माध्यम से सरकार को मार्गदर्शन देने का कर्तव्य करना चाहिए जो उसका अधिकार भी है।

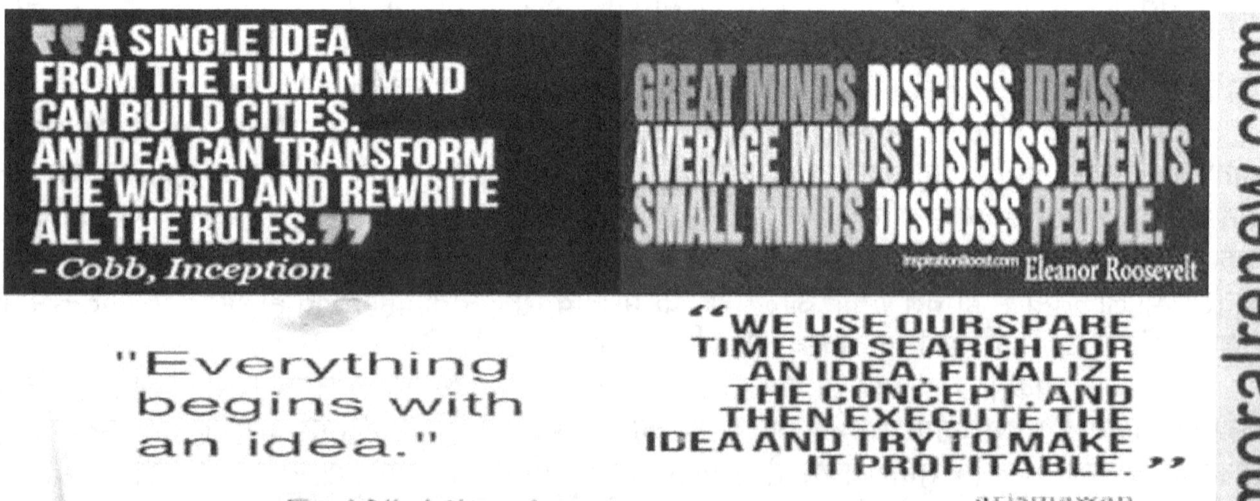

मिले सुर मेरा तुम्हारा, तो सुर बने हमारा

"स ईशोऽनिर्वचनीयप्रेमस्वरुपः"- ईश्वर अनिर्वचनीय प्रेम स्वरुप है। नारद द्वारा वर्णन किया हुआ ईश्वर का यह लक्षण स्पष्ट है और सब लोगों को स्वीकार है। यह मेरे जीवन का दृढ़ विश्वास है। बहुत से व्यक्तियों के समूह को समष्टि कहते हैं और प्रत्येक व्यक्ति, व्यष्टि कहलाता है आप और मैं दोनों व्यष्टि हैं, समाज समष्टि है आप और मैं- पशु, पक्षी, कीड़ा, कीड़े से भी तुक्ष प्राणी, वृक्ष, लता, पृथ्वी, नक्षत्र और तारे यह प्रत्येक व्यष्टि है और यह विश्व समष्टि है जो कि वेदान्त में विराट, हिरण गर्भ या ईश्वर कहलाता है। और पुराणों में ब्रह्मा, विष्णु, देवी इत्यादि। व्यष्टि को व्यक्तिशः स्वतन्त्रता होती है या नहीं, और यदि होती है तो उसका नाम क्या होना चाहिए। व्यष्टि को समष्टि के लिए अपनी इच्छा और सुख का सम्पूर्ण त्याग करना चाहिए या नहीं, वे प्रत्येक समाज के लिए चिरन्तन समस्याएँ हैं सब स्थानों में समाज इन समस्याओं के समाधान में संलग्न रहता है ये बड़ी-बड़ी तरंगों के समान आधुनिक पश्चिमी समाज में हलचल मचा रही हैं जो समाज के अधिपत्य के लिए व्यक्तिगत स्वतन्त्रता का त्याग चाहता है वह सिद्धान्त समाजवाद कहलाता है और जो व्यक्ति के पक्ष का समर्थन करता है वह व्यक्तिवाद कहलाता है।

सबका स्वामी (परमात्मा) कोई व्यक्ति विशेष नहीं हो सकता, वह तो सबकी समष्टि स्वरुप ही होगा। वैराग्यवान मनुष्य आत्मा शब्द का अर्थ व्यक्तिगत "मैं" न समझकर, उस सर्वव्यापी ईश्वर को समझता है जो अन्तर्यामी होकर सबमें वास कर रहा हो। वे समष्टि के रुप में सब को प्रतीत हो सकते हैं ऐसा होते हुए जब जीव और ईश्वर स्वरुपतः अभिन्न हैं, तब जीवों की सेवा और ईश्वर से प्रेम करने का अर्थ एक ही है। यहाँ एक विशेषता है। जब जीव को जीव समझकर सेवा की जाती है तब वह दया है, किन्तु प्रेम नहीं। परन्तु जब उसे आत्मा समझकर सेवा करो तब वह प्रेम कहलाता है। आत्मा ही एक मात्र प्रेम का पात्र है, यह श्रुति, स्मृति और अपरोक्षानुभूति से जाना जा सकता है।

सर्वेश्वर कभी भी विशेष व्यक्ति नहीं बन सकते। जीव है व्यष्टि; और समस्त जीवों की समष्टि है, ईश्वर। जीव में अविद्या प्रबल है; ईश्वर विद्या और अविद्या की समष्टि रूपी माया को वशीभूत करके विराजमान है और स्वाधीन भाव से उस स्थावर-जंगमात्मक जगत को अपने भीतर से बाहर निकाल रहा है। परन्तु ब्रह्म उस व्यष्टि-समष्टि से अथवा जीव-ईश्वर से परे है। ब्रह्म का अ शांश भाग नहीं होता।

समष्टि से प्रेम किये बिना हम व्यष्टि से प्रेम कैसे कर सकते हैं? ईश्वर ही वह समष्टि है। सारे विश्व का यदि एक अखण्ड रूप से चिन्तन किया जाय, तो वही ईश्वर है, और उसे पृथक-पृथक रूप से देखने पर वही यह दृश्यमान संसार है- व्यष्टि है। समष्टि वह इकाई है, जिसमें लाखों छोटी-छोटी इकाईयों का मेल है। इस समष्टि के माध्यम से ही सारे विश्व को प्रेम करना सम्भव है।"

- स्वामी विवेकानन्द

"मेरा", व्यष्टि है। "तुम्हारा", व्यष्टि है। "हमारा", समष्टि है। ये "मेरा", "तुम्हारा", व्यष्टि "मैं" है। "हमारा", समष्टि "मैं" है। "व्यष्टि" व्यक्तिगत होता है जबकि "समष्टि" सार्वजनिक, न्यूनतम एवं अधिकतम साझा जिसे अंग्रेजी में कामन (Common) कहते हैं, होता है।

साकार आधारित तन्त्र (राजतन्त्र) अर्थात बिना लिखित संविधान वाले तन्त्र में जब तक व्यक्ति प्रजा (व्यक्तिगत पद) होता है वह "व्यष्टि" होता है जैसे ही वह राजा (सार्वजनिक पद) पर बैठेगा, वह "समष्टि" हो जायेगा। राजा (सार्वजनिक पद) पर बैठने के बाद भी वह अपने व्यक्तिगत विचारों का संचालन कर सकता था क्योंकि वहाँ कोई लिखित संविधान नहीं होता है। इसी कारण जो राजा व्यक्तिगत हित के विचारों का संचालन करने लगते थे, उन्हें व्यक्तिवादी या असुर की श्रेणी में तथा जो राजा सार्वजनिक हित के विचारों का संचालन करते थे उन्हें समाजवादी या सुर के श्रेणी में रखे जाते थे।

वर्तमान में हम सभी निराकार आधारित तन्त्र (लोकतन्त्र) अर्थात लिखित संविधान वाले लोकतन्त्र में रहते हैं और उसी से शासित हैं। और इस तन्त्र के अनुसार जितने भी सार्वजनिक पद हैं वे सब समष्टि पद हैं। उस पद को संचालित करने के लिए एक लिखित मार्गदर्शन हैं जिसे हम सब संविधान-कानून कहते हैं। वह पद उससे बाहर नहीं जा सकता। उससे बाहर जाने पर पीठासीन व्यक्ति विवाद-विरोध का शिकार हो जायेगा। संविधान-कानून, एक मानवीय समष्टि शास्त्र है अर्थात एक मानव समूह को संचालित करने के लिए, उस समूह का समष्टि विचार है।

यह अच्छी प्रकार जान लेना चाहिए कि अवतारी श्रृंखला, संत श्रृंखला, दार्शनिक श्रृंखला, सिद्ध श्रृंखला, शास्त्र श्रृंखला से आये अवतार, संत, दार्शनिक, सिद्ध, शास्त्र सब समष्टि हैं, ये मानव जाति के लिए कार्य करते हैं न कि किसी विशेष मानव समूह के लिए। सरल शब्दों में जो विचार अधिकतम मानव समूह पर सरलता से लागू-प्रभावी किया जा सके वह उच्चतर समष्टि विचार है तथा जो जितना उच्चतर शक्ति से लागू-प्रभावी किया जा सके वह उतना ही उच्चतर व्यष्टि विचार है।

वर्षो से भारत के दूरदर्शन के राष्ट्रीय चैनल पर राष्ट्रीय विभिन्नताओं में एकता और एकीकरण का भाव जगाने वाले गीत "मिले सुर मेरा तुम्हारा तो सुर बने हमारा..................सुर की नदियाँ, हर दिशा से चलकर सागर में मिल जाये।" का यह "विश्वशास्त्र" प्रत्यक्ष रूप है और हमारा सुर ही है। साथ ही यह भारत सहित विश्व का प्रतिनिधि मानक शास्त्र भी है। विभिन्न विचार की नदियाँ, इस "विश्वशास्त्र" नामक सागर में ही विलीन हो जाती हैं इसलिए ही "विश्वशास्त्र" के लिए कहा गया है- "सभी सर्वोच्च विचार और सर्वोच्च कर्म मेरी ओर ही आते हैं"

व्यष्टि विचार हो या समष्टि विचार, दोनों व्यक्ति से ही व्यक्त होते हैं। इसलिए यहाँ भ्रम कि स्थिति उत्पन्न होती है और कोई व्यक्ति बड़े ही सरल भाव से कह देता हैं कि - ये आपके अपने व्यक्तिगत विचार हैं। मानवीय रूप से "विश्वशास्त्र" व्यक्तिगत विचार का शास्त्र नहीं बल्कि सार्वजनिक विचार का शास्त्र है। और ईश्वरीय रूप में सार्वभौम सत्य-सिद्धान्त का समष्टि सत्य शास्त्र है अर्थात विश्व के मानव समूह को संचालित करने के लिए, ईश्वरीय समष्टि सार्वभौम सत्य-सिद्धान्त है। सत्य है, शिव है, सुन्दर है। शिव ज्योति है, प्रकाश है, गुरू है।

नये समाज के निर्माण का आधार

"आकाश शब्द मंय" अर्थात आकाश शब्द रूप में है। विचार ही आविष्कार का जन्मदाता है। फिर वही व्यापार का मूल होता है। आध्यात्म जगत हो या भौतिक जगत विचार द्वारा ही आविष्कार और व्यापार चल रहे हैं। आविष्कारकों के साथ निम्न विचार अवश्य जुड़ जाते हैं। उनके सत्य अर्थ को जानना आवश्यक है-

1. **"बहुत पहुँचे हुये हैं"** - इसका अर्थ होता है- पहला अन्तर्जगत के सम्बन्ध में - आध्यात्मिक सार्वभौम सत्य-सिद्धान्तों का अनुभव, दूसरा बाह्य जगत के सम्बन्ध में - उच्च पीठासीन राजनेता और धर्माचार्य से सम्बन्ध। जिससे कल्याण व स्वार्थ का कार्य सम्पन्न कर सकें। तीसरा कोई अर्थ नहीं होता।

2. **"दर्शन"** - इसका अर्थ होता है- पहला अन्तर्जगत के सम्बन्ध में - उनके सम्पूर्ण रूप जीवन, ज्ञान व कर्म को देखना, दूसरा बाह्य जगत के सम्बन्ध में - केवल शरीर, संसाधन और महिमामण्डन को देखना। तीसरा कोई अर्थ नहीं होता। दूसरे प्रकार के दर्शन से दर्शन करने वाले को कोई लाभ नहीं होता।

3. **"आशीर्वाद"** - इसका अर्थ होता है- पहला अन्तर्जगत के सम्बन्ध में - उनसे अपने कल्याणार्थ शब्द सुनना।, दूसरा बाह्य जगत के सम्बन्ध में - उनसे अपने कल्याण के लिए कार्य लेना या उनके ज्ञान को अपने कल्याण के लिए जीवन में उपयोग करना। तीसरा कोई अर्थ नहीं होता। पहले प्रकार के आशीर्वाद से आशीर्वाद लेने वाले को कोई लाभ नहीं होता।

अ. भौतिक जगत द्वारा आविष्कार और व्यापार

भौतिक जगत में जैसे ही कोई आविष्कार होता है वह व्यापार बन जाता है परन्तु आविष्कारक का जीवन व्यापार नहीं बन पाता है। केवल आविष्कारक का ज्ञान और उत्पाद ही व्यापार में परिवर्तित होता है। पुनः आविष्कारक के ज्ञान और उत्पाद पर आधारित अन्य आविष्कार भी होने लगते हैं जैसे- बिजली का आविष्कार हुआ तो बिजली का आविष्कार जिस सिद्धान्त से हुआ वह और उस पर आधारित अनेक आविष्कार जैसे बल्ब, मोटर, जेनरेटर, बैटरी इत्यादि अनेक आविष्कार हो गये और उस पर आधारित अनकों प्रकार के व्यापार विकसित हो गये। लेकिन आविष्कारक का जीवन व्यापार नहीं बन पाया। वर्तमान समय में भौतिक जगत ने इतने अधिक आविष्कार दिये हैं कि मनुष्य के जन्म के पूर्व से ही वह भौतिक आविष्कारों का उपभोक्ता बन चुका है। और यह क्रम जारी भी है। भौतिक आविष्कारों से मनुष्य को संसाधन प्राप्त होता है।

ब. आध्यात्म जगत द्वारा आविष्कार और व्यापार

आध्यात्म जगत में जैसे ही कोई आविष्कार होता है वह व्यापार बन जाता है जो आविष्कारक के जीवन, ज्ञान और कर्म से जुड़ा होता है। पुनः आविष्कारक के जीवन, ज्ञान और कर्म पर आधारित अन्य आविष्कार भी होने लगते हैं। जैसे - श्रीराम, श्रीकृष्ण, शिव-शंकर, बुद्ध, माँ वैष्णों देवी, सांई बाबा, विश्व के तमाम धर्म संस्थापकों के जीवन, ज्ञान व कर्म पर अनेकों व्यापार विकसित हो गये हैं। भारतीय आध्यात्म और दर्शन जगत ऐसे उदाहरणों से भरा हुआ है। वर्तमान समय में आध्यात्म जगत ने इतने अधिक आविष्कार दिये हैं कि मनुष्य के जन्म के पूर्व से ही वह आध्यात्मिक आविष्कारों द्वारा ही संचालित है। और यह क्रम जारी भी है। आध्यात्मिक आविष्कारों से मनुष्य को सुख व ईश्वरत्व की ओर विकास प्राप्त होता है।

सन् 2020 ई0

इस वर्ष की मुख्य विशेषता

तकनीकी के आविष्कार से दूरदर्शन के अनेक चैनल और अधिक क्षमता के कम्प्यूटर का भारत में व्यापक विस्तार और जनता के सम्पर्क में आना।

इन्टरनेट (INTERNET) का भारत में व्यापक विस्तार और जनता के सम्पर्क में आना।

मोबाइल (CELL PHONE) के स्थान पर अधिक क्षमता के स्मार्ट मोबाइल (SMART CELL PHONE) का भारत में व्यापक विस्तार और जनता के सम्पर्क में आना।

दूरदर्शन और इन्टरनेट नेटवर्क के व्यापक विस्तार से समाचार (NEWS CHANNEL), सामाजिक सम्पर्क (SOCIAL MEDIA), यू ट्यूब (YouTube.com), सर्च इंजन (google.com) और विचार व्यक्त करने और ज्ञान-सूचना पाने का व्यापक स्वतन्त्रता का विकास।

धार्मिक, राजनीतिक, सामाजिक और वैयक्तिक व्यवहार में उपरोक्त तकनीकी का व्यापक प्रयोग।

विचार व्यक्त करने की व्यापक स्वतन्त्रता के कारण प्रत्येक व्यक्ति ही विचारक बन गया परन्तु व्यष्टि (व्यक्तिगत) विचार और समष्टि (संयुक्त) विचार में अन्तर के ज्ञान का अभाव।

सन् 2020 ई0 को लेकर अनेक भविष्यवक्ताओं के विचार व्यक्त होने लगें थें और युग परिवर्तन तथा कल्कि महाअवतार के प्रकट होने के समय के रूप में देखा जाने लगा था।

युग का काल गणना भी विचार के केन्द्र में आ गई थी। कलियुग के सम्बन्ध में 4 लाख 32 हजार की अवधि की विचारधारा कमजोर पड़ने लगी थी क्योंकि उसके बहुत से शास्त्रीय और वैज्ञानिक आधार व्यक्त हाने लगें थें। “आर्य समाज” के संस्थापक स्वामी दयानन्द सरस्वती के अनुसार कलियुग की आयु 4 लाख 32 हजार की थी तो “अखिल विश्व गायत्री परिवार” के संस्थापक और “विचार क्रान्ति” के संचालक पं0 श्रीराम शर्मा आचार्य के अनुसार यह युग परिवर्तन का सन्धि काल था।

मनुष्य अपने आप में इतना संकुलित होकर स्वयं में स्वार्थी हो चुका था कि वह अपने आप को इस सार्वभौम सृष्टि से अलग सत्ता का समझने लगा था। वह यह भूल चुका था कि शरीर की कोशिका से लेकर सम्पूर्ण ब्रह्माण्ड तक एक ही शरीर है और सभी एक-दूसरे को प्रभावित करते हैं।

अन्य घटना क्रम

वर्ष 2020 ई0 में खगोलिय घटना: 6 ग्रहण (4 चंद्र ग्रहण, 2 सूर्य ग्रहण)

10 जनवरी 2020 चंद्र ग्रहण - ग्रहण का टाइम: रात 10 बजकर 37 मिनट से 11 जनवरी को 2 बजकर 42 मिनट कहां दिखाई देगा: भारत, यूरोप, अफ्रीक, एशिया और आस्ट्रेलिया।

5 जून 2020 चंद्र ग्रहण - रात्रि को 11 बजकर 15 मिनट से 6 जून को 2 बजकर 34 मिनट तक कहां दिखाई देगा: भारत, यूरोप, अफ्रीक, एशिया और आस्ट्रेलिया।

21 जून 2020 सूर्य ग्रहण - 21 जून की सुबह 9 बजकर 15 मिनट से दोपहर 15 बजकर 03 मिनट तक भारत, दक्षिण पूर्व यूरोप और एशिया। इस साल के सूर्य ग्रहण पर अधिकतर ज्योतिषियों की नजरें हैं क्योंकि यह ग्रहण मिथुन राशि में लगेगा। 21 जून को लगने वाले ग्रहण का सूतक काल 12 घंटे पहले ही लग जाएगा। इस साल पड़ने वाले ग्रहण बहुत महत्वपूर्ण माने जा रहे हैं। क्योंकि ज्योतिषियों के अनुसार इन ग्रहण से मिथुन राशि के जातकों पर विशेष प्रभाव पड़ेगा। उस समय कुल छह ग्रह वक्री होंगे जो अच्छा संकेत नहीं है। कहा जा रहा है कि ग्रहण के कारण ग्रहों की ऐसी स्थिति विश्व भर के लिए चिंताजनक मानी जा रही है।

5 जुलाई 2020 चंद्र ग्रहण - सुबह 08 बजकर 37 मिनट से 11 बजकर 22 मिनट तक अमेरिका, दक्षिण पूर्व यूरोप और अफ्रीका।

30 नवंबर 2020 चंद्र ग्रहण - दोपहर को 13 बजकर 02 मिनट से शुरू होगा और शाम 17 बजकर 23 मिनट तक भारत, अमेरिका, प्रशांत महासागर, एशिया और आस्ट्रेलिया।

14 दिसंबर 2020 सूर्यग्रहण - शाम को 19 बजकर 03 मिनट से 15 दिसंबर को 12 बजे सूर्यग्रहण भारत में नहीं दिखेगा, इसको प्रशांत महासागर।

वर्ष 2020 ई0 में प्राकृतिक घटना: कोरोना (COVID-19) वायरस से वैश्विक महामारी

कोरोना वायरस वायरस (COVID-19) एक संक्रामक रोग है जो एक नए खोजे गए कोरोना वायरस के कारण होता है।

COVID-19 के साथ बीमार पड़ने वाले अधिकांश लोग हल्के से मध्यम लक्षणों का अनुभव करेंगे और विशेष उपचार के बिना ठीक हो जाएंगे।

COVID-19 का कारण बनने वाला वायरस मुख्य रूप से एक संक्रमित व्यक्ति के खांसने, छींकने या बाहर निकलने पर उत्पन्न बूंदों के माध्यम से फैलता है। ये बूंदें हवा में लटकने के लिए बहुत भारी हैं और जल्दी से फर्श या सतहों पर गिर जाती हैं।

आप वायरस में सांस लेने से संक्रमित हो सकते हैं यदि आप किसी ऐसे व्यक्ति के करीब हैं जिसके पास COVID-19 है या दूषित सतह को छूकर और फिर आपकी आंखें, नाक या मुंह से।

चीन से शुरू हुआ यह महामारी COVID-19 ने जनवरी से अपना प्रभाव दिखाना शुरू किया और देखते ही देखते विश्व के 200 से उपर देशों और द्विप पर पहुँच गया। आज दिनांक 10 जून, 2020 को संयुक्त राज्य अमरीका 20,45,715 में लोग इससे प्रभावित हो गये थे, घटते क्रम में देशों और द्विप की सूची इस प्रकार है-

ब्राज़िल, रूसी संघ, ग्रेट ब्रिटेन और उत्तरी आयरलैंड का यूनाइटेड किंगडम, स्पेन, भारत, इटली, पेरू, जर्मनी, ईरान, तुर्की का गणतंत्र, फ्रांस, चिली, मेक्सिको, पाकिस्तान, सऊदी अरब, कनाडा, चीन, कतर, बांग्लादेश, बेल्जियम, दक्षिण अफ्रीका, बेलोरूस, नीदरलैंड, स्वीडन, इक्वेडोर, कोलम्बिया, संयुक्त अरब अमीरात, सिंगापुर, मिस्र, पुर्तगाल, कुवैट, इंडोनेशिया, स्विट्जरलैंड, यूक्रेन, पोलैंड, आयरलैंड, अर्जेंटीना, फिलीपींस, अफ़ग़ानिस्तान, रोमानिया, डोमिनिकन गणराज्य, इजराइल, ओमान, पनामा, जापान, ऑस्ट्रिया, बहरीन, बोलीविया, इराक, आर्मीनिया, नाइजीरिया, कजाखस्तान, डेनमार्क, सर्बिया, कोरिया, एलजीरिया, घाना, मोलदोवा, कैमरून, नॉर्वे, मोरक्को, मलेशिया, आज़रबाइजान, ग्वाटेमाला, ऑस्ट्रेलिया, फिनलैंड, होंडुरस, सूडान, तजाकिस्तान, उज़्बेकिस्तान, सेनेगल, जिबूती, कांगो, गिन्नी, लक्समबर्ग, हंगरी, कोटे डी आइवर, हैती, गैबॉन, मैसेडोनिया, एल साल्वाडोर, थाईलैंड, यूनान, केन्या, बुल्गारिया, बोस्निया और हर्जेगोविना, वेनेजुएला, सोमालिया, इथियोपिया, क्रोएशिया, क्यूबा,

मैयट, किर्गिज़स्तान, एस्तोनिया, मालदीव, श्री लंका, केंद्रीय अफ्रीकन गणराज्य, आइसलैंड, लिथुआनिया, दक्षिण सूडान, माली, स्लोवाकिया, न्यूजीलैंड, स्लोवेनिया, निकारागुआ, गिनी-बिसाऊ, कोस्टा रिका, लेबनान, भूमध्यवर्ती गिनी, अल्बानिया, जाम्बिया, परागुआ, मॉरिटानिया, मेडागास्कर, हॉगकॉग, लातविया, ट्यूनीशिया, सियरा लिओन, नाइजर, साइप्रस, बुर्किना फासो, अंडोरा, उरुग्वे, जॉर्डन, चाड, जॉर्जिया, फ्रेंच गयाना, कांगो, सैन मैरीनो, युगांडा, माल्टा, जमैका, काबो वर्डे, यमन, साओ टोमे और प्रिंसिपे, तंजानिया, जाना, फिलिस्तीन, रवांडा, मलावी, मोजाम्बिक, ताइवान, लाइबेरिया, इस्वातीनी, लीबिया, मॉरीशस, मैन द्वीप, वियतनाम, मोंटेनेग्रो, जिम्बाब्वे, बेनिन, म्यांमार, मार्टीनिक, मंगोलिया, केमैन टापू, जिब्राल्टर, ग्वाडेलोप, गुयाना, सीरियाई, कोमोरोस, बरमूडा, ब्रुनेई दारुस्सलाम, सूरीनाम, कंबोडिया, त्रिनिदाद और टोबैगो, बहामा, अरूबा, मोनाको, अंगोला, बारबाडोस, बुस्न्दी, लिकटेंस्टीन, सिंट मार्टेन (डच भाग), फ्रेंच पॉलीनेशिया, भूटान, मकाओ, बोत्सवाना, संत मार्टिन, इरिट्रिया, नामीबिया, गाम्बिया, संत विंसेंट अँड थे ग्रेनडीनेस, अंतिगुया और बार्बूडा, तिमोर- लेस्ते, ग्रेनेडा, न्यू कैलेडोनिया, बेलीज, सेंट लूसिया, लाओस, डोमिनिका, फ़िजी, संत किट्ट्स और नेविस, ग्रीनलैंड, तुर्क्स और कैकोज़ द्वीपसमूह, पवित्र देखो, मोंटेसेराट, सेशेल्स, पश्चिमी सहारा, पापुआ न्यू गिनी, लिसोटो, एंगुइला

प्रत्येक देश में इसका प्रभाव बढ़ता ही जा रहा था और मरने वालों की संख्या बढ़ती ही जा रही थी। अभी तक इसे रोकने के लिए कोई कारगर वैक्सीन नहीं खोजा गया था, खोज जारी थी। समस्या को देखते हुए कई देशों ने अपने प्रभावित शहरों को LOCKDOWN (अपने घरों में रहने और व्यापारीक गतिविधि को बन्द रखने का आदेश) देना पड़ा।

भारत में भी 25 मार्च से एका-एक 4 घंटें के समयान्तराल में LOCKDOWN घोषित कर दिया गया, यातायात के साधन रेल, बस, हवाई जहाज के घरेलू और अन्तर्राष्ट्रीय उड़ानें बन्द कर दी गईं। जो भी नागरिक जहाँ जिस कार्य के गया लिए था वो वहीं कैद हो गया। दैनिक मजदूर (प्रतिदिन कमाने-खाने वाले) काम बन्द होने से भूखमरी के शिकार होने लगें। लाखों मजदूर भारत के विभिन्न प्रदेशों से अपने गाँव की ओर पैदल यात्रा पर ही निकल लियें जिसमें अनेकों की मौत भी हुयी। रास्ते में निवासियों ने मानवता दिखाते हुये उनके भोजन-पानी को भी उपलब्ध कराये।

वर्ष 2020 ई0: सार्वभौम एकात्मता-मानवता का सन्देश

वर्ष 2020 ई0 का खगोलिय सन्देश

ग्रहों के सम्मिलन व समय के योग से ज्योतिष विज्ञान काल परिवर्तन और नये युग की शुरुआत तथा ईश्वर के अवतरण की सूचना का प्रतीक मानता है। तो वर्तमान, विज्ञान उसे मात्र एक ब्रह्माण्डीय घटना मानता है।

उपरोक्त घटनाएं एवं संयोग विश्व, भारत, अन्तर्राष्ट्रीय, राज्य, समाज, परिवार और व्यक्ति सहित विज्ञान और धर्म क्षेत्र के समक्ष व्यक्त थी परन्तु वह एक-एक कर घटित होती गयी और वह इतिहास बन गयी। सभी घटनाएं अलग-अलग क्षेत्रों के समक्ष अलग-अलग रुप में ज्ञान में थी, न कि एक साथ। परिणामस्वरुप कोई भी परिणाम विश्व, भारत, राज्य, अन्तर्राष्ट्रीय, समाज, परिवार, व्यक्ति, विज्ञान व धर्म क्षेत्र देने में सक्षम नहीं था अर्थात् वह इन घटनाओं से पूर्ण मुक्त था।

खगोल व ज्योतिष विज्ञान के अनुसार- उपरोक्त घटनायें युग की समाप्ति और भगवान के अवतरण के समय का सूचक होती हैं। वर्तमान कलियुग की आयु 4,32,000 वर्ष मानी गयी है। जिसका प्रारम्भ 18 फरवरी 3102 ई0 पू0 माना जाता है।

सर्वज्ञपीठम् कालीमठ, वाराणसी के स्वामी ब्रह्मानन्द नाथ सरस्वती के अनुसार- ग्रहण से उत्पादित पुण्य से कलियुग का 10,000 वर्ष आयु कम हो जाता है। (देखें-"अमर उजाला" इलाहाबाद संस्करण, दिनांक-11-08-1999 पूर्ण सूर्यग्रहण के अवसर पर प्रकाशित) और 821 वर्ष कलियुग का शेष रहने पर कल्कि अवतार का अवतरण माना गया है। इस प्रकार कलियुग का व्यतीत कुल वर्ष 5102 वर्ष हुआ और यदि कल्कि

अवतार अभी होता है तो कलियुग के कुल आयु 4,32,000 में से 5102+821 वर्ष घटकर 4,26,071 वर्ष ग्रहण द्वारा उत्पादित पुण्य से समाप्त हो जाने चाहिए। जिसके लिए 43 ग्रहण की आवश्यकता है। खगोल वैज्ञानिकों का ऐसा अनुमान है कि वर्ष में सूर्यग्रहण की स्थिति 2 से 5 बार तक आती है। कलियुग के व्यतीत वर्ष 5102 वर्षों में क्या 43 ग्रहण नहीं आये होंगे? जबकि 20 मार्च 2015 तक 14 सूर्यग्रहण हुये। यदि यह माना जाय तो ग्रहण से उत्पन्न पुण्य सिर्फ भारत में ही होता है तो क्या 5102 वर्षों के दौरान भारत में 43 ग्रहण नहीं हुये होंगे? जबकि चन्द्रग्रहण से उत्पादित पुण्य से कलियुग की आयु कम होना अलग है। इस प्रकार देखने पर कलियुग की आयु लगभग समाप्त हो चुकी है।

16 जुलाई 2000 गुरुपूर्णिमा के दिन पूर्ण चन्द्रग्रहण और 5 जुलाई 2001 को अंश चन्द्रग्रहण गुरुओं के लिए प्रकाशमय पूर्णिमा नहीं बल्कि अन्धकारमय अमावस्या था। क्योंकि एक ओर यह पूर्ण चन्द्रग्रहण 13 अगस्त 1859 के बाद हुआ जो अब यह सन् 3000 के बाद ही होगा तो गुरु पूर्णिमा के पावन अवसर पर ही हुआ। जो मात्र व्यष्टि गुरुओं के भरमार का प्राकृतिक रुप से विरोध का सूचक था।

वर्ष 2020 ई0 का प्राकृतिक सन्देश

कोरोना (COVID-19) वायरस से वैश्विक महामारी ने अपने-अपने देशों के सरकार और समाज की व्यवस्था को सार्वजनिक रूप से व्यक्त करने का कार्य किया। इस घटना ने व्यक्ति और शासन को सन्देश दिया कि मनुष्य को प्रकृति के समन्वय के साथ चलना चाहिए। जब भी प्रकृति के तीन गुण – सत्व, रज और तम में से रज और तम की शक्ति अधिक हो जाती है तब प्रकृति अपना सन्तुलन बनाने के लिए सत्व गुण से हस्तक्षेप करने में सक्षम है और यह हस्तक्षेप बिना किसी भेद-भाव के एक समान रूप से प्रभावी होता है। इस हस्तक्षेप में धर्म-जाति, रंग, महिला-पुरूष, उम्र इत्यादि से कोई मतलब नहीं होता। स्पष्ट रूप से सार्वभौम सत्य-सिद्धान्त के अनुसार कार्य होता है जो ईश्वरीय सिद्धान्त है।

वर्ष 2020 ई0 का सार्वभौम सन्देश

भारतीय आध्यात्म दर्शन में शिव-शक्ति, प्रकृति-पुरूष, क्रिया-कारण का सर्वोच्च विचार है जो अन्तिम रूप से उच्चतम भी है। देवी का स्थान प्रकृति/ शक्ति/ क्रिया को प्राप्त है और देवता का स्थान शिव/ पुरूष/ कारण को प्राप्त है । प्रकृति/ शक्ति/ क्रिया के प्रभाव क्षेत्र के अनुसार अनेक देवीयाँ भारत में सर्वत्र हैं। प्रकृति द्वारा प्रभावी महामारी को भारतीय हमेशा दैवी प्रकोप और उनकी नाराजगी का ही परिणम मानते हैं। समय कल्कि अवतार के अवतरण का है तो उनकी शक्ति प्रकृति के भी अवतरण का समय है जिन्हें कल्कि देवी के रूप में जाना जाता है, भारतीय दर्शन की दृष्टि में कोरोना, कल्कि देवी का अस्त्र (कोरोनास्त्र) है जिससे मानव को सन्देश देने का प्रयत्न है। इस माध्यम से वर्ष 2020 ई0 का सार्वभौम सन्देश व्यक्ति, समाज और सरकार को यह है कि-

1. व्यक्ति स्वयं को इस ब्रह्माण्ड का स्वतन्त्र ईकाइ न समझें, वह एक ही सार्वभौम सत्य-सिद्धान्त से इस पृथ्वी पर शरीर धारण किया है और उसी सिद्धान्त से हार कर शरीर का त्याग भी करेगा, इसके अलावा कोई रास्ता नहीं।
2. समाज (व्यक्तियों का समूह) स्वयं को धर्म-जाति, रंग, महिला-पुरूष, उम्र इत्यादि की भावना से मुक्त होकर अन्य समूह को देखें और आवश्यकता पड़ने पर सहायता के लिए तैयार रहें। रहन-सहन की पद्धति संस्कृति है जो थोपा नहीं जा सकता, व्यक्ति की स्वतन्त्रता है कि वो कैसे रहे, बस उसे यह ध्यान रहना चाहिए कि उसके कारण अन्य को परेशानी तो नहीं हो रही है। संस्कृति को थोपना कट्टरता है।
3. राजतन्त्र में राजा और लोकतन्त्र में सत्ता, प्रजा-जनता का अभिभावक होता है ना कि उस पर शासन करने वाला, यदि ऐसा है तो निश्चित रूप से जानना चाहिए कि वह राजा या सत्ता मानवतावादी नहीं। राजा या सत्ता को

सदैव प्रजा-जनता केन्द्रित होना चाहिए क्योंकि ये पारिवारिक, सामाजिक, सांगठनिक, व्यापारिक, राज्य और सत्ता एक वृक्ष के समान हैं और वृक्ष के जड़ में खाद-पानी देने से सभी व्यवस्थायें सुदृढ़ रहती हैं।

4. व्यक्ति और सरकार को सार्वभौम सत्य-सिद्धान्त का ही मार्ग अपना कर अपने व्यवस्थाओं को सुदृढ़ करना चाहिए तभी दोनों एक-दूसरे के लिए सहयोगी बनकर राष्ट्र निर्माण में सहायक हो सकते हैं।
5. व्यक्ति को वैश्विक ज्ञान से युक्त करना आवश्यक और "वैश्विक सोच-स्थानीय कार्यवाही" की भावना से जीवन-यापन के लिए निर्माण की आवश्यकता है।

Think Globally - Act Locally
वैश्विक सोच - स्थानीय कार्यवाही

वर्ष 2020 ई0 का अवतारी सन्देश

किसी भी युग में अवतार, महापुरूष, संत या किसी भी व्यक्ति के गुण को सीधे देखकर पहचानने की क्षमता किसी भी व्यक्ति के अन्दर नहीं रही है। उस व्यक्ति को, स्वयं के अपने गुणों को ज्ञान, कर्म, जीवन के माध्यम द्वारा व्यक्त करना होता है। उसके बाद ही कुछ लोग उन्हें पहचानते हैं और उनके साथ एक-दूसरे के सदुपयोग के लिए साथ आते रहे हैं। प्राचीन समय में यह कार्य बहुत कठिन होता था इसके लिए वे अनेक प्रकार के आयोजन करते थे।

वर्तमान युग में भी अनेक प्रकार के आयोजन जैसे-सेमिनार, सम्मेलन, प्रदर्शनी, मेले, परीक्षाएँ, प्रतिस्पर्धा इत्यादि द्वारा अपनी योग्यता प्रदर्शित किये जाते हैं। परन्तु यह सब समय लेने वाला है और आम नागरिक के योग्यता को व्यक्त करने का माध्यम नहीं बन पाता। दुनिया बहुत तेज हो चुकी है। ऐसे में किसी विशेष कार्य के लिए कोई भी संस्था/व्यक्ति/योजना संचालक शीघ्रता से अपने कार्य के लिए योग्य व्यक्ति से जुड़ना चाहता है। सीधे व्यक्ति से व्यक्ति के सम्बन्धित होने, परिचय बनाने के कार्य में मनुष्य जीवन इतना छोटा है कि वह एक सिमित दायरे तक ही रह जाता है। व्यापक दायरे तक जाने के लिए व्यक्ति का निराकार रूप विचार-गुण-योग्यता को ही प्रकाशित करना होता है।

ईश्वर (सार्वभौम सत्य-सिद्धान्त) के सत्व गुण प्रधान (ब्रह्मा) के पूर्णावतार

- **श्रीराम** (आदर्श व्यक्तिगत मानव) के धर्म (आध्यात्मिक सत्य) स्थापना का कारण शारीरिक था,

ईश्वर (सार्वभौम सत्य-सिद्धान्त) के रज गुण प्रधान (विष्णु) के पूर्णावतार

- **श्रीकृष्ण** (आदर्श सामाजिक मानव) के धर्म (आध्यात्मिक सत्य) स्थापना का कारण आर्थिक था,

ईश्वर (सार्वभौम सत्य-सिद्धान्त) के तम गुण प्रधान (शंकर) के पूर्णावतार

- **श्रीकल्कि** (आदर्श वैश्विक मानव) के धर्म (आध्यात्मिक सत्य) स्थापना का कारण मानसिक था।

गुरु के सम्बन्ध में स्वामी विवेकानन्द जी कहते हैं-"हम गुरु के बिना कोई ज्ञान प्राप्त नहीं कर सकते। अब बात यह है कि यदि मनुष्य, देवता अथवा कोई स्वर्गदूत हमारे गुरु हो, तो वे भी तो ससीम हैं, फिर उनसे पहले

उनके गुरु कौन थे? हमें मजबूर होकर यह चरम सिद्धान्त स्थिर करना ही होगा कि एक ऐसे गुरु हैं जो काल के द्वारा सीमाबद्ध या अविच्छिन्न नहीं हैं। उन्हीं अनन्त ज्ञान सम्पन्न गुरु को, जिनका आदि भी नहीं और अन्त भी नहीं, ईश्वर कहते हैं। (राजयोग, रामकृष्ण मिशन, पृष्ठ-134)

वर्तमान समय में व्यक्ति (व्यष्टि) के गुरुओं की भरमार है परन्तु समाज (समष्टि) के गुरु का पूर्ण अभाव है। वह वही है जो वर्तमान और भविष्य की वैश्विक आवश्यकता-वर्तमान व्यवस्थानुसार विश्व-शान्ति-एकता-स्थिरता-विकास-सुरक्षा के लिए प्रबन्ध का माडल दे सकें, साथ ही पूर्ण मानव, स्वस्थ समाज, स्वस्थ लोकतन्त्र और स्वस्थ उद्योग की प्राप्ति का आधारशिला रख फल रुप में विश्वव्यापी पूर्ण एकात्म करें। वर्तमान समय और कुछ भी नहीं अनन्तज्ञान सम्पन्न गुरु निष्कलंक कल्कि अवतार का ही समय है जिसका रुप समष्टि गुरु का ही रुप है। उसका समस्त कार्य उपरोक्त सार्वाधिक खगोलीय घटनाओं की अवधि में ही सम्पन्न हुआ है। जिसके सम्बन्ध में सन् 1996 में ही हालैण्ड निवासी भविष्यवक्ता मि0 क्राइसे ने स्पष्ट कहा था कि-"मैं भारत में एक महापुरुष को स्पष्ट रुप से देख रहा हूँ जो विश्व के लिए योजनाएँ बना रहा है।" भारतीय आध्यात्म के अनुसार भी पूर्ण ब्रह्मावतार पूर्ण सत्व गुण रूप श्रीराम तथा पूर्ण विष्णु अवतार पूर्ण रज गुण रूप श्रीकृष्ण हो चुके हैं। अभी जो शेष थे वह हैं-पूर्ण शिव-शंकर अवतार पूर्ण तम गुण रूप। यही अन्तिम निष्कलंक कल्कि अवतार हैं। शिवगुरु हैं, कल्याण स्वरुप हैं और जब तक इनका आगमन नहीं हुआ था तब तक नेता, वर्तमान व्यष्टि गुरु, चिन्तक इत्यादि का भारत और विश्व का कल्याण कर देने का प्रयत्न निष्फल, भ्रमात्मक और समय गवाने वाला ही था। हमें शिव-शंकर के पूर्ण प्रेरक पूर्णावतार के रुप में व्यक्त लव कुश सिंह "विश्वमानव" द्वारा व्यक्त कर्मों पर चिन्तन और समर्पण करना चाहिए और समर्पण करना ही पड़ेगा।

भाग-4

ईश्वरीय समाज

ईश्वरीय समाज

ईश्वरीय समाज निर्माण की कार्यवाही आधारित पुस्तकें

विश्व-नागरिक धर्म का धर्मयुक्त धर्मशास्त्र - कर्मवेदः प्रथम, अन्तिम तथा पंचम वेदीय श्रृंखला

विश्व-राज्य धर्म का धर्मनिरपेक्ष धर्मशास्त्र - विश्वमानक शून्य-मन की गुणवत्ता का विश्वमानक (WS-0) श्रृंखला

प्राकृतिक सत्य मिशन (Natural Truth Mission)

विश्वधर्म मन्दिर

सत्यकाशी ब्रह्माण्डीय एकात्म विज्ञान विश्वविद्यालय

(Satyakashi Universal Integration Science University-SUISU)

"सत्यकाशी महायोजना" (वाराणसी-विन्ध्याचल-शिवद्वार-सोनभद्र के बीच का क्षेत्र)

डब्ल्यू.एस. (WS)-000:ब्रह्माण्ड (सूक्ष्म एवं स्थूल) के प्रबन्ध और क्रियाकलाप का विश्वमानक

हमारा व्यवसाय डब्ल्यू.एस. (WS)-000 के अनुसार

विश्व का मूल मन्त्र-"जय जवान-जय किसान-जय विज्ञान-जय ज्ञान-जय कर्मज्ञान"

विश्व सरकार के लिए शून्य आधारित अन्तिम आविष्कार का परिचय

एक विश्व - श्रेष्ठ विश्व के निर्माण के लिए आवश्यक कार्य

ईश्वरीय समाज

मनुष्य, अपने कर्मों का फल तुरन्त या इसी जीवन में चाहता है। अवतार, संत, महापुरूष गण प्रेरणा प्रदान करने के लिए अनेक कर्म उत्पन्न कर देते हैं। उसमें से एकाध कर्म स्वयं के लिए रखते हैं क्योंकि जीवन के समय को व्यतीत करने के लिए कुछ कर्म चाहिए होते हैं। "कर्म किये बिना कोई रह नहीं सकता"- ये श्रीकृष्ण की वाणी है। अप्रत्यक्ष कर्म (प्रेरणा या मार्गदर्शन) अन्य जिनके लिए उपयोगी हों, उनके लिए होता है। वो उसे करें ना करें अवतार, संत, महापुरूष गण को कोई मतलब नहीं होता। जिस प्रकार सूर्य के प्रकाश के भिन्न-भिन्न उपयोग हैं उसी प्रकार शास्त्र के भी भिन्न-भिन्न उपयोग होते हैं। कोई राजनीति करता है, कोई ज्ञानी बनता है, कोई समाज निर्माण करता है, कोई पुनः व्याख्या कर गुरू बन जाता है। और इन सबसे शास्त्राकार को कोई मतलब नहीं होता जिस प्रकार सूर्य के प्रकाश का उपयोग कर लेने से सूर्य को कोई मतलब नहीं होता।" अर्थात मनुष्य पेड़ लगाता है स्वंय फल खाने की इच्छा से जबकि ईश्वर और उनके अवतार पेड़ लगाते हैं दूसरों के लिए।

ईश्वरीय समाज कोई संगठन नहीं है बल्कि यह मानव जीवन के व्यष्टि व समष्टि क्षेत्र के अनेक विषयों की ओर से ईश्वर (सार्वभौम सत्य-सिद्धान्त) से योग कराने के लिए प्रणाली का विस्तार है जिससे वे किसी भी संस्थागत धर्म/समाज से जुड़े होने के बावजूद भी सीधे ईश्वर (सार्वभौम सत्य-सिद्धान्त) से जुड़ सकें। ज्ञान के इस युग और उसी ओर बढ़ते काल क्रम में ज्ञान-कर्मज्ञान मनुष्य की विवशता है। ईश्वरीय समाज पूरी स्वतन्त्रता के साथ मनुष्य को सिर्फ "जानने के लिए" सिद्धान्त के लिए कार्य करता है न कि "मानने के लिए"। इसके लिए कुछ प्रणाली निम्नवत् हैं-

अ. ज्ञान से जुड़ा व्यापार - नयी प्रणाली और व्यापार

01. भारतीय आध्यात्म एवं दर्शन आधारित स्वदेशी विपणन प्रणाली: 3-एफ (3-F: Fuel-Fire-Fuel)
02. कार्पोरेट विश्वमानक मानव संसाधन विकास प्रशिक्षण
    (Corporate World Standard Human Resources Development Training)
03. विश्व राजनीति पार्टी संघ (World Political Party Organisation - WPPO)
04. नयी पीढ़ी के लिए नया विषय - ईश्वर शास्त्र, मानक विज्ञान, एकात्म विज्ञान
05- विश्वशास्त्र पर आधारित आडियो-विडियो
06. मनोरंजन - नयी प्रणाली और व्यापार
    01. फिल्म
    02. टी0 वी सिरियल
    03. गीत

ब. जीवन से जुड़ा व्यापार - रियल स्टेट - नयी प्रणाली और व्यापार

01. "सत्यकाशी महायोजना" (वाराणसी-विन्ध्याचल-शिवद्वार-सोनभद्र के बीच का क्षेत्र)
02. डिजिटल प्रापर्टी और एजेन्ट नेटवर्क (Digital Property & Agent Network)

स. कर्म से जुड़ा व्यापार - नयी प्रणाली और व्यापार

01. उत्पाद ब्राण्ड
02. कैलेण्डर
03. शिक्षा ब्राण्ड - सत्य मानक शिक्षा (परियोजना पुनर्निर्माण- PROJECT RENEW)
04. राष्ट्र निर्माण के पुस्तक

"ईश्वरीय समाज" निर्माण की कार्यवाही (ACTION PLAN) आधारित पुस्तकें

व्यक्ति (व्यष्टि) से राष्ट्र (समष्टि) तक के सत्यीकरण और पूर्ण निर्माण के लिए विभिन्न विषयों पर छोटी पुस्तिकाएँ। काल, मनवन्तर, युग, शास्त्र परिवर्तन और अनिर्वचनीय कल्कि महाअवतार भोगेश्वर श्री लव कुश सिंह "विश्वमानव" के अवतरण से राष्ट्र निर्माण से सम्बन्धित अनेक पुस्तक-पुस्तिकाओं का मार्ग मिल गया है जिससे "पावर और प्राफिट" की ओर बढ़ गये मनुष्यता को मस्तिष्क के विकास को ओर भी विकास का मार्ग उपलब्ध होगा।

130 करोड़ की जनसंख्या वाला भारत देश में हिन्दी भाषी जनसंख्या 70 करोड़ है। और लाल किताब - पीला किताब, धर्म ग्रन्थ इत्यादि बिकते रहते हैं। और वो किताब जिसे "विश्वशास्त्र" कहा जा रहा है जो एक काल, मनवन्तर, युग परिवर्तन से लेकर विश्व सरकार के गठन तक का मार्गदर्शन से युक्त हो जो व्यक्ति के पूर्ण ज्ञान, पूर्ण शिक्षा पाठ्यक्रम सहित नीति आयोग तक के लिए उपयोगी है। "विश्वशास्त्र" त्रिलोक के अदृश्य कल्पना/कथा नहीं बल्कि इस लोक के व्यावहारिक ज्ञान का शास्त्र है। सभी शिक्षा एक तरफ, "विश्वशास्त्र" एक तरफ। सभी पुस्तक-शास्त्र एक तरफ, "विश्वशास्त्र" एक तरफ। हर घर का शान और प्राण "विश्वशास्त्र", धरती के नागरिक का जीवनशास्त्र "विश्वशास्त्र", स्वर्ण युग का शास्त्र "विश्वशास्त्र" की स्थिति है।

भारत में हिन्दी भाषा जानने वालों की स्थिति ये है- 1. बिहार (जनसंख्या-, 103,804,637 साक्षरता - 63.82 प्रतिशत), 2. छत्तीसगढ़ (जनसंख्या-25,540,196, साक्षरता - 71.04 प्रतिशत), 3. हरियाणा (जनसंख्या-25,353,081, साक्षरता - 76.64 प्रतिशत), 4. हिमाचल प्रदेश (जनसंख्या- 6,856,509, साक्षरता - 83.78 प्रतिशत), 5. झारखण्ड (जनसंख्या- 32,966,238, साक्षरता - 67.63 प्रतिशत), 6. मध्य प्रदेश (जनसंख्या- 72,597,565, साक्षरता - 70.63 प्रतिशत), 7. महाराष्ट्र (जनसंख्या- 112,372,972, साक्षरता - 82.91 प्रतिशत), 8. पंजाब (जनसंख्या- 27,704,236, साक्षरता - 76.68 प्रतिशत), 9. राजस्थान (जनसंख्या- 68,621,012, साक्षरता - 67.06 प्रतिशत), 10. उत्तर प्रदेश (जनसंख्या- 199,581,477, साक्षरता - 69.72 प्रतिशत), 11. उत्तराखण्ड (जनसंख्या-10,116,752, साक्षरता - 79.63 प्रतिशत), 12. पश्चिम बंगाल (जनसंख्या- 91,347,736, साक्षरता - 77.08 प्रतिशत), 13. चण्डीगढ़ (जनसंख्या- 1,054,686, साक्षरता - 86.43 प्रतिशत), 14. दिल्ली (जनसंख्या- 16,753,235, साक्षरता - 86.34 प्रतिशत)

हमारे द्वारा राष्ट्र निर्माण श्रृंखला से सम्बन्धित व्यक्ति के बौद्धिक विकास के लिए बस स्टेशन व रेलवे स्टेशनों, प्रदर्शनी, स्टाल, सीधे स्कूल-कालेज से विक्रय होने वाली "विश्वशास्त्र" पर आधारित निम्नलिखित समझ पर केन्द्रित अनेक पुस्तिका विक्रय करने के लिए उपलब्ध है। जिसे विद्यार्थी को संग्रह करने और इस रूप में प्राप्त करना असंभव है।

"आध्यात्मिक सत्य एवं दार्शनिक विरासत" के आधार पर "काल, मनु ,युग, व्यास, शास्त्र परिवर्तन", "मन में अन्तर (मनवन्तर) को समाप्त करने और मन के नवीनीकरण" के लिए "सार्वभौम सत्य-सिद्धान्त " पर आधारित "विश्वशास्त्र - द नालेज आफ फाइनल नालेज" शास्त्र को The Knowledge Equalizer के रूप में निम्नलिखित शीर्षक में 64 भागों में प्रकाशित किया कर दिया गया जिसमें परिचय, ज्ञान, कर्मज्ञान कार्यवाही योजना इत्यादि सभी कुछ हैं-

भाग के अनुसार

01. विश्वशास्त्र - विषय-प्रवेश
02. विश्वशास्त्र - अध्याय-एक: ईश्वर
03. विश्वशास्त्र - अध्याय-दो: जीवन परिचय
04. विश्वशास्त्र - अध्याय-तीन: ज्ञान परिचय
05. विश्वशास्त्र - अध्याय-चार: कर्म परिचय (सार्वजनिक प्रमाणित दृश्य महायज्ञ)

06. विश्वशास्त्र - अध्याय-पाँच (भाग - 01): सार्वजनिक प्रमाणित विश्वरूप
07. विश्वशास्त्र - अध्याय-पाँच (भाग - 02): सार्वजनिक प्रमाणित विश्वरूप
08. विश्वशास्त्र - परिशिष्ट

मुख्य शास्त्र

01. विश्वशास्त्र - द नालेज आफ फाइनल नालेज

सारांश के अनुसार

02. मैं सत्यकाशी से कल्कि महावतार बोल रहा हूँ (समष्टि गीता - यथार्थ प्रकाश)

शीर्षक के अनुसार

03. विश्वस्तरीय फिल्म लेखन कला
04. प्रारम्भिक सत्य - अन्तिम दृष्टि
05. सत्य धर्म - युग परिवर्तक दृष्टि
06. सत्य दार्शनिक-दर्शन और कर्म वेदान्त-विकास दर्शन
07. सत्य शास्त्र एवं पुराण रहस्य-महर्षि व्यास कला
08. संत एवं गुरू और विश्व संत एवं गुरू
09. समाज और ईश्वरीय समाज
10. सत्य शास्त्र और विश्वशास्त्र
11. कृति और विश्व कृति
12. भारत माता मन्दिर और विश्वधर्म मन्दिर
13. महाभारत और विश्वभारत
14. संविधान और विश्व संविधान
15. शिक्षा और पूर्ण शिक्षा
16. देवता और सार्वभौम देवता कल्कि
17. देवीयाँ और सार्वभौम देवी माँ क्लिक
18. द्वादश ज्योतिर्लिंग और 13वां अन्तिम ज्योतिर्लिंग
19. काशी - मोक्षदायिनी और जीवनदायिनी
20. सत्यकाशी - स्वर्णयुग का तीर्थ
21. काशी - रहस्योद्घाटन
22. 2020 - मन का नवीनीकरण
23. ईश्वर का संक्षिप्त इतिहास
24. अवतार - अन्तिम सत्य दृष्टि
25. भविष्यवाणियाँ और कल्कि अवतार
26. स्वामी विवेकानन्द और कल्कि अवतार
27. मनु, मनवन्तर और कल्कि महावतार
28. व्यास, शास्त्र और कल्कि महावतार
29. ऋषि, ऋषि परम्परा और कल्कि महावतार
30. दूसरा आगमन या अन्तिम आगमन

31. परिवर्तन-काल, मनु, युग, व्यास और शास्त्र
32. राम, रावण और सार्वभौम एकात्म
33. मैं, व्यक्तिगत या सार्वभौम
34. लव कुश (त्रेतायुग) और लवकुश (कलियुग)
35. कल्कि महावतार आ चुके हैं (ACTION PLAN)
36. लव कुश सिंह (कल्कि महाअवतार)-जीवन, ज्ञान, कर्म और विश्वरूप
37. वैश्विक बुद्ध - बुद्ध का भाग दो और अन्तिम
38. बुड्ढा कृष्ण - कृष्ण का भाग दो और अन्तिम
39. सम्पूर्ण क्रान्ति-अन्तिम कार्य योजना
40. पुनर्निर्माण (RENEW)-समस्या, समाधान और राष्ट्र निर्माण की योजना
41. पुनर्निमाण (RENEW)- ग्राम एवं नगर वार्ड प्रेरक
42. विश्वशास्त्र द नालेज आफ फाइनल नालेज-परिचय
43. एन्टायर पालिटिक्स - पूर्ण पाठ्यक्रम
44. वसुधैव-कुटुम्बकम्
45. कर्मवेद: प्रथम, अन्तिम तथा पंचम वेद
46. आठवें अवतार श्रीकृष्ण के अनकहे संदेश
47. अयोध्या नहीं, मुंगेर है राम जन्मभूमि
48. विश्वमानव-भूतपूर्व नेतृत्वकर्ताओं का स्पष्टिकरण
49. विश्वमानव-वर्तमान नेतृत्वकर्ताओं का स्पष्टिकरण
50. विश्वमानव-वार्ता, वक्तव्य एवं वाणियाँ
51. विश्वमानव-पत्रावली, प्रसारण और अन्तिम पत्र
52. सत्य जनहित आह्वान
53. विश्व शान्ति-अन्तिम सत्य दृष्टि
54. नई विश्व व्यवस्था का रहस्य
55. समाजवाद - ब्रह्माण्डीय विकास का अवतारी मार्ग
56. भारतवाद - राष्ट्रवाद की मुख्यधारा
57. 100 वर्षीय संयुक्त राष्ट्र को अग्रिम सन्देश
58. सार्वभौम एकात्म-नव विश्व निर्माण
59. गणराज्य, संघ, मानकीकरण संगठन और सम्पूर्ण मानक
60. व्यापार केन्द्र (TRADE CENTRE)-दृश्य सत्य
61. मन का विश्वमानक और पूर्ण मानव निर्माण की तकनीकी-WCM-TLM-SHYAM.C
62. मानक विपणन प्रणाली (3F-Fire-Fuel-Fire)
63. स्वर्णयुग का मानक आदर्श नागरिक-दिशा निर्देश
64. विश्वधर्म: परिचय (स्वर्णयुग का धर्म)

व्यक्ति और विभागीय स्तर पर सफाई-सुधार का पहला प्रारूप की पुस्तक - डा0 रमेश कुमार द्वारा लिखित “विशाल ज्ञान विज्ञान सबका समाधान” है

विश्व-नागरिक धर्म का धर्मयुक्त धर्मशास्त्र
कर्मवेदः प्रथम, अन्तिम तथा पंचम वेदीय श्रृंखला

विश्व-राज्य धर्म का धर्मनिरपेक्ष धर्मशास्त्र
विश्वमानक शून्य - मन की गुणवत्ता का विश्वमानक (WS-0) श्रृंखला

01. वैश्विक मानव निर्माण तकनीकी- WCM-TLM-SHYAM.C प्रणाली

तकनीकी का नाम SHYAM.C क्यों?
S - SATYA (सत्य)
H- HEART (हृदय)
Y- YOG (योग)
A - ASHRAM (आश्रम)
M - MEDITATION (ध्यान)
. - DOT (बिन्दु या डाट या दशमलव या पूर्णविराम)
C - CONCIOUSNESS (चेतना)

02. आदर्श वैश्विक मानव/जन/गण/लोक/स्व/मैं/आत्मा/तन्त्र का सत्य रूप व विश्व मानक

03. विश्व मानक-शून्य (WS-0): मन की गुणवत्ता का विश्व मानक श्रृखंला

01. डब्ल्यू.एस. (WS)-0	: विचार एवं साहित्य का विश्वमानक
02. डब्ल्यू.एस. (WS)-00	: विषय एवं विशेषज्ञों की परिभाषा का विश्वमानक
03. डब्ल्यू.एस. (WS)-000	: ब्रह्माण्ड (सूक्ष्म एवं स्थूल) के प्रबन्ध और क्रियाकलाप का विश्वमानक
04. डब्ल्यू.एस. (WS)-0000	: मानव (सूक्ष्म तथा स्थूल) के प्रबन्ध और क्रियाकलाप का विश्वमानक
05. डब्ल्यू.एस. (WS)-00000	: उपासना और उपासना स्थल का विश्वमानक

विश्व के प्रथम विश्वमानव (ग्लोबल ह्यूमन) स्वामी विवेकानन्द के इच्छानुसार

विश्व के अन्तिम विश्वमानव (ग्लोबल ह्यूमन) श्री लव कुश सिंह "विश्वमानव"

द्वारा

व्यक्त

विश्वधर्म का धर्मशास्त्र

विश्वशास्त्र - द नालेज आफ फाइनल नालेज

समष्टि धर्म शास्त्र, लोक तन्त्र में आविष्कृत
।। विश्वशास्त्र ।।
द नॉलेज ऑफ फाइनल नॉलेज
ज्ञान-कर्मज्ञान पर आधारित
व्यष्टि धर्म शास्त्र
राज तन्त्र में आविष्कृत
पहनावा, खानपान
पूजा-पद्धति पर आधारित

प्राकृतिक सत्य मिशन
(Natural Truth Mission)

अपने मालिक स्वयं बनें

BE YOUR OWN BOSS

1. राष्ट्रीय रचनात्मक आन्दोलन: स्वायत्तशासी उपसमिति /संगठन
   - I. प्राकृतिक सत्य एवं धार्मिक शिक्षा प्रसार केन्द्र (CENTRE)
   - II. ट्रेड सेन्टर (TRADE CENTRE)
   - III. विश्व राजनीतिक पार्टी संघ (WPPO)
     - (क) परिचय
     - (ख) राष्ट्रीय क्रान्ति मोर्चा
     - (ग) राष्ट्रीय सहजीवन आन्दोलन
     - (घ) स्वराज-सुराज आन्दोलन
     - (च) विश्व एकीकरण आन्दोलन (सैद्धान्तिक)
2. प्राकृतिक सत्य मिशन के विश्वव्यापी स्थापना का स्पष्ट मार्ग
3. राम कृष्ण मिशन और प्राकृतिक सत्य मिशन

विश्वधर्म मन्दिर

धर्म के व्यावहारिक अनुभव का मन्दिर-विश्वधर्म मन्दिर, की स्थापना जीवनदायिनी सत्यकाशी क्षेत्र में उचित स्थान देखकर की जायेगी क्योंकि इसकी स्थापना के पीछे स्थान का कोई विशेष कारण और स्थान के लिए शास्त्रीय आधार नहीं है, इसके लिए पूरा सत्यकाशी क्षेत्र ही शास्त्रीय आधार के अन्तर्गत है।

यह एक विशाल कैम्पस होगा जिसमें एक प्रवेश द्वार (जन्म का प्रतीक) और एक ही निकास द्वार (मृत्यु का प्रतीक) होगा। प्रवेश द्वार से प्रवेश करते ही विश्व के प्रमुख धर्मों के अलग-अलग द्वार (जीवन संस्कृति का प्रतीक) होंगे। जिन्हें जिस धर्म का अनुभव प्राप्त करना हो वे उस द्वार से प्रवेश करेंगे और उस धर्म के अनुसार वस्त्र, पूजा पद्धति, धर्म शास्त्र, खान-पान इत्यादि का पूरा अनुभव पूरे दिन प्राप्त करेंगे और अन्त में निकास द्वार से अपने पुराने वस्त्र को धारण कर बाहर आयेंगे। इसका तात्पर्य यह है कि जन्म (प्रवेश द्वार) की एक ही विधि है और मृत्यु (निकास द्वार) की भी एक ही विधि है जो किसी धर्म से सम्बन्धित नहीं है। बीच का जीवन ही उस धर्म का अनुभव है। धर्म में प्रवेश के उपरान्त धर्म (जीवन संस्कृति) परिवर्तन का कोई मार्ग नहीं है। उसके लिए आपको निकास द्वार (मृत्यु) से बाहर आकर फिर जन्म (पुर्नजन्म) लेना पड़ेगा फिर किसी दूसरे धर्म का अनुभव आप प्राप्त कर सकते हैं। यह धर्म के व्यावहारिक अनुभव का मन्दिर-विश्वधर्म मन्दिर, पूर्णतः व्यापारिक ढंग से संचालित होगा।

"सत्यकाशी महायोजना"
(वाराणसी-विन्ध्याचल-शिवद्वार-सोनभद्र के बीच का क्षेत्र)

श्रीराम के कारण चित्रकूट पर्यटन व धार्मिक क्षेत्र बना, श्रीकृष्ण के कारण मथुरा, द्वारिका पर्यटन व धार्मिक क्षेत्र बना, भगवान बुद्ध के कारण सारनाथ, कुशीनगर, बोधगया, वैष्णों देवी के कारण कटरा, सांई बाबा के कारण शिरडी पर्यटन व धार्मिक क्षेत्र बना। अनिर्वचनीय कल्कि महाअवतार भोगेश्वर श्री लव कुश सिंह "विश्वमानव" के अवतरण और उनके "विश्वशास्त्र" के कारण सत्यकाशी (वाराणसी-विन्ध्याचल-शिवद्वार-सोनभद्र के बीच का क्षेत्र) स्थापित है। सत्यकाशी क्षेत्र में ही "विश्वशास्त्र" की अधिकतम रचना हुई है और अनिर्वचनीय कल्कि महाअवतार भोगेश्वर श्री लव कुश सिंह "विश्वमानव" के निवास क्षेत्र सहित लीला भूमि क्षेत्र भी यही क्षेत्र है। भगवान बुद्ध के कारण काशी के उत्तर में काशी का प्रसार हुआ, विश्वशास्त्र के कारण काशी के दक्षिण में काशी का प्रसार हो रहा है।

कितना विचित्र संयोग है कि विन्ध्य क्षेत्र से ही भारत का मानक समय निर्धारित होता है और इसी क्षेत्र से युग परिवर्तन की घोषणा हो रही है। यह भी विचित्रता ही है कि व्यासजी द्वारा काशी को शाप देने के कारण विश्वेश्वर ने व्यासजी को काशी से निष्कासित कर दिया था और वे गंगा पार आ गये और गंगा पार सत्यकाशी क्षेत्र से ही उनके बाद "विश्वशास्त्र" रचना हुई है।

हम सभी साधारण जीवन में ऐसा देखते हैं कि जहाँ कहीं भी कोई फैक्ट्री, नगर निर्माण या विस्तार का कार्य प्रारम्भ हो जाता है। वहाँ एक अलग ही दुनियाँ बसने लगती है और एक व्यापक जन समुदाय को अपने जीवन संचालन के लिए मार्ग प्राप्त हो जाता है। जो किसी जाति, सम्प्रदाय या धर्म आधारित नहीं होती। वह सिर्फ व्यक्ति की योग्यता पर आधारित और वह पीढ़ी दर पीढ़ी के लिए होती है।

सार्वभौम सत्य-सिद्धान्त और समाज समर्थित सत्यकाशी योजना जिसका क्षेत्र है- वाराणसी-विन्ध्याचल-शिवद्वार-सोनभद्र के बीच का भगवान विष्णु और भगवान शिव से जुड़ा क्षेत्र। जो धर्मक्षेत्र से व्यापक सार्थक एवं पौराणिक आधारों पर प्रश्न करता है कि- क्यों काशी नरेश होते हुए भी उनका किला काशी शहर में नहीं? क्यों देवकी के आठवें पुत्र कृष्ण के बदले में पुत्री को कंस ने मारना चाहा तो वह विन्ध्य पर्वत पर आ बसीं? क्यों समष्टि (समाज या सार्वजनिक) धर्म के स्थापनार्थ विष्णु के पाँचवे अवतार वामन अवतार ने जब राजा बलि से तीन पग जमीन मांगा तब अवतार ने पहला पग चुनार क्षेत्र में ही रखा जिसके कारण इसका पुराना नाम चरणाद्रिगढ़ था? क्यों ब्रह्मलीन श्री श्री 1008 सत्ययोगानन्द "भुईधरा बाबा" (भगवान रामकृष्ण की अगली कड़ी) ने सदी का सबसे लम्बा (दि0 13.11.97 से 22.06.98 तक) तथा अदृश्य काल का अन्तिम यज्ञ- विष्णु महायज्ञ और ज्ञानयज्ञ चुनार क्षेत्र में ही आयोजित किये? क्यों विश्व का अन्तिम शास्त्र "विश्वशास्त्र" इसी क्षेत्र से व्यक्त हुआ? क्यों विश्वव्यापी धर्म स्थापना (समष्टि धर्म स्थापना) पाँचवे अवतार वामन अवतार के बाद पुनः इस क्षेत्र से प्रारम्भ हो रहा है।

उपरोक्त प्रश्नों का जबाब भी सत्यकाशी योजना के जन्मदाता गण व्यापकता के साथ देते हैं। भौतिकवादी काशी वासीयों से मुक्त-शिवभक्त काशी नरेश की सत्यता के लिए प्रकृतिक चक्र द्वारा इनका किला काशी शहर में नहीं जिससे वे अन्त में अन्तिम काशी-सत्यकाशी के सत्यकाशी नरेश भी कहलायें। चुनार क्षेत्र पाँचवें अवतार वामन के चरणों से एक श्राप द्वारा ग्रसित हो चुका था कि इस क्षेत्र में जन्म लेने वाले व्यक्ति की चाहें जितना भी समष्टि (समाज) धर्म के लिए प्रयत्न क्यों न करें वे व्यष्टि(व्यक्तिगत) धर्म से अधिक न उठ सकेंगे। जब तक की इस क्षेत्र से बाहर जन्म लेकर कोई पुनः समष्टि धर्म स्थापनार्थ नहीं आ जाता। यह सब इसलिए है कि प्राकृतिक चक्र द्वारा विकसित और सन्तुलित क्षेत्र जो वाराणसी-विन्ध्याचल-शिवद्वार-सोनभद्र के बीच स्थित है। बस यहीं है पुराणों में वर्णित सात काशीयों में अन्तिम काशी-सत्यकाशी। यदि काशी (वाराणसी), शिवाकाशी, उत्तरकाशी और दक्षिण काशी (वैदुर्यपत्तन, बरकला, केरल प्रदेश) को मुख्य काशी माना जाय तो सत्यकाशी पंचम काशी है। और दो

काशीयों को और सम्मिलित किया जाता है तो सत्यकाशी सप्तम काशी होगी। इस प्रकार शिव पुराण में वर्णित सात काशीयों में सत्यकाशी पंचम, अन्तिम तथा सप्तम काशी होगी।

इस प्रकार हम देखते है कि आध्यात्मिक, सार्थक, दूरदर्शी, प्रमाणित, पौराणिक, समाज समर्थित काशी की परम्परा का पालन करते हुए सत्यकाशी योजना है। जबकि लक्ष्य एक व्यापक जनसमुदाय को एक नयी दिशा द्वारा संरक्षण, विकास और आजिविका प्रदान करना है। इसलिए उचित स्थान पर इसका निर्माण आवश्यक है। श्री लव कुश सिंह "विश्वमानव" कृत "विश्वशास्त्र" से मुख्यतः सत्यकाशी क्षेत्र के लिए निम्नलिखित विषय व्यक्त हुये हैं जो रियल स्टेट के व्यवसाय को व्यापक रूप से विकसित करता है-

अनिर्वचनीय कल्कि महाअवतार भोगेश्वर श्री लव कुश सिंह "विश्वमानव" के अवतरण से पुनः पूर्वानुसार उनके जीवन से अनेक दिशाओं में नये आविष्कार व व्यापार को दिशा मिली है। जो निम्न प्रकार हैं -श्री लव कुश सिंह "विश्वमानव" कृत "विश्वशास्त्र" से मुख्यतः सत्यकाशी क्षेत्र के लिए निम्नलिखित विषय व्यक्त हुये हैं (पूर्ण विवरण के लिए "विश्वशास्त्र" अध्याय - दो देखें) -

01. चार शंकराचार्य पीठ के उपरान्त 5वाँ और अन्तिम पीठ "सत्यकाशी पीठ"
02. "सत्यकाशी महोत्सव" व "सत्यकाशी गंगा महोत्सव" आयोजन
03. सार्वभौम देवी माँ कल्कि देवी मन्दिर - माँ वैष्णों देवी की साकार रूप
04. भोगेश्वर नाथ - 13वाँ और अन्तिम ज्योतिर्लिंग
05. सत्यकाशी पंचदर्शन
06. ज्ञान आधारित मनु-मनवन्तर मन्दिर
07. ज्ञान आधारित विश्वात्मा मन्दिर
08. विश्वधर्म मन्दिर - धर्म के व्यावहारिक अनुभव का मन्दिर
09. नाग मन्दिर
10. विश्वशास्त्र मन्दिर (Vishwshastra Temple)
11. एक दिव्य नगर - सत्यकाशी नगर
12. होटल शिवलिंगम् - शिवत्व का एहसास
13. इन्द्रलोक - ओपेन एयर थियेटर
14. हस्तिनापुर - महाभारत का लाइट एण्ड साउण्ड प्रोग्राम
15. सत्य-धर्म-ज्ञान केन्द्रः तारामण्डल की भाँति शो द्वारा कम समय में पूर्ण ज्ञान
16. सत्यकाशी आध्यात्म पार्क
17. वंश नगर - मनु से मानव तक के वंश पर आधारित नगर
18. 8वें सावर्णि मनु - सम्पूर्ण एकता की मूर्ति (Statue of Complete Unity)
19. विस्मृत भारत रत्न स्मारक (Forgotten Bharat Ratna Memorial)
20. विश्वधर्म उपासना स्थल - उपासना और उपासना स्थल के विश्वमानक (WS-00000) पर आधारित
21. सत्यकाशी ब्रह्माण्डीय एकात्म विज्ञान विश्वविद्यालय

(Satyakashi Universal Integration Science University-SUISU)

उत्पाद ब्राण्ड

अनिर्वचनीय कल्कि महाअवतार भोगेश्वर श्री लव कुश सिंह "विश्वमानव" के अवतरण से शब्द को बल मिला है इस प्रकार ये शब्द एक "ब्राण्ड" के रूप में व्यक्त हुये हैं जिसे उपयोग में लाया जा सकता है। पेय जल के लिए हमारा ब्राण्ड - "मोक्षदायिनी काशी", "जीवनदायिनी काशी", और "जरगो फ्रेश"

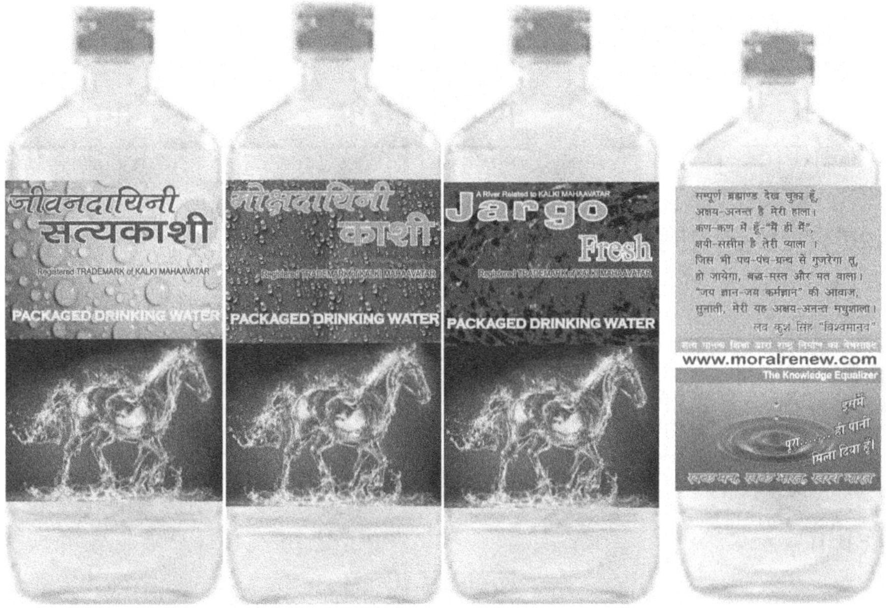

नयी पीढ़ी के लिए नया विषय - ईश्वर शास्त्र, मानक विज्ञान, एकात्म विज्ञान

श्री लव कुश सिंह "विश्वमानव" द्वारा "ईश्वर", "मानक", "एकात्म" की अन्तिम परिभाषा का आविष्कार पूर्ण हो जाने से नागरिक शास्त्र (Civics), भौतिकशास्त्र (Physics) की भाँति ईश्वर शास्त्र (Godics), मानक विज्ञान (Standard Science) और एकात्म विज्ञान (Integration Science) शैक्षणिक विषय का मार्ग मिल गया है।

मनोरंजन - नयी प्रणाली और व्यापार

01. फिल्म

अनिर्वचनीय कल्कि महाअवतार भोगेश्वर श्री लव कुश सिंह "विश्वमानव" के विचार विश्वस्तरीय हैं जिसके कारण मनोरजन और ज्ञान से युक्त परिकल्पना पर उन्होंने फिल्म, टी0 वी0 सिरियल और गानों के लिए भी मार्ग मिला है। जिसका और भी विस्तृत रूप आगे दिया गया है। श्री लव कुश सिंह विश्वमानव द्वारा लिखे/विचार प्रस्तुत किये गये फिल्म-

क्र.सं. टाइटल	फिल्म/सिरियल	भाषा	स्थिति
1. विश्वगुरू - द ब्रेन टर्मिनेटर (रिप्रेजेन्टेटिव सिनेमा आफ इण्डिया)	बालीवुड फिल्म	हिन्दी, अंग्रेजी व बंग्ला	पूर्ण
2. द डर्टी साधु- अण्डरस्टैण्डिंग ट्रांसडेन्ट	बालीवुड फिल्म	हिन्दी, अंग्रेजी	पूर्ण
3. माय टेन वाइफ आन अर्थ (अण्डरस्टैण्डिंग फिमेल)	बालीवुड फिल्म	हिन्दी	पूर्ण
4. अगरबत्ती पे करोड़पत्ती	बालीवुड फिल्म	हिन्दी	पूर्ण
5. डेमोक्रेसी - द रियल ऐम	बालीवुड फिल्म	हिन्दी, अंग्रेजी	पूर्ण
6. 9डी	हॉलीवुड फिल्म	हिन्दी, अंग्रेजी	पूर्ण
7. किरनिया (एक नारी की कहानी)	भोजपुरी फिल्म	भोजपुरी	पूर्ण
8. जय माँ कल्कि	बालीवुड फिल्म	हिन्दी	पूर्ण

02. टी0 वी सिरियल –

श्री लव कुश सिंह विश्वमानव द्वारा लिखे/विचार प्रस्तुत किये गये टी.वी सिरियल के स्क्रिप्ट "महाभारत" के बाद "विश्वभारत"

9. विश्वभारत	टी.वी.सिरियल	हिन्दी	विचार

ये कथा है महाकाल की
परमार्थ की, यथार्थ की, सत्यार्थ की
दृश्य स्वार्थ की
अवतारों की है ये कहानी

सत्यकाशी ब्रह्माण्डीय एकात्म विज्ञान विश्वविद्यालय
(Satyakashi Universal Integration Science University-SUISU)

सत्यकाशी ब्रह्माण्डीय एकात्म विज्ञान विश्वविद्यालय, जिसकी स्थापना जीवनदायिनी सत्यकाशी क्षेत्र में उचित स्थान देखकर की जायेगी क्योंकि इसकी स्थापना के पीछे स्थान का कोई विशेष कारण और स्थान के लिए शास्त्रीय आधार नहीं है, इसके लिए पूरा सत्यकाशी क्षेत्र ही शास्त्रीय आधार के अन्तर्गत है।

विभिन्न सम्प्रदाय (धर्म), जाति, मत, दर्शन इत्यादि में विभाजित इस मानव समाज में वर्तमान तथा आने वाले भविष्य के समय की मूल आवश्यकता है-मानव के मनों का एकीकरण अर्थात् मानव मन का भूमण्डलीकरण एवं ब्रह्माण्डीयकरण। इसकी आवश्यकता इसलिए भी है क्योंकि मानव अपने विज्ञान व तकनीकी ज्ञान से प्राप्त संसाधनों का प्रयोग करते हुये, एक तरफ तो ब्रह्माण्ड की ओर चल पड़ा है तो दूसरी तरफ विध्वंस के लिए अनेक हथियारों का भी निर्माण कर चुका है। ऐसी स्थिति में हमें निश्चित रूप से ऐसे एकीकरण की आवश्यकता है जिससे हम इस पृथ्वी से मानसिक स्तर के विवादों को समाप्त कर सकें।

माया सभ्यता के अनुसार विश्व के मानव समाज यह भी मान रहें हैं कि 21 दिसम्बर, 2012 को दुनिया का अन्त हो जायेगा। जबकि हिन्दू धर्म शास्त्र विष्णु पुराण, भागवत पुराण, अग्नि पुराण, गरूड़ पुराण, पद्म पुराण इत्यादि में भगवान के दसवें और महाअवतार "कल्कि" का होना अभी शेष है। जिनसे कलियुग के अंधकार व विनाश को समाप्त करने का कार्य सम्पन्न होगा, साथ ही सत्ययुग का आरम्भ होगा। सिक्ख धर्म के पवित्र ग्रन्थ "दशम् ग्रन्थ" में भी "कल्कि अवतार" का वर्णन मिलता है।

सृजन और विनाश, का स्तर शारीरिक, आर्थिक व मानसिक होता है। जो एक व्यक्ति, समाज, देश और विश्व राष्ट्र के लिए होता है। व्यक्ति पर हुये शारीरिक, आर्थिक व मानसिक सृजन और विनाश को व्यक्ति ही अनुभव करता है परन्तु समाज, देश और विश्व राष्ट्र पर हुये शारीरिक, आर्थिक व मानसिक सृजन व विनाश को सार्वजनिक रूप से सभी देखते है। समाज, देश और विश्व राष्ट्र पर शारीरिक व आर्थिक सृजन और विनाश वर्तमान में तो चल ही रहा है जिसे सार्वजनिक रूप से मानव समाज देख रहा है।

भौतिकवादी पश्चिमी संस्कृति किसी भी सृजन व विनाश को मानसिक स्तर पर सोच ही नहीं सकता क्योंकि वह समस्त क्रियाकलाप को बाह्य जगत में ही घटित होता समझाता है जबकि वर्तमान समय मानसिक स्तर पर विनाश व सृजन का है। इस आधार पर यह कहा जा सकता है कि माया सभ्यता के अनुसार 21 दिसम्बर, 2012 को जो विनाश व सृजन होगा, वह मानसिक स्तर का ही होगा। जिसके परिणामस्वरूप सभी सम्प्रदाय, मत, दर्शन एक उच्च स्तर के विचार या सत्य में विलीन अर्थात् विनाश को प्राप्त करेगा। फलस्वरूप उच्च स्तर के विचार या सत्य में स्थापित होने से सृजन होगा। कुल मिलाकर माया सभ्यता के कैलेण्डर का अन्त तिथि 21 दिसम्बर, 2012,

दुनिया के अन्त की तिथि नहीं बल्कि वह वर्तमान युग के अन्त की अन्तिम तिथि का अनुमान है जिसके बाद नये युग का आरम्भ होगा।

ईश्वर भी इतना मूर्ख व अज्ञानी नहीं है कि वह स्वयं को इस मानव शरीर में पूर्ण व्यक्त किये बिना ही दुनिया को नष्ट कर दे। इसके सम्बन्ध में हिन्दू धर्म शास्त्रों में सृष्टि के प्रारम्भ के सम्बन्ध में कहा गया है कि-"ईश्वर ने इच्छा व्यक्त की कि मैं एक हूँ, अनेक हो जाऊँ"। इस प्रकार जब वही ईश्वर सभी में है तब निश्चित रूप से जब तक सभी मानव ईश्वर नहीं हो जाते तब तक दुनिया के अन्त होने का कोई प्रश्न ही नहीं उठता और विकास क्रम चलता रहेगा।

21 दिसम्बर, 2012 के बाद का समय नये युग के प्रारम्भ का समय है जिसमें ज्ञान, ध्यान, चेतना, भाव, जन, देश, विश्व राष्ट्र, आध्यात्मिक जागरण, मानवता इत्यादि का विश्वव्यापी विकास होगा। परिणामस्वरूप सभी मानव को ईश्वर रूप में स्थापित होने का अवसर प्राप्त होगा। और यही विश्व मानव समाज की मूल आवश्यकता है। प्राचीन वैदिक काल में समाज को नियंत्रित करने के लिए ज्ञानार्जन सबके लिए खुला नहीं था परन्तु वर्तमान और भविष्य की आवश्यकता यह है कि समाज को नियंत्रित करने के लिए सभी को पूर्ण ज्ञान से युक्त कर सभी के लिए ज्ञान को खोल दिया जाय। यही कारण था कि वेद को प्रतीकात्मक रूप में लिख कर गुरू-शिष्य परम्परा द्वारा उसकी व्याख्या की जाती रही थी जिससे राजा और समाज को नियंत्रण में रखा जा सके।

सभी मानव को ईश्वर रूप में स्थापित होने के लिए जो माध्यम चाहिए वह है-"एकात्म विज्ञान" व "ईश्वर शास्त्र" विषय से मानव को शिक्षित करना। इस आवश्यकता हेतु ही इस ट्रस्ट का गठन किया जा रहा है जिससे इस विषय पर शैक्षणिक पाठ्यक्रम के लिए पाठ्य पुस्तकों का सृजन किया जा सके। और शिक्षा पाठ्यक्रम में अनिवार्य रूप से अध्ययन के लिए शामिल कराया जा सके।

डब्ल्यू.एस. (WS)-000
ब्रह्माण्ड (सूक्ष्म एवं स्थूल) के प्रबन्ध और क्रियाकलाप का विश्वमानक

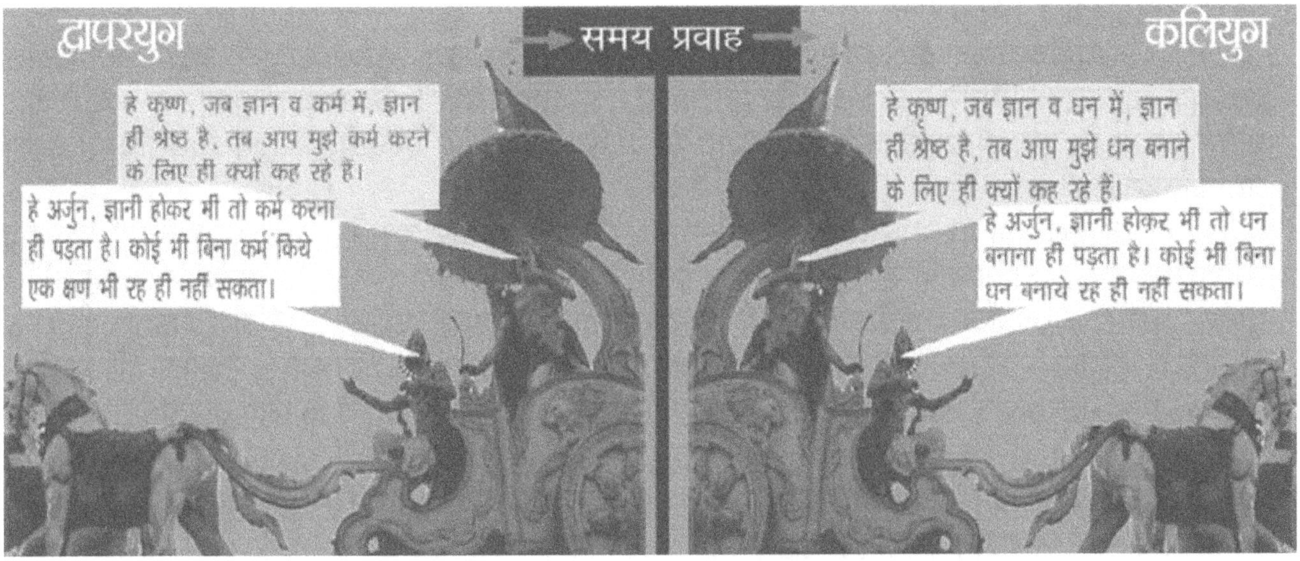

एक पूर्ण व्यापारिक संगठन के लिए आवश्यक है कि वह डब्ल्यू.एस. (WS)-000 ब्रह्माण्ड (सूक्ष्म एवं स्थूल) के प्रबन्ध और क्रियाकलाप का विश्वमानक के अनुसार हो। अर्थात् उस संगठन की संरचना और कार्य निम्न सभी चक्र को अवश्य ही संचालित करती हो-

सूत्र-1. ज्ञानातीत चक्र: चक्र-0-धर्म ज्ञान से बिना युक्त के मुक्त अर्थात् अपना मालिक अन्य और धर्म ज्ञान से युक्त होकर मुक्त अर्थात् अपना मालिक स्वंय की स्थिति। ज्ञानावस्था से होकर यही चक्र 7 भी कहलाता है। यह स्थिति शिशु और ज्ञानी की होती है।

उपरोक्त सूत्र के अनुसार हमारे व्यवसाय की व्याख्या- एक पूर्ण व्यापारिक संगठन का मालिक या तो कोई और (ईश्वर) होता है या उस संगठन में शामिल एक या अनेक ईश्वर (व्यक्ति) होते हैं। जिस प्रकार ईश्वर किसी जीव-निर्जीव, स्त्री-पुरूष, जाति-सम्प्रदाय इत्यादि से बिना भेद-भाव के सभी के लिए कार्य करता है उसी प्रकार एक पूर्ण व्यापारिक संगठन को भी उसी प्रकार कार्य करना चाहिए। जिस प्रकार ईश्वर दिन-रात, वर्षा-सूखा, गर्मी-सर्दी, तूफान-शान्ति इत्यादि बिना किसी भेद-भाव अर्थात् सार्वभौम एकात्म के द्वारा करता है उसी प्रकार एक पूर्ण व्यापारिक संगठन को भी उसी प्रकार कार्य करना चाहिए। एक शिशु मानव और ज्ञानी मानव दोनों ही समभाव अर्थात् सार्वभौम एकात्म में स्थित होकर ही क्रियाशील रहते हैं। बस शिशु अज्ञानावस्था में रहता है जबकि ज्ञानी मानव ज्ञानावस्था में रहकर वही करता है।

हमारा व्यापार और व्यापारिक संगठन भी इसी प्रकार है। वह अपने कार्यों-योजनाओं-व्यापारिक नियमों को बिना किसी भेद-भाव के समभाव में स्थित होकर संचालित करता है। जिस प्रकार ईश्वर द्वारा वर्षा होती है जिसको जितना जल लेना हो ले ले, उसी प्रकार हमारा व्यापार भी मनुष्यों के लिए है जिसको जितने में शामिल होना है, हो लें।

सूत्र-2. भौतिकवाद या भोगवाद कर्म चक्रः

चक्र-1. TRANSACTION-आदान-प्रदान चक्र। यही ज्ञानावस्था में चक्र-6 कहलाता है।

उपचक्र 1.1-शारीरिक

उपचक्र 1.2-आर्थिक/संसाधन

उपचक्र 1.3-मानसिक

उपरोक्त सूत्र के अनुसार हमारे व्यवसाय की व्याख्या- सूत्र-1 से युक्त चक्र-1 का संचालन-एक पूर्ण व्यापारिक संगठन सूत्र-1 के भाव (हृदय) से युक्त होकर शारीरिक-आर्थिक-मानसिक क्षेत्र में आदान प्रदान करता है। इसे आध्यात्मिकता या धर्म या समभाव या सार्वभौम एकात्म से युक्त व्यवसाय या आदान-प्रदान कहते हैं।

हमारा व्यापार और व्यापारिक संगठन भी इसी प्रकार का है। वह अपने कार्यों-योजनाओं-व्यापारिक नियमों को बिना किसी भेद-भाव के आध्यात्मिकता या धर्म या समभाव या सार्वभौम एकात्म में स्थित होकर शारीरिक-आर्थिक-मानसिक क्षेत्र में आदान-प्रदान संचालित करता है। जिस प्रकार ईश्वर द्वारा शारीरिक-आर्थिक-मानसिक क्षेत्र में आदान प्रदान हो रहा है, उसी प्रकार हमारा व्यापार भी शारीरिक-आर्थिक-मानसिक क्षेत्र में आदान-प्रदान विकास के लिए और शामिल हाने वालों के लिए करता है।

सूत्र-1 से मुक्त चक्र-1 का संचालन-सूत्र-1 से मुक्त व्यापारिक संगठन भी शारीरिक-आर्थिक-मानसिक क्षेत्र में आदान-प्रदान करता है। इसे भौतिकता या अधर्म या असमभाव या अनेकात्म से युक्त व्यवसाय या आदान-प्रदान कहते हैं।

हमारा व्यापार और व्यापारिक संगठन सूत्र-1 से मुक्त होकर चक्र-1 का कार्य नहीं करता। यह उसका विशिष्ट उद्देश्य है।

चक्र-2. RURAL-ग्रामीण चक्र

उपचक्र 2.1-शारीरिक

उपचक्र 2.2-आर्थिक/संसाधन

उपचक्र 2.3-मानसिक

उपरोक्त सूत्र के अनुसार हमारे व्यवसाय की व्याख्या-ग्रामीण का व्यापक अर्थ है-वे जो स्वयं से शारीरिक-आर्थिक-मानसिक क्षेत्र में पीछे हैं।

सूत्र-1 से युक्त चक्र-2 का संचालन-एक पूर्ण व्यापारिक संगठन सूत्र-1 के भाव (हृदय) से युक्त होकर जो स्वयं से शारीरिक-आर्थिक-मानसिक क्षेत्र में पीछे हैं, उनके लिए शारीरिक-आर्थिक-मानसिक क्षेत्र में आदान प्रदान करता है। इसे आध्यात्मिकता या धर्म या समभाव या सार्वभौम एकात्म से युक्त व्यवसाय या आदान-प्रदान कहते हैं।

हमारा व्यापार और व्यापारिक संगठन भी इसी प्रकार का है। वह अपने कार्यों-योजनाओं-व्यापारिक नियमों को बिना किसी भेद-भाव के आध्यात्मिकता या धर्म या समभाव या सार्वभौम एकात्म में स्थित होकर जो स्वयं से शारीरिक-आर्थिक-मानसिक क्षेत्र में पीछे हैं, उनके लिए शारीरिक-आर्थिक-मानसिक क्षेत्र में आदान-प्रदान संचालित करता है। जिस प्रकार ईश्वर द्वारा शारीरिक-आर्थिक-मानसिक क्षेत्र में आदान प्रदान जो ईश्वर से शारीरिक-आर्थिक-मानसिक क्षेत्र में पीछे हैं। हो रहा है, उसी प्रकार हमारा व्यापार भी जो स्वयं से शारीरिक-आर्थिक-मानसिक क्षेत्र में पीछे हैं, उनके लिए शारीरिक-आर्थिक-मानसिक क्षेत्र में आदान-प्रदान विकास के लिए और शामिल हाने वालों के लिए करता है।

सूत्र-1 से मुक्त चक्र-2 का संचालन-सूत्र-1 से मुक्त व्यापारिक संगठन भी शारीरिक-आर्थिक-मानसिक क्षेत्र में आदान-प्रदान करता है। इसे भौतिकता या अधर्म या असमभाव या अनेकात्म से युक्त व्यवसाय या आदान-प्रदान कहते हैं।

हमारा व्यापार और व्यापारिक संगठन सूत्र-1 से मुक्त होकर चक्र-2 का कार्य नहीं करता। यह उसका विशिष्ट उद्देश्य है।

चक्र-3.ADVANCEMENT या ADAPTABILITY -आधुनिकता या अनुकूलन चक्र

उपचक्र 3.1-शारीरिक

उपचक्र 3.2-आर्थिक/संसाधन

उपचक्र 3.3-मानसिक

उपरोक्त सूत्र के अनुसार हमारे व्यवसाय की व्याख्या-आधुनिकता या अनुकूलन का अर्थ है-वे जो स्वयं से शारीरिक-आर्थिक-मानसिक क्षेत्र में आगे हैं उनके शारीरिक-आर्थिक-मानसिक प्रणाली को स्वीकार और स्वयं को उस अनुसार बनाना।

सूत्र-1 से युक्त चक्र-3 का संचालन-एक पूर्ण व्यापारिक संगठन सूत्र-1 के भाव (हृदय) से युक्त होकर जो स्वयं से शारीरिक-आर्थिक-मानसिक क्षेत्र में आगे हैं, उन्हें स्वीकार और स्वयं को उस अनुसार बनाते हुये उनके लिए शारीरिक-आर्थिक-मानसिक क्षेत्र में आदान प्रदान करता है। इसे आध्यात्मिकता या धर्म या समभाव या एकात्म से युक्त व्यवसाय या आदान-प्रदान कहते हैं।

हमारा व्यापार और व्यापारिक संगठन भी इसी प्रकार का है। वह अपने कार्यों-योजनाओं-व्यापारिक नियमों को बिना किसी भेद-भाव के आध्यात्मिकता या धर्म या समभाव या सार्वभौम एकात्म में स्थित होकर जो स्वयं से शारीरिक-आर्थिक-मानसिक क्षेत्र में आगे हैं, उनके लिए शारीरिक-आर्थिक-मानसिक क्षेत्र में आदान-प्रदान संचालित करता है। जिस प्रकार ईश्वर द्वारा शारीरिक-आर्थिक-मानसिक क्षेत्र में आदान-प्रदान जो ईश्वर से शारीरिक-आर्थिक-मानसिक क्षेत्र में आगे हैं। हो रहा है, उसी प्रकार हमारा व्यापार भी जो स्वयं से शारीरिक-आर्थिक-मानसिक क्षेत्र में आगे हैं, उनके लिए शारीरिक-आर्थिक-मानसिक क्षेत्र में आदान-प्रदान विकास के लिए और शामिल हाने वालों के लिए करता है।

सूत्र-1 से मुक्त चक्र-3 का संचालन-सूत्र-1 से मुक्त व्यापारिक संगठन भी शारीरिक-आर्थिक-मानसिक क्षेत्र में आदान-प्रदान करता है। इसे भौतिकता या अधर्म या असमभाव या अनेकात्म से युक्त व्यवसाय या आदान-प्रदान कहते है।

हमारा व्यापार और व्यापारिक संगठन सूत्र-1 से मुक्त होकर चक्र-3 का कार्य नहीं करता। यह उसका विशिष्ट उद्देश्य है।

चक्र-4. DEVELOPMENT-विकास चक्र

उपचक्र 4.1-शारीरिक

उपचक्र 4.2-आर्थिक/संसाधन

उपचक्र 4.3-मानसिक

उपरोक्त सूत्र के अनुसार हमारे व्यवसाय की व्याख्या-विकास का अर्थ है-स्वयं को शारीरिक-आर्थिक-मानसिक क्षेत्र में आगे बढ़ाने से हैं।

सूत्र-1 से युक्त चक्र-4 का संचालन-एक पूर्ण व्यापारिक संगठन सूत्र-1 के भाव (हृदय) से युक्त होकर स्वयं को शारीरिक-आर्थिक-मानसिक क्षेत्र में आगे बढ़ाने के लिए शारीरिक-आर्थिक-मानसिक क्षेत्र में

आदान प्रदान करता है। इसे आध्यात्मिकता या धर्म या समभाव या सार्वभौम एकात्म से युक्त व्यवसाय या आदान-प्रदान कहते हैं।

हमारा व्यापार और व्यापारिक संगठन भी इसी प्रकार का है। वह अपने कार्यों-योजनाओं-व्यापारिक नियमों को बिना किसी भेद-भाव के आध्यात्मिकता या धर्म या समभाव या एकात्म में स्थित होकर स्वयं के शारीरिक-आर्थिक-मानसिक क्षेत्र में आगे बढाता है। जिस प्रकार ईश्वर द्वारा शारीरिक-आर्थिक-मानसिक क्षेत्र में विकास हो रहा है, उसी प्रकार हमारा व्यापार भी स्वयं को शारीरिक-आर्थिक-मानसिक क्षेत्र में आगे बढ़ाने के लिए शारीरिक-आर्थिक-मानसिक क्षेत्र में आदान-प्रदान विकास के लिए और शामिल हाने वालों के लिए करता है।

सूत्र-1 से मुक्त चक्र-4 का संचालन-सूत्र-1 से मुक्त व्यापारिक संगठन भी शारीरिक-आर्थिक-मानसिक क्षेत्र में आदान-प्रदान करता है। इसे भौतिकता या अधर्म या असमभाव या अनेकात्म से युक्त व्यवसाय या आदान-प्रदान कहते है।

हमारा व्यापार और व्यापारिक संगठन सूत्र-1 से मुक्त होकर चक्र-4 का कार्य नहीं करता। यह उसका विशिष्ट उद्देश्य है।

चक्र-5.EDUCATION-शिक्षा चक्र

उपचक्र 5.1-शारीरिक

उपचक्र 5.2-आर्थिक/संसाधन

उपचक्र 5.3-मानसिक

उपरोक्त सूत्र के अनुसार हमारे व्यवसाय की व्याख्या-शिक्षा का अर्थ है-स्वयं को शारीरिक-आर्थिक-मानसिक क्षेत्र के विषय में मस्तिष्क को चिन्तन स्तर पर लाने से हैं।

सूत्र-1 से युक्त चक्र-5 का संचालन-एक पूर्ण व्यापारिक संगठन सूत्र-1 के भाव (हृदय) से युक्त होकर स्वयं को शारीरिक-आर्थिक-मानसिक क्षेत्र में आगे बढ़ाने के लिए शारीरिक-आर्थिक-मानसिक क्षेत्र में शिक्षित करता है। इसे आध्यात्मिकता या धर्म या समभाव या एकात्म से युक्त व्यवसाय या आदान-प्रदान कहते हैं।

हमारा व्यापार और व्यापारिक संगठन भी इसी प्रकार का है। वह अपने कार्यों-योजनाओं-व्यापारिक नियमों को बिना किसी भेद-भाव के आध्यात्मिकता या धर्म या समभाव या सार्वभौम एकात्म में स्थित होकर स्वयं के शारीरिक-आर्थिक-मानसिक क्षेत्र में आगे बढ़ाने के लिए शिक्षित करता है। जिस प्रकार ईश्वर द्वारा शारीरिक-आर्थिक-मानसिक क्षेत्र में शिक्षण हो रहा है, उसी प्रकार हमारा व्यापार भी स्वयं को शारीरिक-आर्थिक-मानसिक क्षेत्र में आगे बढ़ाने के लिए शारीरिक-आर्थिक-मानसिक क्षेत्र में आदान-प्रदान विकास के लिए शिक्षित करता है और शामिल हाने वालों के लिए करता है।

सूत्र-1 से मुक्त चक्र-5 का संचालन-सूत्र-1 से मुक्त व्यापारिक संगठन भी शारीरिक-आर्थिक-मानसिक क्षेत्र में शिक्षित करता करता है। इसे भौतिकता या अधर्म या असमभाव या अनेकात्म से युक्त व्यवसाय या आदान-प्रदान कहते हैं।

हमारा व्यापार और व्यापारिक संगठन सूत्र-1 से मुक्त होकर चक्र-5 का कार्य नहीं करता। यह उसका विशिष्ट उद्देश्य है।

सूत्र-3. आध्यात्मवाद-ज्ञानचक्र:

चक्र-6. NATURAL TRUTH -प्राकृतिक सत्य चक्र: यही चक्र अज्ञानावस्था में चक्र-1 कहलाता है।

उपचक्र-1.1-अदृश्य प्राकृतिक अर्थात् अदृश्य आत्मा

उपरोक्त सूत्र के अनुसार हमारे व्यवसाय की व्याख्या- सूत्र-1 से युक्त चक्र-6 उपचक्र-1.1 का संचालन-एक पूर्ण व्यापारिक संगठन सूत्र-1 के भाव (हृदय) से युक्त होकर अदृश्य प्राकृतिक या अदृश्य सार्वभौम आत्मा के लिए आदान-प्रदान करता है। इसे आध्यात्मिकता या धर्म या समभाव या एकात्म से युक्त व्यवसाय या आदान-प्रदान कहते हैं।

हमारा व्यापार और व्यापारिक संगठन भी इसी प्रकार का है। वह अपने कार्यों-योजनाओं-व्यापारिक नियमों को बिना किसी भेद-भाव के आध्यात्मिकता या धर्म या समभाव या सार्वभौम एकात्म में स्थित होकर अदृश्य प्राकृतिक या अदृश्य सार्वभौम आत्मा के लिए शारीरिक-आर्थिक-मानसिक क्षेत्र में आदान-प्रदान संचालित करता है। जिस प्रकार ईश्वर द्वारा अदृश्य प्राकृतिक या अदृश्य आत्मा के लिए शारीरिक-आर्थिक-मानसिक क्षेत्र में आदान प्रदान हो रहा है, उसी प्रकार हमारा व्यापार भी अदृश्य प्राकृतिक या अदृश्य आत्मा के लिए शारीरिक-आर्थिक-मानसिक क्षेत्र में आदान-प्रदान विकास के लिए और शामिल हाने वालों के लिए करता है।

सूत्र-1 से मुक्त चक्र-6 उपचक्र-1.1 का संचालन-सूत्र-1 से मुक्त व्यापारिक संगठन भी शारीरिक-आर्थिक-मानसिक क्षेत्र में आदान-प्रदान करता है। इसे भौतिकता या अधर्म या असमभाव या अनेकात्म से युक्त व्यवसाय या आदान-प्रदान कहते हैं।

हमारा व्यापार और व्यापारिक संगठन सूत्र-1 से मुक्त होकर चक्र-6 उपचक्र-1.1 का कार्य नहीं करता। यह उसका विशिष्ट उद्देश्य है।

उपचक्र 1.2-दृश्य प्राकृतिक अर्थात् दृश्य आत्मा

उपरोक्त सूत्र के अनुसार हमारे व्यवसाय की व्याख्या- सूत्र-1 से युक्त चक्र-6 उपचक्र-1.2 का संचालन-एक पूर्ण व्यापारिक संगठन सूत्र-1 के भाव (हृदय) से युक्त होकर दृश्य प्राकृतिक या दृश्य सार्वभौम आत्मा के लिए आदान-प्रदान करता है। इसे आध्यात्मिकता या धर्म या समभाव या सार्वभौम एकात्म से युक्त व्यवसाय या आदान-प्रदान कहते हैं।

हमारा व्यापार और व्यापारिक संगठन भी इसी प्रकार का है। वह अपने कार्यों-योजनाओं-व्यापारिक नियमों को बिना किसी भेद-भाव के आध्यात्मिकता या धर्म या समभाव या एकात्म में स्थित होकर दृश्य प्राकृतिक या दृश्य आत्मा के लिए शारीरिक-आर्थिक-मानसिक क्षेत्र में आदान-प्रदान संचालित करता है। जिस प्रकार ईश्वर द्वारा दृश्य प्राकृतिक या दृश्य आत्मा के लिए शारीरिक-आर्थिक-मानसिक क्षेत्र में आदान प्रदान हो रहा है, उसी प्रकार हमारा व्यापार भी दृश्य प्राकृतिक या दृश्य सार्वभौम आत्मा के लिए शारीरिक-आर्थिक-मानसिक क्षेत्र में आदान-प्रदान विकास के लिए और शामिल हाने वालों के लिए करता है।

सूत्र-1 से मुक्त चक्र-6 उपचक्र-1.2 का संचालन-सूत्र-1 से मुक्त व्यापारिक संगठन भी शारीरिक-आर्थिक-मानसिक क्षेत्र में आदान-प्रदान करता है। इसे भौतिकता या अधर्म या असमभाव या अनेकात्म से युक्त व्यवसाय या आदान-प्रदान कहते हैं।

हमारा व्यापार और व्यापारिक संगठन सूत्र-1 से मुक्त होकर चक्र-6 उपचक्र-1.2 का कार्य नहीं करता। यह उसका विशिष्ट उद्देश्य है।

सूत्र-4. ज्ञानातीत चक्र: चक्र-7-RELIGIONधर्मचक्र: अपना मालिक स्वंय की स्थिति। यही अज्ञानावस्था में चक्र-0 भी कहलाता है।

उपरोक्त सूत्र के अनुसार हमारे व्यवसाय की व्याख्या-एक पूर्ण व्यापारिक संगठन का मालिक या तो कोई और (ईश्वर) होता है या उस संगठन में शामिल एक या अनेक ईश्वर (व्यक्ति) होते हैं। जिस प्रकार ईश्वर किसी जीव-निर्जीव, स्त्री-पुरूष, जाति-सम्प्रदाय इत्यादि से बिना भेद-भाव के सभी के लिए कार्य करता है उसी प्रकार एक पूर्ण व्यापारिक संगठन को भी उसी प्रकार कार्य करना चाहिए। जिस प्रकार ईश्वर दिन-रात, वर्षा-सूखा, गर्मी-सर्दी, तूफान-शान्ति इत्यादि बिना किसी भेद-भाव अर्थात् एकात्म के द्वारा करता है उसी प्रकार एक पूर्ण व्यापारिक संगठन को भी उसी प्रकार कार्य करना चाहिए। एक शिशु मानव और ज्ञानी मानव दोनों ही समभाव अर्थात् सार्वभौम एकात्म में स्थित होकर ही क्रियाशील रहते हैं। बस शिशु अज्ञानावस्था में रहता है जबकि ज्ञानी मानव ज्ञानावस्था में रहकर वही करता है।

हमारा व्यापार और व्यापारिक संगठन भी इसी प्रकार है। वह अपने कार्यों-योजनाओं-व्यापारिक नियमों को बिना किसी भेद-भाव के समभाव में स्थित होकर संचालित करता है। जिस प्रकार ईश्वर द्वारा वर्षा होती है जिसको जितना जल लेना हो ले ले, उसी प्रकार हमारा व्यापार भी मनुष्यों के लिए है जिसको जितने में शामिल होना है, हो लें। और यह सब ज्ञानावस्था अर्थात् धर्म में स्थित होकर करता है।

हमारा व्यवसाय
डब्ल्यू.एस. (WS)-000
ब्रह्माण्ड (सूक्ष्म एवं स्थूल) के प्रबन्ध और क्रियाकलाप का विश्वमानक के अनुसार

व्यवसाय को इस प्रकार परिभाषित किया जा सकता है-"व्यवसाय एक ऐसी क्रिया है, जिसमें लाभ कमाने के उद्देश्य से वस्तुओं अथवा सेवाओं का नियमित उत्पादन क्रय-विक्रय तथा विनिमय सम्मिलित है" जिसके आर्थिक उद्देश्य, सामाजिक उद्देश्य, मानवीय उद्देश्य, राष्ट्रीय उद्देश्य, वैश्विक उद्देश्य व सामाजिक उत्तरदायित्व होते हैं।

लोग लाभ अर्जित करने के उद्देश्य से व्यवसाय चलाते हैं। लेकिन केवल लाभ अर्जित करना ही व्यवसाय का एकमात्र उद्देश्य नहीं होता। समाज का एक अंग होने के नाते इसे बहुत से सामाजिक कार्य भी करने होते हैं। यह विशेष रूप से अपने अस्तित्व की सुरक्षा में संलग्न स्वामियों, निवेशकों, कर्मचारियों तथा सामान्य रूप से समाज व्यवसाय की प्रकृति तथा क्षेत्र व समुदाय की देखरेख की जिम्मेदारी भी निभाता है। अतः प्रत्येक व्यवसाय को किसी न किसी रूप में इनके प्रति जिम्मेदारियों का निर्वाह करना चाहिए। उदाहरण के लिए, निवेशकों को उचित प्रतिफल की दर का आश्वासन देना, अपने कर्मचारियों को अच्छा वेतन, सुरक्षा, उचित कार्य दशाएँ उपलब्ध कराना, अपने ग्राहकों को अच्छी गुणवत्ता वाली वस्तुएँ उचित मूल्यों पर उपलब्ध कराना, पर्यावरण की सुरक्षा करना तथा इसी प्रकार के अन्य बहुत से कार्य करने चाहिए।

हालांकि ऐसे कार्य करते समय व्यवसाय के सामाजिक उत्तारदायित्वों के निर्वाह के लिए दो बातों का विशेष रूप से ध्यान रखना चाहिए। पहली तो यह कि ऐसी प्रत्येक क्रिया धर्मार्थ क्रिया नहीं होती। इसका अर्थ यह है कि यदि कोई व्यवसाय किसी अस्पताल अथवा मंदिर या किसी स्कूल अथवा कालेज को कुछ धनराशि दान में देता है तो यह उसका सामाजिक उत्तरदायित्व नहीं कहलाएगा, क्योंकि दान देने से सामाजिक उत्तरदायित्वों का निर्वाह नहीं होता। दूसरी बात यह है कि, इस तरह की क्रियाएँ कुछ लोगों के लिए अच्छी और कुछ लोगों के लिए बुरी नहीं होनी चाहिए। मान लीजिए एक व्यापारी तस्करी करके या अपने ग्राहकों को धोखा देकर बहुत सा धन अर्जित कर लेता है और गरीबों के मुफ्त इलाज के लिए अस्पताल चलाता है तो उसका यह कार्य सामाजिक रूप से न्यायोचित नहीं है। सामाजिक उत्तरदायित्व का अर्थ है कि एक व्यवसायी सामाजिक क्रियाओं को सम्पन्न करते समय ऐसा कुछ भी न करे, जो समाज के लिए हानिकारक हो।

इस प्रकार सामाजिक उत्तरदायित्व की अवधारणा व्यवसायी को जमाखोरी व कालाबाजारी, कर चोरी, मिलावट, ग्राहकों को धोखा देना जैसी अनुचित व्यापरिक क्रियाओं के बदले व्यवसायी को विवेकपूर्ण प्रबंधन के द्वारा लाभ अर्जित करने के लिए प्रोत्साहित करती है। यह कर्मचारियों को उचित कार्य तथा आवासीय सुविधाएँ प्रदान करके, ग्राहकों को उत्पाद विक्रय उपरांत उचित सेवाएँ प्रदान करके, पर्यावरण प्रदूषण को नियंत्रित करके तथा प्राकृतिक संसाधनों की सुरक्षा द्वारा संभव है।

एक समाज, व्यक्तियों, समूहों, संगठनों, परिवारों आदि से मिलकर बनता है। ये सभी समाज के सदस्य होते हैं। ये सभी एक दूसरे के साथ मिलते-जुलते हैं तथा अपनी लगभग सभी गतिविधियों के लिए एक दूसरे पर निर्भर होते हैं। इन सभी के बीच एक संबंध होता है, चाहे वह प्रत्यक्ष हो या अप्रत्यक्ष। समाज का एक अंग होने के नाते, समाज के सदस्यों के बीच संबंध बनाए रखने में व्यवसाय को भी मदद करनी चाहिए। इसके लिए उसे समाज के प्रति कुछ निश्चित उत्तरदायित्वों का निर्वाह करना आवश्यक है। ये उत्तरदायित्व हैं-समाज के पिछड़े तथा कमजोर वर्गों की सहायता करना, सामाजिक तथा सांस्कृतिक मूल्यों की रक्षा करना, रोजगार के अवसर जुटाना, पर्यावरण की सुरक्षा करना, प्राकृतिक संसाधनों तथा वन्य जीवन का संरक्षण करना, खेलों तथा

सांस्कृतिक कार्यक्रमों को बढ़ावा देना, शिक्षा, चिकित्सा, विज्ञान प्रोद्यौगिकी आदि के क्षेत्रों में सहायक तथा विकासात्मक शोधों को बढ़ावा देने में सहायता करना।

उपरोक्त मानक के अनुसार ही हमारा व्यवसाय व्यक्ति से लेकर, देश व विश्वराष्ट्र तक के उत्तरदायित्व को पूर्ण करते हुये एक मानक व्यवसाय के रूप में संचालित है।

जिस प्रकार "ओउम" शब्द, उस अदृश्य व्यक्तिगत प्रमाणित ईश्वर का नाम है और "ओउम" शब्द की व्याख्या, उस ईश्वर को समझने-जानने का मार्ग है। उसी प्रकार "TRADE CENTRE" शब्द, इस दृश्य सर्वाजनिक प्रमाणित ईश्वर-ब्रह्माण्ड का नाम है और "TRADE CENTRE" शब्द की व्याख्या, इस ईश्वर-ब्रह्माण्ड में सार्वभौम कर्मज्ञान को समझने-जानने का मार्ग है। शब्द "TRADE CENTRE" ब्रह्माण्ड के पर्यायवाची शब्द के रूप में भी देखा जा सकता है क्योंकि यह ब्रह्माण्ड ही सबसे बड़ा व्यापार केन्द्र है। शब्द "TRADE CENTRE" की व्याख्या के अनुसार ही इस संसार में व्यक्ति से लेकर संगठन, सरकार और विश्व तक संचालित हो रहे हैं।

इस प्रकार-जब to step up TRADE through CENTRE (सभी कर्म व्यापार को सार्वभौम आत्मा केन्द्र के ज्ञान द्वारा आगे बढ़ाना) अर्थात् विस्तार में जब to step up Transaction, Rural, Advancement (Adaptability), Development, Education through Center for Enhancement of Natural Truth & Religious Education (सभी कर्म आदान-प्रदान, ग्रामीण, आधुनिकता-अनुकूलन, विकास, शिक्षा को प्राकृतिक सत्य और धार्मिक शिक्षा के ज्ञान द्वारा आगे बढ़ाना) हुआ अर्थात् जो व्यक्ति और संस्था समभाव और निष्पक्ष में स्थित होकर सभी शारीरिक, आर्थिक व मानसिक कर्म आदान-प्रदान, ग्रामीण, आधुनिकता-अनुकूलन, विकास, शिक्षा को सदैव एक साथ करता है वही मानक व्यक्ति और संस्था कहलाता है।

इस प्रकार इस सिद्धान्त से देखने पर पायेंगे कि जो व्यक्ति और संस्था सफल हैं या सफलता प्राप्त कर रहें हैं उनके मूल में यही सिद्धान्त है। यही नहीं यह किसी देश के कार्य प्रणाली पर भी उतना ही सत्य है। और सिर्फ इतना ही नहीं आठवें व्यक्तिगत प्रमाणित पूर्णावतार श्री कृष्ण भी इसी सिद्धान्त से ही अपने जीवन की समग्र योजना का निर्माण किये थे। यही मानव (व्यक्तिगत मन) और संस्था (संयुक्त मन) के प्रबन्ध और क्रियाकलाप का विश्वमानक (WS-0000 & WS-000) भी है। जब तक भारत इस सिद्धान्त को स्वयं के लिए प्रयोग नहीं करता तब तक आध्यात्मिक एवं दार्शनिक विरासत के आधार पर "एक भारत-श्रेष्ठ भारत" का निर्माण नहीं हो सकता और जब तक भारत इस सिद्धान्त को विश्व में स्थापित नहीं करता तब तक वह इस दृश्य काल में विश्व गुरू नहीं बन सकता।

शब्द TRADE CENTRE का दर्शन बहुत ही विस्तृत और शक्तिशाली है। जिसका पूर्ण विवरण " "विश्वशास्त्र"-द नालेज आफ फाइनल नालेज" के अध्याय-तीन में है। सभी के लिए होते हुये भी उपरोक्त मार्गदर्शक बिन्दु व सिद्धान्त ही एक आदर्श मानक वैश्विक नागरिक व संस्था के लिए विशेष रूप से मार्गदर्शक बिन्दु व सिद्धान्त है।

विश्व का मूल मन्त्र-
"जय जवान-जय किसान-जय विज्ञान-जय ज्ञान-जय कर्मज्ञान"

प्रगतिशील मानव समाज में मानव का विकास जैसे-जैसे होता गया उसके परिणामस्वरूप विभिन्न सामाजिक-असामाजिक विषय क्षेत्रों का भी विकास होता गया। समाज में प्रत्येक विषय क्षेत्रों की एक महत्वपूर्ण भूमिका है। जिसमें किसी भी क्षेत्र को पूर्ण रूप में महत्वहीन नहीं कह सकते न ही पूर्ण रूप से महत्वपूर्ण कह सकते है। क्योंकि क्षेत्र कोई भी हो मानव की अपनी दृष्टि ही उसके उपयोग और दुरूपयोग से उस क्षेत्र को महत्वहीन, महत्वपूर्ण या सामाजिक-असामाजिक रूप में निर्धारण करती है। इसलिए मानव की दृष्टि जब तक विषय क्षेत्र के गुण, अर्थ, उपयोगिता और दुरूपयोगिता के ज्ञान पर केन्द्रीत नहीं होगी तब तक किसी भी क्षेत्र को निश्चित रूप से पूर्ण-महत्वपूर्ण निर्धारण कर पाना असम्भव है। यहाँ यह कहा जा रहा है कि वाह्य विषय क्षेत्र चाहे कोई भी हो वह मूलतः मानव द्वारा ही संचालित, आविष्कृत, नियमित और स्थापित की जाती है। इसलिए मानव का ज्ञान और कर्मज्ञान ही प्रत्येक विषय क्षेत्र की उपयोगिता और दुरूपयोगिता का निर्धारण करता है।

प्रत्येक विषय का विकास सतत होता रहता है। आज हम जो कुछ भी उत्पाद व्यावहार में देखते है वह और यहाँ तक कि मानव का निर्माण भी एक लम्बे प्रक्रिया, सुधार, परीक्षण, रखरखाव इत्यादि का ही परिणाम है। सतत विकास के परिणामस्वरूप ही वह अपनी पूर्णता और अन्तिम स्वरूप को प्राप्त होता है। भारत के विकास का मूल मन्त्र भी विकास की प्रक्रिया को पार करते हुऐ अपने पूर्ण और अन्तिम स्वरूप में व्यक्त हो चुका है। भारत के पूर्ण मूलमन्त्र के स्वरूप का बीज भूतपूर्व प्रधानमन्त्री स्व0 लाल बहादुर शास्त्री ने "जय जवान-जय किसान" का नारा देकर किये। यह बीज समयानुसार भारत की मूल आवश्यकता थी, जो आज भी है और आगे भी रहेगी। यहाँ से भारत के मूलमन्त्र के स्वरूप का विकास प्रारम्भ होता है। मई 1998 में परमाणु बम परीक्षण के उपरान्त प्रधानमंन्त्री श्री अटल बिहारी बाजपेयी ने इस मूलमंन्त्र के स्वरूप के विकास क्रम में "जय विज्ञान" जोड़कर मूलमन्त्र के स्वरूप को "जय जवान-जय किसान-जय विज्ञान" के रूप में प्रस्तुत किये। जो समयानुसार आज की आवश्यकता है। जो आगे भी रहेगी।

"जय जवान-जय किसान-जय विज्ञान" तक ही भारत के मूलमन्त्र का पूर्ण विकसित अर्थात् अन्तिम स्वरूप नहीं है क्योंकि जवान-किसान-विज्ञान तीनों स्थान पर मानव ही बैठा है इसलिए मूलमन्त्र के स्वरूप में जब तक मानव के निर्माण का सूत्र नहीं होगा तब तक मूलमन्त्र का स्वरूप भी पूर्ण नहीं हो सकता। इसी कमी को पूर्ण कर पूर्णता प्रदान करने के लिए "विश्व-बन्धुत्व","वसुधैव-कुटुम्बकम्", "बहुजन हिताय-बहुजन सुखाय","एकात्म मानवतावाद" की स्थापना के लिए एकात्मकर्मवाद आधारित सार्वभौम सत्य-सिद्धान्त (धर्मयुक्त नाम-कर्मवेद-प्रथम, अन्तिम तथा पंचमवेदीय श्रृंखला अर्थात् धर्मनिरपेक्ष-सर्वधर्मसम्भाव नाम-विश्वमानक-शून्य श्रृंखला-मन की गुणवता का विश्व मानक) का आविष्कार कर "जय ज्ञान-जय कर्मज्ञान" को जोड़कर भारत के मूलमन्त्र को पूर्ण और अन्तिम स्वरूप-"जय जवान-जय किसान-जय विज्ञान-जय ज्ञान-जय कर्मज्ञान" को व्यक्त किया गया है। जो समयानुसार आज की आवश्यकता है जो आगे भी रहेगी। चूँकि भारत का सर्वोच्च और अन्तिम व्यापक रूप ही विश्व है। अर्थात् भारत ही विश्व है और विश्व ही भारत है। इसलिए यह मूलमन्त्र भारत का ही नहीं सम्पूर्ण विश्व का अन्तिम मूलमन्त्र है।

"ज्ञान" जिससे हम अपने विचारों को एकता-समभाव-बन्धुत्व-धैर्य रूप में प्रस्तुत करने में सक्षम होते हैं। जैसा कि मई 1998 में भारत ने परमाणु बम परीक्षण के उपरान्त उठे विश्वव्यापी विवाद को समाप्त करने के लिए "ज्ञान" का प्रयोग कर अपने विचारों की समभाव रूप में विश्व में समक्ष रखने में सफल हुआ। "कर्मज्ञान" जिससे हम समभाव में स्थित हो कर्म करते है। अर्थात् ईश्वरत्व भाव से उपलब्ध संसाधनों पर आधारित हो कर्म करते हैं। "ज्ञान" से हम सिर्फ एकता-समभाव-बन्धुत्व-धैर्य की भाषा बोल सकते हैं जबकि "कर्मज्ञान" से कार्य करते हुए एकता-समभाव-बन्धुत्व-धैर्य की भाषा बोल सकते है। "ज्ञान" यथावत् स्थिति बनाये रखते हुए शान्ति का प्रतीक है।

तो "कर्मज्ञान" विकास करते हुये शान्ति बनाये रखने का प्रतीक है। ज्ञानावस्था में कर्म प्राकृतिक चेतना अर्थात् शुद्धरूप से वर्तमान स्थिति में प्राथमिकता से कर्म करना, के अन्तर्गत होता है जबकि कर्मज्ञानावस्था में कर्म प्राकृतिक चेतना समाहित सत्य चेतना अर्थात् भूतकाल का अनुभव, भविष्य की आवश्यकता के साथ प्राथमिकता के साथ वर्तमान में कार्य करना, के अन्तर्गत होता है। वर्तमान और भविष्य की आवश्यकताओं को देखते हुऐ मात्र "ज्ञान" से ही अब विकास सम्भव नहीं है। क्योंकि यह अवस्था "नीतिविहीन" अवस्था है। अब "नीतियुक्त" अवस्था कर्मज्ञानावस्था की आवश्यकता है। जिसके अभाव के कारण ही संसाधनों के होते हुये भी बेरोजगारी, अपराधों का विकास, विखण्डन इत्यादि विनाशक स्थिति उत्पन्न हो रही है। इस कर्मज्ञान का आविष्कार सम्पूर्ण विश्व के मानवजाति के लिए महानतम उपलब्धि हैं।

विश्व सरकार के लिए शून्य आधारित अन्तिम आविष्कार का परिचय

शून्य का प्रथम आविष्कार का परिचय

शून्य (0), दशमलव संख्या प्रणाली में संख्या है। यह दशमलव प्रणाली का मूलभूत आधार भी है। किसी भी संख्या को शून्य से गुणा करने से शून्य प्राप्त होता है। किसी भी संख्या को शून्य से जोड़ने या घटाने पर वही संख्या प्राप्त होती है।

शून्य का आविष्कार किसने और कब किया यह आज तक अंधकार के गर्त में छुपा हुआ है परन्तु सम्पूर्ण विश्व में यह तथ्य स्थापित हो चुका है कि शून्य का आविष्कार भारत में ही हुआ है। ऐसी भी कथाएँ प्रचलित हैं कि पहली बार शून्य का आविष्कार बाबिल में हुआ और दूसरी बार माया सभ्यता के लोगों ने इसका आविष्कार किया पर दोनों ही बार के आविष्कार संख्या प्रणाली को प्रभावित करने में असमर्थ रहे तथा विश्व के लोगों ने इसे भुला दिया। फिर भारत में हिन्दुओं ने तीसरी बार शून्य का आविष्कार किया। हिन्दुओं ने शून्य के विषय में कैसे जाना यह आज भी अनुत्तरित प्रश्न है। अधिकतम विद्वानों का मत है कि पाँचवीं शताब्दी के मध्य में शून्य का आविष्कार किया गया। सन् 498 में भारतीय गणितज्ञ एवं खगोलवेक्ता आर्यभट्ट ने कहा "स्थानं स्थानं दसा गुणम्" अर्थात दस गुना करने के लिए संख्या के आगे शून्य रखो। और शायद यही संख्या के दशमलव सिद्धान्त का उद्भव रहा होगा। आर्यभट्ट द्वारा रचित गणितीय खगोलशास्त्र ग्रन्थ आर्यभट्टीय के संख्या प्रणाली में शून्य तथा उसके लिए विशिष्ट संकेत सम्मिलित था। इसी कारण से उन्हें संख्याओं को शब्दों में प्रदर्शित करने का अवसर मिला। प्राचीन बक्षाली लिपि में, जिसका कि सही काल अब तक निश्चित नहीं हो पाया है परन्तु निश्चित रूप से उसका काल आर्यभट्ट के काल से प्राचीन है, शून्य का प्रयोग किया गया है और उसके लिए उसमें संकेत भी निश्चित है। उपरोक्त उदाहरणों से स्पष्ट है कि भारत में शून्य का प्रयोग ब्रह्मगुप्त रचित ग्रन्थ ब्रह्मस्फुट सिद्धान्त में पाया गया है। इस ग्रन्थ में नकारात्मक संख्याओं और बीजगणितीय सिद्धान्तों का भी प्रयोग हुआ है। 7वीं शताब्दी जो ब्रह्मगुप्त का काल था, शून्य से सम्बन्धित विचार कम्बोडिया तक पहुँच चुके थे और दस्तावेजों से ज्ञात होता है कि बाद में ये कम्बोडिया से चीन तथा अन्य मुस्लिम संसार में फैल गये। इस बार भारत में हिन्दुओं के द्वारा आविष्कृत शून्य ने समस्त विश्व की संख्या प्रणाली को प्रभावित किया और सम्पूर्ण विश्व को जानकारी मिली। मध्य-पूर्व में स्थित अरब देशों ने भी शून्य को भारतीय विद्वानों से प्राप्त किया। अन्ततः 12वीं शताब्दी में भारत का यह शून्य पश्चिम में यूरोप तक पहुँचा।

शून्य आधारित अन्तिम आविष्कार का परिचय

आविष्कार विषय- "व्यक्तिगत मन और संयुक्तमन का विश्व मानक और पूर्णमानव निर्माण की तकनीकी है जिसे धर्म क्षेत्र से कर्मवेद-प्रथम, अन्तिम तथा पंचमवेदीय श्रृंखला तथा शासन क्षेत्र से WS-0: मन की गुणवत्ता का विश्व मानक श्रृंखला तथा WCM-TLM-SHYAM.C तकनीकी कहते है। सम्पूर्ण आविष्कार सार्वभौम सत्य-सिद्धान्त अर्थात् सम्पूर्ण ब्रह्माण्ड में व्याप्त अटलनीय, अपरिवर्तनीय, शाश्वत व सनातन नियम पर आधारित है, न कि मानवीय विचार या मत पर आधारित।"

सम्पूर्ण ब्रह्माण्ड में व्याप्त एक ही सत्य-सिद्धान्त द्वारा व्यक्तिगत व संयुक्त मन को एकमुखी कर सर्वोच्च, मूल और अन्तिम स्तर पर स्थापित करने के लिए शून्य पर अन्तिम आविष्कार WS-0: श्रृंखला की निम्नलिखित पाँच शाखाएँ हैं ।

01. डब्ल्यू.एस.(WS)-0 **-विचार एवम् साहित्य का विश्वमानक**
02. डब्ल्यू.एस.(WS)-00 **-विषय एवम् विशेषज्ञों की परिभाषा का विश्वमानक**
03. डब्ल्यू.एस.(WS)-000 **-ब्रह्माण्ड (सूक्ष्म एवम् स्थूल) के प्रबन्ध और क्रियाकलाप का विश्वमानक**

04. डब्ल्यू.एस.(WS)-0000 -मानव (सूक्ष्म तथा स्थूल) के प्रबन्ध और क्रियाकलाप का विश्वमानक
05. डब्ल्यू.एस.(WS)-00000 -उपासना और उपासना स्थल का विश्वमानक

इस प्रकार विश्व सरकार के लिए पुनः भारत द्वारा शून्य आधारित अन्तिम आविष्कार पूर्ण हुआ है।
(आविष्कार के विस्तृत जानकारी के लिए "विश्वशास्त्र" अध्याय-तीन देखें)

मानक का अर्थ है-"वह सर्वमान्य पैमाना, जिससे हम उस विषय का मूल्यांकन करते है। जिस विषय का वह पैमाना होता है।" इस प्रकार मन की गुणवत्ता का मानक व्यक्ति तथा संयुक्त व्यक्ति (अर्थात् संस्था, संघ, सरकार इत्यादि) के मूल्याकंन का पैमाना है चूँकि आविष्कार का विषय सर्वव्यापी ब्रह्माण्डीय नियम पर आधारित है। इसलिए वह प्रत्येक विषयों से सम्बन्धित है जिसकी उपयोगिता प्रत्येक विषय के सत्यरूप को जानने में है। चूँकि मानव कर्म करते-करते ज्ञान प्राप्त करते हुऐ प्रकृति के क्रियाकलापों को धीरे-धीरे अपने अधीन करने की ओर अग्रसर है इसलिए पूर्णत-प्रकृति के पद पर बैठने के लिए प्रकृति द्वारा धारण की गई सन्तुलित कार्यप्रणाली को मानव द्वारा अपनाना ही होगा अन्यथा वह सन्तुलित कार्य न कर अव्यवस्था उत्पन्न कर देगा। यह वैसे ही है जैसे किसी कर्मचारी को प्रबन्धक (मैनेजर) के पद पर बैठा दिया जाये तो सन्तुलित कार्य संचालन के लिए प्रबन्धक की सन्तुलित कार्यप्रणाली को उसे अपनाना ही होगा अन्यथा वह सन्तुलित कार्य न कर अव्यवस्था उत्पन्न कर देगा। आविष्कार की उपयोगिता व्यापक होते हुए भी मूल रूप से व्यक्ति स्तर से विश्व स्तर तक के मन और संयुक्त मन के प्रबन्ध को व्यक्त करना एवम् एक कर्मज्ञान द्वारा श्रृंखलाबद्ध करना है जिससे सम्पूर्ण शक्ति एक मुखी हो विश्व विकास की दिशा में केन्द्रित हो जाये। परिणामस्वरूप एक दूसरे को विकास की ओर विकास कराते हुऐ स्वयं को भी विकास करने के लिए पूर्ण स्वतन्त्रता प्राप्त हो जायेगी। सम्पूर्ण क्रियाकलापों को संचालित करने वाले मूल दो कर्ता-मानव (मन) और प्रकृति (विश्वमन) दोनों का कर्मज्ञान एक होना आवश्यक है। प्रकृति (विश्वमन) तो पूर्ण धारण कर सफलतापूर्वक कार्य कर ही रही है। मानव जाति में जो भी सफलता प्राप्त कर रहे हैं वे अज्ञानता में इसकें आंशिक धारण में तथा जो असफलता प्राप्त कर रहे हैं, वे पूर्णत: धारण से मुक्त है। इसी कर्मज्ञान से प्रकृति, मानव और संयुक्त मन प्रभावित और संचालित है। किसी मानव का कर्मक्षेत्र सम्पूर्ण ब्रह्माण्ड हो सकता है और किसी का उसके स्तर रूप में छोटा यहाँ तक कि सिर्फ स्वयं व्यक्ति का अपना स्तर परन्तु कर्मज्ञान तो सभी का एक ही होगा।

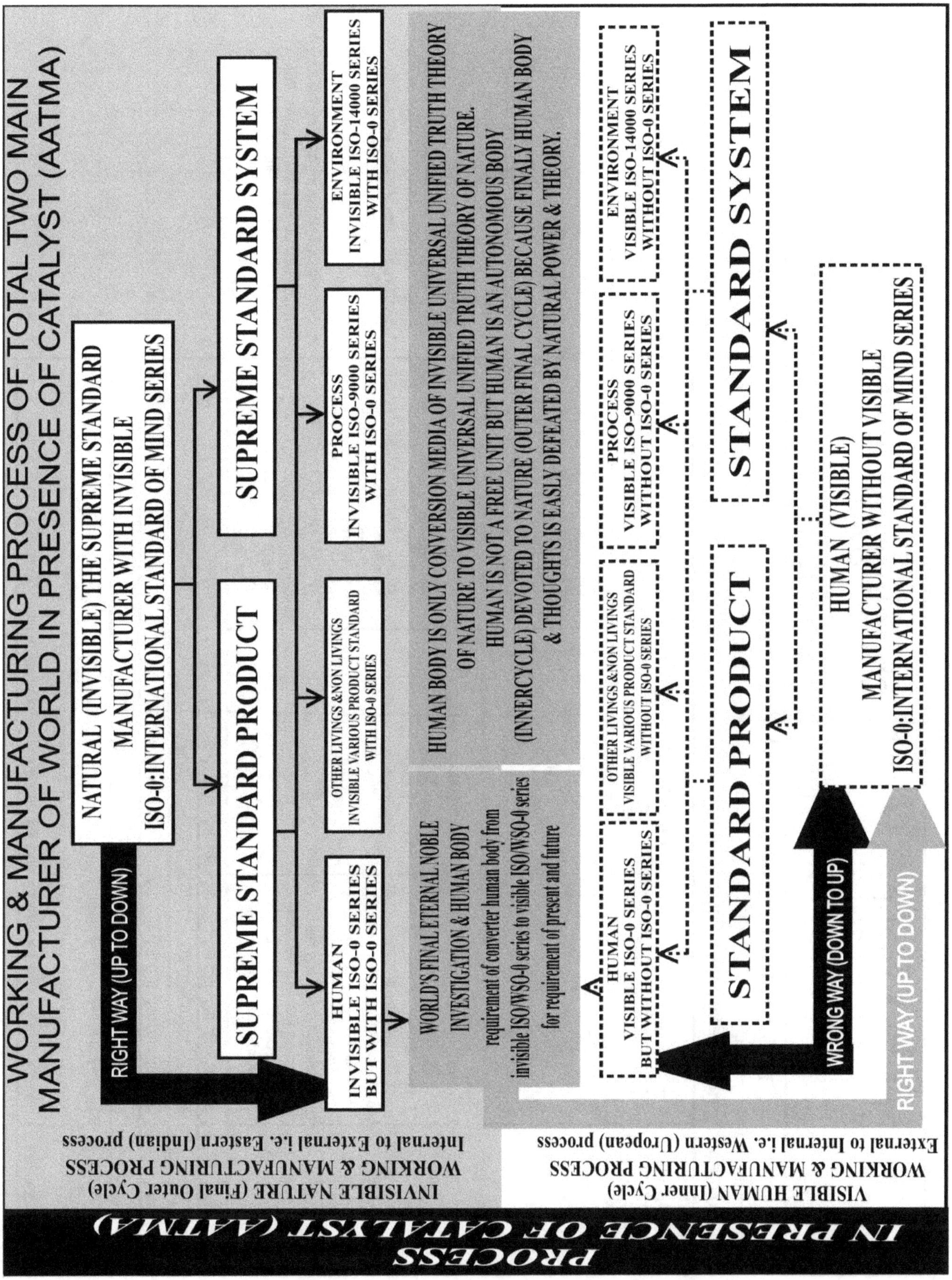
WORKING & MANUFACTURING PROCESS OF TOTAL TWO MAIN MANUFACTURER OF WORLD IN PRESENCE OF CATALYST (AATMA)
NATURAL (INVISIBLE) THE SUPREME STANDARD MANUFACTURER WITH INVISIBLE ISO-0:INTERNATIONAL STANDARD OF MIND SERIES
RIGHT WAY (UP TO DOWN)
SUPREME STANDARD PRODUCT
SUPREME STANDARD SYSTEM
HUMAN INVISIBLE ISO-0 SERIES BUT WITH ISO-0 SERIES
OTHER LIVINGS &NON LIVINGS INVISIBLE VARIOUS PRODUCT STANDARD WITH ISO-0 SERIES
PROCESS INVISIBLE ISO-9000 SERIES WITH ISO-0 SERIES
ENVIRONMENT INVISIBLE ISO-14000 SERIES WITH ISO-0 SERIES
WORLD'S FINAL ETERNAL NOBLE INVESTIGATION & HUMAN BODY requirement of converter human body from invisible ISO/WSO-0 series to visible ISO/WSO-0 series for requirement of present and future
HUMAN BODY IS ONLY CONVERSION MEDIA OF INVISIBLE UNIVERSAL UNIFIED TRUTH THEORY OF NATURE TO VISIBLE UNIVERSAL UNIFIED TRUTH THEORY OF NATURE. HUMAN IS NOT A FREE UNIT BUT HUMAN IS AN AUTONOMOUS BODY (INNERCYCLE) DEVOTED TO NATURE (OUTER FINAL CYCLE) BECAUSE FINALY HUMAN BODY & THOUGHTS IS EASLY DEFEATED BY NATURAL POWER & THEORY.
HUMAN VISIBLE ISO-0 SERIES BUT WITHOUT ISO-0 SERIES
OTHER LIVINGS &NON LIVINGS VISIBLE VARIOUS PRODUCT STANDARD WITHOUT ISO-0 SERIES
PROCESS VISIBLE ISO-9000 SERIES WITHOUT ISO-0 SERIES
ENVIRONMENT VISIBLE ISO-14000 SERIES WITHOUT ISO-0 SERIES
STANDARD PRODUCT
STANDARD SYSTEM
HUMAN (VISIBLE) MANUFACTURER WITHOUT VISIBLE ISO-0:INTERNATIONAL STANDARD OF MIND SERIES
WRONG WAY (DOWN TO UP)
RIGHT WAY (UP TO DOWN)
INVISIBLE NATURE (Final Outer Cycle) WORKING & MANUFACTURING PROCESS Internal to External i.e. Eastern (Indian) process
VISIBLE HUMAN (Inner Cycle) WORKING & MANUFACTURING PROCESS External to Internal i.e. Western (Uropean) process
PROCESS IN PRESENCE OF CATALYST (AATMA)

WCM-TLM-SHYAM.C Technology & WSO/ISO-0 Series

LIFE MAINTENANCE

TOTAL LIFE MAINTENANCE (TLM)

Manufacturing of International (Generalized) standard human resources, development of humanity, broad mind, Co-operative, liberty, democracy, devotion to up-step cycle, saving of awareness & training expense

SHYAM.C TECHNOLOGY		DESCRIPTION / EXPANSION		
S	Satya	1-TIME PLACE BOUND TRUTH (NATURAL) A-Time-place bound Truth (Invisible) i.e. Spiritual Science B-Time-place bound Truth (Visible) i.e. Material Science 1-TIME PLACE FREE TRUTH (TRUTH) A-Time-place free Truth (Invisible) i.e. Spirit (Aatma) or Reason B-Time-place Free Truth (Visible) i.e. Transaction or Exchange or Action i.e controversy free subject i.e. Base of development of WSO/ISO-0 : iWorld/International Standard of Mind series	**WSO / ISO-0 SERIES** **WSO/ISO-0** World/International Standard of Thoughts & literature **WSO/ISO-00** World/International Standard of Defination of Subject & Specialist (Visible & Invisible) - The Seven Cycle **WSO/ISO-000** World/International Standard of Activity & management of Complete Cosm (Visble & Invisible) i.e. Combined Mind Total System involvement(TSI) **WSO/ISO-0000** World/International Standard of Activity & management of Complete Human (Visble & Invisible) i.e. Personal Mind Total System involvement(TSI) **WSO/ISO-00000** World/International Standard of Worship & Worship place	**TOTAL SYSTEM INVOLVEMENT (TSI)** **1-COMBINED MIND SYSTEM** A-HUMAN COMBINED MIND SYSTEM i.e. AVTAAR SYSTEM B-INSTITUTION COMBINED MIND SYSTEM * GOVERNING SYSTEM * ORGANIZATION SYSTEM * SOCIETY SYSTEM * EDUCATION SYSTEM * MANUFCT. PLANT SYSTEM * ECONOMIC SYSTEM * LEADERSHIP SYSTEM * MANAGEMENT SYSTEM * PLANNING SYSTEM * ENVIRONMENT SYSTEM **1-PERSONAL MIND SYSTEM** A-LIVINGS PERSONAL MIND SYSTEM i.e. RE BORN SYSTEM B-ACTIVITY PERSONAL MIND SYSTEM * ART OF LIVING SYSTEM * MANAGEMENT SYSTEM * WRITING SYSTEM * DEVELOPMENT SYSTEM * UNITY, PEACE, STABILITY, SECURITY SYSTEM etc.
H	Heart	a-Natural Heart (FIRST)	b-Truth Heart (FINAL)	
Y	Yog	a-Natural Yog (FIRST)	b-Truth Yog (FINAL)	
A	Ashram	a-Natural Ashram (FIRST)	b-Truth Ashram (FINAL)	
M	Meditation	a-Natural Meditation (FIRST)	b-Truth Meditation (FINAL)	
•	Dot	1-Matter of befor Dot is complete (according to English language 2-Matter of after Dot is part of Unit (according to Mathematics) 3-Matter of after Dot is some thing special & necessary for Total (according to Computer)		
C	Consciousness	a-Natural Consciousness (FIRST)	b-Truth Consciousness (FINAL)	

SPECIAL LIFE MAINTENANCE (TLM)

Manufacturing of special standard human resources, development of individualism, narrow mind, self operative, slavism, autocracy, increasing awareness & training expense

EXAMPLE :

A. MANUFACTURING PLANT SYSTEM
Product ManufacturingSystem : WCM-Total Productive Maintenance (TPM)-5S through Total Employees Involvement (TEI)

B. ENVIRONMENT SYSTEM
Environment ManufacturingSystem : WCM-Total Environment Maintenance (TEM) Pollution Control through awareness of employees, pollution free vehicle & pollution management i.e ISO-14000 series.

C. ORGANISATION PROCESS SYSTEM
Organisation Quality process system WCM-Total Organisation Maintenance i.e ISO-9000 series

एक विश्व - श्रेष्ठ विश्व के निर्माण के लिए आवश्यक कार्य

ISO-9000 और ISO-14000 श्रृंखला की तरह "सम्पूर्ण मानक" अर्थात विश्वमानक - शून्य (WS-0) श्रंखला की विश्वव्यापी स्थापना।

प्रकाशित खुशमय तीसरी सहस्त्राब्दि के साथ यह एक सर्वोच्च समाचार है कि नयी सहस्त्राब्दि केवल बीते सहस्त्राब्दियों की तरह एक सहस्त्राब्दि नहीं है। यह प्रकाशित और विश्व के लिए नये अध्याय के प्रारम्भ का सहस्त्राब्दि है। केवल वक्तव्यों द्वारा लक्ष्य निर्धारण का नहीं बल्कि स्वर्गीकरण के लिए असिमीत भूमण्डलीय मनुष्य और सर्वोच्च अभिभावक संयुक्त राष्ट्र संघ सहित सभी स्तर के अभिभावक के कर्तव्य के साथ कार्य योजना पर आधारित। क्योंकि दूसरी सहस्त्राब्दि के अन्त तक विश्व की आवश्यकता, जो किसी के द्वारा प्रतिनिधित्व नहीं हुई उसे विवादमुक्त और सफलतापूर्वक प्रस्तुत किया जा चुका है। जबकि विभिन्न विषयों जैसे-विज्ञान, धर्म, आध्यात्म, समाज, राज्य, राजनीति, अन्तर्राष्ट्रीय सम्बन्ध, परिवार, व्यक्ति, विभिन्न संगठनों के क्रियाकलाप, प्राकृतिक, ब्रह्माण्डीय, देश, संयुक्त राष्ट्र संघ इत्यादि की स्थिति और परिणाम सार्वजनिक प्रमाणित दृश्य रुप में थे।

विज्ञान के सर्वोच्च आविष्कार के आधार पर अब यह विवाद मुक्त हो चुका है कि मन केवल व्यक्ति, समाज, और राज्य को ही नहीं प्रभावित करता बल्कि यह प्रकृति और ब्रह्माण्ड को भी प्रभावित करता है। केन्द्रीयकृत और ध्यानीकृत मन विभिन्न शारीरिक सामाजिक और राज्य के असमान्यताओं के उपचार का अन्तिम मार्ग है। स्थायी स्थिरता, विकास, शान्ति, एकता, समर्पण और सुरक्षा के लिए प्रत्येक राज्य के शासन प्रणाली के लिए आवश्यक है कि राज्य अपने उद्देश्य के लिए नागरिकों का निर्माण करें। और यह निर्धारित हो चुका है कि क्रमबद्ध स्वस्थ मानव पीढ़ी के लिए विश्व की सुरक्षा आवश्यक है। इसलिए विश्वमानव के निर्माण की आवश्यकता है, लेकिन ऐसा नहीं है और विभिन्न अनियन्त्रित समस्या जैसे-जनसंख्या, रोग, प्रदूषण, आतंकवाद, भ्रष्टाचार, विकेन्द्रीकृत मानव शक्ति एवं कर्म इत्यादि लगातार बढ़ रहे है। जबकि अन्तरिक्ष और ब्रह्माण्ड के क्षेत्र में मानव का व्यापक विकास अभी शेष है। दूसरी तरफ लाभकारी भूमण्डलीकरण विशेषीकृत मन के निर्माण के कारण विरोध और नासमझी से संघर्ष कर रहा है। और यह असम्भव है कि विभिन्न विषयों के प्रति जागरण समस्याओं का हल उपलब्ध करायेगा।

मानक के विकास के इतिहास में उत्पादों के मानकीकरण के बाद वर्तमान में मानव, प्रक्रिया और पर्यावरण का मानकीकरण तथा स्थापना आई0 एस0 ओ0-9000 एवं आई0 एस0 ओ0-14000 श्रृंखला के द्वारा मानकीकरण के क्षेत्र में बढ़ रहा है। लेकिन इस बढ़ते हुये श्रृंखला में मनुष्य की आवश्यकता (जो मानव और मानवता के लिए आवश्यक है) का आधार "मानव संसाधन का मानकीकरण" है क्योंकि मनुष्य सभी (जीव और निर्जीव) का निर्माणकर्ता और उसका नियन्त्रणकर्ता है। मानव संसाधन के मानकीकरण के बाद सभी विषय आसानी से लक्ष्य अर्थात् विश्वस्तरीय गुणवत्ता की ओर बढ़ जायेगी क्योंकि मानव संसाधन के मानक में सभी तन्त्रों के मूल सिद्धान्त का समावेश होगा।

वर्तमान समय में शब्द- "निर्माण" भूमण्डलीय रुप से परिचित हो चुका है इसलिए हमें अपना लक्ष्य मनुष्य के निर्माण के लिए निर्धारित करना चाहिए। और दूसरी तरफ विवादमुक्त, दृश्य, प्रकाशित तथा वर्तमान सरकारी प्रक्रिया के अनुसार मानक प्रक्रिया उपलब्ध है। जैसा कि हम सभी जानते हैं कि मानक हमेशा सत्य का सार्वजनिक प्रमाणित विषय होता है न कि विचारों का व्यक्तिगत प्रमाणित विषय। अर्थात् प्रस्तुत मानक विभिन्न विषयों जैसे-आध्यात्म, विज्ञान, तकनीकी, समाजिक, नीतिक, सैद्धान्तिक, राजनीतिक इत्यादि के व्यापक समर्थन के साथ होगा। "उपयोग के लिए तैयार" तथा "प्रक्रिया के लिए तैयार" के आधार पर प्रस्तुत मानव के विश्व स्तरीय निर्माण विधि को प्राप्त करने के लिए मानव निर्माण तकनीकी WCM-TLM-SHYAM.C (World Class Manufactuing–Total Life Maintenance- Satya, Heart, Yoga, Ashram, Meditation.Conceousnesas) प्रणाली आविष्कृत है जिसमें सम्पूर्ण तन्त्र सहभागिता (Total System Involvement-TSI) है और विश्वमानक शून्य: मन की गुणवत्ता का विश्वमानक श्रृंखला (WS-0: World Standard of Mind Series) समाहित है। जो विश्वमानव निर्माण

प्रक्रिया की तकनीकी और मानव संसाधन की गुणवत्ता का विश्वमानक है। जैसे-औद्योगिक क्षेत्र में इन्स्टीच्यूट आफ प्लान्ट मेंन्टीनेन्स, जापान द्वारा उत्पादों के विश्वस्तरीय निर्माण विधि को प्राप्त करने के लिए उत्पाद निर्माण तकनीकी डब्ल्यू0 सी0 एम0-टी0 पी0 एम0-5 एस (WCM-TPM-5S (World Class Manufacturing - Total Productive Maintenance -Siri (छँटाई), Seton (सुव्यवस्थित), Sesaso (स्वच्छता), Siketsu (अच्छास्तर), Shituke (अनुशासन) प्रणाली संचालित है। जिसमें सम्पूर्ण कर्मचारी सहभागिता (Total Employees Involvement) है।) का प्रयोग उद्योगों में विश्व स्तरीय निर्माण प्रक्रिया के लिए होता है। और आई.एस.ओ.-9000 (ISO-9000) तथा आई.एस.ओ.-14000 (ISO-14000) है।

युग के अनुसार सत्यीकरण का मार्ग उपलब्ध कराना ईश्वर का कर्तव्य है आश्रितों पर सत्यीकरण का मार्ग प्रभावित करना अभिभावक का कर्तव्य है। और सत्यीकरण के मार्ग के अनुसार जीना आश्रितों का कर्तव्य है जैसा कि हम सभी जानते है कि अभिभावक, आश्रितों के समझने और समर्थन की प्रतिक्षा नहीं करते। अभिभावक यदि किसी विषय को आवश्यक समझते हैं तब केवल शक्ति और शीघ्रता से प्रभावी बनाना अन्तिम मार्ग होता है। विश्व के बच्चों के लिए यह अधिकार है कि पूर्ण ज्ञान के द्वारा पूर्ण मानव अर्थात् विश्वमानव के रुप में बनना। हम सभी विश्व के नागरिक सभी स्तर के अभिभावक जैसे-महासचिव संयुक्त राष्ट्र संघ, राष्ट्रों के राष्ट्रपति-प्रधानमंत्री, धर्म, समाज, राजनीति, उद्योग, शिक्षा, प्रबन्ध, पत्रकारिता इत्यादि द्वारा अन्य समानान्तर आवश्यक लक्ष्य के साथ इसे जीवन का मुख्य और मूल लक्ष्य निर्धारित कर प्रभावी बनाने की आशा करते हैं। क्योंकि लक्ष्य निर्धारण वक्तव्य का सूर्य नये सहस्त्राब्दि के साथ डूब चुका है। और कार्य योजना का सूर्य उग चुका है। इसलिए धरती को स्वर्ग बनाने का अन्तिम मार्ग सिर्फ कर्तव्य है। और रहने वाले सिर्फ सत्य-सिद्धान्त से युक्त संयुक्तमन आधारित मानव है, न कि संयुक्तमन या व्यक्तिगतमन से युक्तमानव।

आविष्कार विषय "व्यक्तिगत मन और संयुक्तमन का विश्व मानक और पूर्णमानव निर्माण की तकनीकी है जिसे धर्म क्षेत्र से कर्मवेद: प्रथम, अन्तिम तथा पंचमवेदीय श्रृंखला तथा शासन क्षेत्र से WS-0: मन की गुणवत्ता का विश्व मानक श्रृंखला तथा WCM-TLM-SHYAM.C तकनीकी कहते है। सम्पूर्ण आविष्कार सार्वभौम सत्य-सिद्धान्त अर्थात सम्पूर्ण ब्रह्माण्ड में व्याप्त अटलनीय, अपरिवर्तनीय, शाश्वत व सनातन नियम पर आधारित है, न कि मानवीय विचार या मत पर आधारित।" सम्पूर्ण ब्रह्माण्ड में व्याप्त एक ही सत्य-सिद्धान्त द्वारा व्यक्तिगत व संयुक्त मन को एकमुखी कर सर्वोच्च, मूल और अन्तिम स्तर पर स्थापित करने के लिए शून्य पर अन्तिम आविष्कार WS-0 श्रृंखला की निम्नलिखित पाँच शाखाएँ है।

1. डब्ल्यू.एस. (WS)-0 : विचार एवम् साहित्य का विश्वमानक
2. डब्ल्यू.एस. (WS)-00 : विषय एवम् विशेषज्ञों की परिभाषा का विश्वमानक
3. डब्ल्यू.एस. (WS)-000 : ब्रह्माण्ड (सूक्ष्म एवम् स्थूल) के प्रबन्ध और क्रियाकलाप का विश्वमानक
4. डब्ल्यू.एस. (WS)-0000 : मानव (सूक्ष्म तथा स्थूल) के प्रबन्ध और क्रियाकलाप का विश्वमानक
5. डब्ल्यू.एस. (WS)-00000 : उपासना और उपासना स्थल का विश्वमानक

मानक का अर्थ है-"वह सर्वमान्य पैमाना, जिससे हम उस विषय का मूल्यांकन करते हैं। जिस विषय का वह पैमाना होता है।" इस प्रकार मन की गुणवत्ता का मानक व्यक्ति तथा संयुक्त व्यक्ति (अर्थात संस्था, संघ, सरकार इत्यादि) के मूल्याकंन का पैमाना है चूँकि आविष्कार का विषय सर्वव्यापी ब्रह्माण्डीय नियम पर आधारित है। इसलिए वह प्रत्येक विषयों से सम्बन्धित है जिसकी उपयोगिता प्रत्येक विषय के सत्यरूप को जानने में है। चूँकि मानव कर्म करते-करते ज्ञान प्राप्त करते हुये प्रकृति के क्रियाकलापों को धीरे-धीरे अपने अधीन करने की ओर अग्रसर है इसलिए पूर्णतः प्रकृति के पद पर बैठने के लिए प्रकृति द्वारा धारण की गई सन्तुलित कार्यप्रणाली को मानव द्वारा अपनाना ही होगा अन्यथा वह सन्तुलित कार्य न कर अव्यवस्था उत्पन्न कर देगा। यह वैसे ही है जैसे किसी कर्मचारी को प्रबन्धक (मैंनेजर) के पद पर बैठा दिया जाये तो सन्तुलित कार्य संचालन के लिए प्रबन्धक की सन्तुलित कार्यप्रणाली को उसे अपनाना ही होगा अन्यथा वह सन्तुलित कार्य न कर अव्यवस्था उत्पन्न कर देगा। आविष्कार की उपयोगिता व्यापक होते हुये भी मूल रूप से व्यक्ति स्तर से विश्व स्तर तक के मन और संयुक्त मन

के प्रबन्ध को व्यक्त करना एवम् एक कर्मज्ञान द्वारा श्रृंखला बद्ध करना है जिससे सम्पूर्ण शक्ति एक मुखी हो विश्व विकास की दिशा में केन्द्रित हो जाये। परिणामस्वरूप एक दूसरे को विकास की ओर विकास कराते हुये स्वयं को भी विकास करने के लिए पूर्ण स्वतन्त्रता प्राप्त हो जायेगी। सम्पूर्ण क्रियाकलापों को संचालित करने वाले मूल दो कर्ता-मानव (मन) और प्रकृति (विश्वमन) दोनों का कर्मज्ञान एक होना आवश्यक है। प्रकृति (विश्वमन) तो पूर्ण धारण कर सफलतापूर्वक कार्य कर ही रही है। मानव जाति में जो भी सफलता प्राप्त कर रहे हैं वे अज्ञानता में इसके आंशिक धारण में तथा जो असफलता प्राप्त कर रहे हैं, वे पूर्णतः धारण से युक्त है। इसी कर्मज्ञान से प्रकृति, मानव और संयुक्त मन प्रभावित और संचालित है। किसी मानव का कर्मक्षेत्र सम्पूर्ण ब्रह्माण्ड हो सकता है और किसी का उसके स्तर रूप में छोटा यहाँ तक कि सिर्फ स्वयं व्यक्ति का अपना स्तर परन्तु कर्मज्ञान तो सभी का एक ही होगा।

विश्वव्यापी स्थापना का स्पष्ट मार्ग

मन (मानव संसाधन) के अन्तर्राष्ट्रीय/विश्व मानक श्रृंखला के विश्वव्यापी स्थापना के निम्नलिखित शासनिक प्रक्रिया द्वारा स्पष्ट मार्ग है।

1. **जनता द्वारा** - जनता व जन संगठन जनहित के लिए सर्वोच्च न्यायालय में यह याचिका दायर की जा सकती है कि सभी प्रकार के संगठन जैसे- राजनीतिक दल, औद्योगिक समूह, शिक्षण समूह जनता को यह बतायें कि वह किस प्रकार के मन का निर्माण कर रहा है तथा उसका मानक क्या है?
2. **भारत सरकार द्वारा** - भारत सरकार इस श्रृंखला को स्थापित करने के लिए संसद में प्रस्ताव प्रस्तुत कर अपने संस्थान भारतीय मानक ब्यूरो (BIS) के माध्यम से समकक्ष श्रृंखला स्थापित कर विश्वव्यापी स्थापना के लिए अन्तर्राष्ट्रीय मानकीकरण संगठन (ISO) के समक्ष प्रस्तुत कर सकता है। साथ ही संयुक्त राष्ट्र संघ (UNO) में भी प्रस्तुत कर संयुक्त राष्ट्र संघ के पुर्नगठन व पूर्ण लोकतंत्र की प्राप्ति के लिए मार्ग दिखा सकता है।
3. **राजनीतिक दल द्वारा** - भारत का कोई एक राष्ट्रीय राजनीतिक दल विश्व राजनीतिक पार्टी संघ (WPPO) का गठन कर प्रत्येक देश से एक राजनीतिक दल को संघ में साथ लेते हुए संयुक्त राष्ट्र संघ पर स्थापना के लिए दबाव बना सकता है।
4. **सयुंक्त राष्ट्र संघ (UNO) द्वारा** - संयुक्त राष्ट्र संघ सीधे इस मानक श्रृंखला को स्थापना के लिए अपने सदस्य देशों के महासभा के समक्ष प्रस्तुत कर अन्तर्राष्ट्रीय मानकीकरण संगठन व विश्व व्यापार संगठन के माध्यम से सभी देशों में स्थापित करने के लिए उसी प्रकार बाध्य कर सकता है, जिस प्रकार ISO-9000 व ISO-14000 श्रृंखला का विश्वव्यापी स्थापना हो रहा है।
5. **अन्तर्राष्ट्रीय मानकीकरण संगठन (ISO) द्वारा** - अन्तर्राष्ट्रीय मानकीकरण संगठन सीधे इस श्रृंखला को स्थापित कर सभी देशों के लिए संयुक्त राष्ट्र संघ व विश्व व्यापार संगठन के माध्यम से सभी देशों में स्थापित करने के लिए उसी प्रकार बाध्य कर सकता है, जिस प्रकार ISO-9000 या ISO-14000 श्रृंखला का विश्वव्यापी स्थापना हो रहा है।

मानव एवं संयुक्त मानव (संगठन, संस्था, ससंद, सरकार इत्यादि) द्वारा उत्पादित उत्पादों को धीरे-धीरे वैश्विक स्तर पर मानकीकरण हो रहा है। ऐसे में संयुक्त राष्ट्र संघ को प्रबन्ध और क्रियाकलाप का वैश्विक स्तर पर मानकीकरण करना चाहिए। जिस प्रकार औद्योगिक क्षेत्र अन्तर्राष्ट्रीय मानकीकरण संगठन (International Standardisation Organisation-ISO) द्वारा संयुक्त मन (उद्योग, संस्थान, उत्पाद इत्यादि) को उत्पाद, संस्था, पर्यावरण की गुणवत्ता के लिए ISO प्रमाणपत्र जैसे- ISO-9000, ISO-14000 श्रृंखला इत्यादि प्रदान किये जाते है उसी प्रकार संयुक्त राष्ट्र संघ को नये अभिकरण विश्व मानकीकरण संगठन (World Standardisation Organisation-WSO) बनाकर या अन्त्रतराष्ट्रीय मानकीकरण संगठन को अपने अधीन लेकर ISO-0/WSO-0 का प्रमाण पत्र योग्य व्यक्ति और संस्था को देना चाहिए जो गुणवत्ता मानक के अनुरूप हों। भारत को यही कार्य भारतीय मानक व्यूरो (Bureau of Indiand Standard-BIS) के द्वारा IS-0 श्रृंखला द्वारा करना चाहिए। भारत को यह कार्य राष्ट्रीय शिक्षा प्रणाली (National Education System-NES) व विश्व को यह कार्य विश्व शिक्षा प्रणाली (World Education System-WES) द्वारा करना चाहिए।

शिक्षा प्रणाली का विश्वमानक

स्कूल-कालेजों के जाल से शिक्षा के व्यापार का विकास होता है न कि शिक्षा का। शिक्षा का विकास तो शिक्षा पाठ्यक्रम पर निर्भर होता है जिससे शिक्षक और शिक्षार्थी दोनों निर्मित होते हैं। जब तक पूर्ण शिक्षा पाठ्यक्रम का निर्माण नहीं होता, शिक्षा का विकास नहीं हो सकता लेकिन शिक्षा के व्यापार का विकास होता रहेगा।

छात्रों की विवशता है कि उनके शिक्षा बोर्ड व विश्वविद्यालय जो पाठ्यक्रम तैयार करेंगे वही पढ़ना है और छात्रों की यह प्रकृति भी है कि वही पढ़ना है जिसकी परीक्षा ली जाती हो। जिसकी परीक्षा न हो क्या वह पढ़ने योग्य नहीं है? बहुत बड़ा प्रश्न उठता है। तब तो समाचार पत्र, पत्रिका, उपन्यास इत्यादि जो पाठ्यक्रम के नहीं हैं उन्हें नहीं पढ़ना चाहिए। शिक्षा बोर्ड व विश्वविद्यालय तो एक विशेष पाठ्यक्रम के लिए ही विशेष समय में परीक्षा लेते हैं परन्तु ये जिन्दगी तो जीवन भर परीक्षा हर समय लेती रहती है तो क्या जीवन का पाठ्यक्रम पढ़ना अनिवार्य नहीं है? परन्तु यह पाठ्यक्रम मिलेगा कहाँ? निश्चित रूप से ये पाठ्यक्रम अब से पहले उपलब्ध नहीं था लेकिन इस संघनित (Compact) होती दुनिया में ज्ञान को भी संघनित (Compact) कर पाठ्यक्रम बना दिया गया है। इस पाठ्यक्रम का नाम है - "सत्य मानक शिक्षा" और आप तक पहुँचाने के कार्यक्रम का नाम है - "पुनर्निर्माण-सत्य शिक्षा का राष्ट्रीय तीव्र मार्ग (RENEW - Real Education National Express Way)"। यह वही पाठ्यक्रम है जो मैकाले शिक्षा पाठ्यक्रम (वर्तमान शिक्षा) से मिलकर पूर्णता को प्राप्त होगा। इस पाठ्यक्रम का विषय वस्तु जड़ अर्थात सिद्धान्त सूत्र आधारित है न कि तनों-पत्तों अर्थात व्याख्या-कथा आधारित। जिसे एक उदाहरण से समझा जा सकता है- मैकेनिक जो मोटर बाईडिंग करता है यदि वह केवल इतना ही जानता हो कि कौन सा तार कहाँ जुड़ेगा जिससे मोटर कार्य करना प्रारम्भ कर दें, तो ऐसा मैकेनिक विभिन्न शक्ति के मोटर का आविष्कार नहीं कर सकता जबकि विभिन्न शक्ति के मोटर का आविष्कार केवल वही कर सकता है जो मोटर के मूल सिद्धान्त को जानता हो। ऐसी ही शिक्षा के सम्बन्ध में स्वामी विवेकानन्द जी ने कहा था - "अनात्मज्ञ पुरूषों की बुद्धि एकदेशदर्शिनी (Single Dimensional) होती है। आत्मज्ञ पुरूषों की बुद्धि सर्वग्रासिनी (Multi Dimensional) होती है। आत्मप्रकाश होने से, देखोगे कि दर्शन, विज्ञान सब तुम्हारे अधीन हो जायेगे।"

शिक्षा क्षेत्र का यह दुर्भाग्य है कि जीवन से जुड़ा इतना महत्वपूर्ण विषय "व्यापार", को हम एक अनिवार्य विषय के रूप में पाठ्यक्रम में शामिल नहीं कर सकें। इसकी कमी का अनुभव उस समय होता है जब कोई विद्यार्थी 10वीं या 12वीं तक की शिक्षा के उपरान्त किसी कारणवश, आगे की शिक्षा ग्रहण नहीं कर पाता। फिर उस विद्यार्थी द्वारा पढ़े गये विज्ञान व गणित के वे कठिन सूत्र उसके जीवन में अनुपयोगी लगने लगते है। यदि वहीं वह व्यापार के ज्ञान से युक्त होता तो शायद वह जीवकोपार्जन का कोई मार्ग सुगमता से खोजने में सक्षम होता।

आध्यात्म और विज्ञान ने मानव सभ्यता के विकास में अब कम से इतना विकास तो कर ही चुका है कि अब हमें मन के एकीकरण के लिए कार्य करना चाहिए। और उस मन पर कार्य करने का ही परिणाम है -

सम्पूर्ण ब्रह्माण्ड में व्याप्त एक ही सत्य-सिद्धान्त द्वारा व्यक्तिगत व संयुक्त मन को एकमुखी कर सर्वोच्च, मूल और अन्तिम स्तर पर स्थापित करने के लिए शून्य पर अन्तिम आविष्कार WS-0 श्रृंखला की निम्नलिखित पाँच शाखाएँ है।

1. डब्ल्यू.एस. (WS)-0: विचार एवम् साहित्य का विश्वमानक
2. डब्ल्यू.एस. (WS)-00: विषय एवम् विशेषज्ञों की परिभाषा का विश्वमानक
3. डब्ल्यू.एस. (WS)-000: ब्रह्माण्ड (सूक्ष्म एवम् स्थूल) के प्रबन्ध और क्रियाकलाप का विश्वमानक
4. डब्ल्यू.एस. (WS)-0000: मानव (सूक्ष्म तथा स्थूल) के प्रबन्ध और क्रियाकलाप का विश्वमानक
5. डब्ल्यू.एस. (WS)-00000: उपासना और उपासना स्थल का विश्वमानक

और पूर्णमानव निर्माण की तकनीकी WCM-TLM-SHYAM.C है।

जो शिक्षा का नया माडल है। गरीबों की समस्या सुलझानें का नैतिक दायित्व है। देश में 25 वर्ष से कम उम्र के 55 करोड़ लोगों के लिए पुननिर्माण जैसी योजना हैं। उन्हें नौकरी और प्रशिक्षण की व्यवस्था है। रचनात्मकता, समन्वय, लीडरशिप, ग्लोबल तथा प्रोफेशनल विषयों को पढ़ने तथा सूचना तकनीक के जरिए पढ़ाई पर ध्यान केन्द्रित करने से युक्त है। हमारे देश में जो अध्यापक हैं, वे शोध नहीं करते और जो शोध करते हैं वे पढ़ाते नहीं, इसलिए शिक्षार्थी को ही शोध पत्र (विश्वशास्त्र) पढ़ाया जाय क्योंकि शिक्षक पढ़ने से तो रहे क्योंकि समान्यतः धन के आने की सुनिश्चितता के बाद लोग पढ़ना छोड़ देते हैं, यही नहीं कोशिश तो यह भी रहती है कि पढ़ाना भी न पड़े और उन्हें सेवा से हटाया भी नहीं जा सकता।

शिक्षा (वर्तमान अर्थ में) प्राप्त करने के बाद या तो शिक्षा-कौशल के अनुसार कार्य को आजीविका बनाते हैं या जो पढ़े हैं उसे ही पढ़ाओ वाले व्यापार में लग जाते हैं। अब बेरोजगारों को इस दुनिया में परिवर्तन लाने वाले राष्ट्र निर्माण के व्यापार से जोड़ना पड़ेगा। इससे उन्हें रोजगार भी मिलेगा और राष्ट्र निर्माण का श्रेय भी। वे शान से कह सकेंगे - "हम सत्य ज्ञान का व्यापार करते हैं। हम राष्ट्र निर्माण का व्यापार करते हैं। हम समाज को सहायता प्रदान करने का व्यापार करते हैं। हम, लोगों को आत्मनिर्भर बनाने का व्यापार करते हैं और वहाँ करते हैं जिस क्षेत्र, जिला, मण्डल, प्रदेश व देश के निवासी हैं। जहाँ हमारे भाई-बन्धु, रिश्तेदार, दोस्त इत्यादि रहते हैं।"

स्वामी विवेकान्द जी ने कहा था - सुधारकों से मैं कहूंगा कि मैं स्वयं उनसे कहीं बढ़कर सुधारक हूँ। वे लोग इधर-उधर थोड़ा सुधार करना चाहते हैं- और मैं चाहता हूँ आमूल सुधार। हम लोगों का मतभेद है केवल सुधार की प्रणाली में। उनकी प्रणाली विनाशात्मक है और मेरी संघटनात्मक। मैं सुधार में विश्वास नहीं करता, मैं विश्वास करता हूँ स्वाभाविक उन्नति में।

स्वाभाविक उन्नति तभी होती है जब संसाधन उपलब्ध हो। कार-मोटरसाइकिल घर में पहले से रहता है तो स्वाभाविक रूप से कम उम्र में ही घर के लोग चलाना सिख जाते हैं इसलिए सुधार का वो महान शास्त्र - "विश्वशास्त्र" पहले संसाधन के रूप में प्रत्येक घर में उपलब्ध हो। जो "आध्यात्मिक एवं दार्शनिक विरासत के आधार पर एक भारत - श्रेष्ठ भारत" निर्माण का अन्तिम शास्त्र है। फिर 25 वर्ष से कम उम्र के 55 करोड़ लोग अपने आप आत्मनिर्भर हो जायेंगे।

वैसे तो यह कार्य भारत सरकार को राष्ट्र की एकता, अखण्डता, विकास, साम्प्रदायिक एकता, समन्वय, नागरिकों के ज्ञान की पूर्णता इत्यादि जो कुछ भी राष्ट्रहित में हैं उसके लिए सरकार के संस्थान जैसे- विश्वविद्यालय अनुदान आयोग (यू.जी.सी.), एन.सी.ई.आर.टी, राष्ट्रीय ज्ञान आयोग, राष्ट्रीय नवोन्मेष परिषद्, भारतीय मानक ब्यूरो के माध्यम से "राष्ट्रीय शिक्षा आयोग" बनाकर पूर्ण करना चाहिए जो राष्ट्र के वर्तमान और भविष्य के लिए अतिआवश्यक और नागरिकों का राष्ट्र के प्रति कर्तव्य निर्धारण व परिभाषित करने का मार्ग भी है। भारत को यह कार्य राष्ट्रीय शिक्षा प्रणाली (National Education System-NES) व विश्व को यह कार्य विश्व शिक्षा प्रणाली (World Education System-WES) द्वारा करना चाहिए। जब तक यह शिक्षा प्रणाली भारत तथा संयुक्त राष्ट्र संघ द्वारा जनसाधारण को उपलब्ध नहीं हो जाती तब तक यह "पुनर्निर्माण" द्वारा उपलब्ध करायी जा रही है।

जो व्यक्ति या देश केवल आर्थिक उन्नति को ही सर्वस्व मानता है वह व्यक्ति या देश एक पशुवत् जीवन निर्वाह के मार्ग पर है-जीना और पीढ़ी बढ़ाना। दूसरे रूप में इसे ऐसे समझा जा सकता है कि ऐसे व्यक्ति जिनका लक्ष्य धन रहा था वे अपने धन के बल पर अपनी मूर्ति अपने घर पर ही लगा सकते हैं परन्तु जिनका लक्ष्य धन नहीं था, उनका समाज ने उन्हें, उनके रहते या उनके जाने के बाद अनेकों प्रकार से सम्मान दिया है और ये सार्वजनिक रूप से सभी के सामने प्रमाणित है। पूर्णत्व की प्राप्ति का मार्ग शारीरिक-आर्थिक उत्थान के साथ-साथ मानसिक-बौद्धिक उत्थान होना चाहिए और यही है ही। इस प्रकार भारत यदि पूर्णता व विश्व गुरूता की ओर बढ़ना चाहता है तब उसे मात्र कौशल विकास ही नहीं बल्कि राष्ट्रीय बौद्धिक विकास की ओर भी बढ़ना होगा। बौद्धिक विकास, व्यक्ति व राष्ट्र का इस ब्रह्माण्ड के प्रति दायित्व है और उसका लक्ष्य है।

राष्ट्र के पूर्णत्व के लिए पूर्ण शिक्षा निम्नलिखित शिक्षा का संयुक्त रूप है-

अ-सामान्यीकरण (Generalisation) शिक्षा

ज्ञान के लिए- यह शिक्षा व्यक्ति और राष्ट्र का बौद्धिक विकास कराती है जिससे व्यक्ति व राष्ट्रीय सुख में वृद्धि होती है।

ब-विशेषीकरण (Specialisation) शिक्षा

कौशल के लिए- यह शिक्षा व्यक्ति और राष्ट्र का कौशल विकास कराती है जिससे व्यक्ति व राष्ट्रीय उत्पादकता में वृद्धि होती है।

स-सत्य नेटवर्क (REAL NETWORK)

समाज में प्रकाशित होने के लिए - क्योंकि कोई भी क्यों न हो उसे स्वयं अपना परिचय (BIO-DATA) देना पड़ता है तभी उसके अनुसार समाज उसका उपयोग करता है।

वर्तमान समय में विशेषीकरण की शिक्षा, भारत में चल ही रहा है और वह कोई बहुत बड़ी समस्या भी नहीं है। समस्या है सामान्यीकरण शिक्षा की। व्यक्तियों के विचार से सदैव व्यक्त होता रहा है कि-मैकाले शिक्षा पद्धति बदलनी चाहिए, राष्ट्रीय शिक्षा नीति व पाठ्यक्रम बनना चाहिए। ये तो विचार हैं। पाठ्यक्रम बनेगा कैसे?, कौन बनायेगा? पाठ्यक्रम में पढ़ायेंगे क्या? ये समस्या थी। और वह हल की जा चुकी है। जो भारत सरकार के सामने सरकारी-निजी योजनाओं जैसे ट्रांसपोर्ट, डाक, बैंक, बीमा की तरह निजी शिक्षा के रूप में "पुनर्निर्माण-सत्य शिक्षा का राष्ट्रीय तीव्र मार्ग" द्वारा पहली बार इसके आविष्कारक द्वारा प्रस्तुत है। जो राष्ट्र निर्माण का व्यापार है।

एक पूर्ण मानव निर्माण प्रक्रिया में शिक्षा पाठ्यक्रम के स्वरूप का विश्वमानक निम्नवत् है। जो किसी विशेष देश-काल-पात्र पर निर्भर नही करता अर्थात् यह प्रत्येक देशों और व्यक्तियों के लिए शिक्षा का स्वरूप है। जिससे ब्रह्माण्डीय, वैश्विक और व्यक्तिगत संतुलन, स्थिरता, एकता, प्रबन्ध, विकास, शान्ति और सुरक्षा निर्धारित होती है।

1. प्राइमरी शिक्षा (कक्षा - 5 तक) - भाषा ज्ञान आधारित:- क्षेत्रीय, देश, विश्व और विज्ञान की भाषा का ज्ञान, सामान्य विज्ञान, सामान्य ज्ञान, चित्र कला।

2. जूनियर हाई स्कूल (कक्षा - 6 से 8 तक) - समाज ज्ञान आधारित:- क्षेत्रीय, देश, विश्व और विज्ञान की भाषा का ज्ञान, सामान्य विज्ञान, सामान्य ज्ञान, चित्र कला का विस्तार, खेल, संगीत, कृषि, समाज विज्ञान।

3. हाई स्कूल (कक्षा - 9 से 10 तक) - सामान्यीकृत ज्ञान आधारित:- ज्ञान-कर्मज्ञान समाहित WCM-TLM-SHYAM.C प्रणाली अर्थात शिक्षा पाठ्यक्रम का विश्व मानक, कालानुसार विज्ञान, तकनीकी, व्यापारीक व प्रबन्धकीय ज्ञान की शिक्षा।

4. इण्टरमीडिएट (कक्षा - 11 से 12 तक) - विशेषीकृत ज्ञान आधारित:- कौशल विकास की शिक्षा।

5. उच्च शिक्षा - इच्छानुसार विशेष क्षेत्र आधारित

विपणन प्रणाली का विश्वमानक

कुल मिलाकर उपभोक्ता जो कहीं किसी और माध्यम से धन अर्जित करता है उसके उस धन को लेने के लिए किये गये सारे प्रपंच विपणन के अन्तर्गत आते हैं। यदि उपभोक्ता के पास धन नहीं तो ये सारे प्रपंच बेकार सिद्ध हो जाते हैं उसके लिए फाइनेन्स (आसान किस्तों में धन चुकाने की व्यवस्था), खरीदे और दूसरे को खरीद करायें वाली प्रणाली भी विपणन के प्रपंच में से ही है।

विश्व में शायद किसी भी देश में सरकार द्वारा निश्चित की गई विपणन प्रणाली लागू नहीं हैं। सरकार को केवल विभिन्न प्रकार के करों (Taxes) से मतलब होता है। निर्माता अपने उत्पाद को चाहे जिस विधि/प्रणाली से बेचे। बस मल्टीलेवेल मार्केटिंग के लिए कुछ दिशा निर्देश भारत में समय-समय पर निर्धारित होते रहते हैं।

चेस्टस्टन ने कहा था, "ब्रह्माण्डीय दर्शन मनुष्य के अनुरूप बैठने के लिए नहीं, बल्कि ब्रह्माण्ड के अनुरूप बैठने के लिए रचा गया है। मनुष्य के पास ठीक उसी तरह अपना एक नीजी धर्म नहीं हो सकता, जिस तरह उसके पास एक निजी सूर्य और एक चंद्रमा नहीं हो सकता।" अर्थात मनुष्य, मनुष्य के साथ व्यापार करने के लिए अनेक प्रकार की प्रणाली का विकास तो कर सकता है परन्तु वह एक मानक प्रणाली नहीं हो सकती। मानक प्रणाली वही हो सकती है जो ब्रह्माण्डीय दर्शन अर्थात सार्वभौम सत्य-सिद्धान्त के अनुरूप होगा। वह प्रणाली कल्याणकारी- लाभकारी और सरल होगी। ब्रह्माण्ड एक व्यापार क्षेत्र अर्थात व्यापार केन्द्र है। सर्वव्यापी सार्वभौम आत्मा (ईश्वर-सार्वभौम सत्य-सिद्धान्त) की उपस्थिति में सर्वत्र व्यापार चल रहा है। जहाँ भी, कुछ भी आदान-प्रदान हो रहा हो, वह सब व्यापार के ही अधीन है। किसी विचार पर आधारित होकर आदान-प्रदान का नेतृत्वकर्ता व्यापारी और आदान-प्रदान में शामिल होने वाला ग्राहक होता है। प्रत्येक व्यक्ति ही व्यापारी है और वही दूसरे के लिए ग्राहक भी है। यदि व्यक्ति आपस में आदान-प्रदान कर व्यापार कर रहें हैं तो इस संसार-ब्रह्माण्ड में ईश्वर का व्यापार चल रहा है और सभी वस्तुएँ उनके उत्पाद है। उन सब वस्तुओं का आदान-प्रदान हो रहा है जिसके व्यापारी स्वयं ईश्वर हैं। ये सनातन सिद्धान्त है। जिस प्रकार मानव नियंत्रित व्यापार का मालिक मानव (कम्पनी, फर्म इत्यादि) होता है उसी प्रकार ईश्वर नियंत्रित व्यापार का मालिक ईश्वर स्वयं हैं। दोनों ही स्थितियों के अपने-अपने नियम द्वारा व्यापार संचालित हैं।

ईश्वर संचालित व्यापार की प्रणाली की विशेषताओं को जानने से ही एक मानक प्रणाली बन सकती है जो कल्याणकारी-लाभकारी और सरल हो।

"कल्कि" अवतार के सम्बन्ध में कहा गया है कि उसका कोई गुरू नहीं होगा, वह स्वयं से प्रकाशित स्वयंभू होगा जिसके बारे में में कहा गया है कि

"ऋषि-वत्स, देवता इन्द्र, छन्द गायत्री। अहमिद्धि पितुष्परि मेधा मृतस्य जग्रभ। अहं सूर्य इवाजिनि।।"

अथर्ववेद, काण्ड 20, सूक्त 115, मंत्र 1

अर्थात "मैं परम पिता परमात्मा से सत्य ज्ञान की विधि को धारण करता हूँ और मैं तेजस्वी सूर्य के समान प्रकट हुआ हूँ।" जबकि सबसे प्राचीन वंश स्वायंभुव मनु के पुत्र उत्तानपाद शाखा में ब्रह्मा के 10 मानस पुत्रों में से मन से मरीचि व पत्नी कला के पुत्र कश्यप व पत्नी अदिति के पुत्र आदित्य (सूर्य) की चौथी पत्नी छाया से दो पुत्रों में से एक 8वें मनु - सावर्णि मनु होंगे जिनसे ही वर्तमान मनवन्तर 7वें वैवस्वत मनु की समाप्ति होगी। ध्यान रहे कि 8वें मनु - सावर्णि मनु, सूर्य पुत्र हैं। अर्थात कल्कि अवतार और 8वें मनु - सावर्णि मनु दोनों, दो नहीं बल्कि एक ही हैं और सूर्य पुत्र हैं। इसलिए सूर्य सिद्धान्त पर ही भारतीय आध्यात्म एवं दर्शन आधारित स्वदेशी विपणन प्रणाली का नामकरण 3-एफ (3-F: Fuel-Fire-Fuel) रखा गया है। अर्थात ऐसा सिद्धान्त जिसके नीचे ईंधन (Fuel) हो बीच में अग्नि (Fuel) हो फिर उसके उपर ईंधन (Fuel) हो, तो वो आग कब बुझेगी? ईंधन के कारण आग जल रहा है, आग के कारण ईंधन मिल रहा हो तो वो आग कब बुझेगी? जलने से ही ईंधन बन रहा हो तो वो आग कब बुझेगी?

3-एफ (3-F: Fuel-Fire-Fuel) विपणन प्रणाली, चूँकि भारतीय आध्यात्म एवं दर्शन आधारित स्वदेशी विपणन प्रणाली और एक सत्य मानक विपणन प्रणाली है इसलिए भारत के जो भी नेतृत्वकर्ता ये चाहते हों कि भारत को सोने की चिड़िया बनायेंगे और आध्यात्मिक और दार्शनिक विरासत के आधार पर एक भारत - श्रेष्ठ भारत का निर्माण करेंगे, उन्हें उत्पाद के ऐसे क्षेत्र में जो मनुष्य के लिए उपयोग करना मजबूरी हो, उस क्षेत्र के विपणन कम्पनी/संगठन को इस प्रणाली का संचालन अनिवार्य कर देना चाहिए और अन्य क्षेत्र में विपणन स्वैच्छिक रूप से चलते रहने देना चाहिए। अनिवार्य करने के क्षेत्र ये हो सकते हैं जैसे - शिक्षा क्षेत्र, दैनिक उपभोग के वस्तु क्षेत्र।

3-एफ (3-F: Fuel-Fire-Fuel) विपणन प्रणाली से दैनिक उपभोग के वस्तु क्षेत्र के विपणन कम्पनी के विपणन खर्च में बहुत अधिक कमी आ जायेगी, साथ ही उपभोक्ता स्वयं ही उत्पाद को खरीदने के लिए स्वयं आने लगेंगे। उन्हें उत्पाद बेचने के अनेक प्रकार के प्रपंच से मुक्ति मिल जायेगी। क्योंकि अभी तक उपभोक्ता धन लाभ कहीं और से अर्जित करता था और उत्पाद कहीं और से खरीदता था लेकिन 3-एफ (3-F: Fuel-Fire-Fuel) विपणन प्रणाली से उसे उत्पाद खरीदने से भी धन लाभ होने लगेगा। परिणामस्वरूप उपभोक्ता की क्रय शक्ति बढ़ जायेगी और यह सभी के लिए लाभदायक होगा और तब एक नया ज्ञान सूत्र जन्म लेगा "खर्च के लिए धन नहीं, अब धन लाभ के लिए खर्च"

3-एफ (3-F: Fuel-Fire-Fuel) विपणन प्रणाली से शिक्षा क्षेत्र के विपणन कम्पनी और सरकार के खर्च में बहुत अधिक कमी आ जायेगी, साथ ही शिक्षार्थी स्वयं आने लगेंगे। उन्हें अनेक प्रकार के अनुदान/छात्रवृत्ति देने से मुक्ति मिल जायेगी। क्योंकि अभी तक शिक्षार्थी के अभिभावक धन लाभ कहीं और से अर्जित करते थे और मँहगी होती शिक्षा के लिए भुगतान कहीं और करते थे, लेकिन 3-एफ (3-F: Fuel-Fire-Fuel) विपणन प्रणाली से उन्हें शिक्षा से भी धन लाभ होने लगेगा। परिणामस्वरूप शिक्षा से रूचि बढ़ जायेगी और यह सभी के लिए लाभदायक होगा और तब एक नया ज्ञान सूत्र जन्म लेगा "शिक्षा के लिए धन नहीं, अब धन लाभ के लिए शिक्षा"

3-एफ (3-F: Fuel-Fire-Fuel) विपणन प्रणाली के लागू किये बिना भारत को सोने की चिड़िया बनाना और आध्यात्मिक और दार्शनिक विरासत के आधार पर एक भारत - श्रेष्ठ भारत का निर्माण एक सपना है जो कहने से नहीं बल्कि उस प्रणाली को अपनाने से पूरा हो सकता है।

3-एफ (3-F: Fuel-Fire-Fuel) विपणन प्रणाली का विस्तृत विवरण "विश्वशास्त्र" अध्याय-4 में उपलब्ध है।

नेतृत्वकर्ताओं के सम्बन्धित विचार
महात्मा गाँधी
(2 अक्टुबर, 1869 - 30 जनवरी, 1948)

परिचय

बापू व राष्ट्रपिता की उपाधियों से सम्मानित महात्मा गाँधी 19वीं शताब्दी के ऐसे महापुरूष हुए, जिन्होंने सत्य और अंहिसा के शस्त्र से, जिनके राज्य में कभी सूर्यास्त नहीं होता था, उस महाशक्तिशाली अंग्रेजी शासन को भारत से खदेड़ दिया। उन्होंने सत्य को ही ईश्वर माना और कहा कि ईश्वर ही सत्य है।

आश्विन, कृष्ण पक्ष, द्वादशी, सं.1926 तद्नुसार 2 अक्टुबर, 1869 ई0 को मोहनदास करमचन्द गाँधी ने जन्म लेकर, गुजरात राज्य के पोरबन्दर की धरती को धन्य किया। सात वर्ष की उम्र में उन्हें पाठशाला भेजा गया। अपनी सत्यनिष्ठा से अध्यापक को प्रभावित किया। रामायण, महाभारत का प्रभाव बचपन से ही जीवन पर पड़ा। गीता और नरसी मेहता के पदों की जीवन पर गहरी छाप लग गई। नरसी जी का "वैष्णवजण तो तेणे कहिये जे पीड़ पराई जाणे रे", यह भजन जीवन में समा गया और नित्य प्रार्थना का अंग बन गया। उनके पिता करमचन्द गाँधी मोध समुदाय से सम्बन्ध रखते थे और अंग्रेजों के अधीन वाले भारत के कठियावाड़ एजेन्सी में एक छोटी सी रियासत पोरबन्दर प्रांत के दीवान अर्थात प्रधान मंत्री थे। परनामी वैष्णव हिन्दू समुदाय की उनकी माता पुतलीबाई, करमचन्द की चैथी पत्नी थीं। उनकी पहली तीन पत्नियां प्रसव के समय मर गई थीं। छोटी उम्र में ही कस्तुरबा गाँधी के साथ इनका विवाह हो गया। बचपन में पढ़ते समय, बुरी संगत के कारण कुछ बुरी आदतें पड़ गई। 19 वर्ष की उम्र में बैरिस्टर बनने के लिए इंग्लैण्ड गये और माँ से की हुई प्रतिज्ञा के कारण सदैव कुसंग से बचे रहे। बैरिस्टर बनने के बाद भारत आये। यहाँ बैरिस्ट्री नहीं चली, तो दक्षिण अफ्रीका चले गये। काले-गोरे के भेद से उनका दिल दहल गया और अंग्रेजों के विरूद्ध आवाज उठाई। एक मुकदमें की पैरवी में उनको बड़ी ख्याति मिली। अफ्रीका से लौटने पर मुम्बई के अपोलो बन्दरगाह पर कठियावाड़ वेशभूषा में देखते ही असंख्य लोगों ने स्वागत किया। गाँधी जी, गोखले के साथ पूना आये। बाद में रेल के तीसरे दर्जे में बैठकर सारे देश का भ्रमण कर लोगों को पास से देख-समझा।

बिहार राज्य के चम्पारन जिले में नील की खेती करने वाले किसानों को सत्याग्रह की प्रेरणा देकर अंग्रेजों से मुक्ति दिलाई। "जलियाँवाला बाग" के नृशंस हत्याकाण्ड से गाँधी जी का हृदय द्रवित हो गया और सम्पूर्ण देश में असहयोग आन्दोलन की योजना क्रियान्वित करने का संकल्प लिया। जैसे ही आन्दोलन ने जोर पकड़ा, अंग्रेज सरकार ने गाँधी जी को पकड़कर बन्द करने की ठानी और "यंग इण्डिया" में प्रकाशित लेख के आधार पर बन्दी बनाकर "यरवदा" जेल भेज दिया गया। सत्यवादी, निश्छल भाव के कारण अंग्रेजों के दिल में गाँधी के प्रति सम्मान बढ़ रहा था। जेल के नियमों का गाँधी जी पूरा पालन करते थे। चरखा कातकर, महान लेखकों के ग्रन्थ

पढ़कर अपना समय व्यतीत करते थे। वे अपनी छोटी भूल को भी हिमालय जैसी भूल मानते थे। हरिजन उद्धार, सादा और श्रमपूर्ण नैतिक जीवन, अपने दोष देखकर दूसरों को क्षमा करने और सेवा करने के सिद्धान्त को अपनाया। जीवन पर्यन्त राम-नाम के जापक रहे।

1924 ई0 में हिन्दू-मुसलमानों के साम्प्रदायिक संघर्ष से उन्हें आन्तरिक पीड़ा हुई। दिल्ली में इक्कीस दिन का उपवास करना पड़ा। हिन्दू-मुसलमानों की ओर से मिलकर रहने का आश्वासन मिलने पर उपवास तोड़ा। चरखा और खादी आन्दोलन की प्रेरणा देकर स्वदेशी-स्वालम्बन का रास्ता दिखाया और विदेशी वस्त्रों का बहिष्कार कर होली जलाई। 12 मार्च, 1930 में नमक कानून तोड़ने के लिए दाण्डी यात्रा कर लाखों लोगों को आन्दोलन से जोड़ा अन्ततः सफलता प्राप्त की। लन्दन सरकार के गोलमेज परिषद् के आमंत्रण पर गाँधीजी अपने फकीरी देश में गये। परिषद् की बैठक के बाद गाँधी जी सम्राट जार्ज से मिले और भारत के विषय में अपनी बात कही।

भारत लौटकर आने पर मालूम हुआ कि वाइसराय इरविन के स्थान पर लार्ड विलिंगटन की नियुक्ति हुई है, जो गाँधी विरोघी हैं। उसने गाँधी-इरविन समझौते को तोड़ने की प्रक्रिया प्रारम्भ कर दी और 4 फरवरी, 1932 को गिरफ्तार कर यरवदा जेल भेज दिया। द्वितीय विश्वयुद्ध की घोषणा होने पर कांग्रेस ने अंग्रेज सरकार को सहायता देना अस्वीकार कर दिया। उस समय चर्चिल ब्रिटीश सरकार के प्रधानमंत्री थे तथा स्वतन्त्रता आन्दोलन के विरोधी थे। जापान की बढ़ती शक्ति को देखकर गाँधी जी ने सत्याग्रह आन्दोलन करने का निश्चय किया कि भारत स्वाधीन हो जाता है, तो शत्रु का खुलकर मुकाबला करेगें। उन्होंने चर्चिल के औपनिवेशक स्वराज्य के प्रस्ताव को ठुकरा दिया।

8 अगस्त, 1942 को "भारत छोड़ो आन्दोलन" का बिगुल बजा दिया गया। गाँधी जी को पकड़कर आगाखाँ महल में रखा गया। महादेव भाई देसाई ओर कस्तूरबा की मृत्यु के पश्चात् गाँधी जी एकाकी रह गये। स्वास्थ्य गिरने लगा, तो सरकार ने 7 मई, 1944 को जेल से रिहा कर दिया। सन् 1945 में विश्व युद्ध समाप्त हो गया। चर्चिल चुनाव में हार गया और उसके स्थान पर मजदूर नेता लार्ड एटली की सरकार बनी। एटली सरकार ने भारत को स्वाधीन करने का निश्चय कर लिया था और उन्होंने अपनी पार्लियामेन्ट में घोषणा की कि जून, 1948 को अंग्रेज भारत छोड़ देगें। लार्ड माउन्टबेटन को भारत का वायसराय बनाकर भेजा गया। लार्ड माउन्टबेटन ने मुस्लिम लीग के नेता जिन्नां और कांग्रेसी नेताओं से बातचीत की। जिन्ना पाकिस्तान की बात पर अडिग रहे। स्वाधीनता की दृष्टि से एक वर्ष पूर्व 15 अगस्त, 1947 को भारत को स्वतन्त्र करने की बात स्वीकार की गई। गाँधी जी कांग्रेसी नेताओं के बात से सहमत नहीं थे। दुःखी मन से नियति का विधान मानकर गाँधी जी मौन हो गये। 2 अक्टुबर को उनके जन्म दिन राष्ट्रीय पर्व "गाँधी जयंती" के नाम से मनाया जाता है और दुनियाभर में इस दिन अतंर्राष्ट्रीय अहिंसा दिवस के नाम से मनाया जाता है।

हिन्दुस्तान-पाकिस्तान के बँटवारे ने हिन्दू-मुस्लिम में परस्पर झगड़े की आग भड़का दी और खून से देश की धरती लाल हो गई। गाँधी जी प्रार्थना को बहुत महत्व देते थे। उन्हें पक्का विश्वास था कि प्रार्थना और राम-राम से बड़ी से बड़ी समस्या का समाधान मिल सकता है। शुक्रवार, 30 जनवरी, 1948 का वह काला दिन आया। बिड़ला हाउस में प्रार्थना सभा में उपस्थित भीड़ गाँधी जी की प्रतीक्षा कर रही थी। गाँधी जी मंच पर चढ़ ही रहे थे कि भीड़ में से निकल कर एक युवक ने उनके सीने पर पिस्तौल दाग दी। "हे राम" के साथ गाँधी जी की श्वास अंतरिक्ष में विलीन हो गई और वे अलौकिक ज्योति का प्रकाश विकीर्ण कर अनन्त ज्योति में समा गये।

गाँधी का विश्वास

गाँधी का जन्म हिन्दू धर्म में हुआ, उनके पूरे जीवन में अधिकतर सिद्धान्तों की उत्पत्ति हिन्दूत्व से हुआ। साधारण हिन्दू की तरह वे सारे धर्मों को समान रूप से मानते थे। और सारे प्रयास जो उन्हें धर्म परिवर्तन के लिए कोशिश किये जा रहें थे, उसे अस्वीकार कर दिया। वे ब्रह्मज्ञान के जानकार थे और सभी प्रमुख धर्मों को विस्तारपूर्वक पढ़ते थे। उन्होंने कहा कि हिन्दू धर्म के बारे में मैं जितना जानता हूँ यह मेरी आत्मा को सन्तुष्ट करती है। और सारी कमियों को पूरा करती है। जब मुझे सन्देह घेर लेती है। जब निराशा मुझे घूरने लगती है और जब मुझे आशा की कोई किरण नजर नहीं आती है तब मैं भगवद्गीता को पढ़ लेता हूँ। और तब मेरे मन को असीम शान्ति

मिलती है और तुरन्त ही मेरे चेहरे से निराशा के बादल छंट जाते हैं। और मैं खुश हो जाता हूँ। मेरा पूरा जीवन त्रासदियों से भरा है और यदि वो दृश्यात्मक और अमिट प्रभाव मुझ पर नहीं छोड़ता, मैं इसके लिए भगवद्गीता के उपदेशों का ऋणी हूँ।

गाँधी के लेखन

गाँधी जी एक सफल लेखक थे। कई दशकों तक वे अनेक पत्रों का संपादन कर चुके थे जिसमें गुजराती, हिन्दी और अंग्रेजी में हरिजन, इण्डियन ओपिनियन और यंग इण्डिया। जब वे भारत आये तब उन्होंने नवजीवन नामक मासिक पत्रिका निकाली। बाद में नवजीवन का प्रकाशन हिन्दी में भी हुआ। इसके अलावा उन्होंने लगभग हर रोज व्यक्तियों और समाचार पत्रों को पत्र लिखा। गाँधी का पूरा कार्य महात्मा गाँधी के संचित लेख नाम से 1960 में भारत सरकार द्वारा प्रकाशित किया गया है। यह लेखन लगभग 50 हजार पृष्ठों में समाविष्ट है और तकरीबन 100 खण्डों में प्रकाशित है। सन् 2000 में गाँधी के पूरे कार्यों का संशोधित संस्करण विवादों के घेरे में आ गया क्योंकि गाँधी के अनुयायियों ने सरकार पर राजनीतिक उद्देश्यों के लिए परिवर्तन शामिल करने का आरोप लगाया।

गाँधी के सिद्धान्त

सत्य - गाँधी जी ने अपना जीवन सत्य या सच्चाई की व्यापक खोज में समर्पित कर दिया। उन्होंने इस लक्ष्य को प्राप्त करने के लिए अपनी स्वयं की गलतियों और खुद पर प्रयोग करते हुए सीखने की कोशिश की। उन्होंने अपनी आत्म कथा को "द स्टोरी आफ माइ एकसपेरिमेण्ट विथ ट्रूथ" का नाम दिया। गाँधी जी ने कहा कि सबसे महत्वपूर्ण लड़ाई लड़ने के लिए अपने दुष्टात्माओं, भय और असुरक्षा जैसे तत्वों पर विजय पाना है। गाँधी जी ने अपने विचारों को सबसे पहले उस समय संक्षेप में व्यक्त किया जब उन्होंने कहा "भगवान ही सत्य है", बाद में उन्होंने अपने इस कथन को "सत्य ही भगवान है" में बदल दिया। इस प्रकार, सत्य में गाँधी के दर्शन हैं-परमेश्वर।

अहिंसा - हालांकि गाँधी जी अहिंसा के सिद्धान्त के प्रवर्तक विल्कुल नहीं थे फिर भी इसे बड़े पैमाने पर राजनैतिक क्षेत्र में प्रयोग करने वाले पहले व्यक्ति थे। अहिंसा और प्रतिकार का भारतीय धार्मिक विचारों में एक लम्बा इतिहास है और इसके हिन्दू, बौद्ध, यहूदी और ईसाई समुदाय में बहुत सी अवधारणाएं हैं। गाँधी जी ने अपनी आत्मकथा में अपने दर्शन और जीवन के मार्ग का वर्णन किया है। जिसमें लिखा है- जब मैं निराश होता हूँ तब मैं याद करता हूँ कि हालाँकि इतिहास सत्य का मार्ग होता है किन्तु प्रेम इसे सदैव जीत लेता है। यहाँ अत्याचारी और हत्यारे भी हुए हैं और कुछ समय के लिए वे अपराजेय लगते थे किन्तु अंत में उनका पतन ही होता है, इसका सदैव विचार करें।

गाँधी के विचार

1. विज्ञान का युद्ध किसी व्यक्ति को तानाशाही, शुद्ध और सरलता की ओर ले जाता है। अहिंसा का विज्ञान अकेले ही किसी व्यक्ति को शुद्ध लोकतन्त्र के मार्ग की ओर ले जा सकता है। प्रेम पर आधारित शक्ति सजा के डर से उत्पन्न शक्ति से हजार गुना अधिक और स्थायी होती है। यह कहना निन्दा करने जैसा होगा कि अहिंसा का अभ्यास केवल व्यक्तिगत तौर पर किया जा सकता है और व्यक्तिवादिता वाले देश इसका कभी भी अभ्यास नहीं कर सकते हैं। शुद्ध अराजकता का निकटतम दृष्टिकोण अहिंसा पर आधारित लोकतन्त्र होगा। सम्पूर्ण अहिंसा के आधार पर संगठित और चलने वाला कोई समाज शुद्ध अराजकता वाला समाज होगा।

2. मैंने भी स्वीकार किया कि एक अहिंसक राज्य में भी पुलिस बल की जरूरत अनिवार्य हो सकती है। पुलिस रैंकों का गठन अहिंसा में विश्वास रखने वालों से किया जायेगा। लोग उनकी हर सम्भव मदद करेंगे और आपसी सहयोग के माध्यम से वे किसी भी उपद्रव का आसानी से समाना कर लेंगे। श्रम और पूंजी तथा हड़तालों के बीच हिंसक झगड़ें बहुत कम होंगे और हिसंक राज्यों में तो बहुत कम होंगे क्योंकि अहिंसक

समाज की बाहुलता का प्रभाव समाज में प्रमुख तत्वों का सम्मान करने के लिए महान होगा। इसी प्रकार साम्प्रदायिक अव्यवस्था के लिए कोई जगह नहीं होगी।

3. आध्यात्मिक और व्यवहारिक शुद्धता बड़े पैमाने पर ब्रह्मचर्य और वैराग्यवाद से जुदा होता है। गाँधी जी ने ब्रह्मचर्य को भगवान के करीब आने और अपने को पहचानने का प्राथमिक आधार के रूप में देखा था। अपनी आत्मकथा में वे बचपन की दुल्हन कस्तुरबा के साथ अपनी कामेच्छा और इष्र्या के संघर्षों को बताते हैं। उन्होंने महसूस किया कि यह उनका व्यक्तिगत दायित्व है कि उन्हें ब्रह्मचर्य रहना है ताकि वे बजाय हवस के प्रेम को सिख पायें। गाँधी के लिए ब्रह्मचर्य का अर्थ था- इन्द्रियों के अन्तर्गत विचारों, शब्द और कर्म पर नियंत्रण।
4. गाँधी जी का मानना था कि अगर एक व्यक्ति समाज सेवा में कार्यरत है तो उसे साधारण जीवन की ओर ही बढ़ना चाहिए जिसे वे ब्रह्मचर्य के लिए आवश्यक मानते हैं। उनकी सादगी ने पश्चिमी जीवन शैली को त्यागने पर मजबूर करने लगा और वे दक्षिण अफ्रीका में फैलने लगे थे इसे वे - खुद को शून्य के स्थिति में लाना, कहते हैं। जिसमें अनावश्यक खर्च, साधारण जीवन शैली को अपनाना और अपने वस्त्र स्वयं धोना आवश्यक है। अपने साधारण जीवन को दर्शाने के लिए उन्होंने बाद में अपनी बाकी जीवन में धोती पहनी।
5. गाँधी सप्ताह में एक दिन मौन धारण करते थे। उनका मानना था कि बोलने के परहेज से उन्हें आन्तरिक शान्ति मिलती है। उन पर यह प्रभाव हिन्दू मौन सिद्धान्त का है। वैसे दिनों में वे कागज पर लिखकर दूसरों के साथ सम्पर्क करते थे। 37 वर्ष की आयु से साढ़े तीन वर्षों तक गाँधी जी ने अखबारों को पढ़ने से इन्कार कर दिया जिसके जबाब में उनका कहना था कि जगत की आज जो स्थिर अवस्था है, उसने अपनी स्वयं का आन्तरिक अशान्ति की तुलना में अधिक भ्रमित किया है।
6. नियम के रूप में गाँधी विभाजन की अवधारणा के खिलाफ थे क्योंकि उनके धार्मिक एकता के दृष्टिकोण के प्रतिकूल थी। 6 अक्टुबर, 1946 में हरिजन में उन्होंने भारत का विभाजन, पाकिस्तान बनाने के लिए, के बारे में लिखा- पाकिस्तान की मांग जैसा कि मुस्लीम लीग द्वारा प्रस्तुत किया गया है, गैर इस्लामी है और मैं इसे पापयुक्त कहने से नहीं हिचकूँगा। इस्लाम मानव जाति के भाईचारे ओर एकता के लिए खड़ा है, न कि मानव परिवार के एक्य का अवरोध करने के लिए। इस वजह से जो यह चाहते हैं कि भारत दो युद्ध समूहों में बदल जाये, वे भारत और इस्लाम दोनों के दुश्मन हैं। वे मुझे टुकड़ों में काट सकते हैं, पर मुझे उस चीज के लिए राजी नहीं कर सकते जिसे मैं गलत समझता हूँ।

भारत के स्वतन्त्रता संग्राम में बिना शस्त्र, और सुरक्षा के अहिंसा का सत्य के बल पर व्यवहारिक जीवन में प्रत्यक्ष करने वाला महात्मा जिसने रामराज्य का सपना देखा था जिसे सम्पूर्ण विश्व सम्मान करता है तथा भारत में राष्ट्रपिता के रुप में स्थापित हैं। इनके नाम पर समर्थन कर तथा समर्थन मांग कर लोग स्वार्थ सिद्धि इतनी आसानी से करते आए हैं कि जनता भी अब इन स्वार्थियों को पहचानने लगी है। इनकी दिशा से शेष कार्य यह है कि जो अहिंसा का नाम बेचते हैं वे जरा अपने सुरक्षा घेरे से बाहर निकलकर अहिंसा का प्रदर्शन करें तथा रामराज्य अर्थात् "परशुराम परम्परा" की स्थापना करें।

स्पष्टीकरण

सार्वभौम आत्मतत्व से साक्षात्कार या अनुभव कर लेने के बाद कोई भी व्यक्ति एकत्व, अहिंसा और सत्य का ही समर्थक और व्यवहार करने वाला बन जाता है। और यह वही समझ सकता है जिसने सार्वभौम आत्मतत्व से साक्षात्कार या अनुभव किया हो। वर्तमान समाज में समस्या है कि बिना ऊँचाई (सार्वभौम आत्मतत्व से साक्षात्कार या अनुभव) पर पहुँचे ही व्यक्ति ऐसे ऊँचाई पर पहुँचे व्यक्ति के बारे में अपनी राय/मत को व्यक्त करने से तनिक भी नहीं हिचकते। वे ये नहीं समझते कि किसी पर्वत की चोटी पर जाकर ही अधिकतम देखा जा सकता है न कि पर्वत की तलहटी में खड़े होकर।

ईश्वर के आठवें अवतार भगवान श्रीकृष्ण के हिसांत्मक काल के उपरान्त अहिंसा का मार्ग का ही विकास प्रारम्भ हुआ। उनके बाद आये ईश्वर के आठवें अवतार भगवान बुद्ध ने उस अहिंसा के ही मार्ग को आगे बढ़ाया। परन्तु उनके उपरान्त भी हजारों वर्षों तक हिंसक काल ही रहा। निराकार संविधान आधारित लोकतन्त्र के आने के बाद भी विश्व ने विश्व युद्ध तक को देखा है। लेकिन इतने युद्ध के बाद अब स्वतः ही संसार ने अहिंसा के मार्ग को उचित ठहराया है। उसी दौर में आपका (गाँधी जी) सत्य-अहिंसा का सफल प्रयोग, उसी अहिंसा के मार्ग को ही विकास की ओर गति प्रदान किया। अब स्थिति यह है कि जहाँ तक हो सके मानव युद्ध से बचना ही चाहता है और उसी ओर उसके विकास की गति भी है।

जो ऊँचाई (सार्वभौम आत्मतत्व से साक्षात्कार या अनुभव) पर पहुँच जाता है, उसके सम्बन्ध में आचार्य रजनीश "ओशो" की वाणी है - "कृष्ण शान्तिवादी नहीं हैं, कृष्ण युद्धवादी नहीं है। असल में वाद का मतलब ही होता है कि दो में से हम एक चुनते है। एक अन्य वादी है। कृष्ण कहते हैं, शान्ति में शुभ फलित होता हो तो स्वागत है, युद्ध में शुभ फलित होता हो तो स्वागत है। कृष्ण जैसे व्यक्तित्व की फिर जरुरत है जो कहे कि शुभ को भी लड़ना चाहिए, शुभ को भी तलवार हाथ में लेने की हिम्मत चाहिए निश्चित ही शुभ जब हाथ में तलवार लेता है, तो किसी का अशुभ नहीं होता। अशुभ हो नहीं सकता क्योंकि लड़ने के लिए कोई लड़ाई नहीं है। लेकिन अशुभ जीत न पाये इसलिए लड़ाई है तो धीरे-धीरे दो हिस्सा दुनियाँ के बट जायेंगे, जल्दी ही जहाँ एक हिस्सा भौतिकवादी होगा और एक हिस्सा स्वतंत्रता, लोकतन्त्र, व्यक्ति और जीवन के और मूल्यों के लिए होगा। लेकिन क्या ऐसे दूसरे शुभ के वर्ग को कृष्ण मिल सकते है? मिल सकते हैं। क्योंकि जब भी मनुष्य की स्थितियाँ इस जगह आ जाती है। जहाँ कि कुछ निर्णायक घटना घटने को होती है, तो हमारी स्थितियाँ उस चेतना को भी पुकार लेती हैं, उस चेतना को भी जन्म दे देती है वह व्यक्ति भी जन्म जाता है। इसलिए मैं कहता हूँ कि कृष्ण का भविष्य के लिए बहुत अर्थ है।"

"रामराज्य", का प्रारूप "परशुराम परम्परा" है। ईश्वर के सातवें अवतार भगवान श्रीराम ने ईश्वर के छठें अवतार भगवान परशुराम द्वारा दी गई व्यवस्था का ही प्रसार किये थे।

छठें अवतार भगवान परशुराम द्वारा दी गई व्यवस्था इस प्रकार थी-

1. प्रकृति में व्याप्त तीन गुण- सत्व, रज और तम के प्रधानता के अनुसार मनुष्य का चार वर्णों में निर्धारण। सत्व गुण प्रधान - ब्राह्मण, रज गुण प्रधान- क्षत्रिय, रज एवं तम गुण प्रधान- वैश्य, तम गुण प्रधान- शूद्र।
2. गणराज्य का शासक राजा होगा जो क्षत्रिय होगा जैसे- ब्रह्माण्डीय गणराज्य में प्रकृति जो रज गुण अर्थात् कर्म अर्थात् शक्ति प्रधान है।
3. गणराज्य में राज्य सभा होगी जिसके अनेक सदस्य होंगे जैसे- ब्रह्माण्डीय गणराज्य में प्रकृति के सत्व, रज एवं तम गुणों से युक्त विभिन्न वस्तु हैं।
4. राजा का निर्णय राजसभा का ही निर्णय है जैसे- ब्रह्माण्डीय गणराज्य में प्रकृति का निर्णय वहीं है जो सत्व, रज एवं तम गुणों का सम्मिलित निर्णय होता है।
5. राजा का चुनाव जनता करे क्योंकि वह अपने गणराज्य में सर्वव्यापी और जनता का सम्मिलित रुप है जैसे- ब्रह्माण्डीय गणराज्य में प्रकृति सर्वव्यापी है और वह सत्व, रज एवं तम गुणों का सम्मिलित रुप है।
6. राजा और उसकी सभा राज्य वादी न हो इसलिए उस पर नियन्त्रण के लिए सत्व गुण प्रधान ब्राह्मण का नियन्त्रण होगा जैसे- ब्रह्माण्डीय गणराज्य में प्रकृति पर नियन्त्रण के लिए सत्व गुण प्रधान आत्मा का नियन्त्रण होता है।

यह व्यवस्था जब तक निराकार आधारित लोकतन्त्र में संविधान का स्वरूप ग्राम से लेकर विश्व तक नहीं होता तब तक रामराज्य नहीं बन सकता। वर्तमान में ईश्वर के अन्तिम और दसवें अवतार द्वारा इसी को अहिंसक मार्ग से दृढ़ता प्रदान की जा रही है। और मानक आधारित समाज का निर्माण ही सत्यरूप में ईश्वरीय व्यवस्था है।

पूर्ण ईश्वरीय कर्म मार्ग है - पूर्ण प्रत्यक्ष अवतार से पूर्ण प्रेरक अवतार तक। प्रत्यक्ष अवतरण में शारीरिक शक्ति का प्रयोग होता है जबकि पूर्ण प्रेरक अवतरण में आध्यात्मिक सत्य ज्ञान शक्ति का प्रयोग होता है। इस मार्ग का मध्य श्रीकृष्ण थे जिनका जीवन आधा-आधा प्रत्यक्ष और प्रेरक का था।

"यदि हम संसार का मार्ग ग्रहण करेंगे और संसार को और अधिक विभाजित करेंगे तो शान्ति, सहिष्णुता और स्वतन्त्रता के अपने उद्देश्य में सफल नहीं हो सकते। यदि हम इस युद्ध-विक्षिप्त दुनियाँ को शान्ति और सत्य का प्रकाश दिखाएं तो सम्भव है कि हम संसार में कोई अच्छा परिवर्तन कर सकें। लोकतन्त्र से मेरा मतलब समस्याओं को शान्तिपूर्वक हल करने से है। अगर हम समस्याओं को शान्तिपूर्वक हल नहीं कर पाते तो इसका मतलब है कि लोकतन्त्र को अपनाने में हम असफल रहें हैं।" **- पं0 जवाहर लाल नेहरू**

हम अपनी योजनाओं को सक्रिय रुप से क्रियान्वित करें, इसके लिए मानकों का होना अत्यन्त आवश्यक है तथा यह जरुरी है कि मानकों के निर्धारण व पालन हेतु प्रयत्नशील रहें।

साभार - भारतीय मानक ब्यूरो, त्रैमासिकी- "मानक दूत", वर्ष-19, अंक-1, 1999

-पं0 जवाहर लाल नेहरु

राष्ट्र के आधुनिकीकरण के लिए मानकीकरण एवं गुणता नियन्त्रण अनिवार्य है। ये उत्पाद को उसकी सामग्री और मानवीय साधनों के पूर्ण उपभोग में सहायता करते हैं उपभोक्ता का बचाव करते हैं और आंतरिक व्यवहार तथा निर्यात का स्तर ऊँचा उठाते हैं। इस प्रकार से ये आर्थिक विकास में भागीदार बनते हैं।

साभार -भारतीय मानक ब्यूरो, त्रैमासिकी- "मानक दूत", वर्ष-19, अंक-1, 1999

-इन्दिरा गाँधी

यह समय की माँग है कि जीवन के सभी क्षेत्रों में गुणता के प्रति राष्ट्रीय प्रतिबद्धता हो। हमारी संतुष्टि किसी भी प्रकार के उत्पादन से नहीं अपितु हमारे द्वारा उत्पादित उत्कृष्ट वस्तुओं और दी जाने वाली उत्कृष्ट सेवाओं से हो।

साभार - भारतीय मानक ब्यूरो, त्रैमासिकी- "मानक दूत", वर्ष-20, अंक-1-2, 2000

-राजीव गाँधी

किसी भी समाज का मानकीकरण पद्धति, इसे सृजित करने वाले समाज से न तो बेहतर होगी और न ही बदतर। इसकी प्रथमिकताएं, समाज के लक्ष्य हैं और इसके मूल्य समाज के मूल्य हैं।

साभार -भारतीय मानक ब्यूरो, त्रैमासिकी- "मानक दूत",वर्ष-20, अंक- 1-2, 2000

-डब्ल्यू0.टी.कैबेनो

मार्च, 1997 ई0

भारत, संयुक्त राष्ट्र संघ के पुनर्गठन में अपना योगदान दे। **-कौफी अन्नान**

बृहस्पतिवार, 7 सितम्बर, 2000 ई0

.... लेकिन भूमण्डलीय क्रिया का प्रारम्भ कहीं निर्मित हो चुका है और यदि संयुक्त राष्ट्र संघ में नहीं तो कहाँ? .... मैं जानता हूँ स्वयं की एक घोषणा कम महत्व रखती है। परन्तु दृढ़ प्रतिज्ञा युक्त एक घोषणा और यथार्थ लक्ष्य, सभी राष्ट्रों के नेताओं द्वारा निश्चित रुप से स्वीकारने योग्य, अपने सत्ताधारी की कुशलता का निर्णय के लिए एक पैमाने के रुप में विश्व के व्यक्तियों के लिए अति महत्व का हो सकता है। .... और मैं आशा करता हूँ कि यह कैसे हुआ? देखने के लिए सम्पूर्ण विश्व पीछे होगा।"

साभार-द टाइम्स आफ इण्डिया, नई दिल्ली, दि0 7 सितम्बर, 2000

- कौफी अन्नान

https://www.nytimes.com/2000/09/05/opinion/IHT-now-lets-set-a-new-course-for-the-world-no-less.html

शनिवार, 11 अप्रैल, 1998ई0

कुछ लोग कहते हैं कि हमारी सरकार भूमण्डलीकरण के खिलाफ है, लेकिन मैं आपको विश्वास दिलाना चाहता हूँ कि मैं गीता के संदेश को सारे भूमण्डल में प्रसारित करने का हिमायती हूँ। (दिल्ली के एक सार्वजनिक सभा में)

साभार - आज, वाराणसी, दि0-11-4-1998

-अटल बिहारी वाजपेयी

सोमवार, 8 नवम्बर, 1999 ई0

विश्व का रूपान्तरण तभी सम्भव है जब सभी राष्ट्र मान लें कि मानवता के सामने एक मात्र विकल्प शान्ति, परस्पर समभाव, प्रेम और एकजुटता है। भारतीय धर्मों के प्रतिनिधियों से मित्रवत् सूत्रपात होगा। तीसरी सहस्त्राब्दि में एशियाई भूमि पर ईसाइयत की जड़ें मजबूत होंगी। इस सहस्त्राब्दि को मनाने का अच्छा तरीका वही होगा कि हम धर्म के प्रकाश की ओर अग्रसर हों और समाज के प्रत्येक स्तर पर न्याय और समानता के बहाल के लिए प्रयासरत हांे। हम सबको विश्व का भविष्य सुरक्षित रखने और उसे समृद्ध करने के लिए एकजुट होना चाहिए। विज्ञान और तकनीकी के क्षेत्र में प्रगति के साथ-साथ आध्यात्मिक उन्नति भी उतनी ही आवश्यक है। धर्म को कदापि टकराव का बहाना नहीं बनाना चाहिए-भारत को आशीर्वाद। (भारत यात्रा पर)

साभार - अमर उजाला, इलाहाबाद, दि0 08-11-1999

-जान पाल, द्वितीय

शनिवार, 18 दिसम्बर, 1999 ई0

दार्शनिक आधार पर चर्चा करने से ही अलगाव बढ़ता है। जब तक व्यावहारिक रूप में धार्मिकता के आधार पर विचारों का सामंजस्य नहीं स्थापित होगा, तब तक हम ऊपर नहीं उठ सकते। दार्शनिक दृष्टि से धर्म में अन्तर होता है लेकिन धार्मिक दृष्टि से नहीं। नई सदी में कार्यों को संपादित करने वाले आप (नये पीढ़ी से) ही है, पुरानी पीढ़ी आपके पीछे है लेकिन सारा दायित्व आप के ऊपर ही है इसलिए पहले अच्छी तरह से शिक्षा ग्रहण करें। (वाराणसी यात्रा में) साभार - अमर उजाला, इलाहाबाद दि0 18-12-1999

-दलाई लामा

जनवरी, 2011 ई0

पश्चिम जगत ने भौतिक जगत की सुख-सुविधाओं के लिए विश्व को बहुत कुछ दिया है। अब हमारी बारी है। उन्हें इसके एवज में कुछ चुकाने का समय है। हम उन्हें शान्ति व जीवन के लक्ष्य बारे में ज्ञान दें। शून्य आत्मसात् करने से बोधिसत्व की प्राप्ति सम्भव। भारत में आध्यात्मिकता का बोलबाला हजारों सालों से है इसके बावजूद भी यहाँ किसी भी धर्म को छुये बिना नैतिक मूल्यों की शिक्षा धर्म निरपेक्ष रूप से विकसित हुई है। यह आधुनिक युग में विश्व को भारत की सबसे बड़ी देन है। आज विश्व को ऐसे ही धर्मनिरपेक्ष नैतिक मूल्यों की शिक्षा की सख्त जरूरत है। बीसवीं सदी रक्तपात की सदी थी। 21वीं सदी संवाद की सदी होनी चाहिए। इससे कई

समस्यायें अपने आप समाप्त हो जाती है। दुनिया में ऐसे लोगों की संख्या बहुत अधिक है जो किसी धर्म में विश्वास नहीं करते हैं इसलिए यह जरूरी है कि सेक्यूलर इथिक्स (धर्मनिरपेक्ष नैतिकता) को प्रमोट (बढ़ाना) करें जो वास्तविक और प्रैक्टिकल एप्रोच (व्यावहारिक) पर आधारित हो। धार्मिक कर्मकाण्डों के प्रति दिखावे का कोई मतलब नहीं है। आधुनिक शिक्षा व्यवस्था में मानव मूल्यों का अभाव है। यह सिर्फ मस्तिष्क के विकास पर जोर देती है। हृदय की विशालता पर नहीं। करूणा तभी आयेगी जब दिल बड़ा होगा। दुनिया के कई देशों ने इस पर ध्यान दिया है। कई विश्वविद्यालयों में इस पर प्रोजेक्ट चल रहा है।(सम्पूर्णानन्द संस्कृत विश्वविद्यालय, वाराणसी में "21वीं सदी में शिक्षा" विषय पर बोलते हुये। इस कार्यक्रम में केंन्द्रीय तिब्बती अध्ययन विश्वविद्यालय, सारनाथ, वाराणसी के कुलपति पद्मश्री गेशे नवांग समतेन, पद्मश्री प्रो.रामशंकर त्रिपाठी, महात्मा गाँधी काशी विद्यापीठ, वाराणसी के कुलपति प्रो. अवधराम, दीन दयाल उपाध्याय विश्वविद्यालय, गोरखपुर के पूर्व कुलपति प्रो. वेणी माधव शुक्ल, सम्पूर्णानन्द संस्कृत विश्वविद्यालय, वाराणसी के पूर्व कुलपति प्रो. अभिराज राजेन्द्र मिश्र और वर्तमान कुलपति प्रो. वी.कुटुम्ब शास्त्री, प्रति कुलपति प्रो.नरेन्द्र देव पाण्डेय, प्रो. रमेश कुमार द्विवेदी, प्रो. यदुनाथ दूबे इत्यादि उपस्थित थे।) साभार - दैनिक जागरण व हिन्दुस्तान, वाराणसी, दि0 15, 17 व 18-01-2011

-दलाई लामा

मार्च, 2000 ई0

विश्व को लोकतन्त्र, भारत का उपहार; ज्ञान और सूचना आधारित सहयोग; भारत और अमेरिका मिलकर विश्व को नई दिशा दे सकता है; भारत यदि शून्य और दशमलव न दिया होता तो कम्प्यूटर चिप्स बनाना असम्भव होता; प्रत्येक देश कहता है हम महान हैं परन्तु कैसे? यह सिद्ध करना एक चुनौति है। इत्यादि।

(भारत यात्रा पर दि0 20-24 मार्च' 2000 के समय वक्तव्य)

-बिल क्लिन्टन

शनिवार, 27 जनवरी, 2001 ई0

ब्लैक होल (सर्वोच्च गुरूत्वाकर्षण की ब्रह्माण्डीय अति सघन वस्तु) के पी-ब्रेन्स माडल में पी-ब्रेन, स्थान के तीन आयामों और अन्य सात आयामों में चलती है जिनके बारे में हमें कुछ पता नहीं चलता। यदि हम सभी बलों के एकीकरण का एक सार्वभौम समीकरण विकसित करें तो हम ईश्वर के मस्तिष्क को जान जायेंगे क्योंकि हम भविष्य के कार्य का निर्धारण कर सकेंगे, और यह मनुष्य के मस्तिष्क के द्वारा सर्वोच्च अविष्कार होगी। एक

प्रभावपरक सिद्धान्त को बहुत ज्यादा इसके शाब्दिक अर्थ में ग्रहण करने से बचा जाना चाहिए, दर्शन शास्त्र के महान परम्परा का अन्त। (बीसवीं शताब्दी के सबसे बड़े दार्शनिक विटगेंस्टीन के कहे शब्द- दर्शनशास्त्र के लिए एक मात्र शेष कार्य - भाषा का विश्लेषण करना ही बचा है पर वक्तव्य) भारत यात्रा पर

साभार -राष्ट्रीय सहारा, हस्तक्षेप, 27 जनवरी '2001

-प्रो0 स्टीफेन हाकिंग ("समय का संक्षिप्त इतिहास")

रविवार, 11 अगस्त, 2002 ई0

विश्व का कोई भी धर्म तभी आगे बढ़ता है जब वह अपने आप में नवीनता लाता है। सनातन धर्म नयी बातों को अपने आप में पचाने की क्षमता रखता है।

साभार - सन्मार्ग, वाराणसी, दि0 11 अगस्त 2002

-श्रीमती शीला दीक्षित

मंगलवार, 9 नवम्बर, 2010 ई0

एशिया अथवा पूरी दुनिया में भारत एक उभरता हुआ देश भर नहीं है, बल्कि यह पहले से उभर चुका है और मेरा यह दृढ़ विश्वास है कि भारत और अमेरिका के बीच सम्बन्ध, जो साझा हितों और मूल्यों से बंधे हैं, 21वीं शताब्दी की सर्वाधिक निर्णायक साझोदारीयों में से एक है। मैं इसी साझेदारी के निर्माण के लिए यहाँ आया हूँ। यह वह सपना है जिसे हम मिलकर साकार कर सकते हैं। साझा भविष्य के प्रति मेरे विश्वास का आधार भारत के समृद्ध अतीत के प्रति मेरे सम्मान पर आधारित है। भारत वह सभ्यता है जो हजारों वर्षों से दुनिया की दिशा तय कर रही है। भारत ने मानव शरीर के रहस्यों से परदा उठाया। यह कहना अतिशयोक्ति न होगी कि हमारे आज के सूचना युग की जड़ें भारतीय प्रयोगों से संबद्ध है, जिनमें शून्य की खोज शामिल है। भारत ने न केवल हमारे दिमाग को खोला बल्कि हमारे नैतिक कल्पना को भी विस्तारित किया। मैं संयुक्त राष्ट्र सुरक्षा परिषद् का पुनर्गठन चाहूँगा, जिसमें भारत स्थायी सदस्य के रूप में मौजूद रहे।

विश्व में भारत सही स्थान हासिल कर रहा है, ऐसे में हमें दोनों देशों की साझेदारी को इस सदी की महत्वपूर्ण साझेदारी में परिवर्तन करने का ऐतिहासिक अवसर मिला है। चूँकि 21वीं सदी में ज्ञान ही मुद्रा है, इसलिए हम छात्रों, कालेजों और विश्वविद्यालयों में विनिमय को बढ़ावा देंगे।

व्यापक रूप में भारत और अमेरिका एशिया में साझेदार के तौर पर काम कर सकते हैं। दक्षिण पूर्व एशिया में आपके सहयोगियों की तरह हम भारत को लुक ईस्ट की नीति तक सीमित नहीं रखना चाहते, बल्कि हम चाहते हैं कि भारत पूर्वी एशिया में सक्रिय भूमिका निभाए। यह भारत की कहानी है। यही अमेरिका की भी कहानी है कि मतभेदों के बावजूद लोग मिलजुल कर काम कर सकते हैं। इस साझेदारी ने ही हमें वैश्विक विश्व में अद्भुत स्थान प्रदान किया है, हम स्वीकार सकते हैं कि हम एक साथ मिलकर क्या हासिल कर सकते हैं।, धन्यवाद, जय हिन्द, भारत व अमेरिका के बीच साझेदारी हमेशा बनी रहे।" (भारत यात्रा पर भारतीय संसद के सयुक्त सत्र में सम्बोधन का अंश)

साभार - दैनिक जागरण, वाराणसी, दि0 9 नवम्बर 2010

-बराक ओबामा

बुधवार, 28 जनवरी 2015 ई0

सौ से ज्यादा साल पहले अमेरिका ने भारत के बेटे स्वामी विवेकानन्द का स्वागत किया था। उन्होंने भाषण शुरू करने से पहले सम्बोधित किया था - मेरे प्यारे अमेरिकी भाइयों और बहनों। आज मैं कहता हूँ - मेरे प्यारे भारतीय भाइयों और बहनों। गर्व है कि अमेरिका में 30 लाख भारतीय हैं जो हमें जोड़े रखते हैं। हमारी दोस्ती सहज है। हम आगे भी हर क्षेत्र में एक-दूसरे के साथ बढ़ते रहेंगे। हम भारत की स्वच्छ ऊर्जा की आवश्यकताओं को पूरा करने के महत्वाकांक्षी लक्ष्यों का स्वागत करते हैं और इसमें मदद करने के लिए तैयार हैं। भारत व्यापक विविधता के साथ अपने लोकतन्त्र को मजबूती से आगे बढ़ाता है तो यह दुनिया के लिए एक उदाहरण होगा। भारत तभी सफल होगा जब वह धार्मिक आधार पर बँटेगा नहीं। धर्म का गलत इस्तेमाल नहीं होना चाहिए। हमें समाज को बाँटने वाले तत्वों से सावधान रहना होगा। भारतीय भाइयों और बहनों, हम परफेक्ट देश नहीं हैं। हमारे सामने कई चुनौतियाँ हैं। हममे कई समानताएँ हैं। हम कल्पनाशील और जुझारू हैं। हम सब एक ही बगिया के खुबसूरत फूल हैं। अमेरिका को भारत पर भरोसा है। हम आपके सपने साकार करने में आपके साथ हैं। आपका पार्टनर होने पर हमें गर्व है, जय हिन्द। (भारत के गणतन्त्र दिवस पर मुख्य अतिथि के रूप में भारत यात्रा पर विभिन्न कार्यक्रमों में व्यक्त वक्तव्यों का अंश)

साभार - दैनिक जागरण, वाराणसी, दि0 26-28 जनवरी 2015

-बराक ओबामा

रविवार, 26 दिसम्बर, 2010 ई0

वैदिक काल से भारत के ज्ञान-विज्ञान एवं सत्य-अहिंसा के सिद्धान्तों का पूरा विश्व लोहा मानता आ रहा है। वर्तमान में उच्च कोटि के डाक्टर, इंजिनियर और सूचना विज्ञान के विशेषज्ञ पूरे विश्व में अपनी प्रतिभा के दम पर छाये हुये हैं। आर्थिक महाशक्ति के रूप में भारत की पहचान बन रही है। इन्हीं खूबियों के बूते भारत और सनातन धर्म फिर से विश्व गुरू की पदवी हासिल करेगा। (गाँधी विद्या संस्थान, वाराणसी में)

साभार - दैनिक जागरण, वाराणसी, दि0 26 दिसम्बर, 2010

-गिरधर मालवीय

शनिवार, 17 मई 2014 ई0

काशी के राष्ट्र गुरू बने बिना भारत जगत गुरू नहीं बन सकता। देश अतीत की तरह आध्यात्मिक ऊँचाई पर पहुँचेगा तो स्वतः आर्थिक वैभव प्राप्त हो जायेगा। इसी खासियत की वजह से इतिहास में कभी भारत सोने की चिड़िया थी।" (वाराणसी संसदीय क्षेत्र से चुने गये श्री नरेन्द्र मोदी, वर्तमान प्रधानमंत्री (उस समय भावी) ने वाराणसी में बाबा विश्वनाथ के पूजन के उपरान्त व्यक्त सत्य विचार)

साभार - दैनिक जागरण, वाराणसी, दि0 18 मई 2014

"स्वामी विवेकानन्द एक महान दूरदर्शी थे जिन्होंने जगद्गुरू भारत का सपना देखा था"

साभार - दैनिक जागरण व काशी वार्ता, वाराणसी संस्करण, दि0 12-13 जनवरी, 2015

"युवाओं विश्व को एक करो" ("मन की बात" रेडियो कार्यक्रम द्वारा श्री बराक ओबामा के साथ)

साभार - दैनिक जागरण व काशी वार्ता, वाराणसी संस्करण, दि0 28 जनवरी, 2015

- श्री नरेन्द्र मोदी, प्रधानमंत्री, भारत

सोमवार, 12 जनवरी 2015 ई0

भारत के पहले ग्लोबल यूथ थे स्वामी विवेकानन्द

साभार - दैनिक जागरण व काशी वार्ता, वाराणसी संस्करण, दि0 12-13 जनवरी, 2015

- श्री राजनाथ सिंह, गृहमंत्री, भारत

रिजर्व बैंक से दस गुना विचार धन दे गये विवेकानन्द"

(स्वामी विवेकानन्द के शिकागो वकृतता के 122 वर्षगाँठ पर सन् 2015 में अलीगढ़ में)

- श्री राम नाइक, राज्यपाल, उत्तर प्रदेश, भारत

सोमवार, 2 मार्च, 2015 ई0

भारत पूरी दुनिया को शान्ति की राह दिखाने में संक्षम है। शस्त्र विध्वंशकारी होता है तो शास्त्र पशुता से मानवतावाद की ओर ले जाता है। आज आवश्यकता केवल शिक्षित होने की नहीं बल्कि सुशिक्षित हाने की है। केवल भौतिक विकास को सर्वांगिण विकास नहीं कहा जा सकता। भारत की प्रकृति व यहाँ के ज्ञान के खजाने को ढूढ़ने में पूरी दुनिया लगी है। हमसे दुनियाँ ने बहुत कुछ सिखा है। आज भी उसे शान्ति का रास्ता भारत ही दिखा सकता है।

साभार - दैनिक जागरण, वाराणसी, दि0 2 मार्च, 2015

-श्रीमती प्रतिभा पाटिल

किसी देश का संविधान, उस देश के स्वाभिमान का शास्त्र तब तक नहीं हो सकता जब तक उस देश की मूल भावना का शिक्षा पाठ्यक्रम उसका अंग न हो। इस प्रकार भारत देश का संविधान भारत देश का शास्त्र नहीं है। संविधान को भारत का शास्त्र बनाने के लिए भारत की मूल भावना के अनुरूप नागरिक निर्माण के शिक्षा पाठ्यक्रम को संविधान के अंग के रूप में शामिल करना होगा। जबकि राष्ट्रीय संविधान और राष्ट्रीय शास्त्र के लिए हमें विश्व के स्तर पर देखना होगा क्योंकि देश तो अनेक हैं राष्ट्र केवल एक विश्व है, यह धरती है, यह पृथ्वी है। भारत को विश्व गुरू बनने का अन्तिम रास्ता यह है कि वह अपने संविधान को वैश्विक स्तर पर विचार कर उसमें विश्व शिक्षा पाठ्यक्रम को शामिल करे। यह कार्य उसी दिशा की ओर एक पहल है, एक मार्ग है और उस उम्मीद का एक हल है। राष्ट्रीयता की परिभाषा व नागरिक कर्तव्य के निर्धारण का मार्ग है। जिस पर विचार करने का मार्ग खुला हुआ है।

भारत विश्व गुरू कभी हुआ करता था लेकिन अब नहीं है। इसका सबसे बड़ा प्रमाण यह है कि भारत वैश्विक सिद्धान्तों से प्रभावित है। भारत उस दिन वर्तमान युग में पुनः विश्व गुरू बन जायेगा जब वह अपने सार्वभौम सिद्धान्तों से विश्व को प्रभावित व संचालित करने लगेगा। काशी-सत्यकाशी क्षेत्र इस दृश्य काल में मतों (वोटों) से नहीं बल्कि शिव-तन्त्र के शास्त्र से किसी का हो सकता है। सार्वभौम सत्य - आत्म तत्व के आविष्कार से भारत विश्व गुरू तो है ही परन्तु दृश्य काल में विश्व गुरू बनने के लिए सार्वभौम सत्य-सिद्धान्त चाहिए जिससे विश्व संविधान व लोकतन्त्र को मार्गदर्शन मिल सके। शिक्षा द्वारा मानव मन को सत्य से जोड़ने, काशी को राष्ट्र गुरू और भारत को

जगत गुरू बनाने और ज्ञान को सबके द्वार पर पहुँचाने का कार्य आप सभी की इच्छानुसार प्रारम्भ किया जा रहा है। आपने कहा हमने शुरू किया।

पी.एम. बना लो या सी.एम या डी.एम,
शिक्षा पाठ्यक्रम कैसे बनाओगे?
नागरिक को पूर्ण ज्ञान कैसे दिलाओगे?
राष्ट्र को एक झण्डे की तरह,
एक राष्ट्रीय शास्त्र कैसे दिलाओगे?
ये पी.एम. सी.एम या डी.एम नहीं करते,
राष्ट्र को एक दार्शनिक कैसे दिलाओगे?
वर्तमान भारत को जगतगुरू कैसे बनाओगे?
सरकार का तो मानकीकरण (ISO-9000) करा लोगे,
नागरिक का मानक कहाँ से लाओगे?
सोये को तो जगा लोगे,
मुर्दों में प्राण कैसे डालोगे?
वोट से तो सत्ता पा लोगे,
नागरिक में राष्ट्रीय सोच कैसे उपजाओगे?
फेस बुक पर होकर भी पढ़ते नहीं सब,
भारत को महान कैसे बनाओगे?

निर्णय आपके पास, एकता का प्रयास या अनेकता का विकास

आस्था कहीं भी लगा लो लेकिन क्षमता से अधिक उम्मीद मत करो।

मानने से वस्तु में गुण नहीं आते लेकिन व्यापार विकसित हो जाता है।

-लव कुश सिंह "विश्वमानव"

भाग-5

स्वामी सत्यमित्रानन्द गिरि

(19 सितम्बर 1932- 25 जून 2019)

भारत माता मन्दिर (ऋृषिकेश)

स्वामी सत्यमित्रानन्द गिरि
(19 सितम्बर 1932- 25 जून 2019)
भारत माता मन्दिर (ऋषिकेश)

परिचय

सत्यमित्रानन्द गिरि जी का जन्म 19 सितम्बर, 1932 को आगरा (उ0प्र) के ब्राह्मण परिवार में हुआ था। आपके पिता का नाम श्री शिवशंकर पाण्डेय तथा माता श्री का नाम त्रिवेणी देवी है। आपका सन्यास पूर्व नाम अम्बिका प्रसाद था। आपकी संस्कृत शिक्षा, संस्कृत विद्यालय कानपुर से और स्नातकोत्तर शिक्षा, आगरा विश्वविद्यालय से पूर्ण हुआ है। आप वाराणसी से शास्त्री व हिन्दी भाषा व साहित्य में साहित्य रत्न भी हैं। वेद व आधुनिक शिक्षा का समन्वय आपकी शिक्षा रही है। बाल्यकाल से भारतीय संस्कृति, ईश्वर, समाजसेवा के प्रति रूचि ने आपको सन्यास का निर्णय लेने पर बाध्य कर दिया परिणामस्वरूप आप ऋषिकेश में स्वामी वेदव्यासानन्द के शरणागत होकर अम्बिका प्रसाद से सत्यमित्रानन्द गिरि हो गये और भारतीय संस्कृति के समन्वय विचारधारा को मूल मानते हुये समाज के लिए अभूतपूर्व कार्य किये। 27 वर्ष की अवस्था में आप उपपीठ ज्योति मठ के जगत्गुरू शंकराचार्य के पद को भी शुशोभित कर चुके हैं। स्वामी विवेकानन्द द्वारा प्रारम्भ किये गये आध्यात्मिक जागरण, मानव सेवा व शान्ति के प्रयासों को आपने आगे बढ़ाया है इसके लिए आपने विश्व के कोने-कोने की यात्राएँ भी की। आपके द्वारा हरिद्वार में "समन्वय कुटीर" व "समन्वय सेवा ट्रस्ट" की भी स्थापना की गई है। सन् 1998 में "स्वामी सत्यमित्रानन्द फाउण्डेशन" अर्थात् आपके नाम से फाउण्डेशन की भी स्थापना की गई है जिसकी शाखाएँ रेनुकूट (सोनभद्र, उ0प्र0), जबलपुर (म0प्र0), जोधपुर (राजस्थान), इन्दौर (म0प्र0) और अहमदाबाद (गुजरात) में है।

आपके समन्वयात्मक विचारों का साकार रूप व अनूठी कृति "भारत माता मन्दिर" है जो सप्त सरोवर, हरिद्वार में स्थित है। इस मन्दिर में रामायण काल से भारत के स्वतन्त्रता काल तक के धर्म-जाति से उपर उठकर महापुरूषों की मूर्तियाँ स्थापित की गई है। 15 मई 1983 को तत्कालिन भारतीय गणराज्य की प्रधानमंत्री श्रीमती इन्दिरा गाँधी ने दीप प्रजल्वित कर इस 180 फीट (55 मीटर) ऊँचे 7 तलों के इस मन्दिर को समाज को समर्पित किया। इस मन्दिर का प्रत्येक तल एक विचार को समर्पित है।

आपके विचार आपके "भारत माता मन्दिर" पुस्तक से-

1. स्वस्ति पन्थामनु चरेम सूर्यचन्द्रमसाविव। पुनर्ददताघ्नता जानता सं गमेमहि।। (ऋग्वेद-5/51/15) "जैसे सूर्य और चन्द्रमा निरालम्ब अन्तरिक्ष में निरापद एवं राक्षसादि से अबाधित निर्विध्न यात्रा करते हैं, विचरण करते हैं, वैसे ही हम अपने बन्धु-बान्धवों के साथ लोक-यात्रा में स्नेहपूर्वक, निर्विध्न चलते रहें और हम सबका मार्ग मंगलमय हो।" भगवान शंकर के स्मरण मात्र से ऐसा सम्भव है, क्योंकि वे कल्याण के देव हैं। वे देवाधिदेव महादेव तो हैं ही, किन्तु भारतमाता का स्वरूप-स्मरण करने पर तो यह भाव जीवन्त रूप से जाग्रत हो जाता है कि भारत का समग्र दर्शन भगवान शंकर में ही हो रहा है। विचारपूर्वक देखें, तो भगवान शंकर सम्पूर्ण राष्ट्र के प्रतीक हैं, भगवान श्रीराम राष्ट्र की आदर्श-मर्यादा के और गंगा राष्ट्र में प्रवाहित होने वाली संस्कृति की। उसके साथ उसमें ब्रह्मतत्व भी अन्तर्निहित होना चाहिए, क्योंकि ब्रह्मतत्व से विहिन संस्कृति दीर्घकाल तक नहीं रह सकती। इस ब्रह्मतत्व के साक्षात् स्वरूप श्रीकृष्ण हैं। इसलिए भारतीय संस्कृति का सर्वांग रूप राम, कृष्ण, शंकर और गंगा का समन्वित रूप है।
2. केवल वेश ग्रहण मात्र से किसी को साधु-संत नहीं कहा जा सकता। साधुता और सन्तत्व तो एक वृत्ति का नाम है। यह साधु-वृत्ति कदाचित् श्वेत वस्त्रधारी में भी हो सकती है और कदाचित् भगवा-धारी में नहीं। यह जटाजूटधारी या मुण्डित केशों में भी हो सकती है और नहीं भी। अनिवार्यता केवल इतनी ही है कि जहाँ

जीवन में सुचिता है, वहीं साधुता है। जब तक साधुवृत्ति संसार में भ्रमण करती रहेगी, तब तक भारतीय संस्कृति का विनाश कोई नहीं कर सकता।

3. टहनियाँ और पत्तों को काट देने से वृक्ष नहीं सूखता। उसका बीज यदि उर्वरा भूमि में सुरक्षित है, तो अनुकूल अवसर-खाद, पानी, माली आदि पाकर वह पुनः लहलहा उठेगा, हरा-भरा हो जायेगा। यही स्थिति भारतीय संस्कृति के बीज-जीवन मूल्यों की है। भारतीय संस्कृति का बीज किसी एक व्यक्ति के अन्तःकरण में नहीं, अपितु करोड़ों व्यक्तियों की हृदय भूमि में जीवन्त रूप में स्थित है। इसी कारण साधु-संतों की वाणी रूपी खाद, भक्ति रूपी पवित्र जलधारा और प्रभु-कृपा की अनुकूलता प्राप्त होने पर वह पुनः पुनः अंकुरित होती रहेगी। इनकी छाया के नीचे बैठने वाले व्यक्तियों को जीवन में शान्ति का सन्देश सतत् देती रहेगी।
4. यद्यपि प्रत्येक स्थान की भूमि की अपनी निजी विशेषताएँ होती हैं। गुजरात की भूमि में रूई, किसी अन्य जगह हरी मिर्च, मालवा में गेहूँ आदि बहुतायत में तथा अच्छे किस्म के होते हैं, तो भी ये वस्तुएँ थोड़े बहुत अन्तर से अन्यत्र भी उगाई जा सकती हैं, किन्तु यदि केशर को कश्मीर के अतिरिक्त अन्यत्र कहीं पर उत्पन्न करने के प्रयास किये जायें, तो असफलता ही मिलेगी। इसके लिए तो कश्मीर की भूमि की ही शरण लेनी होगी। इसी भाँति भौतिकवाद के विकास के लिए यूरोप ओर अमेरिका की भूमि उपयुक्त है, परन्तु आध्यात्मवाद की केशर यदि प्राप्त करना है, तो सम्पूर्ण विश्व को भारतीय भूमि से ही प्रेम करना होगा। इसके अतिरिक्त कोई उपाय नहीं है। यदि इस धरती का यह वैशिष्ट्य न होता, तो भगवान श्रीराम और भगवान श्रीकृष्ण यहीं पर जन्म क्यों लेते? वे कहीं पर भी आविर्भूत हो सकते थे, परन्तु सरयू और यमुना तट उन्हें अच्छा लगा और इसलिए अपने बाल-मित्रों के साथ उन्होंने यहाँ सहज बाल-क्रिड़ायें कीं, जिससे सभी लोग जान लें कि इस धरती का महत्व कितना अधिक है।
5. उत्तर भारत में भगवान ने अनेक रूपों में अवतार ग्रहण किया। इसलिए उस विराट् एवं चरम चित्त तत्व ने दक्षिण भारत में भी अंशावतार ग्रहण किया। श्री शंकराचार्य, श्री रामानुजाचार्य, श्री वल्लभाचार्य, श्री मध्वाचार्य आदि महान आचार्यों ने भारतीय समाज के उन्नयन के लिए अवतार ग्रहण किया। यदि उत्तर भारत में प्रभु के अवतारों के माध्यम से भगवद् शक्ति द्वारा संसार को प्रभावित किया गया, तो दक्षिण के आचार्यों ने साधना, संयम, सदाचार के उपदेश द्वारा, पुरूषार्थ के द्वारा मानवों में ऐसी अनुभूति उत्पन्न की कि वे आचार्य अंशावतार न होकर पूरी शक्ति सहित अवतार ही दिखाई देते हैं।
6. संसारी मानव दो प्रकार की विभिन्न परिस्थितियों के हिंडोले में झूलता हुआ अपनी दुर्बलता प्रमाणित करता है कि यदि कोई अनुकूल वस्तु मिल जाए, तो उसके प्रति राग हो जाता है, और यदि प्रिय वस्तु का वियोग हो जाए तो रोष होता है। कोई-कोई विरले मनुष्य होते हैं, जो न राग में जीते हैं, न रोष में जीते हैं, वे तो केवल अनुराग में ही सदा आनन्दित होते हैं। भगवान श्रीराम भी इसी प्रकार के महापुरूष हैं, जिनको न राग है, न रोष, अपितु वे अन्यों को सभी प्रकार संतुष्ट करते हैं। उनका स्मरण कर, उस नित्य आनन्दमय परमात्मा के प्रति भक्ति प्रदर्शित कर, भारतीय व्यक्ति अपने जीवन को धन्य अनुभव करता है।

"भारत माता मन्दिर" के सम्बन्ध में आपके विचार-

ऊँ। विश्वानि देव सवितर्दुरितानी परासुव। यद् भद्रं तन्न आ सुव।।

हमारे देश के गाँव-गाँव, नगर-नगर में मन्दिर मिलते हैं। बुद्धिवादी व्यक्ति नवीन मन्दिरों के निर्माण को निरर्थक मानते हैं। कई लोग इसे अर्थ का अपव्यय भी कहते हैं। इतिहास को जीवित रखना हमारा कर्तव्य है। इतिहास से हमें अपनी राष्ट्रीय-संस्कृति के गौरव का पता चलता है। पाठकों को इससे प्रेरणा मिलती है और भावी पीढ़ी के संस्कार जगाने में चेतना की शक्ति। इसी पावन दृष्टिकोण से, हरिद्वार में भारत माता मन्दिर का निर्माण किया गया है।

मुसलमान, ईसाई बन्धुओं को अपने पूर्वजों के सम्बन्ध में पर्याप्त जानकारी है, परन्तु किसी हिन्दू युवक से उसके पूर्वज ऋषियों के नाम पूछे जायें तो बता पाने में असमर्थता प्रकट करेगा। यदि व्यक्ति अपने श्रेष्ठ पूर्वजों का ही विस्मरण कर बैठे, तो उनके श्रेष्ठ संस्कारों को अपने जीवन में कैसे उतार सकता है?

भारत माता मन्दिर, मन्दिर के रूप में अधिक जाना जाय, ऐसा विचार कम है। तीर्थ-यात्री जो प्रतिवर्ष लाखों की संख्या में हरिद्वार आते हैं, वे इस मन्दिर से देश के संत, आचार्य, बलिदानी महापुरूषों, साध्वी, सतियों (मातृ शक्ति) के जीवन से प्रेरणा लेकर, व्रत और संकल्प कर जा सके-यह इसका मुख्य लक्ष्य है। साम्प्रदायिक उपासना पद्धतियों में मानव पृथक-पृथक घेरों में बँधता जा रहा है। ऐसे समय में राष्ट्रीय एकता को ध्यान में रखकर, सब सम्प्रदायों के आचार्यों और संतों की एक ही स्थान पर प्रतिष्ठा की गई है, इससे-"हम सब एक हैं", "हमारी माता भारत माता है"-का विचार परिपक्व कर सकें। यह विचार दृढ़ होना चाहिए, तभी व्यक्तिवाद से ऊपर उठकर राष्ट्रवाद की ओर जा सकते हैं।

धर्म और राष्ट्र एक-दूसरे के पूरक होने चाहिए। धर्म संस्कारों को बनाता है। संस्कारों का परिष्कार करता है और राष्ट्र-भाव स्वधर्म पर बलिदान होने की प्रेरणा देता है। बिना उत्सर्ग किये इस संसार में कुछ नहीं मिलता। स्वार्थ की बलि चढ़ाये बिना राष्ट्र का यज्ञ अधूरा रहता है। पशु-बलि की बातें आज निरर्थक हो गई हैं, किन्तु आत्म बलिदान के अभाव में कोई महान् लक्ष्य प्राप्त हो जाये, यह सम्भव नहीं है। भारत माता मन्दिर में विराजमान संत, शूर, सती-देश के लाखों यात्रियों में समन्वय, श्रद्धा, परस्पर प्रेम, त्याग, सद्भाव, स्वार्थ त्याग, समरसता और बलिदान की भावना जगाने में समर्थ हो सकेंगे, ऐसा विश्वास किया जाना चाहिए।

हमारा यह विचार है कि मन्दिर में दान-पात्र न रखें जाएँ, परन्तु दर्शनार्थियों की उदार भावना के सम्मानार्थ, उनके द्वारा की जाने वाली चढ़ोतरी के सदुपयोग की दृष्टि से, दान-पात्र रखे जाना युक्तिसंगत भी लगता है। फिर भी भावना यह है कि, दर्शनार्थी इस मन्दिर की स्मृति संजोकर, अपने घरों को लौटकर जाने वाले लोग श्रद्धा से जो कुछ हो, वहीं से प्रेषित करें। इस धनराशि को आदिवासी, गिरिवासी, वनवासी, हरिजन, देश के उपेक्षित वर्ग और दरिद्र नारायण की सेवा में लगाया जा सके। साथ ही, आय का एक भाग ब्राह्मण बालकों को कर्मकाण्ड, वेद, हवन, यज्ञ आदि की शिक्षा देने के लिए उपयोग में लाया जाए। इस प्रकार यह मन्दिर समाज की सर्वांगीण सेवा का प्रकल्प बन सके, यह अपेक्षा है।

इस मन्दिर में जैन, सिक्ख, ईसाई, मुसलमान, पारसी मजहबों के श्रेष्ठ संतों की मूर्तियाँ और उनके जीवन का अंकन किया गया है। सभी प्रमुख धर्मों के मूल मंत्र रजत पट्टीका पर अंकित किये गये हैं, जिससे उपासकों, साधकों, नागरिकों में यह भाव जाग सके कि सभी धर्मों का मूल तत्व एक है। इस प्रकार, अपने देश की संस्कृतियों की समस्त धाराओं को हरिद्वार में बहने वाली गंगा की पावन धारा से जोड़ने का प्रयत्न किया है। गंगा पावनता और गतिशीलता का प्रतीक बन चुकी है। बिना पावन और गतिशील हुए, देश और राष्ट्र की वास्तविक सेवा नहीं की जा सकती।

परमात्मा की कृपा से, अपने राष्ट्र-रथ को अनैतिकता के पंक से उबार, जगद्गुरू के पूर्व आसन पर बैठा सकने में हम सब निमित्त और परमात्मा के हाथ का उपकरण बन सकें, ऐसी उनके चरणों में प्रार्थना है।

"भारत माता मन्दिर (ऋषिकेश)": एक परिचय

लोगों के मन में यह विचार आ सकता है कि इस मन्दिर में भारतमाता की प्रतिमा क्यों स्थापित की गई? भारतमाता तो सम्पूर्ण राष्ट्र है। उसकी सम्पूर्ण शक्ति राष्ट्र के प्रत्येक नागरिक में उद्भूत है, उस शक्ति का अनुभव कराने के लिए सनातन धर्म में प्रतिमा अथवा मूर्ति प्रतिष्ठा का विशेष महत्व है। धनधान्य की समृद्धि के लिए जिस प्रकार बीज बोना परम आवश्यक है, उसी प्रकार देवी और मानवीय संस्कार जाग्रत करने के लिए प्रतिमा की प्रतिष्ठा-उपासना का महत्वपूर्ण अंग है। इसलिए मूर्ति प्रतिष्ठा के अनन्तर प्राण प्रतिष्ठा की जाती है, जिससे उपासक और दर्शनार्थी में तद्नुसार चेतना जाग्रत हो सके। वर्तमान में भारत की भावात्मक एकता और अखण्डता के लिए "हम सब भारतवासी भारत माता की संतान हैं"-इस भावना के लिए भारतमाता की मूर्ति की प्राण प्रतिष्ठा की गई है।

भारतमाता मन्दिर में प्रवेश करते ही, जैसे सीढ़ियों पर चढ़ते हैं-दाई ओर सम्पूर्ण मनोकामना सिद्ध करने वाले, संकट मोचन श्री हनुमन्तलाल जी के दर्शन होते हैं। मुख्य द्वार के ऊपर श्री विघ्नेश्वर गजवदन विनायक श्री गणेश जी प्रतिष्ठित हैं। जिनके दर्शन के साथ ही दर्शनार्थी द्वार प्रवेश कर सीधे भारत माता के पास पहुँचते हैं। हम धन्य हैं कि हम भारत जननी की शस्य श्यामल, समृद्ध, वात्सल्यमयी अंक में पले हैं, बड़े हुए हैं और यशस्वी जीवन-पथ पर गतिशील हैं और सदा गतिशील बने रहेंगे। यह राष्ट्र किसी एक का नहीं, जाति वर्ण, सम्प्रदाय भेद के बिना सभी का है। हम सब एक ही भारत माँ की सन्तान होने के नाते भाई-बहन हैं, एक हैं। जैसे एक मीटर वस्त्र को तैयार करने में किसान, उसके खेती के उपकरण, ओटाई करने वाले, कातने वाले, उसको आकर्षक रूप देने वाले कुशल इंजिनियर, सुपरवाइजर इत्यादि का योगदान रहता है, वैसे ही एक राष्ट्र के निर्माण में किसी की बुद्धि, किसी का श्रम, किसी का बलिदान, किसी का तपस्या और किसी का चिन्तन लगता है।

आधार तल

सात तल वाले इस भव्य मन्दिर के आधार तल में भारतमाता की विशाल एवं भव्य प्रतिमा की प्रतिष्ठा है। माँ, जिसकी गोद में संस्कृति, संस्कार और सभ्यता जन्म लेकर पोषित होती है-उसकी उपमा संसार में कहीं नहीं है। भारत की धरती को ही यह सौभाग्य मिला है, जिसे "भारतमाता" के नाम से विभूषित किया गया है। संसार का कोई भी देश माता के नाम से नहीं जाना जाता। भगवान श्रीराम जी स्वयं कहते हैं-"जननी जन्मभूमिश्च स्वर्गादपि गरीयसी"-माँ और मातृभूमि स्वर्ग से भी श्रेष्ठ है।

भारतवासीयों की रग-रग में संस्कार प्रतिष्ठित करने वाली भारतमाता की मूर्ति की प्रतिष्ठा भारतमाता मन्दिर में की गई-जिनके एक हाथ में दुग्ध पात्र तथा दूसरे में धान की बाली है। सामयिक चेतना जगाने के लिए श्वेत क्रान्ति व हरित क्रान्ति के प्रतीक के रूप में इस कल्पना को ग्रहण किया गया है। प्रतिमा के पीछे कमलाकार चक्र है, जो कमल की पवित्रता और निर्लिप्त भाव का प्रतीक है। गीता में भगवान श्रीकृष्ण का सन्देश है-"पद्मपत्रमिवाम्भसा"-संसार- महासागर में, राष्ट्र की सेवा में व्यक्ति का जीवन, कमल के समान रहना चाहिए।

भारत माता की मूर्ति के सामने भूतल पर भारत का विशाल प्राकृतिक मानचित्र, भारत सरकार के सर्वेक्षण विभाग की प्रमाणिकता के आधार पर निर्मित है-जिसमें नागाधिराज हिमालय के उत्तुंग शिखर, उपत्यिकाएँ, प्रमुख नदियाँ आरेखित की गई हैं। साथ ही निम्नलिखित को भी दर्शाया गया है-

द्वादश ज्योतिर्लिंग- 1. सौराष्ट्र में सोमनाथ, 2. श्रीशैल पर मल्लिकार्जुन (गुण्टुर से 217 मील), 3. उज्जैन में महाकाल, 4. ओंकारेश्वर में मम्लेश्वर (ओंकारेश्वर), 5. हिमाचल पर केदारनाथ, 6. डाकिनी में भीमशंकर (पूना से 43 मील उत्तर, मुम्बई से 70 मील पूर्व की ओर भीमा नदी के तट पर), 7. काशी में विश्वेश्वर विश्वनाथ, 8. गौतमी तट पर त्रयम्बकेश्वर (नासिक रोड स्टेशन से 25 कि.मी. दक्षिण में), 9. चिताभूमि में वैद्यनाथ (कलकत्ता-पटना रेल मार्ग पर किउल स्टेशन से दक्षिण पूर्व में 100 कि.मी.), 10. दारूका वन में नागेश्वर (द्वारिका के पास दारूका वन में गौतमी नदी के किनारे), 11. सेतूबन्ध में रामेश्वर और 12. शिवालय में स्थित घुश्मेश्वर (मनमाड-पूना लाइन पर मनमाड से 100 कि.मी. दौलताबाद स्टेशन से 20 कि.मी. वेरूल गाँव के पास)

सप्त मोक्षदायिनी पुरियाँ - 1. अयोध्या, 2. मथुरा, 3. हरिद्वार, 4. काशी (वाराणसी), 5. काँची, 6. अवन्तिका (उज्जैन), 7. द्वारिका।

सप्त बदरी - उत्तराखण्ड राज्य के बदरी क्षेत्र में 1. आदि बदरी, 2. ध्यान बदरी (कुम्हार चट्टी से 6 मील दूर), 3. वृद्ध बदरी (उशी मठ के कुम्हार चट्टी से ढाई मील दूर), 4. भविष्य बदरी (जोशी मठ से 11 मील दूर), 5. योग बदरी (पाण्डुकेश्वर से दो मील), 6. नृसिंह बदरी (जोशी मठ से नरसिंह भगवान का मन्दिर), 7. प्रधान बदरी।

पंच केदार - भगवान शंकर महिष रूप धारण उपरान्त उनके पाँच अंग प्रतिष्ठित हुये और वे पंच केदार कहलाये। 1. श्री केदारनाथ (प्रमुख केदार पीठ), 2. श्री मध्यमेश्वर (यहाँ नाभि), 3. श्री तुंगनाथ (यहाँ बाहु), 4. श्री रूद्रनाथ (यहाँ मुख), 5. कल्पेश्वर (यहाँ जटायें)।

पंच सरोवर - 1. मानसरोवर (हिमालय क्षेत्र में), 2. बिन्दु सरोवर (गुजरात प्रदेश में), 3. नारायण सरोवर (नल सरोवर और हिमालय क्षेत्र में), 4. पम्पा सरोवर (तुंगभद्रा नदी के उत्तर और किष्किंधा के दक्षिण भाग में), 5. पुष्कर सरोवर (अजमेर के पास में)।
सप्त क्षेत्र - 1. कुरूक्षेत्र (हरियाणा प्रदेश में), 2. हरिहर क्षेत्र (गंगा, सरयू, सोन व गंडकी नदी के संगम का क्षेत्र बिहार प्रदेश में), 3. प्रभास क्षेत्र (द्वारिका, गुजरात प्रदेश में), 4. भृगु क्षेत्र (नर्मदा व समुद्र संगम क्षेत्र), 5. पुरूषोत्तम क्षेत्र (जगन्नाथ धाम, उड़ीसा में), 6. नैमिष क्षेत्र (सीतापुर, उत्तर प्रदेश में), 7. गया क्षेत्र (बिहार प्रदेश में)

प्रथम तल: शूर मन्दिर

मैकाले की शिक्षा पद्धति ने देश के नागरिकों के समक्ष ऐसा इतिहास प्रस्तुत किया कि हम अपने देश के लिए जीवन देने वालों को विस्मृत कर बैठे। आज सबसे बड़ी आवश्यकता है, राष्ट्र के प्रति समर्पित महापुरूषों, बलिदानियों के आदर्शों को उद्घाटित करने की, जिससे वर्तमान भारत के बालक-बालिकाएँ, युवक-युवतियाँ उनसे प्रेरणा ले सकें। यदि हमारे सामने कोई आदर्श ही नहीं होगा, तो हमारा न कोई सिद्धान्त रह जायेगा और न शाश्वत मूल्य रह जाएँगे। इसी दृष्टिकोण से भारत माता मन्दिर के द्वितीय तल पर राष्ट्र के वीरों, बलिदानियों की मूर्तियों की प्रतिष्ठा की गई है जो निम्नवत् हैं-
1. महामना पं. मदन मोहन मालवीय 2. वीर सावरकर 3. सुभाष चन्द्र बोस 4. महात्मा गाँधी 5. छत्रपति शिवाजी 6. गुरू गोविन्द सिंह 7. महारानी लक्ष्मीबाई 8. महराणा प्रताप 9. शहीद भगत सिंह 10. चन्द्रशेखर आजाद 11. डा0 केशवराव बलिराम हेडगेवार 12. हेमू कालानी 13. अश्फाकउल्ला 14. महारानी अहिल्याबाई 15. महराजा अग्रसेन

द्वितीय तल: मातृ मन्दिर

नारी के प्रति महान सम्मान प्रदर्शित करने की दृष्टि से भारतमाता मन्दिर में मातृ मन्दिर की प्रतिष्ठा की गई है। वैदिक काल से लेकर आज तक महान नारीयों की लम्बी श्रृंखला रही है परन्तु यहाँ उनकी शक्ति के प्रतीक के रूप में कुछ महान माताओं की मूर्तियों को प्रतिष्ठित किया गया है जो निम्नवत् हैं-
1. सती जयदेवी 2. कवयित्री आण्डाल 3. मैत्रेयी 4. मीराबाई 5. सती सावित्री 6. ब्रह्मवादिनी गार्गी 7. देवी उर्मिला 8. सती दमयन्ती 9. सती अनुसूया 10. सती मदसलसा 11. सती पद्मिनी 12. वीरांगना किरण देवी 13. श्रीमती एनी बेसेन्ट 14. भगिनी निवेदिता 15. श्री देव नदी गंगा जी 16. श्री यमुना जी

तृतीय तल: संत मन्दिर

भारतीय संस्कृति एवं संस्कृति की समग्र परम्परा का सम्पूर्ण अधिष्ठान भारतीय संतों के अवदान पर ही प्रतिष्ठित है। महर्षि वेदव्यास से लेकर आद्य गुरू शंकराचार्य एवं स्वामी विवेकानन्द, महर्षि अरविन्द, स्वामी रामतीर्थ और उनके परवर्ती संतों की लम्बी श्रृंखला है, जिन्होंने अपनी दिव्य साधना से भारतीय संस्कृति और जनजीवन को आलोकित किया है। रत्नगर्भा भारत भूमि इतने महापुरूषों की जननी है कि उन सबको पर्याप्त स्थान नहीं दे सके। विशिष्ट आचार्यों, संतों को ही स्थान दे सके हैं इसका अर्थ यह नहीं है कि शेष महापुरूष सम्मानीय नहीं है। वे सभी समान कोटि में समादरणीय है। भारतमाता के स्वरूप को सँवारने और उसे समृद्ध बनाने में संतों की साधना, तपश्चर्या, वाणी और साहित्य का अनुपम योगदान रहा है। इसी दृष्टि से सभी सम्प्रदायों के आचार्यों, संतों की प्रतिष्ठा भारत माता मन्दिर में की गई है। जो निम्नवत् हैं-

1. गौतम बुद्ध 2. महावीर स्वामी 3. श्री नरसी मेहता 4. गोस्वामी तुलसीदास 5. श्री चैतन्य महाप्रभु 6. उदासीनाचार्य चन्द्रदेव 7. समर्थ गुरू रामदास 8. संत ज्ञानेश्वर 9. श्री गरीबदास जी 10. श्री रंग अवधूत जी 11. स्वामी वासुदेवानन्द सरस्वती 12. श्री निम्बार्काचार्य 13. जगद्गुरू रामानन्दाचार्य 14. जगद्गुरू आद्य शंकराचार्य 15. श्री वल्लभाचार्य 16. श्री रामानुजाचार्य 17. श्री मध्वाचार्य 18. श्री गुरू नानक 19. शिरडी वाले सांई बाबा 20. स्वामी विवेकानन्द 21.

स्वामी दयानन्द 22. महर्षि अरविन्द 23. श्री पीपी जी 24. परमहंस राकृष्णदेव एवं माँ शारदामणि 25. संत कबीर 26. रसखान 27. जलाराम बापा 28. संत रविदास 29. संत नवल साहेब 30. भक्त श्री सेन जी 31. हरिजी बापा 32. गुरू गोरक्षनाथ जी 33. संत श्री झूलेलाल जी 34. महर्षि वाल्मीकि 35. आचार्य दादूदयाल जी 36. स्वामी प्राणनाथ जी

चतुर्थ तल: भारत दर्शन

भारत माता मन्दिर के चतुर्थ खण्ड पर भारत की एकता और अखण्डता के प्रतीक के रूप में भारत-दर्शन की प्रादेशिक झाँकी भित्ति चित्रों और आरेखों द्वारा प्रदर्शित की गई है-जिन्हें देखकर लगता है कि हम भारत में हैं और भारत हम में है। हमारा कोई भी चिन्तन इससे पृथक नहीं हो सकता। हमने इसी भारत के लिए जन्म लिया है और जन्म-जन्मान्तर परमात्मा से प्रार्थना करते हैं कि चाहे जिस रूप में हो, चाहे जिस योनि में हो-हमारा जन्म भारत में ही हो।

दीवालों पर भारत के समस्त प्रदेशों के सांस्कृतिक मानचित्र आकर्षक ढंग से निर्मित किये गये हैं-जिनमें मध्य प्रदेश, गुजरात, महारष्ट्र, गोवा, राजस्थान, हरियाणा, पंजाब, जम्मू-कश्मीर, हिमाचल प्रदेश, असम, मेघालय, अरूणाचल प्रदेश, मणिपुर, नागालैण्ड, त्रिपुरा, मिजोरम, पश्चिम बंगाल, बिहार, उत्तर प्रदेश, कर्नाटक, आन्ध्र प्रदेश, उड़ीसा, केरल, तमिलनाडु, आदि की झाँकियों में वहाँ के इतिहास-प्रसिद्ध सांस्कृतिक कला, स्थापत्य कला के नमूने, संत, वीर, बलिदानी, नृत्य कला आदि को प्रदर्शित किया गया है। इस मण्डपम् में विशाल मंच निर्मित है। मंच के पाश्र्व में, रजत पट्टीकाओं पर-विश्व के प्रमुख धर्मों- ईसाई धर्म, सिख धर्म, जैन धर्म, बौद्ध धर्म, सनातन धर्म, पारसी धर्म, इस्लाम धर्म के मूल मंत्र आलेखित हैं और वेद भगवान की प्रतिष्ठा की गई है। समन्वय ओर भावनात्मक एकता की दृष्टि से स्थापित इन पट्टीकाओं का अनावरण-भारत गणराज्य के तत्कालिन महामहिम राष्ट्रपति ज्ञानी जैल सिंह जी ने 8 मार्च, 1986 को शिवरात्रि पर्व पर किया था। उन्होंने कहा-"मेरा मन यहाँ से बाहर जाने को नहीं करता। यह मन्दिर आजादी के तुरन्त बाद ही बनना चाहिए था, परन्तु जो कार्य सरकार नहीं कर पाई, उसे स्वामी जी ने किया। भगवान जिससे जब जो कार्य कराता है, तभी होता है। मेरा विश्वास है कि जो कोई भी हरिद्वार आयेगा, इस मन्दिर के दर्शन जरूर करेगा।"

सभी धर्म एक हैं। विश्व का कोई भी धर्म हिंसा, असत्य, वैर, कटुता की बात नहीं कहता। धर्मान्धिता आड़े आने पर धर्म को विकृत बना दिया जाता है। धर्मनिरपेक्षता का तात्पर्य धर्महीनता नहीं है, अपितु अपने धर्म पर अनन्य निष्ठा, समर्पण भाव रखते हुए-दूसरे धर्म के प्रति समान आदर भाव रखना है। संस्कृति ही राष्ट्र बनाती है। एक राष्ट्र की जनता एक जाति की है, उस जाति का जो स्वरूप है, उसे राष्ट्रीयता कहते हैं और राष्ट्रीयता ही किसी राष्ट्र का जीवन है। यदि राष्ट्रीयता या संस्कृति नष्ट कर दी जाए, तो वह राष्ट्र नष्ट हो जाता है। संस्कृति के जन्म, पोषण, रक्षण और अभिवृद्धि के लिए परमात्मा ने भारत-भूमि का चयन किया। उस संस्कृति का पालन करना, अपने जीवन में ढालना, आचरित करना प्रत्येक भारतवासी का प्रथम कर्तव्य है। संस्कृति और राष्ट्र एक-दूसरे के पर्याय हैं। राष्ट्र रहेगा, संस्कृति रहेगी, और संस्कृति की रक्षा से राष्ट्र की अस्मिता अक्षुण्ण रहेगी।

भारत-भूमि धन्य है, जिसकी प्रशंसा देवों के श्रीमुख से की गई है तथा इस भारत-भूमि पर जन्म लेने के लिए स्वयं देवता भी लालायित रहते हैं। जिसका जन्म इस धरती पर हुआ, वह भी धन्य हो गया। भारत-भूमि इस भूखण्ड पर सबसे पुण्यशाली है। यह भूमि भगवान के अवतारों की, संतो की, महर्षियों की, पुण्य सलिला सरिताओं की प्राकट्य-स्थली है। स्वयं परमात्मा ने विभिन्न रूपों में अवतरित होकर यहाँ लीलीयें कर, धर्म और संस्कृति की मर्यादा स्थापित की। भारत की धरती देवताओं की यज्ञ-भूमि होने से, परम पावन मानी गई है।

आज की भयावह परिस्थिति में सम्पूर्ण विश्व भारत की ओर आँखें लगाये लालायित है कि विश्व की समस्याओं का निदान भारत के पास है। समय आयेगा। विश्व को भारत ने रास्ता दिखाया था, पुनः दिखायेगा। महर्षि अरविन्द की वाणी सत्य सिद्ध होगी कि "भारत एक है, अखण्ड है, अखण्ड रहेगा।" विभाजन की रेखाएँ, भौगोलिक सीमायें ध्वस्त होंगी। भारत की पहचान भौगोलिक सीमाओं से कभी नहीं रही। भौतिक सीमाएँ भारत को कभी बाँध नहीं सकी। भारत की पहचान उसके आध्यात्म से है, भारतीयता से है, भारतीय संस्कृति से है और यह पहचान

यावत्चन्द्र दिवाकर बनी रहेगी।

पंचम तल: शक्ति मन्दिर

भारत माता मन्दिर के इस तल पर 1. वेदमाता गायत्री 2. देवी मीनाक्षी 3. देवी सरस्वती की मूर्ति प्रतिष्ठित है।

भारतीय संस्कृति में शक्ति की उपासना को सर्वाधिक महत्व दिया गया है। चैत्र शुक्ल पक्ष और अश्विन शुक्ल पक्ष प्रतिपदा से नवमी तक पराम्बा भगवती की अराधना सम्पूर्ण भारत में की जाती है। समस्त आस्तिक जनता अशुभ के विनाश और शुभ की प्राप्ति के लिए दुर्गा का, जो दुर्गति का नाश करने वाली है-घट स्थापन, पूजन, अर्चन, हवन आदि करती है। दुर्गा के नौ रूप 1. शैल पुत्री 2. ब्रह्मचारिणी 3. चन्द्रघण्टा 4. कूष्माण्डा 5. स्कन्द माता 6. कात्यायनी 7. कालरात्रि 8. महागौरी 9. सिद्धीदात्री हैं।

शक्ति की महत्ता के बारे में महाशक्ति के उद्गार हैं-

अहं राष्ट्री संगमनी वसूनां चिकितुषी प्रथमा यज्ञयानाम्।
तां मा देवा व्यदधुः पुरूत्रा भूरिस्थात्रां भूर्यविशयन्तीम।।

"मैं ही राष्ट्रीय अर्थात् सम्पूर्ण जगत् की ईश्वरी हूँ। मैं उपासकों को उसका अभीष्ट वसु-धन प्राप्त कराने वाली हूँ। जिज्ञासुओं के साक्षात् कर्तव्य-परब्रह्म को अपनी आत्मा के रूप में मैंने अनुभव कर लिया है। जिनके लिए यज्ञ किये जाते हैं, उनमें सर्वश्रेष्ठ हूँ। सम्पूर्ण प्रपंच के रूप में मैं ही अनेक होकर विराजमान हूँ। सम्पूर्ण प्राणियों के शरीर में जीव-रूप में मैं अपने-आपको ही प्रविष्ट कर रहीं हूँ। भिन्न-भिन्न देश, काल, वस्तु और व्यक्तियों में जो कुछ हो रहा है-किया जा रहा है, वह सब मुझ में, मेरे लिए ही किया जा रहा है। सम्पूर्ण विश्व के रूप में अवस्थित होने के कारण, जो कोई जो कुछ भी करता है-वह सब मैं ही हूँ। (देवी सूक्त आत्म सूक्त ऋ मं, 10 सूक्त 125 अ.1)"

अराधना के लिए गुरू या संत से कोई मंत्र लेते हैं, निर्देशन प्राप्त करते हैं, परन्तु "माँ" अपने-आप में स्वतन्त्र मंत्र है। जन्म के प्रारम्भ से ही हमारी संस्कृति "माँ" मंत्र देती है। वात्सल्यमयी है। वह करूणा की मूर्ति हैं। इसलिए शास्त्र में "माँ" को "सत्यं परम् सत्यम्" कहा है। वह पराशक्ति, निर्गुण ओर सगुण दोनों रूपों में पूज्या है। निर्गुण शक्ति व्यापक शक्ति है, जो अन्तर चेतना जाग्रत करती है। वह प्रत्येक व्यक्ति के भीतर प्रसुप्त अवस्था में रहती है। साधना के द्वारा या महापुरूषों की कृपा से उसे जागृत किया जाता है। योगीजन उसे कुण्डलिनी शक्ति के रूप में जानते हैं। जब शक्ति अन्तर से चैतन्य हो जाती है, तो ऐसे महापुरूष कई चमत्कार करने में समर्थ हो जाते हैं। कुछ दूसरें के मन की बात जान लेते हैं।

षष्ठम् तल: विष्णु मन्दिर

सम्पूर्ण भारतवर्ष में विभिन्न धर्मों और सम्प्रदायों के लोग रहते हैं। अपनी-अपनी आस्था-श्रद्धा के अनुरूप भगवान विष्णु (नारायण) के प्रति विभिन्न रूपों में अपनी भावना व्यक्त कर, उनके विग्रह की पूजा-अर्चना कर जीवन धन्य समझते हैं। इस दृष्टि से भारत माता मन्दिर में विष्णु-मन्दिर का निर्माण कर, उसमें परमात्मा के विभिन्न विग्रहों 1. दत्तात्रेय 2. श्रीनाथ जी 3. रणछोड़राय 4. श्री सीताराम 5. श्री लक्ष्मी नारायण 6. श्री राधाकृष्ण 7. श्री व्यंक्टेश 8. स्वामीनारायण 9. श्री विट्ठल रूक्मिणी जी की प्रतिष्ठा की गई है।

सप्तम तल: शिव मन्दिर

भारतमाता मन्दिर के सर्वोच्च शिखर पर (आखिरी मंजिल पर) शिव-मन्दिर निर्मित है। जिसमें हिमालय की तलहटी में भगवान शंकर चार स्वरूपों में दर्शन देते हैं। पद्मासन में ध्यानस्थ शिवजी की रजत मूर्ति है, उनके पीछे शिव परिवार, बायीं ओर अर्द्धनारीश्वर और दायीं ओर नटराज शिव। वस्तुतः आशुतोष भगवान शिव के अतिरिक्त ऐसा और कोई देव नहीं है, जो अपनी विस्मृति कर औघड़ आशीर्वाद देता हो। विग्रह के दोनों ओर दो रजत कल्प वृक्षों पर 54-54 विविध रंगों के शिवलिंग प्रतिष्ठित किये गये हैं।

भारत माता मन्दिर के विभिन्न तलों पर स्थापित विभूतियों से प्रेरणा ग्रहण करें तथा एक ही स्थान पर सम्पूर्ण देश के श्रद्धा के आधारों का दर्शन कर सकें, इस दृष्टि से भारत माता मन्दिर की आधारशिला पर ऊपर के विभिन्न मन्दिरों का निर्माण हुआ है। जो तथ्य और अनुभूति असंख्य प्रवचनों, बहुसंख्यक ग्रन्थों से प्रदान नहीं की जा सकती, वह भारत माता मन्दिर के आधार तल से ऊपर के उच्चतल तल पर प्रतिष्ठित मूर्तियों के दर्शन द्वारा सहज ही प्राप्त की जा सकती है। यद्यपि शूर, सती, मातृ शक्ति, संत, शक्ति और परमात्मा के असंख्य, अनन्त रूप हैं, फिर भी इन सभी मन्दिरों में स्थापित मूर्तियाँ उन वर्गों की प्रतिनिधि एवं प्रतीक स्वरूप हैं।

श्री लव कुश सिंह "विश्वमानव" द्वारा स्पष्टीकरण

जब मैं रेनुकूट, सोनभद्र में रहता था (सन् 1999 से 2001 तक) तब आपकी रेनुकूट शाखा का परिसर मेरे अस्थायी निवास (क्वार्टर नं0 आई-1521,) जो मेरे मित्र, बड़े भाई श्री सिया राम सिंह (हिन्डाल्को स्टाफ) द्वारा सुविधा दी गई थी, के ठीक सामने दिखता था। श्री सिया राम सिंह जी द्वारा आपके साहित्य भी हमें प्राप्त होते रहते थे। वे आध्यात्मिक विचारधारा के स्वामी हैं जो उन्हें विरासत में ही प्राप्त थी। इस क्वार्टर में रहकर मैंने "विश्वशास्त्र" के बहुत से महत्वपूर्ण अंश लिखे थे। सन् 2012 में "भारत माता मन्दिर" के दर्शन का अवसर प्राप्त हुआ। वहीं से पुस्तक "भारत माता मन्दिर" मैं लाया था।

"भारत माता मन्दिर", का एकात्म विचार बहुत ही जीवन्त है और वह प्रत्यक्ष रूप में सामने है। संघनित होती दुनिया में दृश्य माध्यम से "भारत" के रूप को समझने का यह ज्ञान आधारित मन्दिर है।

अब जबकि विश्व का अन्तिम शास्त्र-"विश्वशास्त्र" व्यक्त हो चुका है, ऐसी स्थिति में "भारत माता मन्दिर" से भारत के "विश्वरूप" का दर्शन व ज्ञान आने वाले लोगों को हो, इसके लिए थोड़े परिवर्तन की आवश्यकता है। जो एक सार्वभौम सत्य-सैद्धान्तिक सलाह मात्र है-

7 वाँ तल-"ज्योति मन्दिर"-इस तल पर केवल "शिव ज्योति" और उसका दृश्य प्रकाश "विश्वशास्त्र" रखा होना चाहिए।
6 वाँ तल-"मानक चरित्र मन्दिर"-इस तल पर केवल त्रिदेव एवं परिवार होने चाहिए। 1. ब्रह्मा एवं परिवार (व्यक्तिगत मानक व्यक्ति चरित्र), 2. विष्णु एवं परिवार (सामजिक मानक व्यक्ति चरित्र) एवं 3. शंकर एवं परिवार (वैश्विक मानक व्यक्ति चरित्र)
5 वाँ तल-"अवतार मन्दिर"-इस तल पर केवल ईश्वर के 24 अवतार होने चाहिए।
4 वाँ तल-"देवी-शक्ति और मातृ मन्दिर"
3 वाँ तल-"संत मन्दिर"
2 वाँ तल-शूर मन्दिर
1 वाँ तल-भारत दर्शन
आधार तल-कोई परिवर्तन नहीं

इस रूप से "भारत" का विश्वरूप व्यक्त होगा साथ ही यह भी व्यक्त होगा कि मनुष्य को अपने विचार को उत्तरोत्तर श्रेष्ठ करने में कितने चरण से गुजरना है। आधार तल से 7वाँ तल उसी को व्यक्त करता है। मनुष्य की गति नीचे से उपर की ओर तथा अवतार की गति उपर से नीचे की ओर होती है।

पहले भारतमाता मन्दिर और अब अन्त में उसमें मैं और मेरा विश्वधर्म मन्दिर

यदि मैं लव कुश सिंह "विश्वमानव", ही कल्कि अवतार हैं तो उनका स्थान 5वें तल के "अवतार मन्दिर" में उनका अधिकार बनता है।

विश्वधर्म मन्दिर-धर्म के व्यावहारिक अनुभव का मन्दिर

धर्म के व्यावहारिक अनुभव का मन्दिर-विश्वधर्म मन्दिर, की स्थापना जीवनदायिनी सत्यकाशी क्षेत्र में उचित स्थान देखकर की जायेगी क्योंकि इसकी स्थापना के पीछे स्थान का कोई विशेष कारण और स्थान के लिए शास्त्रीय आधार नहीं है, इसके लिए पूरा सत्यकाशी क्षेत्र ही शास्त्रीय आधार के अन्तर्गत है।

यह एक विशाल कैम्पस होगा जिसमें एक प्रवेश द्वार (जन्म का प्रतीक) और एक ही निकास द्वार (मृत्यु का प्रतीक) होगा। प्रवेश द्वार से प्रवेश करते ही विश्व के प्रमुख धर्मों के अलग-अलग द्वार (जीवन संस्कृति का प्रतीक) होंगे। जिन्हें जिस धर्म का अनुभव प्राप्त करना हो वे उस द्वार से प्रवेश करेंगे और उस धर्म के अनुसार वस्त्र, पूजा पद्धति, धर्म शास्त्र, खान-पान इत्यादि का पूरा अनुभव पूरे दिन प्राप्त करेंगे और अन्त में निकास द्वार से अपने पुराने वस्त्र को धारण कर बाहर आयेंगे। इसका तात्पर्य यह है कि जन्म (प्रवेश द्वार) की एक ही विधि है और मृत्यु (निकास द्वार) की भी एक ही विधि है जो किसी धर्म से सम्बन्धित नहीं है। बीच का जीवन ही उस धर्म का अनुभव है। धर्म में प्रवेश के उपरान्त धर्म (जीवन संस्कृति) परिवर्तन का कोई मार्ग नहीं है। उसके लिए आपको निकास द्वार (मृत्यु) से बाहर आकर फिर जन्म (पुर्नजन्म) लेना पड़ेगा फिर किसी दूसरे धर्म का अनुभव आप प्राप्त कर सकते हैं। यह धर्म के व्यावहारिक अनुभव का मन्दिर-विश्वधर्म मन्दिर, पूर्णतः व्यापारिक ढंग से संचालित होगा।

भाग-6

समष्टि धर्म दृष्टि

अनिर्वचनीय कल्कि महाअवतार भोगेश्वर श्री लव कुश सिंह" विश्वमानव" का मानवों के नाम खुला चुनौती पत्र

अनिर्वचनीय कल्कि महाअवतार का काशी-सत्यकाशी क्षेत्र से विश्व शान्ति का अन्तिम सत्य-सन्देश

मानवों के नाम खुला चुनौति पत्र

प्रिय मानवों,

हम (अवतारी श्रृंखला) आप लोगों के प्रति कल्याण भावना रखते हुये उन सभी रहस्यों को खोलकर रख देना चाहते है जिससे आज तक हम आप का भोग करते आये है। पत्र के अन्त में यह भी बताऊँगा कि इन रहस्यों के खोलने के प्रति मेरा उद्देश्य क्या है? और यह भाव हमारे मन में क्यों आया? दिल खोलकर यह भी स्पष्ट करेंगे कि हम लोगों की उत्पत्ति कैसे हुई? और हमने अपने अधिपत्य के लिए क्या-क्या किया। अब स्थिति क्या है तथा भाविष्य में काल की गति किस ओर जा रही है?

इन सब बातों को स्पष्ट करने से पहले कुछ सूत्रों को स्पष्ट करना चाहूँगा। वर्तमान समय में यह देख रहा हूँ कि आरोप-प्रत्यारोप तथा अपने अपने सीमित मस्तिष्क से अनेकों प्रकार की व्याख्या की संस्कृति बढ़ती जा रही है। इस सम्बन्ध में यह कहना चाहूँगा कि सर्वप्रथम यह जानो कि अब तक के संसार में उत्पन्न कोई भी महापुरूष, पैगम्बर, दूत इत्यादि सार्वजनिक प्रमाणित रूप से पूर्ण रूप में नही थे। क्योंकि यदि वे पूर्ण होते तो उनके द्वारा व्यक्त विचारों की सत्ता उसी भाँति निर्विरोध रूप से स्थापित हो चुकी होती जिस प्रकार सार्वजनिक प्रमाणित विज्ञान ने अपनी सत्ता को अल्प समय में ही सभी के उपर स्थापित कर लिया है। दूसरी बात यह है कि सीमित मस्तिष्क से असीम मस्तिष्क (या अपने से अधिक मस्तिष्क) की सही व्याख्या कभी नहीं की जा सकती। यदि तुम श्री कृष्ण (या अपने से अधिक) की व्याख्या करना चाहते हो तो पहले श्री कृष्ण के मस्तिष्क (या अपने से अधिक मस्तिष्क) के बराबर होना पड़ेगा। इसी प्रकार बुद्ध, मुहम्मद, ईसा इत्यादि के सम्बन्ध में भी है। तीसरी बात यह है कि आरोप-प्रत्यारोप की संस्कृति से कोई हल नही निकलता, न ही बुद्धि का विकास होता है बल्कि साम्प्रदायिक विद्वेष व एक दूसरे का प्रचार-प्रसार ही होता है। क्योंकि तुम विरोध या आरोप-प्रत्यारोप ही सही परन्तु अपने विरोधी का नाम तो लेते ही हो। फलस्वरूप जिसके पास बुद्धि की प्रबलता होती है उसके लिए अल्प बुद्धि वाला विरोधी प्रचारक बन जाता है। और यह तो तुम जानते ही होगे कि हम बुद्धि प्रबल वर्ग है। इसलिए तुम लोग अनजाने ही हमारे प्रचारक बने बैठे हो। इसके लिए आवश्यक है कि तुम लोग ऐसे रास्ते को अपनाओं जिससे हम लोगों का नाम न ही आये और तुम लोग में बुद्धि का विकास तेजी से हो। तुम्हें यह बात सदा याद रखनी पड़ेगी कि बुद्धि के विकास से संगठित संगठन लम्बी अवधि तक स्थायित्व बनाये रहती है जबकि इसके विपरीत संगठित संगठन को कभी भी बुद्धि के प्रयोग द्वारा विखण्डित किया जा सकता है। प्रायः ऐसे संगठन का प्रयोग तुम्हारे अपने ही नेता अपने स्वार्थ को साधने में करते है।

हे मानवों, पहले कर्म या पहले ज्ञान बुद्धि? यह प्रश्न तो पहले अण्डा या पहले मुर्गी? जैसा प्रश्न है, और यह सदा से अनसुलझा ही है और रहेगा भी। परन्तु इतना तो जानना आवश्यक है कि हम कर्म करते-करते कुछ नियमों को प्राप्त करते है। यदि हम इन नियमों पर ध्यान देते रहते हैं तो हमें अपने गलतियों के पुनरावृत्ति को रोकने में सहयोग मिलता है। इन नियमों का जानना ही ज्ञान-बुद्धि कहलाता है। अब कोई व्यक्ति यह सोच सकता है कि कर्म करने से पहले हम इन नियमों का अध्ययन करेंगे तो कोई यह सोच सकता है कि ज्ञान-बुद्धि को पढ़ने से क्या होगा, हमें पहले कर्म करना है। इस स्थिति में इन दोनों में पहले नियमों को अध्ययन कर कर्म करने वाले व्यक्ति के जीवन में विकास की गति अधिक होगी जबकि पहले कर्म करने वाला व्यक्ति उन्हीं नियमों को कर्म करते-करते अनुभव करेगा जो पहले ही अनुभव कर व्यक्त की जा चुकी है। शिक्षा का अर्थ यही है कि पहले उन तमाम नियमों का अध्ययन कर लिया जाय फिर कर्मरत हुआ जाय। हम ऐसा ही करते रहे हैं और तुम को नचाते रहे हैं।

कम समय में अधिकतम ज्ञान-बुद्धि के विकास का मार्ग यह है कि जिस प्रकार विज्ञान के क्षेत्र में जिस वस्तु का आविष्कार पूर्ण हो जाता है। पुनः उसके आविष्कार पर समय व बुद्धि खर्च नहीं करते बल्कि उसके आगे की ओर आविष्कार या उस आविष्कार को समझने पर समय व बुद्धि खर्च किया जाता है। उसी प्रकार ज्ञान के क्षेत्र में जो भी आविष्कार हो चुके हैं सीधे वहाँ से प्रारम्भ करना चाहिए। विज्ञान के क्षेत्र में आविष्कार कहाँ तक पहुँचा है

इसकी चर्चा हम इस पत्र में बाद में करेंगे। परन्तु ज्ञान के क्षेत्र में समन्वायाचार्य श्रीकृष्ण के बाद विद्रोही के रूप में भगवान बुद्ध आये, इनके बाद पुनः समन्वयाचार्य श्री रामकृष्ण-स्वामी विवेकानन्द आये, फिर विद्रोही के रूप में आचार्य रजनीश "ओशो" आये। ओशो के बाद कार्य शेष है। इसलिए बुद्धि के सम्बन्ध में ओशो का क्या कहना है यह देखना आवश्यक है। ओशो का कहना है -" अगर तुम अकड़े रहे कि हम अपनी गरीबी खुद ही मिटा येंगे, तो तुम ही तो गरीबी बनाने वाले हो, तुम मिटाओगे कैसे? तुम्हारी बुद्धि इसके भीतर आधार है, तुम इसे मिटाओगे कैसे? तुम्हें अपने द्वार-दरवाजे खोलने होंगे। तुम्हें अपना मस्तिष्क थोड़ा विस्तीर्ण करना होगा। इस देश को कुछ बाते समझनी होंगी। एक तो इस देश को यह बात समझनी होंगी कि तुम्हारी परेशानियों, तुम्हारी गरीबी, तुम्हारी मुसीबतों, तुम्हारी दीनता के बहुत कुछ कारण तुम्हारे अंधविश्वासों में है। भारत अभी भी समसामयिक नहीं है, कम से कम डेढ़ हजार वर्ष पिछे घिसट रहा है। ये डेढ़ हजार साल पूरे होने जरूरी है। भारत को खींचकर आधुनिक बनाना जरूरी है। लेकिन सबसे बड़ी अड़चन इस देश की मान्यताएँ है। इसलिए मैं लड़ रहा हूँ तुम्हारे लिए।" यह डेढ़ हजार वर्षों का अन्तर हम किसके परिश्रम से उत्पन्न बुद्धि की देन है? विचार करो मानवों।

अब हम अपने मूल विषय की ओर आते हैं परन्तु इसे समझने के लिए अपने ही बुद्धि, ज्ञान, तथा विज्ञान का ही प्रयोग उचित होगा और सदैव ध्यान में रखना होगा कि यदि सिर्फ कृष्ण को लेकर समाज निर्माण चाहोगे तो न हो सकेगा। इसी प्रकार न ही सिर्फ बुद्ध से, न मुहम्मद से, न ही ईसा या अन्य किसी से। हाँ भीड़ इकट्ठा हो जायेगी परन्तु बुद्धि विकास नहीं।

प्रारम्भ से अब तक की कथा इस प्रकार है। मानव के वर्तमान सभ्यता तक की यात्रा में उत्थान-पतन के अनेकों चरण आये परन्तु इनमें मुख्य चरण ऐसे थे जो सम्पूर्ण मानव सभ्यता और मानवता को पतन के मोड़ पर ले जाने वाली थी। उनमें -

मानव सभ्यता पर पहला संकट काल प्रकृति द्वारा आज से कई हजार वर्ष पूर्व आया था। उस समय पृथ्वी एक भंयकर प्राकृतिक आपदा का शिकार हो गयी थी, फलस्वरूप जहाँ जल था वहाँ थल, तथा जहाँ थल था वहाँ जल की स्थिति अधिकतम स्थानों पर उत्पन्न हो गयी। इस आपदा के स्थिर होने के बाद कुछ लोग एक टापू पर जीवित बच गये। जहाँ मानव सभ्यता के विकास के लिए आवश्यक संसाधन नहीं थी फलस्वरूप उनका वहाँ से बड़े भूभाग पर जाना विवशता बन गयी। उनमें से एक बुद्धि प्रबल व्यक्ति ने मछलियों के स्वभाव जल की धारा के विपरीत दिशा में गति करने से ज्ञान (सिद्धान्त) प्राप्त कर नाव द्वारा मछलियों की दिशा की ओर चल पड़े और वे ऐसे स्थान पर पहुँच गये जो मानव सभ्यता के विकास के लिए पूर्ण योग्य थी। ये स्थान ही हिमालय का क्षेत्र था। इस प्रकार बुद्धि प्रबल उस व्यक्ति ने मानव सभ्यता को उसके संकट काल से बचाया।

मानव सभ्यता पर दूसरा संकट काल मानवों द्वारा ही उत्पन्न हो गया था। प्रथम संकट काल के उपरान्त कालान्तर में जल स्तर घटने लगा और हिमालय के चारो ओर की ओर भूमि रिक्त होती गयी। प्रथम दृष्टि में आयी भूमि ही कूर्मांचल क्षेत्र है। जैसे-जैसे भूमि रिक्त होती गयी मानव सभ्यता का विकास व प्रसार होना पुनः प्रारम्भ हो गया। जनसंख्या व कार्य बढ़ने से व्यवस्था संकट उत्पन्न हो गया जिससे दो व्यवस्था प्रणाली का जन्म हुआ। पहला - हम अपनी व्यवस्था खुद मिलकर-बैठकर आपसी सहमति से करेंगे। दूसरा- सभी व्यवस्थओं की जिम्मेदारी किसी एक व्यक्ति के उपर छोड़ दिया जाय। पहली व्यवस्था गणराज्य या समाजवाद कहलायी तथा दूसरी व्यवस्था राज्य या व्यक्तिवाद कहलायी। पहली व्यवस्था के समर्थक देवता कहलाये क्योंकि ये प्रकृति के समर्थक और उसके अनुसार सभी के सह-अस्तित्व को महत्ता देते थे जबकि दूसरी व्यवस्था के समर्थक असुर कहलाये क्योंकि ये सिर्फ अपनी इच्छा और अस्तित्व को महत्ता देते थे। समयोपरान्त दोनों व्यवस्थाओं में अपने-अपने अधिपत्य के लिए युद्ध होने लगा। फलस्वरूप मानवता व मानव सभ्यता का विकास रूक कर पतन की ओर जाने लगी। संकट के इस समय में एक सहनशील, शांत, धैर्यवान, लगनशील व्यक्ति ने दोनों पक्षो के बीच मध्यस्थ की भूमिका के द्वारा विचारों के मंथन अर्थात निर्णायक बहस से अनेक विचारों पर समन्वय स्थापित कर मानव सभ्यता के विकास की ओर दोनों पक्षों का ध्यान केन्द्रित किया। फलस्वरूप मानव सभ्यता पुनः विकास की ओर बढ़ चली।

मानव सभ्यता पर तीसरा संकट काल राज्य का नेतृत्व करने वाले राजा के कारण ही उत्पन्न हो गया। दूसरे संकट के उपरान्त राज्य का नेतृत्व करने वाला राजा अपने साम्राज्य को विशाल रूप से विकसित किया और अपने प्रभाव को लगातार बढ़ाता जा रहा था ऐसी स्थिति में समाज समर्थक देवताओं का मनोबल समाप्त होने की ओर हो गया। इस स्थिति का अनुभव कर एक मेधावी, सूझ-बुझ, सम्पन्न, पुरूषार्थी, धीर-गम्भीर, निष्कामी, बलिष्ठ, सक्रिय, अहिंसक और समूह प्रेमी व्यक्ति ने लोगों का मनोबल बढ़ाया, उन्हें उत्साहित और सक्रिय किया जिसके परिणामस्वरूप समाज समर्थकों के मनोबल में वृद्धि हुई और उस राजा के राज्य को समाप्त कर गणराज्य व्यवस्था की स्थापना से मानवता आधारित मानव सभ्यता का विकास पुनः प्रारम्भ हो गया।

मानव सभ्यता पर चौथा संकट काल पुनः राज्य का नेतृत्व करने वाले राजा के कारण ही उत्पन्न हो गया। उसने पूर्व के सभी सह-अस्तित्व के विचारों को तोड़कर अपनी इच्छा से व्यवस्था चलाने को प्राथमिकता दी। और प्रजा के कष्टों में वृद्धि होने लगी। परिणामस्वरूप उस राजा का पुत्र प्रजाहित को ध्यान में लेते हुये समाज समर्थक बन गया। राजा अपने पुत्र को समाज समर्थक बनता देख अपने पुत्र को ही अनेक प्रकार के कष्ट देने लगा। वह राजा इतना बलशाली था कि उसको युद्ध से हराना नामुकिन था, उसके कार्यों से उसके सहयोगी दरबारी भी अन्दर ही अन्दर घृणा करते थे। परन्तु प्रत्यक्ष विरोध किसी के लिए सम्भव नहीं था। इन परिस्थितियों में सभी समाज समर्थक प्रजा देवता भी विरोधक क्षमता को खो चुके थे। ऐसी स्थिति में उस राजा का एक दरबारी ही प्रत्यक्ष रूप से एका-एक हिंसक बनकर दरबार में ही राजा का वध कर डाला चूँकि वह दरबारियों के मन की स्थिति को अच्छी प्रकार जानता था इसलिए ऐसा करने में उसे कोई बाधा नहीं थी। वहीं वह राजा अपने प्रभुत्व के कारण सभी दरबारियों को अपने हित में ही समर्पित रहने वाला समझकर भ्रम में था। राजा का वध के उपरान्त राजा के समाज समर्थक पुत्र ने गणराज्य व्यवस्था द्वारा मानव सभ्यता के विकास के लिए आगे कर्म किया। जिसका निर्माता वह हिंसक दरबारी व्यक्ति था।

मानव सभ्यता पर पाँचवा संकट काल पुनः राज्य का नेतृत्व करने वाले राजा के ही कारण उत्पन्न हो गया था। यह राजा इतना अधिक कुशल था कि इसने समाज समर्थक गुणों को भी आत्मसात् कर समाज समर्थक देवताओं का भी विश्वास पात्र बन गया। परिणामस्वरूप समाज समर्थक देवता भी राजा का गुणगान करते हुये आश्वस्त व निष्क्रिय होने लगे। इस राजा ने अपने राज्य का प्रसार व्यापक रूप से किया। इस स्थिति में मानव सभ्यता का वर्तमान तो सुरक्षित था परन्तु भविष्य अन्धकार में था क्योंकि वर्तमान राजा के उपरान्त, आवश्यक नहीं था कि नया राजा भी उसी राजा की भाँति हो और तब तक समाज समर्थक पूर्ण रूप से निष्क्रिय हो गये र हेंगे। इस स्थिति को एक दूर द्दष्टा व्यक्ति ने समझकर राजा के ही गुण का प्रयोग करते हुये उससे थोड़ी सी भूमि लेकर उस व्यक्ति ने उस भूमि पर गणराज्य व्यवस्था की स्थापना व व्यवस्था को जीवित कर, उसके सुख से प्रजा को परिचित कराया। फलस्वरूप इस व्यवस्था का प्रसार होने लगा और राजा का सु-राज्य भी स्व-राज से समाप्त हो गया। गणराज्य की स्थापना कर उस व्यक्ति ने मानवता और मानव सभ्यता को विकास की ओर गति दी।

मानव सभ्यता पर छठा सकंट काल अनेक राज्यों के नेतृत्व करने वाले अनेक राजाओं के कारण गणराज्य व्यवस्था के स्थायी स्थिरता के लिए उत्पन्न हो गया। पाँचवे संकट से निकलने के बाद जनसंख्या और भूमि का विस्तार इतना अधिक हो चुका था कि एक राजा और राज्य के अधीन नियत्रंण असम्भव हो गया, जिसके परिणामस्वरूप अनेक राजाओं के नेतृत्व में अलग-अलग अनेक राज्य स्थापित हो गये थे। ऐसी स्थिति में राज्यवाद बढ़ रहा था। और राज्यवादी राजाओं का वध भी असम्भव होता जा रहा था। ऐसी स्थिति में गणराज्य या समाजवाद की स्थिरता पर प्रश्न चिन्ह लगने लगा था। फलस्वरूप एक व्यक्ति ने अनेक राज्यवादी राजाओं का वध करके अनेक राज्यों को गणराज्य के रूप में परिवर्तित कर दिया। परन्तु उस व्यक्ति ने देखा कि यह समस्या का स्थायी हल नहीं हो सकता क्योंकि अनेकों राजाओं का वध बारबार सम्भव नहीं और ऐसा करने से प्रजा में अन्यवाद अर्थात हमारे कार्य दूसरे करें का भाव बढ़ रहा था। इन स्थितियों के स्थायी हल के लिए उस व्यक्ति ने राज्यवाद और समाजवाद दोनों में समन्वय स्थापित कर एक नई व्यवस्था का सूत्रपत किया। इस व्यवस्था के लिए उस पुरूष ने ब्रह्माण्ड में व्याप्त व्यवस्था सिद्धान्तों को आधार बनाया तथा मूल तीन गुणों की पहचान की

1. सत्व गुण- सुख, ज्ञान और प्रकाश अर्थात आत्मा और सूक्ष्म बुद्धि अर्थात मार्गदर्शक और विकास दर्शन का गुण
2. रज गुण- आंकाक्षा, इच्छा और सकाम कर्म अर्थात भाव हृदय और मन अर्थात क्रियान्वयन दर्शन का गुण
3. तम गुण - अज्ञान, दुःख और अंधकार अर्थात इन्द्रिय, अनात्म, प्राण और स्थूल शरीर अर्थात विनाश दर्शन का गुण।

इन गुणों के आधार पर सभी जीव विभजित किये गये। मानव जाति में चार विभाजन हुये।

1. सत्व गुण प्रधान- ब्राह्मण वर्ग
2. रज गुण प्रधान - क्षत्रिय वर्ग
3. रज तम गुण प्रधान - वैश्य वर्ग
4. तम गुण प्रधान - शूद्र वर्ग।

इन गुणों के आधार पर उनके लिए कर्म निर्धारित किये गये। और गणराज्य की व्यवस्था बनायी गयी जो इस प्रकार थी।

1. गणराज्य का एक रज गुण प्रधान - क्षत्रिय राजा होगा क्योंकि ब्रह्माण्डीय गणराज्य में रज गुण प्रधान प्रकृति ही राजा है।
2. राजा, राज्यवादी न हो इसलिए उस पर सत्व गुण प्रधान -ब्राह्मण का नियंत्रण होगा क्योंकि ब्रह्माण्डीय गणराज्य में रज गुण प्रधान प्रकृति पर नियंत्रण के लिए सत्व गुण प्रधान आत्मा है।
3. राजा, सीधे आम जनता से चुना जायेगा क्योंकि ब्रह्माण्डीय गणराज्य में प्रकृति सर्वव्यापी है और वह सभी गुणों का सम्मिलित रूप है।
4. राजा का निर्णय राज्यसभा के दो तिहाई बहुमत से हो क्योंकि ब्रह्माण्डीय गणराज्य में प्रकृति का निर्णय सत्व, रज व तम तीन गुणों में से दो गुणों के समर्थन का ही रूप होता है।
5. रज-तम प्रधान-वैश्य तथा तम प्रधान शूद्र चूंकि इन्द्रिय, प्राण और स्थूल शरीर पर ही केन्द्रित रहते है इसलिए इन्हें बुद्धि ज्ञान से नियत्रिंत न करके बल, कानून व आज्ञा के नियत्रंण में रखा जाय।

इस प्रकार उस महापुरूष ने राज्य व गणराज्य के मिश्रित व्यवस्था से एक सर्वमान्य व्यवस्था को स्थापित कर मानवता व मानव सभ्यता के विकास के लिए स्थायी मार्ग उपलब्ध कराया जो दीर्घ काल तक चली।

मानव सभ्यता पर सातवां संकट काल गणराज्य के नयी व्यवस्था के स्थायी स्थिरता के कारण आया। छठें संकट से उत्थान की ओर अग्रसर करने वाले पुरूष के समक्ष यह समस्या आयी कि नयी व्यवस्था को बने रहने और उसके प्रसार का दायित्व किसे सौंपा जाय। इसके लिए उस पुरूष ने अन्य सहयोगियों के सहयोग और योजनाबद्ध तरीके से एक राजा के पुत्र (भावी राजा) में नई व्यवस्था के प्रसार के लिए योग्यता का निर्माण किये परिणामस्वरूप उस युवराज ने अपने जीवन पर्यन्त इस व्यवस्था की स्थापना और प्रसार किया तथा मानवता और मानव सभ्यता की रक्षा की।

मानव सभ्यता पर आठवां संकट काल गणराज्य व्यवस्था के कारण नहीं बल्कि उस व्यवस्था के पीठासीन व्यक्तियों के कर्तव्य विमुख और देवता तथा असुर संस्कारों के पूर्ण पहचान से बुद्धि के अक्षम हो जाने के कारण आया। इस संकट काल के समय राजा को नियंत्रण व मार्गदर्शन में रखने वाला ब्राह्मण भी जनकल्याण से विमुख हो स्व-कल्याण में लिप्त हो चुका था। यह स्थिति छोटे राज्यों से लेकर बड़े राज्यों में व्याप्त हो चुकी थी। ऐसी स्थिति में एक व्यक्ति ने यह देखा कि पीछे, जब भी मानवता पर संकट आया, तब उस संकट से किसी व्यक्ति के द्वारा उत्थान हो जाने पर जब तक उत्थान करने वाला व्यक्ति जीवित रहता था तभी तक गणराज्य व्यवस्था यथावत् रहती थी। बाद में पुनः राज्यवादी व्यवस्था स्थापित हो जाती थी। दूसरे यह कि व्यवस्था कोई भी खराब नहीं होती उस पर बैठने वाले लोगों की बुद्धि के अनुसार ही व्यवस्था का रूप संचालित होता है मानवता और मानव सभ्यता के इस संकट काल में सभी अपने अपने बुद्धि को पूर्ण तथा व्यक्तिगत स्वार्थ में इस प्रकार डूबे हुये थे कि बिना पूर्ण वध के उत्थान मुश्किल हो चुका था। परिणामस्वरूप उस अति बुद्धि सम्पन्न व्यक्ति ने आम जनता को सक्रिय करने के लिए प्रेरित किया, गणराज्य के उदाहरण स्वरूप एक नगर का निर्माण कराया तथा पूर्ण वध के लिए उस समय

के विशाल राज्य के नेतृत्व में उपजे विवाद का सहारा प्राप्त कर बहुत से एकतन्त्रात्मक राज्यों को नष्ट किया और करवाया। साथ ही उस समय में समाज में व्याप्त अनेक मत-मतान्तार व विचारों के एकीकरण के लिए सत्य-विचार का ज्ञान भी दिया जिससे व्यक्ति, व्यक्ति पर विश्वास न कर अपने बुद्धि से स्वयं निर्णय करें और प्रेरणा प्राप्त करता रहे। इस प्रकार साकार व्यक्ति आधारित मानवता के सर्वोच्च संकट से उस व्यक्ति ने नई निराकार सिद्धान्त आधारित मानवता के उत्थान का मार्ग उपलब्ध कराया।

मानव समाज पर नौवां संकट काल वर्तमान से लगभग 2500 वर्ष पूर्व आया था जिसका कारण राजाओं का साम्राज्यवादी-प्रसारवादी व्यवहार था। इस समय मानव समाज जितना विकास करता वह अल्पसमय में एक राज्य से दूसरे राज्य में युद्ध करने में ही नष्ट हो जाता। सम्पूर्ण मानवता हिंसा से भर उठी थी। ऐसे में राजपरिवार का ही एक युवा व्यक्ति अपने परिवार तथा राज्य का त्याग कर अहिंसा का सन्देश दिया। तथा प्रजा को प्रेरित करने के लिए धर्म, संघ और बुद्धि के शरण में जाने की मूल शिक्षा दी। एक राजा के द्वारा इस युवा सन्यासी के सन्देश को स्वीकार कर शिष्य बन जाने से इस सन्यासी का प्रसार जितना हुआ उससे बहुत कम उसके विचारों का हुआ परिणामस्वरूप अल्पअवधि के लिए हिंसा भरे मानव समाज को थोड़ी राहत मिली और सभ्यता उत्थान की ओर अग्रसर हुई।

हे मानवों, मानव सभ्यता और मानवता के दसवें, अन्तिम तथा वर्तमान संकट का खुलासा हम इस पत्र में आगे करेंगे। यहाँ हम कुछ ऐसे रहस्यों का खुलासा करने जा रहे है। जो वर्तमान मानव के दृष्टि में परिवर्तन हाने मात्र के कारण उत्पन्न हुई है।

पाँचवें सकंट के समय तक भारत के मूल निवासी ही भारत की भूमि के अधिपति थे, परन्तु वे राज्य को कुशलता पूर्वक चलाने में असमर्थ होते जा रहे थे। इसी समय में हिमालय के उत्तर-पश्चिम क्षेत्र से भारत के बाहर के मनुष्यों का भारत में आगमन हुआ। इस समय भारत के मूल निवासी प्रकृति पूजक बहुदेववाद को मानती थी। भारत के बाहर से आये मनुष्यों ने भारत के मूल निवासियों के लिए राज्य प्रशासन में अपने ज्ञान-बुद्धि का प्रयोग कर एक अच्छे मार्गदर्शक का कार्य करते थे। प्रकृति के गुणों के आधार पर जब मनुष्यों का विभाजन हुआ तब भारत के मूल निवासी शूद्र वर्ग की योग्यता रखते थे। परन्तु ऐसा नही था कि भारत के बाहर से आये मनुष्य ब्राह्मण, क्षत्रिय, तथा वैश्य वर्ग में अर्थात भारत के बाहर सभी उच्च वर्ग में तथा भारत के मूल निवासी सभी निम्न वर्ग में थे। परन्तु उनमें इसकी अधिकता थी। कालान्तर में ये वर्ग जन्म आधारित हो अनेक उपवर्गों -जातियों में विभाजित हो गयी। जिसका रूप वर्तमान में दिख रहा है। परन्तु आज भी यदि जन्म आधारित दृष्टि से हटकर गुण आधारित दृष्टि से देखोगे तो प्रत्येक वर्ग या जाति में प्रत्येक वर्ग के व्यक्ति दिखाई पड़ेंगे। भारत के बाहर के ये व्यक्ति ही आर्य कहलाये तथा कालान्तर में मानव सभ्यता में अनेक उत्थान-पतन से ये आर्य जाति और मूल भारतीय जाति इतने अधिक मिश्रित हुये कि वर्तमान में समग्र हिन्दू जाति ही आर्यों की मूल पहचान बन गयी। और अब सभी के लिए शस्त्र बल बढ़ाकर क्षत्रिय बनना, ज्ञान बल बढ़ाकर ब्राह्मण बनना तथा धन बल बढ़ाकर वैश्य बनाना खुला हुआ है, परन्तु जातियाँ इसके लिए प्रयत्न तो करे।

प्रकृति के तीन गुणों में से सर्वोच्च, शुद्ध और सर्वव्यापी गुण सत्व आधारित मानव वर्ग ही हम हैं। जन्म के समय हम आदर्श ब्राह्मण थे। हमारा कार्य ब्रह्माण्ड में सर्वव्यापी अटलनीय, अपरिवर्तनीय सत्य-सिद्धान्त और उसके अनुसार कर्म विधान की अनुभूति करना तथा राजा और राज्य के माध्यम से उसे प्रभावी बनाना था। बदले में राजा द्वारा हमें साधन-सुविधा प्राप्त होती थी। यही हमारा सम्पूर्ण जीवन था। इस क्रम में हम लोगों न सर्वव्यापी सत्य-सिद्धान्तों को संहिता रूप में लिखा जो बाद में विषयों आधारित विभक्त होकर चार वेद ऋगु, यजु, साम और अथर्वेद का रूप धारण किया। इसी प्रकार धर्म अनुष्ठान एवम् पवित्र ग्रन्थो की व्याख्या से सम्बन्धित ग्रन्थ अरण्यक का सृजन हम लोगों ने किया। कालान्तर में जब राजाओं द्वारा यज्ञों से यथेष्ठ फल न प्राप्त होने की बुद्धि आयी तब क्षत्रिय राजाओं न स्वयं अपने कर्मों के अनुभव से दर्शन क्षेत्र में अपने बुद्धि को दिशा दी, जिसके फलस्वरूप अधिकतम उपनिषद् उन्होंने स्वयं लिखे जो बाद में भारतीय दर्शन का मुख्य आधार बनी। इस क्रम में हमलोगों ने वेदांग अर्थात सूत्र साहित्य में 1. स्वर विज्ञान से सम्बन्धित शिक्षा 2. धर्मानुसार अर्थात कल्प में चार वर्ग - श्रोत सूत्र

(श्रोत यज्ञ से सम्बन्धित), शुल्क सूत्र (यज्ञ स्थल तथा अग्निवेदी निर्माण तथा माप से सम्बन्धित जो आगे चलकर ज्योतिष का आधार बना) गृहय सूत्र (मानव जीवन से सम्बन्धित अनुष्ठान) तथा धर्म सूत्र (धार्मिक तथा अन्य प्रकार के नियम जो आगे चलकर भारतीय विधि का आधार बना) 3. व्याकरण 4. निरूक्त अर्थात व्युत्पत्ति 5. छन्द 6. ज्योतिष की भी रचना की। मनुष्य को पुरूषार्थ करने के लिए- धर्म, अर्थ, काम, मोक्ष तथा आदर्श जीवन के लिए ब्रह्मचर्य, गृहस्थ, वानप्रस्थ तथा सन्यास आश्रम की व्यवस्था हम प्राचीन आदर्श ब्राह्मणों की ही देन है।

हे प्रिय मानवों हम प्राचीन आदर्श ब्राह्मण प्रत्येक विषय को चक्रीय रूप में देखते हैं और यह ज्ञान हमने भारत के मूल निवासी ऋषियों से ही प्राप्त किये जिसके आधार पर समस्त वैदिक साहित्य का विस्तार हुआ है। हम प्रचीन ब्राह्मण ईश्वरवादी है और ईश्वर को स्वीकारते थे परन्तु उस रूप में नहीं जिस रूप में वर्तमान समाज मानता है, वर्तमान समाज का ईश्वर, मूर्ति, जप, तप, व्रत, पर्व, त्यौहार इत्यादि तो हमारी अगली पीढ़ी ने अपने जीवकोपार्जन और ईश्वर की ओर आपको लाने के लिए तब बनायी, जब हमारे कर्मकण्डों को राजाओं और राज्यों का समर्थन मिलना बन्द हो गया। हम ईश्वर को निराकार सर्वव्यापी, सर्वशक्तिमान सत्य-सिद्धान्त के रूप में देखते हैं। तथा जो इसे अपने जीवन में धारण कर प्रत्यक्ष या अप्रत्यक्ष रूप से मानव सभ्यता और मानव उत्थान के लिए अगले चरण के रूप में कालानुसार प्रयोग करता हैं उसे साकार ईश्वर या अवतार कहे। इस प्रकार मानव सभ्यता और मानवता पर आये उपरोक्त वर्णित नौ सकंटों से उत्थान की ओर ले जाने वाले व्यक्तियों को हमने क्रमशः उनके गुणों के आधार पर तथा नाम से मत्स्य, कूर्म, वाराह, नृसिंह, वामन, परशुराम तथा राम को प्रत्यक्ष अंशावतार, श्री कृष्ण को व्याक्तिगत प्रमाणित प्रत्यक्ष एवम् प्रेरक पूर्णावतार तथा भगवान बुद्ध को प्रेरक अंशावतार कहा और स्वीकार किया है। और जो भी ऐसा करेगा वह अवतार कहा ही जायेगा। सत्य कहूँ तो हम आदर्श ब्राह्मणों का वही प्रतिरूप होता है। और मात्र अवतार ही हमलोगों के समर्पण का कारण होता है। वही मात्र एक सर्वोच्च आदर्श ब्राह्मण होता है क्योंकि वही ब्रह्म है। यहाँ तक आने के लिए तुम्हें स्थूल शरीर, इन्द्रिय, प्राण, भाव, मन तथा सूक्ष्म बुद्धि को पार करना होगा। अर्थात तुम्हारा मन इन सब विषयों में होते हुये भी इनसे मुक्त होना चाहिए। तभी तुम इन सबका संचालन कर सकते हो। अभी तो तुम इस क्रम में धीरे-धीरे बढ़ते हुए बुद्धि तक पहुँच रहे हो। मैं नहीं कह रहा कि तुम बुद्धिहीन हो, तुम्हारा कर्म कह रहा है। क्योंकि बुद्धि का अर्थ यह नहीं होता कि तुम स्थूल शरीर, इन्द्रिय, प्राण, भाव, मन की पूर्ति के लिए अपनी बुद्धि लगाओ। ऐसी बुद्धि क्षैतिज अर्थात जीवन स्तर की बुद्धि कही जाती है। तुम्हें उध्व अर्थात सामाजिक, राजनीतिक, राष्ट्रीय, वैश्विक स्तर की ओर बुद्धि खर्च करनी चाहिए। तभी तुम्हारा उत्थान हो सकता है। जब तुम सर्वोच्च और आत्मीय स्तर पर पहुँच जाओगे तो तुम ब्राह्मण, क्षत्रिय, वैश्य व शूद्र में आवश्यकतानुसार व समयानुसार परिवर्तित हो अभिनय करने में हमलोगों की भाँति कुशल हो जाओगे। क्योंकि यह एक पर एक आवरण की भाँति गुणों का संक्रमणीय, संग्रहणीय और गुणात्मक रूप है। अर्थात शूद्र होने पर वैश्य के गुणों को नहीं समझा जा सकता। परन्तु वैश्य होने पर शूद्र के गुण को आसानी से समझा जा सकता है। इसी प्रकार क्षत्रिय होने पर वैश्य व शूद्र के गुणों को, ब्राह्मण होने पर क्षत्रिय, वैश्य व शूद्र के गुणों को तथा आदर्श ब्राह्मण अर्थात ब्रह्म होने पर ब्राह्मण, क्षत्रिय, वैश्य व शूद्र के गुणों को आसानी से समझा जा सकता है। आदर्श ब्राह्मण अर्थात ब्रह्म का अंश तो सभी में विद्यमान है परन्तु वह गुणों के आवरण से छिपा है। इन गुणों पर एक-एक कर नियंत्रण करते हुये आवरण हटाते जाओ अन्ततः तुम स्वयं को ब्रह्म रूप में देखोगे। तुम कहोगे इससे क्या होगा? तो हम यह स्पष्ट और सत्य रूप से कहते हैं कि तुम हम लोगों जैसे हो जाओगे और तुम्हारी बुद्धि क्षैतिज सहित उध्व हो जायेगी। तब तुम अपने वास्तविक अधिकार को प्राप्त कर पाओगे।

हे मानवों इस संसार में मानव शरीर से व्यक्त होने वाले व्यवहारों में असीम विभिन्नता और विचित्रता है। हमलोगों का प्रयत्न सत्य तथा लोककल्याण के स्थायी भाव को बनाये रखने के लिए विभिन्न रूपों से इस ओर मोड़ना तथा जोड़ना ही रहा है। इन मानव व्यवहारों के विचित्रताओं और विभिन्नताओं में कुछ तो ऐसे होते हैं जो अपनी ही इच्छा पर आजीवन संकल्पित रहते हैं। ये ऐसे होते हैं कि 'हम नहीं बदलेगे चाहे जमाना क्यों न बदल जाये' कुछ ऐसे होते हैं जो अपनी इच्छा की पूर्ति के लिए अनेकों प्रकार के अनैतिक कार्य करने से भी नहीं चूकते, चाहे उसका परिणाम अन्ततः दुःखदायी ही क्यों न हो। कुछ ऐसे होते हैं जो व्यक्तिगत स्तर पर आर्दश व्यक्ति के रूप में तो कुछ

समाजिक स्तर पर तो कुछ वैश्विक स्तर पर आर्दश के रूप में स्वयं को प्रस्तुत करते हैं। मनुष्य के इन विभिन्न व्यवहारों की क्रिया के रूप में समझने के लिए ही हमलोगों ने पुराणों की रचना की। जिससे मनुष्य अनेक प्रकार के व्यवहारों सहित समग्र ब्रह्माण्ड को एक साथ समझ सके और अपने व्यवहार को नियंत्रित कर सके। साथ ही स्वयं अपने व्यवहारों को समझे और उसके अनुसार व्यक्त हो सके। हे मानवों जगत् का सम्पूर्ण कल्याण स्वकल्याण में ही निहित है परन्तु जो स्व का अर्थ सिर्फ व्यक्तिगत समझते हैं वे ही व्यक्तिवादी असुरी प्रकृति के होते हैं तथा जो स्व का अर्थ सार्वभौम, जिसमें वह स्वयं भी होता है, ऐसा समझते हैं वे दैवी समाजवादी प्रकृति के होते हैं। असुरी प्रवृत्तियाँ सिर्फ सीधी रेखा में सोचती ही जैसे - जन्म फिर मृत्यु जबकि दैवी प्रवृत्तियाँ चक्रीय रूप में अर्थात जन्म फिर मृत्यु फिर जन्म इस प्रकार सोचती हैं। समस्त पुराणों की रचना दैवी प्रवृति की ही कृतियाँ हैं। जिसमें असुरों के आदर्श गुरू को शुक्राचार्य कहा गया है। जबकि देवताओं के आदर्श गुरू को गुरू बृहस्पति कहा गया। राजाओं के आदर्श राजा को इन्द्र कहा गया है। अन्य सभी ब्रह्माण्ड में उपलब्ध प्रभावकारी विषयों को देवताओं के रूप में कल्पना कर प्रक्षेपित किया गया है। जैसे - वायु देव, अग्नि देव, चन्द्र देव इत्यादि। इसी प्रकार आदर्श व्यक्ति चरित्र को ब्रहमा एवम् परिवार तथा आदर्श सामाजिक व्यक्ति चरित्र अर्थात व्यक्तिगत प्रमाणित आदर्श वैश्विक व्यक्ति चरित्र को विष्णु एवम् परिवार तथा आदर्श वैश्विक व्यक्ति अर्थात सार्वजनिक प्रमाणित आदर्श वैश्विक व्यक्ति चरित्र को शिव-शंकर एवम् परिवार के रूप में प्रक्षेपित है। यहाँ ध्यान देने योग्य यह है कि आदर्श वैश्विक व्यक्ति चरित्र में आदर्श सामाजिक व्यक्ति चरित्र तथा आदर्श समाजिक व्यक्ति चरित्र में आदर्श व्यक्ति चरित्र समाहित है। इन आदर्श चरित्रों की इनकी गुणों के अनुसार इनके वस्त्र, शस्त्र, शास्त्र, वाहन इत्यादि भी प्रक्षेपित किये गये हैं। जो मात्र व्यक्तिगत प्रमाणित प्रतिकात्मक मानव रूप में प्रक्षेपण मात्र है न कि वास्तविकता के आधार रूप में। इन मानक आदर्श चरित्रों के पूर्ण या अंश रूप में जो भी मानव संसार में व्यक्त होता है उसे पुनर्जन्म या अंश या पूर्ण अवतार के रूप में स्वीकार किया जाता है। और चूंकि दैवी प्रवृत्तियाँ प्रत्येक वस्तु के पूर्व के भी एक अस्तित्व को स्वीकार करती हैं। इसलिए इन पुनर्जन्म या अंश या पूर्ण अवतारों को आदर्श मानक चरित्रों से जोड़कर अवतारी पुराण की रचना की जाती रही है। इस अनुसार उपरोक्त नौ अंश-पूर्ण अवतारों में दो - श्रीराम को ब्रह्मा का पूर्णावतार तथा श्री कृष्ण को विष्णु का पूर्णावतार कहा गया जबकि शेष सात (मत्स्य, कूर्म, वाराह, नृसिंह, वामन, परशुराम तथा बुद्ध), ईश्वर (सत्य-सिद्धान्त) के अंशावतार के रूप में स्वीकार किये गये हैं।

हे मानवों शास्त्र रचनाकार को व्यास उपाधि से पुकारा जाता है। व्यास कितने दिव्य और दूर द्रष्टा रहे होंगे, इस पर विचार करना आवश्यक है क्योंकि अन्ततः हम सभी के विचारों का निर्माण विचारों को ही पढ़कर या सुनकर ही होता रहा है और अनुभव द्वारा उसकी पुष्टि की जाती रही है। व्यास रचित पुराणों में कुल 24 (1. श्री सनकादि, 2. वराहावतार, 3. नारद मुनि, 4. नर-नारायण, 5. कपिल, 6. दत्तात्रेय, 7. यज्ञ, 8. ऋषभदेव, 9. पृथु, 10. मत्स्यावतार, 11. कूर्म, 12. धन्वन्तरि, 13. मोहिनी, 14. हयग्रीव, 15. नृसिंह, 16. वामन, 17. गजेन्द्रोधारावतार, 18. परशुराम , 19. वेदव्यास, 20. हन्सावतार, 21. राम, 22. कृष्ण, 23. बुद्ध, 24. कल्कि) अवतार जिसमें मुख्य 10 (मत्स्य, कूर्म, वाराह, नृसिंह, वामन, परशुराम, राम, कृष्ण, बुद्ध और कल्कि) अवतार का ही विवरण है। दोनों में अन्तिम, कल्कि अवतार ही हैं। तो क्या अन्तिम अवतार के बाद अवतारी श्रृंखला का कार्य समाप्त हो जायेगा? और यदि यह सत्य होता है तब व्यास के उस अवतारी श्रृंखला के गणित को आप लोग क्या कहोगे? इसे जानने के लिए मानव सभ्यता के उस अन्तिम संकट को पहचानना होगा जो अन्तिम अवतार का कार्य होगा। यह अन्तिम अवतार ही सार्वजनिक प्रमाणित आदर्श वैश्विक व्यक्ति चरित्र और शिव-शंकर के पूर्णावतार के रूप में होगा। क्योंकि कालक्रम में ब्रह्मा के पूर्णावतार के रूप में श्रीराम तथा विष्णु का पूर्णावतार के रूप में श्रीकृष्ण का अवतरण हो चुका है।

मानव सभ्यता पर दसवाँ और अन्तिमं संकट काल स्वयं मानवों द्वारा ही उत्पन्न हो गया था जिसका ज्ञान स्वयं मानवों को भी नहीं था। इस संकट को समझने के लिए एक सत्य-प्रत्यक्ष वृतान्त उदाहरणस्वरूप लिख रहा हूँ-

मैं जब भी हाबड़ा (पश्चिम बंगाल) जाता हूँ तब दो स्थानों पर अवश्य जाता हूँ। पहला राम कृष्ण मिशन, बेलूड़ मठ और दूसरा वनस्पति उद्यान (बोटेनिकल गार्डन)। यहाँ कुल अब तक तीन बार, सन् 1984 (कालेज शैक्षणिक यात्रा), सन् 1987 (स्वयं) और सन् 2010 (स्वयं) में जा चुका हूँ। राम कृष्ण मिशन, बेलूड़ मठ इसलिए जाता हूँ क्योंकि वहाँ से सर्वोच्च "आध्यात्मिक सत्य" की अनुभूति कर सकूँ, उस मन स्तर से स्वयं का योग करा सकूँ। वनस्पति उद्यान (बोटेनिकल गार्डन) इसलिए जाता हूँ क्योंकि वहाँ एक वट वृक्ष है जिसे बिग बनियान ट्री (Big Banyan Tree) कहते हैं, यहाँ बैठकर मैं संसार की संरचना, तन्त्र और उसके संगठन से स्वयं का महायोग कराता हूँ। इन दोनों के कारण स्वयं को मैं सार्वभौम का एक इकाई होते भी, स्वयं को सार्वभौम ही अनुभव करता हूँ और यह सतत मेरे अन्दर प्रवाहित होता रहता है।

बड़ा वट वृक्ष (Big Banyan Tree), सैकड़ों वर्ष पुराना एक विशाल क्षेत्र में फैला वट वृक्ष है। जिसका मूल वृक्ष अब अस्तित्व में नहीं है उसके तनों से निकले सैंकड़ों जड़ वर्तमान में स्वयं एक वृक्ष, फिर उनके तनों से निकले सैंकड़ों जड़ भी वर्तमान में एक-एक वृक्ष के रूप में स्थापित हैं और सभी एक-दूसरे से जुड़े हुये हैं, बस जो नहीं है, वह है मूल वृक्ष। इस प्रकार सम्पूर्ण वृक्ष परिवार एक बड़े क्षेत्र में फैल चुका है और निरन्तर जारी भी है। प्रत्येक स्वयं स्वतन्त्र वृक्ष के रूप में स्थापित वृक्ष का अपने परिवार के रूप में तना, पत्ता, फूल और फल सब निकलते रहते हैं और जिसे जहाँ अर्थात नजदीकी स्रोत से सुविधा अर्थात खुराक मिल सकता हैं वहाँ से प्राप्त करते हुये विकास कर रहे हैं। इस कार्य में आपस में कोई विवाद नहीं है। कोई किसी पर अधिपत्य जमाना नहीं चाहता, ना ही अन्य के विकास में कोई बाधा पहुँचाता है। जिसको जिस ओर उचित वातावरण मिलता जाता है, उस ओर वह विकास कर रहा है। कुल मिलाकर स्व प्रेरित सुशासन की भाँति संचालित है। इस वट वृक्ष के सबसे बाद अर्थात वर्तमान के तनों-पत्तों के लिए उसका जन्मदाता व पालनकर्ता के रूप में उसका नजदीकी जड़ ही है इसलिए उसकी कथा-कहानी वहीं से शुरू होती है और वहीं तक उसका ज्ञान है जो एक संकुचित और सीमित ज्ञान है। वह पूर्ण को नहीं जान रहा, उसका पूर्णत्व, सार्वभौम पूर्णत्व नहीं बल्कि सीमित पूर्णत्व है। सीमित पूर्णत्व में भी वह आनन्द में हैं और विकासशील है। उसका विकास होना सार्वभौम का ही विकास होना है परन्तु उसे उसका ज्ञान नहीं है और वह उस सार्वभौम के विकास में अपने योगदान को करते हुये भी स्वयं को गौरवान्वित नहीं अनुभव कर रहा है। सार्वभौम से युक्त होने के बाद भी उसे अपने परिवार से ही जुड़ा रहना उसकी विवशता भी है और इसके अलावा कोई अन्य मार्ग भी नहीं हैं। उसके सार्वभौम का मार्ग भी उसके अपने परिवार के ही मार्ग से होकर जाता है। वृक्ष के साथ यह मजबूरी भी है कि क्योंकि वह स्थिर है इसलिए उसका छोटा परिवार केवल पड़ोस तक के ही दायरे के सम्पर्क में है। दूसरे छोर के परिवार का क्या हाल है उसे कुछ नहीं पता।

हे मानवों, ये संसार भी उपरोक्त वट वृक्ष के सामन ही फैला हुआ है। परन्तु उस भाँति विकास नहीं कर रहा है। मनुष्य के अन्दर बीमारी की भाँति अधिकतम "शक्ति और लाभ (पावर और प्राफिट)" की दौड़ ने उसे अधिपत्य, अत्याचार, दूसरे को दबाना इत्यादि से युक्त कर दिया है। और जो इस दौड़ में नहीं हैं वे सीमित पूर्णत्व में आनन्द के साथ विकासशील हैं। उन्हें और भी तेज विकास की इच्छा है परन्तु उनके बुद्धि का दायरा ही सीमित है इसलिए उन्हें मार्ग नहीं मिल रहा है। यदि उनको मार्ग भी मिल रहा हो तो वट वृक्ष की भाँति उसके नजदीकी जन्मदाता ने उसे यह बता रखा है कि जब उस सार्वभौम का मार्ग मेरे ही रास्ते से जाता है तो जो मैं कह रहा हूँ उसे करो। और इसके लिए वे अपने परिवार के लिए अनेक प्रकार की प्रणाली दे रखे हैं। जबकि ये प्रणाली देने वाले उनके नजदीकी जन्मदाता स्वयं कहाँ से आये हैं स्वयं उन्हे भी नहीं पता। क्योंकि वे स्वयं भी उस वट वृक्ष के खो गये मूल जड़ की तरह अपने मूल जड़ को नहीं जानते। वे भी अपने नजदीकी जन्मदाता का ही अनुसरण कर रहे होते हैं। ये प्रणालीयाँ अनेक प्रकार की हैं उदाहरणस्वरूप कुछ मुख्य निम्नवत् हैं-

1. उनके द्वारा प्रस्तुत कुछ पुस्तकें होती हैं जिन्हें नियमानुसार प्रतिदिन पढ़ना होता है। पढ़ने के पूर्व शुद्धता की भी प्रक्रिया अनिवार्य होती है अन्यथा पुस्तकें परिणाम नहीं दे पायेंगी, ये भी शर्त होती हैं।
2. उनके द्वारा भोजन से सम्बन्धित कुछ नियम बना दिये जाते हैं कि क्या खाना है और क्या नहीं खाना है।
3. उनके द्वारा कोई मन्त्र दे कर उसे नियमानुसार जपने के लिए दे दिया जाता है।

4. उनके द्वारा किसी यन्त्र-तन्त्र द्वारा समस्या मुक्ति का उपाय बता दिया जाता है।
5. उनके द्वारा किसी विशेष प्रकार के रंग और ढ़ग के वस्त्र निर्धारित कर दी जाती है जिससे उनकी पहचान एक अलग रूप में हो। अर्थात समाज का एक और विभाजन कर उसे प्रस्तुत कर देते हैं।

सामान्य रूप से सभी द्वारा अनिवार्य रूप से ये भी निर्धारित कर दी जाती है कि किसी दूसरे के नियमों को न तो जानना है, न सुनना है, न पढ़ना है और न ही उसमें शामिल होना है। अर्थात एक गतिशील प्राणी मनुष्य को जिसे सदैव श्रेष्ठ से, श्रेष्ठतम और सर्वोच्च तक उठने-विकास करने के लिए निर्मित किया गया था, उसे एक सीमित दायरे में बुद्धिबद्ध कर दिया गया। मनुष्य जिसका निर्माण अपनी मस्तिष्क को असीम क्षमता को विकसित कर ईश्वर रूप में व्यक्त होना था, उसे जड़ (स्थिर) बना दिया गया।

हे मानवों, मनुष्यों की सबसे बड़ी कमजोरी "स्वयं में गुणों का विकास कर स्वयं बन जाने या हो जाने" में नहीं बल्कि "पाने" की इच्छा है। इस पाने की इच्छा की कमजोरी का परिणाम ही है उपरोक्त अनेक प्रकार के बुद्धिबद्ध करने की विधियाँ।

हे मानवों, उपरोक्त के पृष्ठभूमि में उनका उद्देश्य केवल अपने स्वार्थ की पूर्ति के सिवाय कुछ नहीं होता। क्योंकि मार्गदर्शक या प्रेरक या शिक्षक का उद्देश्य स्वयं से श्रेष्ठ मानव का निर्माण होता है न कि सदैव जीवन भर एक ही प्रणाली या प्रक्रिया या कक्षा में पढ़ते-दुहराते रहने के लिए विवश करना। उपरोक्त के पृष्ठभूमि में शारीरिक-आर्थिक-मानसिक शोषण का ही कार्य विभिन्न प्रकार से चल रहा है। कोई अपने कृषि कार्य को मुफ्त में हल करवा रहा है, तो कोई अपने नाम के उत्पादों को सिर्फ उन्हें ही खरीदने के लिए बुद्धिबद्ध कर दिया है।

हे मानवों, इन सबको आस्था का व्यापार कहते हैं। जबकि मैं देख रहा हूँ कि प्रत्येक संस्कारित करने की क्रिया जो उस काल के लिए आस्था का विषय था। उसके अगले काल के लिए संस्कारित करने की नयी क्रिया उपलब्ध हो जाने के बावजूद, मानव शरीर पिछले काल के संस्कारित करने वाली क्रिया के प्रति आस्था रखते हुये मूर्खता का स्पष्ट प्रदर्शन कर रहा है। सभी कालों में, सभी संस्कारित करने की क्रियाओं में मैं (सार्वभौम आत्मा) ही आस्था का विषय था परन्तु क्रिया के प्रति आस्था रखना मूर्खता का स्पष्ट प्रमाण ही तो है। चाहे वह व्यक्तिगत इच्छा से हो या सामाजिक प्रदर्शन की इच्छा से। इन समस्त संस्कारित करने के क्रिया के पीछे जो रहस्य आज तक गोपनीय था उसे मैंने तुम्हारें समक्ष सार्वजनिक प्रकाशित कर दिया है। अब कुछ भी गोपनीय नहीं। बावजूद इसके प्रत्येक मनुष्य अपनी मूर्खता रूपी आस्था को प्रदर्शित करने के लिए स्वतन्त्र है। परन्तु वह मुझ (सार्वभौम आत्मा) को प्राप्त नहीं कर सकता। हे मानवों, ईश्वर बहुमत से नहीं निर्धारित किया जाता इसलिए ही उसे अनिवर्चनीय कहा गया है। किसी भी वस्तु के प्रति आस्था के विकास से और समस्त मानवों को उसके प्रति आस्थावान् बना देने से वह वस्तु गुण प्रकट कर वैसा नहीं बन सकती जैसा आप उम्मीद करते हो।

हे मानवों, एक तरह से देखा जाये तो उपरोक्त व्यवस्था से कोई समस्या है ही नहीं क्योंकि जिसकी इच्छा जहाँ से पूर्ति हो रही है और विकास का मार्ग मिल रहा है, वह वहाँ से जुडा हुआ है। इसलिए मानव सभ्यता पर आया यह दसवाँ और अन्तिम संकट, संकट होते हुये भी संकट जैसा नहीं दिखता। इस व्यवस्था से हमें कोई समस्या भी नहीं है। समस्या ये है कि धर्म को जिस उद्देश्य के लिए निर्मित किया गया था वही धर्म, संकट में है। यह धर्म ही उस वट वृक्ष का मूल है, सार्वभौम है, समष्टि है। इसके ज्ञान से युक्त दोनों को अर्थात विशाल संसार रूपी वट वृक्ष के छोटे-छोटे परिवार के नेतृत्वकर्ता मुखिया सहित उसके सदस्यों को होना आवश्यक है। तभी परिवार के नेतृत्वकर्ता मुखिया द्वारा बनाये गये उपरोक्त प्रणाली-नियम परिणाम-फल दे पायेंगे जिसकी इच्छा परिवार के सदस्य करते हैं।

हे मानवों, अब सार्वजनिक प्रमाणित आदर्श वैश्विक व्यक्ति चरित्र और शिव-शंकर के पूर्णावतार के रूप में होने वाले अन्तिम अवतार के स्वरूप को समझते हैं जिनसे संकट में पड़े धर्म का उत्थान होना है-

इस क्रम में पहले शिव-शंकर के रूप को समझते हैं। फिर अन्तिम अवतार के लिए बचे शेष कार्य को भी समझेंगे। शिव-शंकर अवतार के आठ रूप और उनके अर्थ निम्नवत हैं-

1. शर्व- सम्पूर्ण पृथ्वी को धारण कर लेना अर्थात पृथ्वी के विकास या सृष्टि कार्य में इस रूप को पार किये बिना सम्भव न होना।
2. भव- जगत को संजीवन देना अर्थात उस विषय को देना जिससे जगत संकुचित व मृत्यु को प्राप्त होने न पाये।
3. उग्र- जगत के भीतर और बाहर रहकर श्री विष्णु को धारण करना अर्थात जगत के पालन के लिए प्रत्यक्ष या प्रेरक कर्म करना।
4. भीम- सर्वव्यापक आकाशात्मक रूप अर्थात आकाश की भाँति सर्वव्यापी अनन्त ज्ञान जो सभी नेतृत्व विचारों को अपने में समाहित कर ले।
5. पशुपति- मनुष्य समाज से पशु प्रवृत्तियों को समाप्त करना अर्थात पशु मानव से मनुष्य को उठाकर ईश्वर मानव की ओर ले जाना। दूसरे रूप में जीव का शिव रूप में निर्माण।
6. ईशान- सूर्य रूप से दिन में सम्पूर्ण संसार में प्रकाश करना अर्थात ऐसा ज्ञान जो सम्पूर्ण संसार को पूर्ण ज्ञान से प्रकाशित कर दे।
7. महादेव- चन्द्र रूप से रात में सम्पूर्ण संसार में अमृत वर्षा द्वारा प्रकाश व तृप्ति देना अर्थात ऐसा ज्ञान जो संसार को अमृतरूपी शीतल ज्ञान से प्रकाशित कर दे।
8. रूद्र- जीवात्मा का रूप अर्थात शिव का जीव रूप में व्यक्त होना।

शिव-शंकर देवता व दानव दोनों के देवता हैं जबकि श्री विष्णु सिर्फ देवताओं के देवता हैं। अर्थात शिव-शंकर जब रूद्र रूप की प्राथमिकता में होंगे तब उनके लिए देवता व दानव दोनो प्रिय होंगे लेकिन जब उग्र रूप की प्राथमिकता में होंगे तब केवल देवता प्रिय होंगे। अर्थात शिव-शंकर का पूर्णवतार इन आठ रूपों से युक्त हो संसार का कल्याण करते हैं।

हे मानवों, अब सार्वजनिक प्रमाणित आदर्श वैश्विक व्यक्ति चरित्र और शिव-शंकर के पूर्णावतार के रूप में होने वाले अन्तिम अवतार के कार्य को समझते हैं जिनसे संकट में पड़े धर्म का उत्थान होना है-

ईश्वर (सार्वभौम सत्य-सिद्धान्त) के दसवें और अन्तिम अवतार के समय तक राज्य और समाज स्वतः ही प्राकृतिक बल के अधीन कर्म करते-करते सिद्धान्त प्राप्त करते हुए पूर्ण गणराज्य की ओर बढ़ रहा था परिणामस्वरुप गणराज्य का रुप होते हुए भी गणराज्य सिर्फ राज्य था और एकतन्त्रात्मक अर्थात् व्यक्ति समर्थक तथा समाज समर्थक दोनों की ओर विवशतावश बढ़ रहा था।

भारत में निम्लिखित रुप व्यक्त हो चुका था।
1. ग्राम, विकास खण्ड, नगर, जनपद, प्रदेश और देश स्तर पर गणराज्य और गणसंघ का रुप।
2. सिर्फ ग्राम स्तर पर राजा (ग्राम व नगर पंचायत अध्यक्ष) का चुनाव सीधे जनता द्वारा।
3. गणराज्य को संचालित करने के लिए संचालक का निराकार रुप- संविधान।
4. गणराज्य के तन्त्रों को संचालित करने के लिए तन्त्र और क्रियाकलाप का निराकार रुप-नियम और कानून।
5. राजा पर नियन्त्रण के लिए ब्राह्मण का साकार रुप- राष्ट्रपति, राज्यपाल, जिलाधिकारी इत्यादि।

विश्व स्तर पर निम्नलिखित रुप व्यक्त हो चुका था।
1. गणराज्यों के संघ के रुप में संयुक्त राष्ट्र संघ का रुप।
2. संघ के संचालन के लिए संचालक और संचालक का निराकार रुप- संविधान।
3. संघ के तन्त्रों को संचालित करने के लिए तन्त्र और क्रियाकलाप का निराकार रुप- नियम और कानून।
4. संघ पर नियन्त्रण के लिए ब्राह्मण का साकार रुप-पाँच वीटो पावर।
5. प्रस्ताव पर निर्णय के लिए सदस्यों की सभा।
6. नेतृत्व के लिए राजा- महासचिव।

जिस प्रकार आठवें अवतार द्वारा व्यक्त आत्मा के निराकार रुप "गीता" के प्रसार के कारण आत्मीय प्राकृतिक बल सक्रिय होकर गणराज्य के रुप को विवशतावश समाज की ओर बढ़ा रहा था उसी प्रकार अन्तिम

अवतार द्वारा निम्नलिखित शेष समष्टि कार्य पूर्ण कर प्रस्तुत कर देने मात्र से ही विवशतावश उसके अधिपत्य की स्थापना हो जाना है।

1. गणराज्य या लोकतन्त्र के सत्य रुप- गणराज्य या लोकतन्त्र के स्वरुप का अन्तर्राष्ट्रीय/ विश्व मानक।

2. राजा और सभा सहित गणराज्य पर नियन्त्रण के लिए साकार ब्राह्मण का निराकार रुप- मन का अन्तर्राष्ट्रीय/ विश्व मानक।

3. गणराज्य के प्रबन्ध का सत्य रुप- प्रबन्ध का अन्तर्राष्ट्रीय/ विश्व मानक।

4. गणराज्य के संचालन के लिए संचालक का निराकार रुप- संविधान के स्वरुप का अन्तर्राष्ट्रीय/ विश्व मानक।

5. साकार ब्राह्मण निर्माण के लिए शिक्षा का स्वरुप- शिक्षा पाठ्यक्रम का अन्तर्राष्ट्रीय/ विश्व मानक।

इस समष्टि कार्य द्वारा ही काल व युग परिवर्तन होगा न कि सिर्फ चिल्लाने से कि "सतयुग आयेगा" , "सतयुग आयेगा" से। यह समष्टि कार्य जिस शरीर से सम्पन्न होगा वही अन्तिम अवतार के रूप में व्यक्त होगा। धर्म में स्थित वह अवतार चाहे जिस सम्प्रदाय (वर्तमान अर्थ में धर्म) का होगा उसका मूल लक्ष्य यही शेष समष्टि कार्य होगा और स्थापना का माध्यम उसके सम्प्रदाय की परम्परा व संस्कृति होगी।

हे मानवों, उपरोक्त कार्य ही उस एक मात्र शेष अन्तिम अवतार का कार्य है और जो उपरोक्त कार्य को पूर्ण करेगा वह कल्कि अवतार के नाम से जाना जायेगा। हे मानवों उपरोक्त कार्य ही शेष ईश्वर के लिए कार्य है और मनुष्य के लिए चुनौति।

इस क्रम में मैं लव कुश सिंह "विश्वमानव" अपने "विश्वशास्त्र" से उपरोक्त कार्य को पूर्ण करने के लिए और स्वयं को धर्म मार्ग से अनिर्वचनीय कल्कि महाअवतार भोगेश्वर के रूप में तथा भारतीय लोकतान्त्रिक गणराज्य मार्ग से "भारत रत्न" के रूप में स्थापित करने के लिए एक मार्ग-एक प्रारूप प्रस्तुत किया हूँ जो अपने युग-समय में पहला प्रारूप है। इस प्रारूप "विश्वशास्त्र" के धर्मक्षेत्र से 90 नाम और धर्मनिरपेक्ष या सर्वधर्मसमभाव क्षेत्र से 141 नाम देने के बाद भी इस प्रारूप का नाम "ब्रह्माण्डशास्त्र" नहीं रखा। मनुष्यों के लिए यह चुनौति है कि वे "ब्रह्माण्डशास्त्र" की रचना कर मेरे प्रारूप "विश्वशास्त्र" को गलत या संकुचित सिद्ध कर मुझे अनिर्वचनीय कल्कि महाअवतार भोगेश्वर की योग्यता से वंचित कर दे। हे मानवों अगर आप ऐसा कर पाओं तो मेरे लिए मेरे द्वारा उत्पन्न किये गये अनन्त कृतियों में सबसे सम्मान के योग्य मानव नाम की कृति ही अन्तिम रूप से सर्वश्रेष्ठ होगी अन्यथा "विश्वशास्त्र" से मैं तुम्हारे अन्दर प्रवेश कर तुम में से ही स्वयं को प्रकट करूँगा।

हे मानवों, इन रहस्यों के खोलने के प्रति मेरा उद्देश्य क्या है? यह उद्देश्य सरल है क्योंकि एक सरल, साधारण, अघोर का उद्देश्य कभी भी कठीन, असाधारण और घोर नहीं हो सकता। साधारण सी बात है- प्रत्येक वस्तु स्वयं अपने जैसा ही निर्माण, उत्पादन या प्रजनन करती है। इस क्रम में ईश्वर भी स्वयं जैसा ईश्वर का ही निर्माण, उत्पादन या प्रजनन करेगा, न कि मूर्ख, अज्ञानी, बुद्धिबद्ध और गुलाम मनुष्य का। मात्र एक विचार- "ईश्वर ने इच्छा व्यक्त की कि मैं एक हूँ, अनेक हो जाऊँ" और "सभी ईश्वर हैं" , यह प्रारम्भ और अन्तिम लक्ष्य है। मनुष्य की रचना "पावर और प्राफिट (शक्ति और लाभ)" के लिए नहीं बल्कि असीम मस्तिष्क क्षमता के विकास के लिए हुआ है। फलस्वरूप वह स्वयं को ईश्वर रूप में अनुभव कर सके, जहाँ उसे किसी गुरू की आवश्यकता न पड़ें, वह स्वंयभू हो जाये, उसका प्रकाश वह स्वयं हो। एक गुरू का लक्ष्य भी यही होता है कि शिष्य मार्गदर्शन प्राप्त कर गुरू से आगे निकलकर, गुरू तथा स्वयं अपना नाम और कृति इस संसार में फैलाये, ना कि जीवनभर एक ही कक्षा में (गुरू में) पढ़ता रह जाये। एक ही कक्षा में जीवनभर पढ़ने वाले को समाज क्या नाम देता है, समाज अच्छी प्रकार जानता है और आपलोग खुद स्वयं भी जातने हैं। "विश्वशास्त्र" से कालक्रम को उसी मुख्यधारा में मोड़ दिया गया है। एक शास्त्राकार, अपने द्वारा व्यक्त किये गये पूर्व के शास्त्र का उद्देश्य और उसकी सीमा तो बता ही सकता है परन्तु व्याख्याकार ऐसा नहीं कर सकता।

स्वामी विवेकानन्द जी कहते हैं- "हम गुरु के बिना कोई ज्ञान प्राप्त नहीं कर सकते। अब बात यह है कि यदि मनुष्य, देवता अथवा कोई स्वर्गदूत हमारे गुरु हो, तो वे भी तो ससीम हैं, फिर उनसे पहले उनके गुरु कौन थे? हमें मजबूर होकर यह चरम सिद्धान्त स्थिर करना ही होगा कि एक ऐसे गुरु हैं जो काल के द्वारा सीमाबद्ध या

अविच्छिन्न नहीं हैं। उन्हीं अनन्त ज्ञान सम्पन्न गुरु को, जिनका आदि भी नहीं और अन्त भी नहीं, ईश्वर कहते हैं। (राजयोग, रामकृष्ण मिशन, पृष्ठ-134)

चाँद की ओर ईशारा करने वाले की उँगली की ओर नहीं, चाँद की ओर देखा जाता है। और चाँद को पकड़ा जाता है न कि उँगली दिखाने वाले को।

हे मानवों, यह भाव हमारे मन में क्यों आया? यह भाव हमारे मन में आने का कारण हृदय की विशालता है। हम अब अपने द्वारा निर्मित उत्पादों को, अब और अधिक समय तक कबाड़ के रूप में न तो रख सकते हैं और ना ही देखना चाहते हैं। अब सभी को हम स्वयं जैसा पूर्ण देखना चाहते हैं।

हे मानवों, हम लोगों की उत्पत्ति कैसे हुई? हमारी उत्पत्ति ज्ञान से हुई है। जिन्हें ज्ञान है वही अपने आप को संघर्ष में पाते हैं और सर्वश्रेष्ठता के लिए कर्मशील हैं। शेष सभी तो प्रकृति के अनुसार आते-जाते रहते हैं। इस ज्ञान को ही ब्रह्म कहते हैं। देवता रूप में इस ज्ञान को ब्रह्मा के रूप में प्रक्षेपित किया गया है। यह ज्ञान जिस-जिस अंगो द्वारा प्राथमिकता से अनुभव में आता है उतने प्रकार के मानव अपने-आप को उत्पन्न समझते हैं। पुराण रचनाकार महर्षि व्यास ने ब्रह्मा अर्थात ज्ञान के पुत्रों का प्रक्षेपण किये हैं। ब्रह्मा के 10 मानस पुत्रों 1. मन (विचार से ज्ञान प्राप्त करने वाले) से मरीचि, 2. नेत्रों (देखकर ज्ञान प्राप्त करने वाले) से अत्रि, 3. मुख (वाणी से ज्ञान प्राप्त करने वाले) से अंगिरा, 4. कान (सुन कर ज्ञान प्राप्त करने वाले) से पुलस्त्य, 5. नाभि (केन्द्र से ज्ञान प्राप्त करने वाले) से पुलह, 6. हाथ (कर्म से ज्ञान प्राप्त करने वाले) से कृतु, 7. त्वचा (स्पर्श से ज्ञान प्राप्त करने वाले) से भृगु, 8. प्राण (श्वास से ज्ञान प्राप्त करने वाले) से वशिष्ठ, 9. अँगूठे (आत्मा से ज्ञान प्राप्त करने वाले) से दक्ष तथा 10. गोद (प्रेम से ज्ञान प्राप्त करने वाले) से नारद उत्पन्न हुये। ये दस प्रकार ज्ञान से उत्पन्न है और इतने प्रकार के मानव निर्मित होकर संसार में विचरण कर रहे हैं। इसे ये न समझना चाहिए कि मन या नेत्र इत्यादि से कैसे ब्रह्मा ने अपने पुत्रों को उत्पन्न किया? चूंकि शरीर का अस्तित्व अस्थायी है इसलिए विचार के आधार पर ये मनुष्य के वर्ग या श्रेणी का निर्धारण है। हमारे द्वारा इतने वर्गों अर्थात परिवार को उत्पन्न करने के बाद स्वयं को सर्वश्रेष्ठ और मूल सिद्ध करते रहना भी हमारी ही जिम्मेदारी और कर्तव्य है ताकि हमारा परिवार एक संयुक्त परिवार के रूप में प्रकाशित हो।

हे मानवों, हमने अपने अधिपत्य के लिए क्या-क्या किया? हे मानवों हमने अपने अधिपत्य के लिए सदैव साम-दाम-दण्ड-भेद की विधि से निम्नलिखित गुणों को समय-समय पर प्रेम से मानव मस्तिष्क में स्थापित किया और करता रहूँगा और अन्त में इसे मानवों को स्वेच्छा से स्वीकार करने पर विवश भी कर दूँगा-

01. मुख्य-गुण सिद्धान्त - इसमें धारा के विपरीत दिशा (राधा) में गति करने का विचार-सिद्धान्त मानव मस्तिष्क में डाला गया।

02. मुख्य-गुण सिद्धान्त - इसमें सहनशील, शांत, धैर्यवान, लगनशील, दोनों पक्षों के बीच मध्यस्थ की भूमिका वाला गुण (समन्वय का सिद्धान्त) का विचार-सिद्धान्त मानव मस्तिष्क में डाला गया।

03. मुख्य-गुण सिद्धान्त - इसमें सूझ-बुझ, सम्पन्न, पुरूषार्थी, धीर-गम्भीर, निष्कामी, बलिष्ठ, सक्रिय, शाकाहारी, अहिंसक और समूह प्रेमी, लोगों का मनोबल बढ़ाना, उत्साहित और सक्रिय करने वाला गुण (प्रेरणा का सिद्धान्त) का विचार-सिद्धान्त मानव मस्तिष्क में डाला गया।

04. मुख्य-गुण सिद्धान्त - प्रत्यक्ष रूप से एका-एक लक्ष्य को पूर्ण करने वाले (लक्ष्य के लिए त्वरित कार्यवाही का सिद्धान्त) का विचार-सिद्धान्त मानव मस्तिष्क में डाला गया।

05. मुख्य-गुण सिद्धान्त - भविष्य द्दष्टा, राजा के गुण का प्रयोग करना, थोड़ी सी भूमि पर गणराज्य व्यवस्था की स्थापना व व्यवस्था को जिवित करना, उसके सुख से प्रजा को परिचित कराने वाले गुण (समाज का सिद्धान्त) का विचार-सिद्धान्त मानव मस्तिष्क में डाला गया।

06. मुख्य-गुण सिद्धान्त - गणराज्य व्यवस्था को ब्रह्माण्ड में व्याप्त व्यवस्था सिद्धान्तों को आधार बनाने वाले गुण और व्यवस्था के प्रसार के लिए योग्य व्यक्ति को नियुक्त करने वाले गुण (लोकतन्त्र का सिद्धान्त और उसके प्रसार के लिए योग्य उत्तराधिकारी नियुक्त करने का सिद्धान्त) का विचार-सिद्धान्त मानव मस्तिष्क में डाला गया।

07. मुख्य-गुण सिद्धान्त - आदर्श चरित्र के गुण के साथ प्रसार करने वाला गुण (व्यक्तिगत आदर्श चरित्र के आधार पर विचार प्रसार का सिद्धान्त) का विचार-सिद्धान्त मानव मस्तिष्क में डाला गया।

08. मुख्य-गुण सिद्धान्त - आदर्श सामाजिक व्यक्ति चरित्र के गुण, समाज में व्याप्त अनेक मत-मतान्तर व विचारों के समन्वय और एकीकरण से सत्य-विचार के प्रेरक ज्ञान को निकालने वाले गुण (सामाजिक आदर्श व्यक्ति का सिद्धान्त और व्यक्ति से उठकर विचार आधारित व्यक्ति निर्माण का सिद्धान्त) का विचार-सिद्धान्त मानव मस्तिष्क में डाला गया।

09. मुख्य-गुण सिद्धान्त - प्रजा को प्रेरित करने के लिए धर्म, संघ और बुद्धि के शरण में जाने का गुण (धर्म, संघ और बुद्धि का सिद्धान्त) का विचार-सिद्धान्त मानव मस्तिष्क में डाला गया।

10. मुख्य-गुण सिद्धान्त - आदर्श मानक सामाजिक व्यक्ति चरित्र समाहित आदर्श मानक वैश्विक व्यक्ति चरित्र अर्थात सार्वजनिक प्रमाणित आदर्श मानक वैश्विक व्यक्ति चरित्र का विचार-सिद्धान्त मानव मस्तिष्क में डालने का काम वर्तमान है और वो अन्तिम भी है।

हे मानवों, अब स्थिति क्या है तथा भाविष्य में काल की गति किस ओर जा रही है? हे मानवों अब स्थिति यह है कि हमें आपके परम प्रिय सिद्धान्त "शक्ति और लाभ (पावर और प्राफिट)" से कोई असहमति नहीं हैं बल्कि यह आपमें कुछ करने की प्रवृत्ति का महान गुण हैं। इसका प्रकाश आप में सदैव जलते रहना चाहिए। काल की गति इस प्रकाश को कैसे सफलतापूर्वक प्राप्त किया जा सकता है उस ज्ञान को ग्रहण करके उस अनुसार कार्य करने की ओर जा रही है अर्थात ज्ञान युग की ओर जा रही है। और मस्तिष्क का विकास ही इसका मार्ग है। भविष्य का समय ऐसे ही मानवों के स्वागत की प्रतीक्षा कर रहा है।

काशी-सत्यकाशी क्षेत्र से
विश्व शान्ति का अन्तिम सत्य-सन्देश

प्रिय आत्मीय मानवों,

इस संसार के मनुष्यों को अपना अन्तिम सन्देश देने से पहले मैं आपको उस क्षेत्र से परिचय कराना चाहता हूँ जिस क्षेत्र से यह सन्देश देने का साहस किया गया है क्योंकि कोई भी क्रिया बिना कारण के नहीं होती। मेरा समस्त मूल कार्य जिस क्षेत्र से सम्पूर्ण हुआ, उस क्षेत्र को मैं सत्यकाशी क्षेत्र कहता हूँ और मैं जिस ग्राम का निवासी हूँ वह काशी (वाराणसी) के चौरासी कोस यात्रा तथा सत्यकाशी क्षेत्र का उभय क्षेत्र में स्थित है। इसलिए मैं जितना काशी (वाराणसी) का हूँ उतना ही सत्यकाशी का हूँ। इस प्रकार यह सन्देश काशी-सत्यकाशी का संयुक्त सन्देश है।

सत्यकाशी क्षेत्र जो काशी (वाराणसी), विन्ध्याचल, शिवद्वार और सोनभद्र के बीच का क्षेत्र है, एक पौराणिक-आध्यात्मिक और साधना के लिए उपयुक्त क्षेत्र के रूप में प्राचीन काल से आकर्षण में रहा है। इस क्षेत्र का हृदय क्षेत्र चुनार है। चुनार का किला राजा विक्रमादित्य ने अपने भाई भर्तहरि के तपस्या में हिंसक जानवरों द्वारा व्यवधान न उत्पन्न हो इसके लिए बनवाया था। ये राजा विक्रमादित्य वही हैं जिनके नाम से विक्रम सम्वत् कैलेण्डर स्थापित है। चुनार ईश्वर के पाँचवें अवतार-वामन अवतार का क्षेत्र है जिनसे समाज की शक्ति का प्रथम जन्म हुआ था।

सत्यकाशी क्षेत्र के चारों कोण पर स्थित 1. काशी (वाराणसी) का अपना प्राचीन और पुरातन इतिहास है जो सर्वविदित है। 2. विन्ध्याचल, जो शिव-शक्ति के उपासना का अद्‌भुत केन्द्र है। यशोदा से उत्पन्न पुत्री (जिनके बदले श्रीकृष्ण प्राप्त हुये थे) महासरस्वती अष्टभुजा देवी के नाम से यहीं स्थापित हैं। भारत देश का मानक समय माँ विन्ध्यवासिनी धाम से तय होता है। पुराणों के अनुसार रावण ने भी इसे मानक समय स्थल मानकर यहाँ शिवलिंग की स्थापना की थी। 3. शिवद्वार, त्रिकोणीय तान्त्रिक साधना के लिए जगत विख्यात था और साधना की राजधानी था। इसे ही मीरजापुर गजेटियर में गुप्तकाशी की संज्ञा से अभिकल्पित किया गया है। 4. सोनभद्र, सोन संस्कृति की पौराणिक पृष्ठभूमि वैदिककालीन सभ्यता की पराकाष्ठापरक ऐतिहासिकता से सम्बद्ध है। सन्त परम्पराओं का एक महत्वपूर्ण परिव्रजन इस क्षेत्र में हुआ जिसमें शैव व शाक्त प्रमुख थे। शैव सम्प्रदाय से जुड़े अघोर तन्त्र ने इसे बहुत सराहा और इसे अपनी कर्मभूमि बना लिया। सोन नद के तट पर शव छेदन क्रिया की भी प्रशिक्षा आयुर्वेद के जिज्ञासुओं को दी जाती थी। शैव तन्त्र से प्रभावित अघोर तन्त्र शव-साधना में सिद्धहस्त था और शव में इकार की प्राण प्रतिष्ठा का जीवन्त रूप शिव को दे देना इनकी अलौकिक साधना का चरमोत्कर्ष है। अघोरपन्थी नाम के पश्चात् "राम" का प्रयोग करते थे। इस क्षेत्र में सवर्ण वर्ग में प्रायः ब्राह्मण वर्ग भी राम का प्रयोग अपने नाम में करता है। इस क्षेत्र में पाशुपात तन्त्र के महान साधक लोरिक का नाम विशेष है।

उपरोक्त तो अति संक्षिप्त परिचय है विस्तार से "विश्वशास्त्र" के अध्याय-दो में प्रकाशित है, जिस क्षेत्र से ये विश्व ऐतिहासिक अन्तिम, अपरिवर्तनीय और अटलनीय सन्देश देने का साहस किया गया है।

हे मानवों, इस संसार में व्यक्त साहित्य, दर्शन, मत, सम्प्रदाय, नियम, संविधान इत्यादि को व्यक्त करने का माध्यम मात्र केवल मानव शरीर ही है इसलिए यह सोचो की यदि सार्वभौम सत्य-सिद्धान्त आधारित ऐसा साहित्य जो सार्वदेशीय, सार्वकालिक और सम्पूर्ण मानव समाज के लिए असीम गुणों और दिशाओं से युक्त हो, अन्तिम रुप से एक ही मानव शरीर से व्यक्त हो रहा हो जिसके ज्ञान के बिना मानव, मानव नहीं पशु हो, उसे स्वीकार और आत्मसात् करना मानव की विवशता हो, तो तुम उस व्यक्तकर्ता मानव को क्या कहोगे? और उसका क्या दोष? यह तो मैं तुम पर ही छोड़ता हूँ। परन्तु धार्मिक-आध्यात्मिक भाषा में उसी असीम गुणों-दिशाओं के प्रकाट्य शरीर को पूर्ण और अन्तिम साकार-सगुण-दृश्य-ब्रह्म-ईश्वर-आत्मा-शिव कहते हैं तथा सार्वभौम सत्य-

सिद्धान्त को निराकार-निर्गुण-अदृश्य-ब्रह्म-ईश्वर-आत्मा-शिव कहते हैं वह शरीर चूँकि सिद्धान्त युक्त होता है इसलिए वह धर्मशास्त्र का प्रमाण रुप होता है। जो धर्मशास्त्रों और धर्मज्ञानियों के प्रति विश्वास बढ़ाता है। वर्तमान समय में सिर्फ यह देखने की आवश्यकता है कि क्या वह सार्वभौम सत्य-सिद्धान्त शास्त्र-साहित्य विश्व विकास-एकता-स्थिरता-शान्ति के क्षेत्र में कुछ रचनात्मक भूमिका निभा सकता है या नहीं? यह देखने की आवश्यकता नहीं है कि उसका व्यक्तकर्ता एक ही शरीर है क्योंकि इससे कोई लाभ नहीं। प्रत्येक मानव चाहे वह किसी भी स्तर का हो वह शारीरिक संरचना में समान होता है परन्तु वह विचारों से ही विभिन्न स्तर पर पीठासीन है, इसलिए मानव, शरीर नहीं विचार है उसी प्रकार विश्वमानव शरीर नहीं, विश्व विचार अर्थात् सार्वभौम सत्य-सिद्धान्त है। इसी प्रकार "मैं" , अहंकार नहीं, "सिद्धान्त" है। प्रत्येक स्तर पर पीठासीन मानव अपने स्तर का सिद्धान्त रुप से "मैं" का अंश रुप से तथा विचार रुप से "अहंकार" का अंश रुप ही है। "मैं" का पूर्ण दृश्य, वास्तविक, सर्वोच्च और अन्तिम रुप वही होगा जो सम्पूर्ण ब्रह्माण्ड के सभी विषयों में व्याप्त हो जाय। तभी तो वह असीम गुणों और दिशाओं से युक्त होगा तथा प्रत्येक दिशा या गुण से उसका नाम अलग-अलग होगा परन्तु वह एक ही होगा। हे मानव, तुम इसे देख नहीं पाते क्योंकि तुम "दृष्टि" से युक्त हो अर्थात् तुम एक ही दिशा या गुण द्वारा देखने की क्षमता रखते हो तुम्हें "दिव्य दृष्टि" अर्थात् अनेक दिशा या गुणों द्वारा एक साथ देखने की क्षमता रखनी चाहिए तभी तुम यथार्थ को देख पाओगे, तभी तुम "मैं" के विश्व रुप को देख पाओगे। दृष्टि से युक्त होने के कारण ही तुम मेरे आभासी रुप-शरीर रुप को ही देखते हो, तुम मेरे वास्तविक रुप-सिद्धान्त रुप को देख ही नहीं पाते। इसी कारण तुम मुझे अहंकार रुप में देखते हो। और इसी कारण तुम "भूमण्डलीकरण (Globalisation)" का विरोध करते हो जबकि "ग्लोबलाईज्ड" दृष्टि ही "दिव्य दृष्टि" है। जिसका तुम मात्र विरोध कर सकते हो क्योंकि यह प्राकृतिक बल के अधीन है जो तुम्हें मानव से विश्वमानव तक के विकास के लिए अटलनीय है। दृष्टि, अहंकार है, अंधकार है, अपूर्ण मानव है तो दिव्य दृष्टि, सिद्धान्त है, प्रकाश है, पूर्णमानव-विश्वमानव है। तुम मानव की अवस्था से विश्वमानव की अवस्था में आने का प्रयत्न करो न कि विश्वमानव का विरोध। विरोध से तुम्हारी क्षति ही होगी। जिस प्रकार "श्रीकृष्ण" नाम है "योगेश्वर" अवस्था है, "गदाधर" नाम है "रामकृष्ण परमहंस" अवस्था है, "सिद्धार्थ" नाम है "बुद्ध" अवस्था है, "नरेन्द्र नाथ दत्त" नाम है "स्वामी विवेकानन्द" अवस्था है, "रजनीश" नाम है "ओशो" अवस्था है। उसी प्रकार व्यक्तियों के नाम, नाम है "भोगेश्वर विश्वमानव" उसकी चरम विकसित, सर्वोच्च और अन्तिम अवस्था है। "दृष्टि" से युक्त होकर विचार व्यक्त करना निरर्थक है, प्रभावहीन है, यहाँ तक की तुम्हें विरोध करने का भी अधिकार नहीं क्योंकि वर्तमान और भविष्य के समय में इसका कोई महत्व नहीं, अर्थ नहीं क्योंकि वह व्यक्तिगत विचार होगा न कि सार्वजनिक संयुक्त विचार। यह सार्वजनिक संयुक्त विचार ही "एकात्म विचार" है और यही वह अन्तिम सत्य है, यही "सार्वभौम सत्य-सिद्धान्त" है। यही धर्मनिपरपेक्ष और सर्वधर्मसमभाव नाम से विश्वमानक-शून्य श्रृंखला: मन की गुणवत्ता का विश्वमानक तथा धर्म नाम से कर्मवेद: प्रथम, अन्तिम और पंचमवेदीय श्रृंखला है जिसकी शाखाएं सम्पूर्ण ब्रह्माण्ड में व्याप्त है और सम्पूर्ण ब्रह्माण्ड व्यक्त है जिसकी स्थापना चेतना के अन्तिम रुप-दृश्य सत्य चेतना के अधीन है। यही "मैं" का दृश्य रुप है। यही "विश्व-बन्धुत्व" , "वसुधैव-कुटुम्बकम्" , "बहुजनहिताय-बहुजनसुखाय" , "एकात्म-मानवतावाद" , "सर्वेभवन्तु-सुखिनः" की स्थापना का "एकात्मकर्मवाद" आधारित अन्तिम मार्ग है।

मन और मन का मानक। मन-व्यक्तिगत प्रमाणित अदृश्य सत्य। मन का मानक-सार्वजनिक प्रमाणित दृश्य सत्य। अनासक्त मन अर्थात् आत्मा अर्थात् व्यक्तिगत प्रमाणित अदृश्य आत्मा अर्थात् मन का अदृश्य मानक। मन का मानक अर्थात् सार्वजनिक प्रमाणित दृश्य आत्मा अर्थात् सार्वजनिक प्रमाणित दृश्य अनासक्त मन। मन का मानक में मन समाहित है।

आत्मा का सार्वजनिक प्रमाणित धर्मनिरपेक्ष एवं सर्वधर्मसमभाव दृश्य रुप एकात्म ज्ञान, एकात्म ज्ञान सहित एकात्म कर्म तथा एकात्म ज्ञान और एकात्म कर्म सहित एकात्म ध्यान के तीन व्यक्त होने के स्तर हैं जो क्रमशः एकात्म वाणी, एकात्म वाणी सहित एकात्म प्रेम तथा एकात्म वाणी और एकात्म प्रेम सहित एकात्म समर्पण द्वारा शक्ति प्राप्त करता है। जिनका धर्मयुक्त अदृश्य रुप भारतीय संस्कृति के पौराणिक कथाओं में ब्रह्मा, विष्णु,

महेश (शंकर) के रुप में तथा सरस्वती, लक्ष्मी और पार्वती शक्ति के रुप में प्रक्षेपित हैं। जिनकी उपयोगिता क्रमशः व्यक्ति, समाज और ब्रह्माण्ड को संतुलन, स्थिरता एवं विकास में है।

यदि तुम उपरोक्त गुणों को रखते हो तो तुम ही ब्रह्मा हो, विष्णु और महेश हो। साथ ही सरस्वती, लक्ष्मी और पार्वती भी। और यदि यह सीमित कर्मक्षेत्र तक में है तो तुम एक सीमाबद्ध और यदि यह सम्पूर्ण ब्रह्माण्ड के सर्वोच्च व्यापक अन्तिम और असीमित कर्म क्षेत्र तक में है तो तुम एक मूल ब्रह्मा, विष्णु, महेश और शक्ति सरस्वती, लक्ष्मी और पार्वती के अवतार हो। यदि तुम इस अनुसार नहीं तो तुम इनके अलावा मानव, दानव, पशु-मानव इत्यादि हो।

जब प्रत्येक शब्द धर्म और धर्मनिरपेक्ष या सर्वधर्मसमभाव में वर्गीकृत किया जा सकता है तब ईश्वर नाम को भी धर्मयुक्त नाम और धर्म निरपेक्ष या सर्वधर्मसमभाव नाम में व्यक्त किया जा सकता है। क्योंकि ईश्वर नाम भी शब्द है। जिस प्रकार व्यक्तिगत प्रमाणित अद्दश्य काल के लिए धर्मयुक्त समष्टि ईश्वर नाम-" ऊँ" है। उसी प्रकार सार्वजनिक प्रमाणित द्दश्य काल के लिए धर्मनिरपेक्ष और सर्वधर्मसमभाव समष्टि ईश्वर नाम- " TRADE CENTRE" है। जिसमें धर्म युक्त ईश्वर नाम-" ऊँ" का धर्मनिरपेक्ष और सर्वधर्मसमभाव रुप समाहित है।

एक ही देश काल मुक्त सर्वव्यापी अद्दश्य सत्य-धर्म-ज्ञान है-आत्मा। और एक ही देश काल मुक्त सर्वव्यापी द्दश्य सत्य-धर्म-ज्ञान है- क्रिया या परिवर्तन या $E=MC^2$ या आदान-प्रदान या TRADE या TRANSACTION। इस प्रकार सर्वोच्च और अन्तिम द्दश्य सत्य-धर्म-ज्ञान से समस्त विषयों के यथार्थ व्यक्त रुप सर्वमान्य, सार्वजनिक प्रमाणित द्दश्य और अन्तिम है। और व्यक्त कर्ता ज्ञानी या ब्रह्म या शिव की अन्तिम कड़ी है। इस आधार पर यह कहा जा सकता है कि "आत्मा" और मेरा द्दश्य रुप (आदान-प्रदान) ही स्वस्थ उद्योग, स्वस्थ समाज और स्वस्थ लोकतन्त्र सहित विश्व शान्ति, एकता, स्थिरता और विकास का अन्तिम मार्ग है। चाहे वह वर्तमान में आत्मसात् किया जाये या भविष्य में परन्तु सत्य तो यही है।

मन से मन के मानक के व्यक्त होने के सम्पूर्ण यात्रा में कुछ महापुरुषों ने अद्दश्य मानक आत्मा को व्यक्त करने के लिए कार्य किये तो कुछ ने अद्दश्य सहित द्दश्य मानक के लिए। मन के अद्दश्य मानक आत्मा की श्रृंखला में निवृत्ति मार्गी-साधु, संत इत्यादि जिनकी सर्वोच्च स्थिति ब्रह्मा हैं। मन के अद्दश्य सहित द्दश्य मानक के श्रृंखला में प्रवृत्ति मार्गी-गृहस्थ युक्त सन्यासी इत्यादि जिनकी सर्वोच्च स्थिति विष्णु हैं। इस मानक को व्यवहारिकता में लाने के लिए ध्यान मार्गी जिनकी सर्वोच्च स्थिति महेश हैं। और यही वर्तमान तथा भविष्य के समाज की आवश्यकता है। और यही मन के मानक की उपयोगिता है।

मन के मानक को व्यक्त करने में जो शब्द, ज्ञान-विज्ञान, नाम-रुप इत्यादि प्रयोग किये गये हैं-वे सब मन से मन के मानक के विकास यात्रा में विभिन्न महापुरुषों द्वारा व्यक्त हो मानव समाज में पहले से मान्यता प्राप्त कर विद्यमान है। मैं (विश्वात्मा) सिर्फ उसको वर्तमान की आवश्यकता और वर्तमान से जोड़ने के लिए समयानुसार व्यक्त कर मन के मानक को व्यक्त कर दिया हूँ। यदि समाज इसे आत्मसात् नहीं करता तो उसके पहले मैं (विश्वात्मा) ही उसे आत्मसात् नहीं करता क्योंकि मैं शुद्ध-बुद्ध-मुक्त आत्मा हूँ, मैं नाम-रुप से मुक्त हूँ, मैं शिव हूँ, मैं शिव हूँ, मैं शिव हूँ। और ऐसा कहने वाला मैं पहला नहीं हूँ। मुझसे पहले भी अनेक सिद्धों द्वारा ऐसी उद्घोषणा की जा चुकी है और वे अपने समय के देश-काल स्थितियों में उसे सिद्ध भी कर चुके हैं और जब तक प्रत्येक मानव ऐसा कहने के योग्य नहीं बनता तब तक धर्म शास्त्रों में सृष्टि के प्रारम्भ में कहा गया ईश्वरीय वाणी-" ईश्वर ने इच्छा व्यक्त की कि मैं एक हूँ अनेक हो जाऊँ" कैसे सिद्ध हो पायेगा। मेरे उद्घोष का सबसे बड़ा प्रमाण "सत्य मानक शिक्षा" द्वारा लक्ष्य "पुनर्निर्माण" व उसके प्राप्ति की कार्य योजना है। जो अपने आप में पुरातन, विलक्षण और वर्तमान तक ऐसा नहीं हुआ है, जैसा है। श्रीराम द्वारा शारीरिक शक्ति के माध्यम से शारीरिक शक्ति का प्रयोग कर सत्यीकरण हुआ था, श्रीकृष्ण द्वारा आर्थिक शक्ति के माध्यम से व्यक्तिगत बौद्धिक शक्ति का प्रयोग कर सत्यीकरण हुआ था, अब यह कार्य व्यक्तिगत बौद्धिक शक्ति के माध्यम से सार्वभौम बौद्धिक शक्ति का प्रयोग कर सत्यीकरण किया जा रहा है। जो श्रीराम, श्रीकृष्ण के क्रम में अगला कार्य है। यह मानने का कार्य नहीं जानने का कार्य है। मानने से,

मानने वाले का कोई कल्याण नहीं होता, कल्याण तो सिर्फ जानने वालों का ही होता रहा है, होता है और होता रहेगा।

वर्तमान एवं भविष्य के मानव समाज को मैं (विश्वात्मा) का यह अन्तिम सत्य संदेश है कि-मानव की वास्तविक चेतना-सत्य चेतना अर्थात् भूतकाल का अनुभव और भविष्य की आवश्यकतानुसार वर्तमान में परिणाम ज्ञान से युक्त हो कार्य करना है न कि पशुओं की प्राकृतिक चेतना अर्थात् शुद्ध रुप से वर्तमान में कार्य करना है। सत्य चेतना में प्राकृतिक चेतना समाहित रहती है। अर्थात् मानव का विकास प्राकृतिक चेतना से सत्य चेतना की ओर होना चाहिए। और विज्ञान की भाँति धर्म के विषय में भी सदा आविष्कृत विषय से आविष्कार की ओर बढ़ना चाहिए अन्यथा स्थिति यह होगी कि वह तो आपके पास पहले से आविष्कृत था परन्तु उसी के आविष्कार में आपने पूरा जीवन व्यतीत कर दिया।

सम्पूर्ण मानव समाज से यह निवेदन है कि ईश्वर के सम्बन्ध में जो कुछ भी अब तक आविष्कृत है यद्यपि कि वह सब मैं (आत्मा) इस भौतिक शरीर (श्री लव कुश सिंह "विश्वमानव") से व्यक्त कर चुका हूँ लेकिन फिर भी व्यक्ति ईश्वर नहीं बन सकता। सिर्फ समष्टि ही ईश्वर होता है और समष्टि ही संयुक्त है। जिसकी चरम विकसित अवस्था सम्पूर्ण ब्रह्माण्ड का यथार्थ रुप है जो एक संयुक्त विचार-सत्य-सिद्धान्त ही है व्यक्ति नहीं। जबकि इसको व्यक्त और आत्मसात् करने वाला व्यक्ति ही है अर्थात् ईश्वर और व्यक्ति एक दूसरे पर निर्भर है। परिणामस्वरुप जो कुछ भी इस भौतिक शरीर द्वारा व्यक्त कर देना था-वह दे दिया गया और बात यहीं समाप्त हो गयी। क्योंकि मैं (विश्वात्मा) तुम्हारे अनूरुप सामान्य हो गया क्योंकि ईश्वर (संयुक्त विचार सत्य-सिद्धान्त) बाहर हो गया और वह सभी में व्याप्त हो गया। तू भी सामान्य, मैं भी सामान्य। तू भी ईश्वर, मैं भी ईश्वर। तू भी शिव, मैं भी शिव। इससे अलग सिर्फ माया, भ्रम, अन्धविश्वास है। और जब तक मैं (विश्वात्मा) इस शरीर में हूँ एक वर्तमान और भविष्य का एकात्म ध्यान युक्त प्रबुद्ध मानव के सिवाय कुछ अधिक भी नहीं समझा जाना चाहिए बस यही निवेदन है।

इस अन्तिम के सम्बन्ध में यह कहना चाहूँगा कि इस पर अभी विवाद करने से कोई लाभ नहीं है। अभी तो सिर्फ यह देखना है कि यह कालानुसार वर्तमान और भविष्य के लिए व्यक्ति से विश्व प्रबन्ध तक के लिए उपयोगी है या नहीं और जब तक मानव सृष्टि रहेगी तब तक यह सार्वभौम सत्य-सिद्धान्त अभेद्य और अकाट्य बना रहता है। तब यह समझ लेना होगा कि यह अन्तिम था। और व्यक्त करने वाला मानव शरीर पूर्ण ब्रह्म की अन्तिम कड़ी अर्थात् शिव का साकार सगुण रुप ही था।

आलोचना और विरोध मानव का स्वभाव है परन्तु सत्य की आलोचना और विरोध यदि बिना विचारे ही होगा तो यह उस मनुष्य के लिए स्वयं की मूर्खता का प्रदर्शन ही बन सकता है क्योंकि ऐसा नहीं है कि अन्य मनुष्य इसे नहीं समझ रहे हैं। इसलिए इसके लिए थोड़ा सतर्कता रखें विशेषकर उन लोगों के लिए जो सार्वजनिक रुप से विचार प्रस्तुत करते हैं।

हाँ, एक अन्तिम सत्य और-उपरोक्त अन्तिम सत्य भी सत्य और अन्तिम सत्य है या नहीं? इसके लिए भी तो ज्ञान और बुद्धि चाहिए।

प्रकाशित खुशमय तीसरी सहस्त्राब्दि के साथ यह एक सर्वोच्च समाचार है कि नयी सहस्त्राब्दि केवल बीते सहस्त्राब्दियों की तरह एक सहस्त्राब्दि नहीं है। यह प्रकाशित और विश्व के लिए नये अध्याय के प्रारम्भ का सहस्त्राब्दि है। केवल वक्तव्यों द्वारा लक्ष्य निर्धारण का नहीं बल्कि स्वर्गीकरण के लिए असिमीत भूमण्डलीय मनुष्य और सर्वोच्च अभिभावक संयुक्त राष्ट्र संघ सहित सभी स्तर के अभिभावक के कर्तव्य के साथ कार्य योजना पर आधारित। क्योंकि दूसरी सहस्त्राब्दि के अन्त तक विश्व की आवश्यकता, जो किसी के द्वारा प्रतिनिधित्व नहीं हुई उसे विवादमुक्त और सफलतापूर्वक प्रस्तुत किया जा चुका है। जबकि विभिन्न विषयों जैसे-विज्ञान, धर्म, आध्यात्म, समाज, राज्य, राजनीति, अन्तर्राष्ट्रीय सम्बन्ध, परिवार, व्यक्ति, विभिन्न संगठनों के क्रियाकलाप, प्राकृतिक, ब्रह्माण्डीय, देश, संयुक्त राष्ट्र संघ इत्यादि की स्थिति और परिणाम सार्वजनिक प्रमाणित दृश्य रुप में थे।

विज्ञान के सर्वोच्च आविष्कार के आधार पर अब यह विवाद मुक्त हो चुका है कि मन केवल व्यक्ति, समाज, और राज्य को ही नहीं प्रभावित करता बल्कि यह प्रकृति और ब्रह्माण्ड को भी प्रभावित करता है। केन्द्रीयकृत और ध्यानीकृत मन विभिन्न शारीरिक सामाजिक और राज्य के असमान्यताओं के उपचार का अन्तिम मार्ग है। स्थायी स्थिरता, विकास, शान्ति, एकता, समर्पण और सुरक्षा के लिए प्रत्येक राज्य के शासन प्रणाली के लिए आवश्यक है कि राज्य अपने उद्देश्य के लिए नागरिकों का निर्माण करें। और यह निर्धारित हो चुका है कि क्रमबद्ध स्वस्थ मानव पीढ़ी के लिए विश्व की सुरक्षा आवश्यक है। इसलिए विश्वमानव के निर्माण की आवश्यकता है, लेकिन ऐसा नहीं है और विभिन्न अनियन्त्रित समस्या जैसे-जनसंख्या, रोग, प्रदूषण, आतंकवाद, भ्रष्टाचार, विकेन्द्रीकृत मानव शक्ति एवं कर्म इत्यादि लगातार बढ़ रहे है। जबकि अन्तरिक्ष और ब्रह्माण्ड के क्षेत्र में मानव का व्यापक विकास अभी शेष है। दूसरी तरफ लाभकारी भूमण्डलीकरण विशेषीकृत मन के निर्माण के कारण विरोध और नासमझी से संघर्ष कर रहा है। और यह असम्भव है कि विभिन्न विषयों के प्रति जागरण समस्याओं का हल उपलब्ध करायेगा।

मानक के विकास के इतिहास में उत्पादों के मानकीकरण के बाद वर्तमान में मानव, प्रक्रिया और पर्यावरण का मानकीकरण तथा स्थापना आई0 एस0 ओ0-9000 एवं आई0 एस0 ओ0-14000 श्रृंखला के द्वारा मानकीकरण के क्षेत्र में बढ़ रहा है। लेकिन इस बढ़ते हुये श्रृंखला में मनुष्य की आवश्यकता (जो मानव और मानवता के लिए आवश्यक है) का आधार "मानव संसाधन का मानकीकरण" है क्योंकि मनुष्य सभी (जीव और निर्जीव) का निर्माणकर्ता और उसका नियन्त्रणकर्ता है। मानव संसाधन के मानकीकरण के बाद सभी विषय आसानी से लक्ष्य अर्थात् विश्वस्तरीय गुणवत्ता की ओर बढ़ जायेगी क्योंकि मानव संसाधन के मानक में सभी तन्त्रों के मूल सिद्धान्त का समावेश होगा।

वर्तमान समय में शब्द- "निर्माण" भूमण्डलीय रुप से परिचित हो चुका है इसलिए हमें अपना लक्ष्य मनुष्य के निर्माण के लिए निर्धारित करना चाहिए। और दूसरी तरफ विवादमुक्त, दृश्य, प्रकाशित तथा वर्तमान सरकारी प्रक्रिया के अनुसार मानक प्रक्रिया उपलब्ध है। जैसा कि हम सभी जानते हैं कि मानक हमेशा सत्य का सार्वजनिक प्रमाणित विषय होता है न कि विचारों का व्यक्तिगत प्रमाणित विषय। अर्थात् प्रस्तुत मानक विभिन्न विषयों जैसे-आध्यात्म, विज्ञान, तकनीकी, समाजिक, नीतिक, सैद्धान्तिक, राजनीतिक इत्यादि के व्यापक समर्थन के साथ होगा। "उपयोग के लिए तैयार" तथा "प्रक्रिया के लिए तैयार" के आधार पर प्रस्तुत मानव के विश्व स्तरीय निर्माण विधि को प्राप्त करने के लिए मानव निर्माण तकनीकी WCM-TLM-SHYAM.C (World Class Manufactuing–Total Life Maintenance- Satya, Heart, Yoga, Ashram, Meditation.Conceousnesas) प्रणाली आविष्कृत है जिसमें सम्पूर्ण तन्त्र सहभागिता (Total System Involvement-TSI) है और विश्वमानक शून्य: मन की गुणवत्ता का विश्वमानक श्रृंखला (WS-0: World Standard of Mind Series) समाहित है। जो विश्वमानव निर्माण प्रक्रिया की तकनीकी और मानव संसाधन की गुणवत्ता का विश्वमानक है। जैसे-औद्योगिक क्षेत्र में इन्स्टीच्यूट आफ प्लान्ट मेंन्टीनेन्स, जापान द्वारा उत्पादों के विश्वस्तरीय निर्माण विधि को प्राप्त करने के लिए उत्पाद निर्माण तकनीकी डब्ल्यू0 सी0 एम0-टी0 पी0 एम0-5 एस (WCM-TPM-5S (World Class Manufacturing - Total Productive Maintenance -Siri (छँटाई), Seton (सुव्यवस्थित), Sesaso (स्वच्छता), Siketsu (अच्छास्तर), Shituke (अनुशासन) प्रणाली संचालित है। जिसमें सम्पूर्ण कर्मचारी सहभागिता (Total Employees Involvement) है।) का प्रयोग उद्योगों में विश्व स्तरीय निर्माण प्रक्रिया के लिए होता है। और आई.एस.ओ.-9000 (ISO-9000) तथा आई.एस.ओ.-14000 (ISO-14000) है।

युग के अनुसार सत्यीकरण का मार्ग उपलब्ध कराना ईश्वर का कर्तव्य है आश्रितों पर सत्यीकरण का मार्ग प्रभावित करना अभिभावक का कर्तव्य है। और सत्यीकरण के मार्ग के अनुसार जीना आश्रितों का कर्तव्य है जैसा कि हम सभी जानते है कि अभिभावक, आश्रितों के समझने और समर्थन की प्रतिक्षा नहीं करते। अभिभावक यदि किसी विषय को आवश्यक समझते हैं तब केवल शक्ति और शीघ्रता से प्रभावी बनाना अन्तिम मार्ग होता है। विश्व के बच्चों के लिए यह अधिकार है कि पूर्ण ज्ञान के द्वारा पूर्ण मानव अर्थात् विश्वमानव के रुप में बनना। हम सभी विश्व के नागरिक सभी स्तर के अभिभावक जैसे-महासचिव संयुक्त राष्ट्र संघ, राष्ट्रों के राष्ट्रपति-प्रधानमंत्री, धर्म,

समाज, राजनीति, उद्योग, शिक्षा, प्रबन्ध, पत्रकारिता इत्यादि द्वारा अन्य समानान्तर आवश्यक लक्ष्य के साथ इसे जीवन का मुख्य और मूल लक्ष्य निर्धारित कर प्रभावी बनाने की आशा करते हैं। क्योंकि लक्ष्य निर्धारण वक्तव्य का सूर्य नये सहस्त्राब्दि के साथ डूब चुका है। और कार्य योजना का सूर्य उग चुका है। इसलिए धरती को स्वर्ग बनाने का अन्तिम मार्ग सिर्फ कर्तव्य है। और रहने वाले सिर्फ सत्य-सिद्धान्त से युक्त संयुक्तमन आधारित मानव है, न कि संयुक्तमन या व्यक्तिगतमन से युक्तमानव।

आविष्कार विषय "व्यक्तिगत मन और संयुक्तमन का विश्व मानक और पूर्णमानव निर्माण की तकनीकी है जिसे धर्म क्षेत्र से कर्मवेद: प्रथम, अन्तिम तथा पंचमवेदीय श्रृंखला तथा शासन क्षेत्र से WS-0: मन की गुणवत्ता का विश्व मानक श्रृंखला तथा WCM-TLM-SHYAM.C तकनीकी कहते है। सम्पूर्ण आविष्कार सार्वभौम सत्य-सिद्धान्त अर्थात सम्पूर्ण ब्रह्माण्ड में व्याप्त अटलनीय, अपरिवर्तनीय, शाश्वत व सनातन नियम पर आधारित है, न कि मानवीय विचार या मत पर आधारित।" सम्पूर्ण ब्रह्माण्ड में व्याप्त एक ही सत्य-सिद्धान्त द्वारा व्यक्तिगत व संयुक्त मन को एकमुखी कर सर्वोच्च, मूल और अन्तिम स्तर पर स्थापित करने के लिए शून्य पर अन्तिम आविष्कार WS-0 श्रृंखला की निम्नलिखित पाँच शाखाएँ है।

1. डब्ल्यू.एस. (WS)-0:विचार एवम् साहित्य का विश्वमानक
2. डब्ल्यू.एस. (WS)-00: विषय एवम् विशेषज्ञों की परिभाषा का विश्वमानक
3. डब्ल्यू.एस. (WS)-000:ब्रह्माण्ड (सूक्ष्म एवम् स्थूल) के प्रबन्ध और क्रियाकलाप का विश्वमानक
4. डब्ल्यू.एस. (WS)-0000: मानव (सूक्ष्म तथा स्थूल) के प्रबन्ध और क्रियाकलाप का विश्वमानक
5. डब्ल्यू.एस. (WS)-00000:उपासना और उपासना स्थल का विश्वमानक

संयुक्त राष्ट्र संघ सीधे इस मानक श्रृंखला को स्थापना के लिए अपने सदस्य देशों के महासभा के समक्ष प्रस्तुत कर अन्तर्राष्ट्रीय मानकीकरण संगठन व विश्व व्यापार संगठन के माध्यम से सभी देशों में स्थापित करने के लिए उसी प्रकार बाध्य कर सकता है, जिस प्रकार ISO-9000 व ISO-14000 श्रृंखला का विश्वव्यापी स्थापना हो रहा है।

20 वर्षों से जिस समय की प्रतीक्षा मैं लव कुश सिंह "विश्वमानव" कर रहा था वह आ गया है। जो व्यक्ति प्राकृतिक बल को समझ जाते हैं वे उसके अनुसार कार्य योजना तैयार करते है। इस क्रम में व्यक्ति, समाज, देश व विश्व की आवश्यकता को 20 वर्ष पहले ही समझ लिया गया था और उस अनुसार ही लक्ष्य निर्धारित कर उसके प्राप्ति के लिए कार्य योजना तैयार की जा रही थी। सिर्फ लक्ष्य निर्धारण से ही कार्य सम्पन्न नहीं हो जाता बल्कि लक्ष्य की सत्यता की प्रमाणिकता के लिए धर्म शास्त्रों, पुराणों, दार्शनिकों, सामाजिक-राजनीतिक नेतृत्वकर्ताओं, विज्ञान व आध्यात्म इत्यादि के विचारों-सिद्धान्तों के द्वारा उसे पुष्टि प्रदान करने की भी आवश्यकता होती है। फिर उसे उस लक्ष्य तक पहुँचाने के लिए कार्य योजना बनानी पड़ती है।

वर्तमान समय, सम्पूर्ण पुनर्निर्माण और सत्यीकरण का समय है। हमें प्रत्येक विषय को प्रारम्भ से समझना और समझाना पड़ेगा। तभी व्यक्ति, समाज, देश व विश्व को सत्य दिशा प्राप्त हो सकेगी और इस कार्य को करने वाला काशी-सत्यकाशी क्षेत्र इस वर्तमान समय में राष्ट्र गुरू बनेगा जिसका कारण होगा-" राष्ट्र को सत्य मार्गदर्शन देना"। और फिर यही कारण भारत को जगतगुरू के रूप में स्थापित कर देगा।

हम सभी के मोटर वाहनों में, वाहन कितने किलोमीटर चला उसे दिखाने के लिए एक यंत्र होता है। यदि इस यंत्र की अधिकतम 6 अंकों तक किलोमीटर दिखाने की क्षमता हो तब उसमें 6 अंक दिखते है। जो प्रारम्भ में 000000 के रूप में होता है। वाहन के चलते अर्थात विकास करते रहने से 000001 फिर 000002 इस क्रम से बढ़ते हुये पहले इकाई में, फिर दहाई में, फिर सैकड़ा में, फिर हजार में, फिर दस हजार में, फिर लाख में, के क्रम में यह आगे बढ़ते हुये बदलता रहता है। एक समय ऐसा आता है जब सभी अंक 999999 हो जाते हें फिर क्या होगा? फिर सभी 000000 के अपने प्रारम्भ वाली स्थिति में आ जायेंगे। इन 6 अंक के प्रत्येक अंक के चक्र में 0 से 9 अंक के चक्र होते है। जो वाहन के चलने से बदलकर चले हुये किलोमीटर को दिखाते है। यही स्थिति भी इस सृष्टि के काल चक्र की है। सृष्टि चक्र में पहले काल है जिसके दो रूप अदृश्य और दृश्य हैं। फिर इन दोनों काल में 5 युग

हैं। 4 अदृश्य काल के 1 दृश्य काल के। और इन दोनों काल में 14 मनवन्तर और मनु हैं। 7 अदृश्य काल के 7 दृश्य काल के। फिर इन युगों में युगावतार अवतार होते हैं। फिर व्यास व शास्त्र होते हैं। ये सब वैसे ही है जैसे अंक गणित में इकाई, दहाई, सैकड़ा, हजार, दस हजार, लाख इत्यादि होते हैं। उपर उदाहरण दिये गये यंत्र में जब सभी अंक 999999 हो जाते हैं तब विकास के अगले एक बदलाव से इकाई, दहाई, सैकड़ा, हजार, दस हजार, लाख सभी बदलते हैं। वर्तमान सृष्टि चक्र की स्थिति भी यही हो गयी है कि अब अगले अवतार के मात्र एक विकास के लिए सत्यीकरण से काल, मनवन्तर व मनु, अवतार, व्यास व शास्त्र सभी बदलेंगे। इसलिए देश व विश्व के धर्माचार्यों, विद्वानों, ज्योतिषाचार्यों इत्यादि को अपने-अपने शास्त्रों को देखने व समझने की आवश्यकता आ गयी है क्योंकि कहीं ये कार्य वही तो नहीं है? और यदि नहीं तो वह कौन सा कार्य होगा जो इन सबको बदलने वाली घटना को घटित करेगा?

सामान्यतः मनुष्य का स्वभाव अपने जैसा ही दूसरे को समझना होता है। वह कैसे यह सोच सकता है कि एक व्यक्ति सांसारिक कार्यों से निर्लिप्त रहते हुये 20 वर्षों से ऐसी शोध व योजना पर ध्यान केन्द्रित कर कार्य करने में लगा हुआ है जो भारत को उसके सत्य महानता की ओर ले जाने वाला कार्य है। और ऐसा कार्य भारत सहित विश्व के लिए कितने बड़े समाचार का विषय बनेगा?

"विश्वशास्त्र" में जन्म-जीवन-पुनर्जन्म-अवतार-साकार ईश्वर-निराकार ईश्वर, अदृश्य और दृश्य ईश्वर नाम, मानसिक मृत्यु व जन्म, भूत-वर्तमान-भविष्य, शिक्षा व पूर्ण शिक्षा, संविधान व विश्व संविधान, ग्राम सरकार व विश्व सरकार, विश्व शान्ति व एकता, स्थिरता व व्यापार, विचारधारा व क्रियाकलाप, त्याग और भोग, राधा और धारा, प्रकृति और अहंकार, कर्तव्य और अधिकार, राजनीति व विश्व राजनीति, व्यक्ति और वैश्विक व्यक्ति, ज्ञान व कर्मज्ञान, योग, अदृश्य और दृश्य योग व ध्यान, मानवतावाद व एकात्मकर्मवाद, नायक-शास्त्राकार-आत्मकथा, महाभारत और विश्वभारत, जाति और समाजनीति, मन और मन का विश्वमानक, मानव और पूर्ण मानव एवं पूर्ण मानव निर्माण की तकनीकी, आकड़ा व सूचना और विश्लेषण, शास्त्र और पुराण इत्यादि अनेकों विषय और उनके वर्तमान समय के शासनिक व्यवस्था में स्थापना स्तर तक की विधि को व्यक्त किया गया है। इस एक ही "विश्वशास्त्र" साहित्य के गुणों के आधार पर धर्म क्षेत्र से 90 नाम और धर्मनिरपेक्ष व सर्वधर्मसमभाव क्षेत्र से 141 नाम भी निर्धारित किये गये हैं।

जब दुनिया बीसवीं सदी के समाप्ति के समीप थी तब वर्ष 1995 ई0 में कोपेनहेगन में सामाजिक विकास का विश्व शिखर सम्मेंलन हुआ था। इस शिखर सम्मेंलन में यह माना गया कि-" आर्थिक विकास अपने आप में महत्वपूर्ण विषय नहीं है, उसे समाजिक विकास के हित में काम करना चाहिए। यह कहा गया कि पिछले वर्षों में आर्थिक विकास तो हुआ, पर सभी देश सामाजिक विकास की दृष्टि से पिछड़े ही रहे। जिसमें मुख्यतः तीन बिन्दुओं-बढ़ती बेरोजगारी, भीषण गरीबी और सामाजिक विघटन पर चिन्ता व्यक्त की गई। यह स्वीकार किया गया कि सामाजिक विकास की समस्या सार्वभौमिक है। यह सर्वत्र है, लेकिन इस घोर समस्या का समाधान प्रत्येक संस्कृति के सन्दर्भ में खोजना चाहिए।" इसका सीधा सा अर्थ यह है कि व्यक्ति हो या देश, आर्थिक विकास तभी सफल होगा जब बौद्धिक विकास के साथ मनुष्य के गुणवत्ता में भी विकास हो। इसी सम्मेलन में भारत ने यह घोषणा की कि-" वह अपने सकल घरेलू उत्पाद का 6 प्रतिशत शिक्षा पर व्यय करेगा।" भारत इस पर तब से कितना अमल कर पाया यह तो सबके सामने है। लेकिन बौद्धिक विकास के साथ मनुष्य के गुणवत्ता में भी विकास के लिए भारत सहित विश्व के हजारों विश्वविद्यालय जिस पूर्ण सकारात्मक एवम् एकीकरण के विश्वस्तरीय शोध को न कर पाये, वह पूर्ण किया जा चुका है और उसे पाठ्यक्रम का रूप देकर पुनर्निर्माण के माध्यम से आपके सामने है। परिणामस्वरूप एकल सार्वभौमिक रचनात्मक बुद्धि बनाम विश्व बुद्धि का रूप आपके सामने है।

शास्त्रों व अनेक भविष्यवक्ताओं के भविष्यवाणीयों को पूर्णतया सिद्ध करते हुये यह कार्य उसी समय अवधि में सम्पन्न हुआ है। भविष्यवाणीयों के अनुसार ही जन्म, कार्य प्रारम्भ और पूर्ण करने का समय और जीवन है। अधिक जानने के लिए इन्टरनेट पर गूगल व फेसबुक में नियामतपुर कलाँ, लव कुश सिंह "विश्वमानव" , सत्यकाशी,

विश्वशास्त्र, विश्वमानव (NIYAMATPUR KALAN, LAVA KUSH SINGH "VISHWMANAV" , SATYAKASHI, VISHWSHASTRA, VISHWMANAV) इत्यादि से सर्च कर जानकारी पायी जा सकती है।

सामाजिक-आर्थिक प्रणाली और शिक्षा के दायित्व पर आधारित सम्पूर्ण कार्य योजना को राष्ट्र को समर्पित करते हुये और प्रकृति से लिए गये हवा, पानी, धूप इत्यादि का कर्ज उतारते हुये, इस व्यापार पर स्वयं का एकाधिकार न रहे इसलिए इसे, पूरी रूचि से संचालित करने वालों के हाथों में ही सौंपने की भी योजना है जिससे ज्ञान का व्यापार भी हो जायेगा और राष्ट्र सेवा भी हो जायेगी।

जय भारत देश, जय विश्व राष्ट्र

सत्य, आधुनिक अथवा प्राचीन किसी समाज का सम्मान नहीं करता। समाज को ही सत्य का सम्मान करना पड़ेगा। अन्यथा समाज ध्वंस हो जाये कोई हानि नहीं। किसी प्रकार की राजनीति में मुझे विश्वास नहीं है। ईश्वर तथा सत्य ही एक मात्र राजनीति है बाकि सब कूड़ा-करकट है।

-स्वामी विवेकानन्द

Think Globally - Act Locally
वैश्विक सोच - स्थानीय कार्यवाही

जिस प्रकार शरीर स्थित मन का स्तर व्यक्ति को इस संसार में अभिनय करवाता है, उसी प्रकार एक लेखक ही पर्दे पर या जीवन में अभिनय करवाता है।
वाल्मिकि और तुलसी के लिखने से श्रीराम का अभिनय,
और व्यास के लिखने से श्रीकृष्ण का अभिनय अभी भी चल रहा है।
व्यापक सोचें, व्यापक लिखे। पढ़े- "विश्वशास्त्र"

आत्मा पर कौन विश्वास करता है, सभी शरीर पर विश्वास करते हैं

WRITER IS ACTOR

भाग-7

सत्य आमंत्रण

पाँचवें युग - स्वर्णयुग के तीर्थ सत्यकाशी क्षेत्र में प्रवेश का आमंत्रण

पाँचवें युग - स्वर्णयुग में प्रवेश का आमंत्रण

देश में युवा हैं जो इस गौरवशाली देश का नेतृत्व बिना किसी पद पर बैठे ही संकीर्णता, भय, असमानता, असहिष्णुता से ऊपर उठकर राष्ट्र को ज्ञान-विज्ञान के ऐसे धरातल पर स्थापित कर सकते हैं, जिससे भारत की महानता सार्वजनिक रूप से सिद्ध हो सकती है। या यूँ कहें कि भारत का वर्तमान रूप राम, कृष्ण, आादि शंकर, स्वामी विवेकान्द, स्वामी दयानन्द, भगत सिंह, रजनीश इत्यादि जैसे युवाओं ने वैचारिक और प्रत्यक्ष क्रान्ति द्वारा ही, अपने जीवन को अन्य जीवन के लोगों से अलग रखकर व्यक्त किया है। और जब भी भारत अपनी महानता को स्थापित करेगा वह युवा के द्वारा ही होगा क्योंकि कोई भी यहाँ जन्म लेकर और पुस्तकों से ज्ञान प्राप्त कर भारत को महानता नहीं दिला सकता क्योंकि फिर इतने बड़े कार्य के लिए एक जीवन तो ज्ञान की खोज में ही निकल जायेगा-फिर कर्म कब होगा? ऐसे युवा जिन्होंने अपने जीवन को बलिदान स्वरूप रखकर भारत को सतत महानता की ओर ले जाने के लिए प्रयत्न किये है वे तो सिर्फ कर्म करने आये, ज्ञान तो, उन्हें पूर्वजन्म से ही प्राप्त था।

भौतिकवादी समाज विश्व को एक बाजार समझता है लेकिन आध्यात्मवादी समाज विश्व को परिवार समझता है। इस समझ के कारण ही भारत ने "वसुधैव-कुटुम्बकम्", "बहुजन हिताय-बहुजन सुखाय", "विश्वबन्धुत्व", "एकात्म मानवतावाद" जैसे शब्दों का प्रयोग किया है। गुरू-शिष्य परम्परा की अवधारणा-भावना तभी स्वतः स्फूर्त होगी जब शिक्षा पाठ्यक्रम मस्तिष्क को विश्व व्यापक बनाने वाली हो, जिससे ऐसे मनुष्य का निर्माण हो जो सम्पूर्ण ब्रह्माण्ड को अपना स्वरूप समझता हो, और शिक्षा को मात्र रोजगार पाने की सीमा तक न समझता हो। और जब ऐसा होगा तभी शैक्षणिक संस्थानों में नई चेतना, विचारधारा निकलेगी जिससे सामाजिक व राष्ट्रीय उत्थान को बल मिलेगा।

एक परफेक्ट देश के लिए व्यक्ति-विचार आधारित नहीं बल्कि मानक आधारित होना जरूरी है। अब हमें विश्व में मानक देश (Standard Country) का निर्माण करना होगा। और यह पहले स्वयं भारत और अमेरिका को होना पड़ेगा। भारत गणराज्य-लोकतन्त्र का जन्मदाता रहा है जिसका क्रम या मार्ग - जिस प्रकार हम सभी व्यक्ति आधारित राजतन्त्र में राजा से उठकर व्यक्ति आधारित लोकतन्त्र में आये, फिर संविधान आधारित लोकतन्त्र में आ गये उसी प्रकार पूर्ण लोकतन्त्र के लिए मानक व संविधान आधारित लोकतन्त्र में हम सभी को पहुँचना है।

भारत का अब धर्म के नाम पर बँटना नामुमकिन है क्योंकि अब वह "विश्वधर्म" और उसके शास्त्र "विश्वशास्त्र" को जन्म दे चुका है। विश्व का एकीकरण तभी हो सकता है जब हम सब प्रथम चरण में मानसिक रूप से एकीकृत हो जायें। फिर विश्व के शारीरिक (भौगोलिक) एकीकरण का मार्ग खुलेगा। एकीकरण के प्रथम चरण का ही कार्य है - मानक एवं एकात्मकर्मवाद आधारित मानव समाज का निर्माण। जिसका आधार ही विश्वमानक का आविष्कार है जो स्वामी विवेकानन्द के वेदान्त की व्यावहारिकता और विश्व-बन्धुत्व के विचार का शासन के स्थापना प्रक्रिया के अनुसार आविष्कृत है।

पुराण पढें और देखें है न, पृथ्वी की समस्या पहले ब्रह्मा के पास जाती है। यदि वह उनसे हल नहीं हो पाती तो अपने उच्च अधिकारी विष्णु के पास फाइल फारवार्ड की जाती है। यदि उनसे भी नहीं हल होती तो मुख्य कार्यालय शिव-शंकर के कार्यालय में भेज दी जाती है। जब सभी अन्धे होते हैं तो काना (एक आँख) वाला शासन करता है। जब सभी काने होते हैं तो दो आँख वाला शासन करता है। जब सभी दो आँख वाले होते हैं तब तीसरे नेत्र वाले का शासन आता है। जबकि सभी शासक अपने समय के अनुसार सर्वश्रेष्ठ ही होते हैं। नीति आयोग दो आँख वालों का समूह है, अब उसे काशी-सत्यकाशी से तीसरे नेत्र का प्रकाश माँगना चाहिए। ससम्मान निवेदन करें या राष्ट्र निर्माण के लिए अपनी क्षमता-बौद्धिकता पेश करें। - **लव कुश सिंह "विश्वमानव"**

पाँचवें युग - स्वर्णयुग के तीर्थ सत्यकाशी क्षेत्र में प्रवेश का आमंत्रण

काल अर्थात समय को समय से बांधा नहीं जा सकता। कोई भी व्यक्ति समष्टि के लिए किसी निश्चित दिन का दावा नहीं कर सकता कि इस दिन से किसी युग का परिवर्तन, किसी युग का अन्तिम दिन या किसी युग के प्रारम्भ का दिन है। क्योंकि हम दिन, दिनांक या कैलेण्डर का निर्धारण ब्रह्माण्डीय गतिविधि अर्थात सूर्य, चाँद, ग्रह इत्यादि के गति को आधार बनाकर निर्धारित करते है। इसी प्रकार युग का निर्धारण पूर्णतया मानव मन की केन्द्रित स्थिति से निर्धारित होता है न कि किसी निर्धारित अवधि के द्वारा। मन की केन्द्रित स्थिति निम्न स्थितियों में होती है-

0 या 5. स्थिति - अदृश्य मार्ग से मन का आत्मीय केन्द्रित स्थिति।

1. **स्थिति** - व्यक्तिगत प्रमाणित अदृश्य मार्ग से मन का आत्मीय केन्द्रित स्थिति अर्थात व्यक्तिगत प्रमाणित माध्यम द्वारा आत्मा पर केन्द्रित मन। यह स्थिति सतयुग की अन्तिम स्थिति है। इस युग में कुल 6 अवतार मत्स्य, कूर्म, वाराह, नृंसिंह, वामन और परशुराम हुयें।

1. **स्थिति** - सार्वजनिक प्रमाणित अदृश्य मार्ग से मन का आत्मीय केन्द्रित स्थिति अर्थात सार्वजनिक प्रमाणित माध्यम - प्रकृति व ब्रह्माण्ड द्वारा आत्मा पर केन्द्रित मन। यह स्थिति त्रेतायुग की अन्तिम स्थिति है। इस युग में सातवें अवतार श्री राम हुयें।

2. **स्थिति** - व्यक्तिगत प्रमाणित दृश्य मार्ग से मन का आत्मीय केन्द्रित स्थिति अर्थात व्यक्तिगत प्रमाणित व्यक्ति व भौतिक वस्तु माध्यम द्वारा आत्मा पर केन्द्रित मन। यह स्थिति द्वापर युग की अन्तिम स्थिति है। इस युग में आँठवें अवतार श्री कृष्ण हुयें।

3. **स्थिति** - सार्वजनिक प्रमाणित दृश्य मार्ग से मन का आत्मीय केन्द्रित स्थिति अर्थात सार्वजनिक प्रमाणित व्यक्ति व भौतिक वस्तु माध्यम द्वारा आत्मा पर केन्द्रित मन। यह स्थिति कलियुग की अन्तिम स्थिति है। इस युग में नवें अवतार बुद्ध हुये और दसवें और अन्तिम अवतार श्री लव कुश सिंह "विश्वमानव" व्यक्त हैं।

0 या 5. स्थिति - दृश्य मार्ग से मन का आत्मीय केन्द्रित स्थिति।

उपरोक्त स्थिति में स्थित मन से ही उस युग में शास्त्र-साहित्यों की रचना होती रही है। और उस अनुसार ही प्रत्येक व्यक्ति अपनी स्थिति का पता लगा सकता है कि वह किस युग में जी रहा है।

उपरोक्त में से कोई भी स्थिति जब व्यक्तिगत होती है तब वह व्यक्ति उस युग में स्थित होता है चाहे समाज या सम्पूर्ण विश्व किसी भी युग में क्यों न हो। इसी प्रकार जब उपरोक्त स्थिति में से कोई भी स्थिति में समाज या सम्पूर्ण विश्व अर्थात अधिकतम व्यक्ति उस स्थिति में स्थित होते है तब समाज या सम्पूर्ण विश्व उस युग में स्थित हो जाता है।

युग परिवर्तन सदैव उस समय होता है जब समाज के सर्वोच्च मानसिक स्तर पर एक नया अध्याय या कड़ी जुड़ता है। और एक नये विचार से व्यवस्था या मानसिक परिवर्तन होता है। इस प्रकार यह आत्मसात् करना चाहिए कि सम्पूर्ण समाज इस समय चौथे युग-कलियुग के अन्त में है और जैसे-जैसे "विश्वशास्त्र" के ज्ञान से युक्त

होता जायेगा वह पाँचवे युग-स्वर्ण युग में प्रवेश करता जायेगा। और जब बहुमत हो जायेगा तब सम्पूर्ण समाज या विश्व पाँचवे युग-स्वर्ण युग में स्थित हो जायेगा।

"सत्यकाशी क्षेत्र-व्यास क्षेत्र" जो कभी काशी राज्य का ही अंग हुआ करता था, द्वारा "काशी-सत्यकाशी" के राष्ट्रगुरू बनने की योग्यता प्रस्तुत हो चुकी है।

स्वामी विवेकानन्द जी सत्य रूप में रिजर्व बैंक से दस गुना विचार धन दे गये। और वो 100 से अधिक वर्ष पूर्व ही दे गये। अभी भारत उसे कैश (नगद) में परिवर्तित ही नहीं करा पा रहा है तो भारत को उस विचार धन से क्या लाभ? जबकि स्वामी जी के विचार की अगली किस्त आ गई है और वह कैश (नगद) में परिवर्तित होगी। अगली किस्त अनन्त है और वह इतना है कि जैसे-जैसे खर्च होगा वैसे-वैसे बढ़ता ही जायेगा। क्योंकि वो किस्त इस रूप में है-

शब्द से सृष्टि की ओर...
सृष्टि से शास्त्र की ओर...
शास्त्र से काशी की ओर...
काशी से सत्यकाशी की ओर...
और सत्यकाशी से अनन्त की ओर...
एक अन्तहीन यात्रा..............................

वहीं पूर्व राष्ट्रपति ए.पी.जे, अब्दुल कलाम जी ने कहा था-"नवीनता के द्वारा ही ज्ञान को धन में बदला जा सकता है।" ज्ञान को व्यक्ति के व्यावहारिक जीवन के लिए उपयोगी बनाने और उसके व्यापारीकरण से ही कल्याण होता है। सभी जानते हैं - "जगत एक सपना है, यह जगत असत्य है, ब्रह्म ही सत्य", तो क्या कोई काम न किया जाये?

पाँचवें युग-स्वर्णयुग के तीर्थ सत्यकाशी क्षेत्र में प्रवेश करने के लिए आप सभी को मैं लव कुश सिंह "विश्वमानव" हृदय से आमंत्रित करता हूँ।

पाँचवें युग - स्वर्णयुग में प्रवेश का आमंत्रण

जिस प्रकार त्रेतायुग से द्वापरयुग में परिवर्तन के लिए वाल्मिकि रचित "रामायण" आया, जिस प्रकार द्वापरयुग से कलियुग में परिवर्तन के लिए महर्षि व्यास रचित "महाभारत" आया उसी प्रकार कलियुग से पाँचवें युग-स्वर्णयुग में परिवर्तन के लिए "विश्वशास्त्र" सत्यकाशी क्षेत्र जो वाराणसी-विन्ध्याचल-शिवद्वार-सोनभद्र के बीच का क्षेत्र है, से व्यक्त हुआ है। प्रत्येक अवतार के समय शास्त्राकार अन्य होते थे और शास्त्र में नायक अलग होता था परन्तु "विश्वशास्त्र" का नायक और शास्त्राकार एक ही है इसलिए अवतार के होने न होने पर कोई विवाद नहीं होगा क्योंकि यह सदैव सिद्ध रहेगा कि यह शास्त्र है तो शास्त्राकार भी रहा होगा। यही इस अन्तिम अवतार की कला थी जो अवतारों के अनेक कलाओं में पहली और अन्तिम बार प्रयोग हुआ है। अवतारों के प्रत्यक्ष से प्रेरक तक की यात्रा में पूर्ण प्रेरक रूप का यह सर्वोच्च और अन्तिम उदाहरण है। जिस प्रकार प्रत्येक वस्तु में स्थित आत्मा प्रेरक है उसी प्रकार मनुष्य के लिए यह शास्त्र पूर्ण प्रेरक के रूप में सदैव मानव समाज के समक्ष रहेगा।

इस "विश्वशास्त्र" को आप सभी को समर्पित करने के बाद ईश्वर के पास कुछ भी शेष नहीं है और ईश्वर अपने कर्तव्य से मुक्त और मोक्ष को प्राप्त कर चुका है। निर्णय आपके हाथ में है कि आप ज्ञान-कर्मज्ञान का आस करेंगे या समय का पास। यह पूर्णतः आप पर ही निर्भर है। केवल मन से युक्त होकर पशु मानव जीते है। संयुक्त मन से युक्त होकर जीना मानव का जीना है तथा सार्वभौम सत्य-सिद्धान्त से युक्त संयुक्त मन, ईश्वरीय मानव की अवस्था है। यह "विश्वशास्त्र" ही आपका अपना यथार्थ स्वरूप और आपका कल्याणकर्ता है।

हम वर्तमान में ब्रह्मा के 58वें वर्ष में 7वें मनु-वैवस्वत मनु के शासन में श्वेतवाराह कल्प के द्वितीय परार्ध में, 28वें चतुर्युग का अन्तिम युग-कलियुग के ब्रह्मा के प्रथम वर्ष के प्रथम दिवस में विक्रम सम्वत् 2096 (सन् 2012 ई0) में हैं। वर्तमान कलियुग ग्रेगोरियन कैलेण्डर के अनुसार दिनांक 17-18 फरवरी को 3102 ई.पू. में प्रारम्भ हुआ था। इस प्रकार अब तक 15 नील, 55 खरब, 21 अरब, 97 करोड़, 61 हजार, 624 वर्ष इस ब्रह्मा के सृजित हुए हो गये हैं

इस प्रकार दिनांक 21 दिसम्बर, 2012 दिन शुक्रवार (मार्गशीर्ष, शुक्ल पक्ष, नवमी, विक्रम संवत् 2069) जिस दिन मायां सभ्यता का कैलेण्डर पूर्णता को प्राप्त किया है, से दसवें और अन्तिम महावतार लव कुश सिह "विश्वमानव" की ओर से युग का चैथा और अन्तिम युग- कलियुग का समय तथा काल का पहला अदृश्य काल समाप्त होकर युग का पाँचवाँ और अन्तिम युग - स्वर्णयुग तथा काल का दूसरा और अन्तिम काल - दृश्य काल दिनांक 22 दिसम्बर, 2012 दिन शनिवार (मार्गशीर्ष, शुक्ल पक्ष, दशमी, विक्रम संवत् 2069) से प्रारम्भ होता है। और समस्त संसार के समक्ष और मनुष्य जीव के अस्तित्व तक शनिचर और शंकर रूपी "विश्वशास्त्र" उसके ज्ञान की परीक्षा लेने के लिए सदैव सामने व्यक्त रहेगा।

अब आप मेरे ईश्वरीय समाज में आने के लिए स्वतन्त्र है जिसके लिए आपको कहीं आना-जाना नहीं है। आप जिस समाज, धर्म, सम्प्रदाय, मत इत्यादि में हैं, वहीं रहे। सिर्फ "विश्वशास्त्र" को पढ़े और पूर्णता को प्राप्त करें क्योंकि कोई भी विचारधारा चाहे उसकी उपयोगिता कालानुसार समाज को हो या न हो, यदि वह संगठन का रूप लेकर अपना आय स्वयं संचालित करने लगती है तो उसके साथ व्यक्ति जीवकोपार्जन, श्रद्धा व विश्वास से जुड़ता है न कि ज्ञान के लिए। पाँचवें युग-स्वर्णयुग और ईश्वरीय समाज में प्रवेश करने के लिए आप सभी को मैं लव कुश सिंह "विश्वमानव" हृदय से आमंत्रित करता हूँ।

शनिवार, 22 दिसम्बर, 2012 से प्रारम्भ हो चुका है-

1. काल के प्रथम रूप अदृश्य काल से दूसरे और अन्तिम दृश्य काल का प्रारम्भ।
- इसलिए कि अधिकतम व्यक्ति व समाज का मन दृश्य विषयों पर केन्द्रित है।

2. मनवन्तर के वर्तमान 7वें मनवन्तर वैवस्वत मनु से 8वें मनवन्तर सांवर्णि मनु का प्रारम्भ।
- इसलिए कि सांवर्णि मनु के "सार्वभौम" गुण का प्रयोग कर श्री लव कुश सिंह "विश्वमानव" व्यक्त हैं।

3. अवतार के नवें बुद्ध से दसवें और अन्तिम अवतार-कल्कि महावतार का प्रारम्भ।
- इसलिए कि आधुनिक युग के लिए एकीकरण व मानकीकरण के सभी प्रणाली व्यष्टि व समष्टि के लिए संयुक्त एवं अन्तिम रूप से कल्कि अवतार द्वारा व्यक्त है।

4. युग के चैथे कलियुग से पाँचवें युग स्वर्ण युग का प्रारम्भ।
- इसलिए कि युग परिवर्तन के लिए कल्कि अवतार का आगमन हो चुका है।

5. व्यास और द्वापर युग में आठवें अवतार श्रीकृष्ण द्वारा प्रारम्भ किया गया कार्य "नवसृजन" के प्रथम भाग "सार्वभौम ज्ञान" के शास्त्र "गीता" से द्वितीय अन्तिम भाग "सार्वभौम कर्मज्ञान", "पूर्णज्ञान का पूरक शास्त्र", लोकतन्त्र का "धर्मनिरपेक्ष धर्मशास्त्र" और आम आदमी का "समाजवादी शास्त्र" द्वारा व्यवस्था सत्यीकरण और मन के ब्रह्माण्डीयकरण और नये व्यास का प्रारम्भ।
- इसलिए कि नया और अन्तिम शास्त्र "विश्वशास्त्र" प्रकाशित हो चुका है।

"लोग देश भक्ति की चर्चा करते हैं। मैं भी देश भक्ति में विश्वास करता हूँ और देशभक्ति के सम्बन्ध में मेरा भी एक आदर्श है। बड़े काम करने के लिए तीन बातों की आवश्यकता होती है। पहला है- हृदय-अनुभव की शक्ति। बुद्धि या विचारशक्ति में क्या धरा है? वह तो कुछ दूर जाती है और बस वहीं रूक जाती है। पर हृदय, हृदय तो महाशक्ति का द्वार है; अन्तःस्फूर्ति वहीं से आती है। प्रेम असम्भव को भी सम्भव कर देता है। यह प्रेम ही जगत के सब रहस्यों का द्वार है। अतएव, ऐ मेरे भावी सुधारकों, मेरे भावी देशभक्तों-तुम हृदयवान बनों।" (मेरी समर नीति-पृ0-38)

- स्वामी विवेकानन्द

भाग-8
परिवर्तन

सीधी समझ

नये भारत में, नये मनुष्य के उदय के लिए

व्यवस्था के परिवर्तन या सत्यीकरण का पहला प्रारूप और उसकी कार्य विधि

वे शब्द जिसके बिना युग परिवर्तन सम्भव नहीं

उपाधियाँ मिलती है- पीएच0 डी0, डी0 लिट0 और डी0 फिल0 और उनका बड़ा सम्मान होता है। उनका काम क्या है? उनका काम यह है कि वे तय करते हैं कि गोरखनाथ कब पैदा हुए थे। कोई कहता है दसवीं सदी के अंत में, कोई कहता है ग्यारहवीं सदी के प्रारम्भ में। इस पर बड़ा विवाद चलता है। बड़े-बड़े विश्वविद्यालयों के ज्ञानी सिर खपा कर खोज में लगे रहते हैं। शास्त्रों की, प्रमाणों की, इसकी, उसकी। उनकी पूरी जिन्दगी इसी में जाती है। इससे बड़ा अज्ञान और क्या होगा? गोरख कब पैदा हुए, इसे जानकर करोगे क्या? इसे जान भी लिया तो पाओगे क्या? गोरख न भी पैदा हुए, यह भी सिद्ध हो जाये, तो भी क्या फायदा? हुए हों या न हुए हों, अर्थहीन है। गोरख ने क्या जिया उसका स्वाद लो। इसलिए तुम्हारे विश्वविद्यालय ऐसी व्यर्थता के कामों में संलग्न हैं कि बड़ा आश्चर्य होता है कि इन्हें विश्वविद्यालय कहो या न कहो। इनका काम ही........तुम्हारे विश्वविद्यालय में चलने वाली जितनी शोध है, सब कूड़ा-करकट है।

-आचार्य रजनीश "ओशो"

(अक्टुबर व नवम्बर 1978 में दिये गये प्रवचन का अंश)

FINAL KNOWLEDGE BOMB BLAST

AFTER FIRST NOBEL DISCOVERY OF ZERO BY INDIA AGAIN ZERO BASED FINAL DISCOVERY

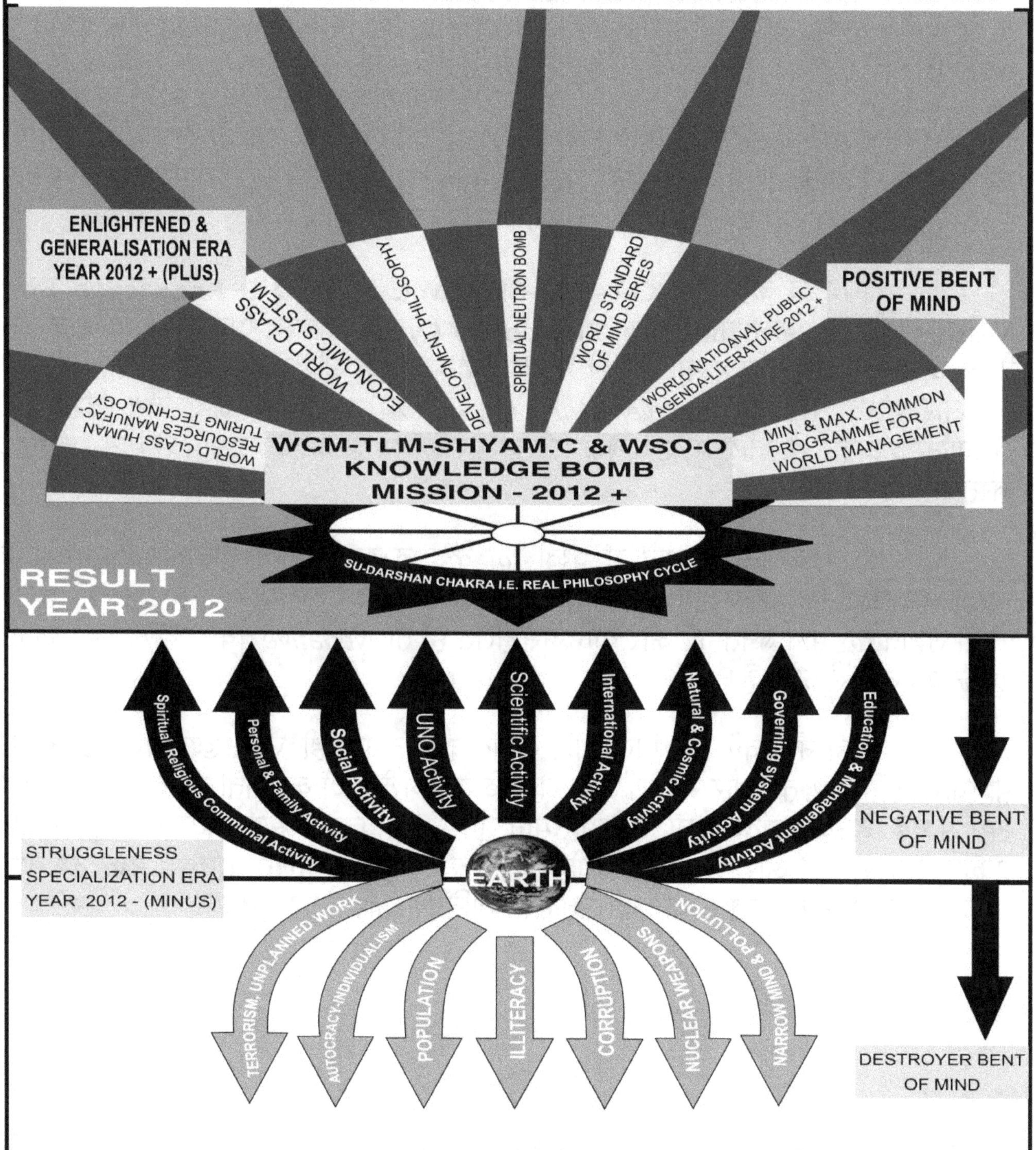

मैकाले शिक्षा पद्धति हम बदल नहीं सकते लेकिन अलग से “सत्य मानक शिक्षा” ग्रहण तो कर सकते हैं।

सरकारी पाठ्यक्रम बनाम नीजी पाठ्यक्रम / सार्वभौम आत्मीय पाठ्यक्रम / ईश्वरीय पाठ्यक्रम

ज्ञान के इस युग में ज्ञान की ओर चलें

FINAL KNOWLEDGE BOMB BLAST

यह चित्र **"FINAL KNOWLEDGE BOMB BLAST"** एक गहन वैचारिक मानचित्र है, जो मानव चेतना, ज्ञान, दर्शन और वैश्विक व्यवस्था के परिवर्तन को प्रतीकात्मक रूप में प्रस्तुत करता है।

इसमें यह दिखाया गया है कि वर्ष 2012 को एक *युग-संधि* के रूप में देखा गया है-जहाँ संघर्ष, विशेषज्ञता और विखंडन (2012–minus) से निकलकर मानवता को प्रबोधन, सामान्यीकरण और समन्वय (2012–plus) की ओर बढ़ना है।

चित्र के केंद्र में **WCM–TLM–SHYAM.C & WSO-O Knowledge Bomb Mission** और **सु-दर्शन चक्र (Real Philosophy Cycle)** को रखा गया है, जो यह संकेत देता है कि वास्तविक परिवर्तन शस्त्रों से नहीं, बल्कि दर्शन, विवेक और समग्र ज्ञान से आता है। ऊपर की ओर उठती संरचना *Positive Bent of Mind* को दर्शाती है, जहाँ विश्व-स्तरीय सोच, आध्यात्मिक दर्शन, मानवीय मूल्य, वैश्विक एजेंडा और कॉमन प्रोग्राम के माध्यम से मानव चेतना का विस्तार होता है।

चित्र के निचले भाग में पृथ्वी को केंद्र बनाकर मानव गतिविधियों-आध्यात्मिक, सामाजिक, वैज्ञानिक, अंतरराष्ट्रीय, शैक्षिक और प्रशासनिक-को दर्शाया गया है, जो यदि संतुलित हों तो उन्नति का मार्ग बनती हैं, और यदि असंतुलित हों तो *Negative* तथा *Destroyer Bent of Mind* की ओर ले जाती हैं।

वहीं नीचे की ओर गिरते तीर आतंकवाद, तानाशाही, जनसंख्या विस्फोट, अशिक्षा, भ्रष्टाचार, परमाणु खतरे और संकीर्ण सोच जैसे विनाशकारी तत्वों का प्रतिनिधित्व करते हैं। समग्र रूप से यह चित्र यह संदेश देता है कि वर्तमान युग में मानवता के सामने विकल्प स्पष्ट है-या तो संकीर्ण, नकारात्मक और विनाशकारी सोच, या फिर **"ज्ञान आधारित सार्वभौमिक दर्शन"** के माध्यम से पृथ्वी और मानव सभ्यता का संतुलित, शांतिपूर्ण और प्रबुद्ध भविष्य।

सीधी समझ

बड़ा वट वृक्ष (Big Banyan Tree), सैकड़ों वर्ष पुराना एक विशाल क्षेत्र में फैला वट वृक्ष है। जिसका मूल वृक्ष अब अस्तित्व में नहीं है उसके तनों से निकले सैंकड़ों जड़ वर्तमान में स्वयं एक वृक्ष, फिर उनके तनों से निकले सैंकड़ों जड़ भी वर्तमान में एक-एक वृक्ष के रूप में स्थापित हैं और सभी एक-दूसरे से जुड़े हुये हैं, बस जो नहीं है, वह है मूल वृक्ष। इस प्रकार सम्पूर्ण वृक्ष परिवार एक बड़े क्षेत्र में फैल चुका है और निरन्तर जारी भी है। प्रत्येक स्वयं स्वतन्त्र वृक्ष के रूप में स्थापित वृक्ष का अपने परिवार के रूप में तना, पत्ता, फूल और फल सब निकलते रहते हैं और जिसे जहाँ अर्थात् नजदीकी स्रोत से सुविधा अर्थात् खुराक मिल सकता हैं वहाँ से प्राप्त करते हुये विकास कर रहे हैं। इस कार्य में आपस में कोई विवाद नहीं है। कोई किसी पर अधिपत्य जमाना नहीं चाहता, ना ही अन्य के विकास में कोई बाधा पहुँचाता है। जिसको जिस ओर उचित वातावरण मिलता जाता है, उस ओर वह विकास कर रहा है। कुल मिलाकर स्व प्रेरित सुशासन की भाँति संचालित है। इस वट वृक्ष के सबसे बाद अर्थात् वर्तमान के तनों-पत्तों के लिए उसका जन्मदाता व पालनकर्ता के रूप में उसका नजदीकी जड़ ही है इसलिए उसकी कथा-कहानी वहीं से शुरू होती है और वहीं तक उसका ज्ञान है जो एक संकुचित और सीमित ज्ञान है। वह पूर्ण को नहीं जान रहा, उसका पूर्णत्व, सार्वभौम पूर्णत्व नहीं बल्कि सीमित पूर्णत्व है। सीमित पूर्णत्व में भी वह आनन्द में हैं और विकासशील है। उसका विकास होना सार्वभौम का ही विकास होना है परन्तु उसे उसका ज्ञान नहीं है और वह उस सार्वभौम के विकास में अपने योगदान को करते हुये भी स्वयं को गौरवान्वित नहीं अनुभव कर रहा है। सार्वभौम से युक्त होने के बाद भी उसे अपने परिवार से ही जुड़ा रहना उसकी विवशता भी है और इसके अलावा कोई अन्य मार्ग भी नहीं हैं। उसके सार्वभौम का मार्ग भी उसके अपने परिवार के ही मार्ग से होकर जाता है। वृक्ष के साथ यह मजबूरी भी है कि क्योंकि वह स्थिर है इसलिए उसका छोटा परिवार केवल पड़ोस तक के ही दायरे के सम्पर्क में है। दूसरे छोर के परिवार का क्या हाल है उसे कुछ नहीं पता।

हे मानवों, ये संसार भी उपरोक्त वट वृक्ष के सामन ही फैला हुआ है। परन्तु उस भाँति विकास नहीं कर रहा है। मनुष्य के अन्दर बीमारी की भाँति अधिकतम "शक्ति और लाभ (पावर और प्राफिट)" की दौड़ ने उसे अधिपत्य, अत्याचार, दूसरे को दबाना इत्यादि से युक्त कर दिया है। और जो इस दौड़ में नहीं हैं वे सीमित पूर्णत्व में आनन्द के साथ विकासशील हैं। उन्हें और भी तेज विकास की इच्छा है परन्तु उनके बुद्धि का दायरा ही सीमित है इसलिए उन्हें मार्ग नहीं मिल रहा है। यदि उनको मार्ग भी मिल रहा हो तो वट वृक्ष की भाँति उसके नजदीकी जन्मदाता ने उसे यह बता रखा है कि जब उस सार्वभौम का मार्ग मेरे ही रास्ते से जाता है तो जो मैं कह रहा हूँ उसे करो। और इसके लिए वे अपने परिवार के लिए अनेक प्रकार की प्रणाली दे रखे हैं। जबकि ये प्रणाली देने वाले उनके नजदीकी जन्मदाता स्वयं कहाँ से आये हैं स्वयं उन्हे भी नहीं पता। क्योंकि वे स्वयं भी उस वट वृक्ष के खो गये मूल जड़ की तरह अपने मूल जड़ को नहीं जानते। वे भी अपने नजदीकी जन्मदाता का ही अनुसरण कर रहे होते हैं। ये प्रणालीयाँ अनेक प्रकार की हैं उदाहरणस्वरूप कुछ मुख्य निम्नवत् हैं-

1 उनके द्वारा प्रस्तुत कुछ पुस्तकें होती हैं जिन्हें नियमानुसार प्रतिदिन पढ़ना होता है। पढ़ने के पूर्व शुद्धता की भी प्रक्रिया अनिवार्य होती है अन्यथा पुस्तकें परिणाम नहीं दे पायेंगी, ये भी शर्त होती हैं।
2 उनके द्वारा भोजन से सम्बन्धित कुछ नियम बना दिये जाते हैं कि क्या खाना है और क्या नहीं खाना है।
3 उनके द्वारा कोई मन्त्र दे कर उसे नियमानुसार जपने के लिए दे दिया जाता है।
4 उनके द्वारा किसी यन्त्र-तन्त्र द्वारा समस्या मुक्ति का उपाय बता दिया जाता है।
5 उनके द्वारा किसी विशेष प्रकार के रंग और ढ़ग के वस्त्र निर्धारित कर दी जाती है जिससे उनकी पहचान एक अलग रूप में हो। अर्थात् समाज का एक और विभाजन कर उसे प्रस्तुत कर देते हैं।

सामान्य रूप से सभी द्वारा अनिवार्य रूप से ये भी निर्धारित कर दी जाती है कि किसी दूसरे के नियमों को न तो जानना है, न सुनना है, न पढ़ना है और न ही उसमें शामिल होना है। अर्थात् एक गतिशील प्राणी मनुष्य को जिसे सदैव श्रेष्ठ से, श्रेष्ठतम और सर्वोच्च तक उठने-विकास करने के लिए निर्मित किया गया था, उसे एक सीमित

दायरे में बुद्धिबद्ध कर दिया गया। मनुष्य जिसका निर्माण अपनी मस्तिष्क को असीम क्षमता को विकसित कर ईश्वर रूप में व्यक्त होना था, उसे जड़ (स्थिर) बना दिया गया।

हे मानवों, मनुष्यों की सबसे बड़ी कमजोरी "स्वयं में गुणों का विकास कर स्वयं बन जाने या हो जाने" में नहीं बल्कि "पाने" की इच्छा है। इस पाने की इच्छा की कमजोरी का परिणाम ही है उपरोक्त अनेक प्रकार के बुद्धिबद्ध करने की विधियाँ।

हे मानवों, उपरोक्त के पृष्ठभूमि में उनका उद्देश्य केवल अपने स्वार्थ की पूर्ति के सिवाय कुछ नहीं होता। क्योंकि मार्गदर्शक या प्रेरक या शिक्षक का उद्देश्य स्वयं से श्रेष्ठ मानव का निर्माण होता है न कि सदैव जीवन भर एक ही प्रणाली या प्रक्रिया या कक्षा में पढ़ते-दुहराते रहने के लिए विवश करना। उपरोक्त के पृष्ठभूमि में शारीरिक-आर्थिक-मानसिक शोषण का ही कार्य विभिन्न प्रकार से चल रहा है। कोई अपने कृषि कार्य को मुफ्त में हल करवा रहा है, तो कोई अपने नाम के उत्पादों को सिर्फ उन्हें ही खरीदने के लिए बुद्धिबद्ध कर दिया है।

हे मानवों, इन सबको आस्था का व्यापार कहते हैं। जबकि मैं देख रहा हूँ कि प्रत्येक संस्कारित करने की क्रिया जो उस काल के लिए आस्था का विषय था। उसके अगले काल के लिए संस्कारित करने की नयी क्रिया उपलब्ध हो जाने के बावजूद, मानव शरीर पिछले काल के संस्कारित करने वाली क्रिया के प्रति आस्था रखते हुये मूर्खता का स्पष्ट प्रदर्शन कर रहा है। सभी कालों में, सभी संस्कारित करने की क्रियाओं में मैं (सार्वभौम आत्मा) ही आस्था का विषय था परन्तु क्रिया के प्रति आस्था रखना मूर्खता का स्पष्ट प्रमाण ही तो है। चाहे वह व्यक्तिगत इच्छा से हो या सामाजिक प्रदर्शन की इच्छा से। इन समस्त संस्कारित करने के क्रिया के पीछे जो रहस्य आज तक गोपनीय था उसे मैंने तुम्हारें समक्ष सार्वजनिक प्रकाशित कर दिया है। अब कुछ भी गोपनीय नहीं। बावजूद इसके प्रत्येक मनुष्य अपनी मूर्खता रूपी आस्था को प्रदर्शित करने के लिए स्वतन्त्र है। परन्तु वह मुझ (सार्वभौम आत्मा) को प्राप्त नहीं कर सकता। हे मानवों, ईश्वर बहुमत से नहीं निर्धारित किया जाता इसलिए ही उसे अनिवर्चनीय कहा गया है। किसी भी वस्तु के प्रति आस्था के विकास से और समस्त मानवों को उसके प्रति आस्थावान् बना देने से वह वस्तु गुण प्रकट कर वैसा नहीं बन सकती जैसा आप उम्मीद करते हो।

हे मानवों, एक तरह से देखा जाये तो उपरोक्त व्यवस्था से कोई समस्या है ही नहीं क्योंकि जिसकी इच्छा जहाँ से पूर्ति हो रही है और विकास का मार्ग मिल रहा है, वह वहाँ से जुडा हुआ है। इसलिए मानव सभ्यता पर आया यह दसवाँ और अन्तिम संकट, संकट होते हुये भी संकट जैसा नहीं दिखता। इस व्यवस्था से हमें कोई समस्या भी नहीं है। समस्या ये है कि धर्म को जिस उद्देश्य के लिए निर्मित किया गया था वही धर्म, संकट में है। यह धर्म ही उस वट वृक्ष का मूल है, सार्वभौम है, समष्टि है। इसके ज्ञान से युक्त दोनों को अर्थात् विशाल संसार रूपी वट वृक्ष के छोटे-छोटे परिवार के नेतृत्वकर्ता मुखिया सहित उसके सदस्यों को होना आवश्यक है। तभी परिवार के नेतृत्वकर्ता मुखिया द्वारा बनाये गये उपरोक्त प्रणाली-नियम परिणाम-फल दे पायेंगे जिसकी इच्छा परिवार के सदस्य करते हैं।

हमारी उत्पत्ति ज्ञान से हुई है। जिन्हें ज्ञान है वही अपने आप को संघर्ष में पाते हैं और सर्वश्रेष्ठता के लिए कर्मशील हैं। शेष सभी तो प्रकृति के अनुसार आते-जाते रहते हैं। इस ज्ञान को ही ब्रह्म (सार्वभौम एकात्म ज्ञान) कहते हैं। देवता रूप में इस ज्ञान को ब्रह्मा के रूप में प्रक्षेपित किया गया है। यह ज्ञान जिस-जिस अंगो द्वारा प्राथमिकता से अनुभव में आता है उतने प्रकार के मानव अपने-आप को उत्पन्न समझते हैं।

पुराण रचनाकार महर्षि व्यास ने ब्रह्मा अर्थात ज्ञान के पुत्रों का प्रक्षेपण किये हैं। ब्रह्मा के 10 मानस पुत्रों

01.मन (विचार) से ज्ञान प्राप्त करने वाले मरीचि

02.नेत्रों (देखकर) ज्ञान प्राप्त करने वाले अत्रि

03.मुख (वाणी) से ज्ञान प्राप्त करने वाले अंगिरा

04.कान (सुन) कर ज्ञान प्राप्त करने वाले पुलस्त्य

05.नाभि (केन्द्र) से ज्ञान प्राप्त करने वाले पुलह

06.हाथ (कर्म) से ज्ञान प्राप्त करने वाले कृतु

07.त्वचा (स्पर्श) से ज्ञान प्राप्त करने वाले भृगु

08.प्राण (श्वास) से ज्ञान प्राप्त करने वाले वशिष्ठ

09.अँगूठे (आत्मा) से ज्ञान प्राप्त करने वाले दक्ष

10.गोद (प्रेम) से ज्ञान प्राप्त करने वाले नारद

ये दस प्रकार ज्ञान से उत्पन्न है और इतने प्रकार के मानव निर्मित होकर संसार में विचरण कर रहे हैं। इसे ये न समझना चाहिए कि मन या नेत्र इत्यादि से कैसे ब्रह्मा ने अपने पुत्रों को उत्पन्न किया? चूंकि शरीर का अस्तित्व अस्थायी है इसलिए विचार के आधार पर ये मनुष्य के वर्ग या श्रेणी का निर्धारण है। इसे मानकीकरण (Standardization) या वर्गीकरण (Classification) भी कहा जा सकता है। जिस प्रकार आजकल मानकीकरण के शब्द ISOऔर ISI मार्का दिये जाते हैं।

नये भारत में, नये मनुष्य के उदय के लिए

आप लंगोट से जौकी पर आ गये...पायजामे से पतलून पर आ गये...नाड़े से बेल्ट पर आ गये...खड़ाऊँ से बूट पर आ गये...कलम से कीबोर्ड पर आ गये। पगडंडियों से एक्सप्रेस वे पर आ गये...चूल्हे से इंडक्शन कुकर पर आ गये...जंगलो से अपार्टमेंट तक आ गये। हल से ट्रैक्टर पर आ गये...पैदल से लक्ज़री जहाज़ों पर आ गये...दीये-मशाल से एलईडी पर आ गये...आप लैंडलाइन से ओरियो एंड्रॉयड तक आ गये...तीर-कमान और गदा से ऑटोमैटिक बंदूकों और मिसाइलों पर आ गये। दुनियां चाँद पे चली गई...मंगल की छाती पर नासा ने रोबोट उतार दिया....शनि मंगल सूर्यग्रहण-चन्द्रग्रहण के हर रहस्य से पर्दा उठ गया!

आप पाँच हज़ार ईसापूर्व और पाँचवी-छठवीं शताब्दी से इक्कीसवी शताब्दी में आ गये...आप लगातार अपडेट होते रहे हैं!!! मगर फिर भी तुम ग्रह-नक्षत्रों को...शनि-मंगल को जन्मकुंडली में देख-देख कर काँप रहे हो। अपना भविष्य सुधारने के लिए बाबा-बाबियों का रास्ता नाप रहे हो। क्या इसी दिन के लिए तुमने बी.एससी, एम.एससी पीएच.डी की थी?? कि तुम पढ़े-लिखे जाहिलों की फौज में शामिल हो जाना! क्या इसी दिन के लिए तुम डॉक्टर, इंजीनियर, वकील, मजिस्ट्रेट या प्रोफेसर बने थे? कि बंगले पर काली हांडी टांगना! निम्बू मिर्ची टांगना! नजर न लगने से एक पैर में काला धागा बांधना?? और अपने उज्ज्वल भविष्य की भीख किसी बाबा-बाबी के दर पर नाक रगड़ के मांगना?

देश आजाद हो गया! दुनिया आजाद हो गई! आखिर कब मिलेगी तुम्हें आजादी?? इस अंधी मानसिक गुलामी से? दुनिया रोज नए-नए आविष्कार कर रही है! तुम हजारों साल पुरानी भाषा, संस्कृति, रीति, रिवाजो की वैज्ञानिक व्याख्या करने में लगे हो! क्या भारत पुनः विश्वगुरु तुम्हारे जैसे मनोरोगियों की वजह से कभी बन पाएगा? बंद कमरे में तुम्हारी चोटी कट जाती! अँधेरे में अकेले में तुम्हें भूत-पलीत सताते हैं! तुम्हें ही सारी दुनिया की नजर लगती है! डायन तो तुम्हारे हर घर में मौजूद है!! तुम्हारे तंत्र-मंत्र-यंत्र काम क्यों नहीं करते हैं? एक पैर में काले धागे वाला रक्षा सूत्र तुम्हारी चोंटी क्यों नहीं बचाता है? आखिर कब तक तुम मानसिक गुलाम रहोगे?

तुम्हारी समस्याएं लौकिक है। मगर तुम्हें हर समस्या का हल परलोक में नजर आता है! संसार तुम्हारे लिए स्वप्नवत् है माया है! भगवान की लीला है! नाटक है! भ्रम है! आखिर तुम्हें इस सपने से कौन जगाए? कब तक शब्दों के साथ बलात्कार करोगे? कब तक धोखे में रहोगे? कब तक हर सिद्धान्त हर आविष्कार को शास्त्रों ऋषि-मुनियों के माथे मड़ोगे??

तुम लोग को जो जगाए वही धर्मद्रोही, देशद्रोही, जातिवादी या नास्तिक है? चारुवाक, बुद्ध, महावीर, कपिल, कणाद गौतम, नागसेन, अश्वघोष, कबीर, नानक, रविदास, ओशो, फुले, शाहू, पेरियार, भीम, भगतसिंह, कोवूर, राहुल संस्कृत्यायन, दयानन्द, विवेकानंद, सबने विवेक लगाया! मगर फिर भी तुम्हारा विवेक नहीं जागा!

तुम्हारा धर्म कब अपडेट (Update) होगा?
तुम्हारी आस्था कब अपडेट (Update) होगी?
तुम्हारा ईश्वर कब अपडेट (Update) होगा?
तुम्हारी सोच कब अपडेट (Update) होगी?
तुम्हारे धर्म की किताबें कब अपडेट (Update) होंगी?

कम्प्यूटर और मोबाइल का साफ्टवेयर तो तुरन्त करते हो, तुम्हारे मस्तिष्क का साफ्टवेयर कब अपडेट (Update) होगा?

क्योंकि तुम विश्वगुरु के अहंकार की दारू पीकर गरीबी, अनपढ़ता, लिंगभेद, जातिभेद, भाषाभेद, क्षेत्रभेद, साम्प्रदायिकता की नाली में पड़े हो! आखिर तुम्हें कब मिलेगी आजादी? इस उम्दा मानसिक गुलामी से?

सोच के बता देना!!
आओ एक कदम शब्दों के उँचाइयों की ओर..........

IDEAS + ACTION = CHANGE

व्यवस्था के परिवर्तन या सत्यीकरण का पहला प्रारूप और उसकी कार्य विधि

उदाहरण के रूप में, यदि किसी शिक्षित व्यक्ति जिसे अंकगणित का ज्ञान हो, उसके समक्ष संख्या 5 लिख दिया जाये और उससे कहा जाये कि इस संख्या के आगे और पीछे की संख्या लिखें तो वह आसानी से उसे लिख देगा परन्तु अंकगणित का अज्ञानी ऐसा नहीं कर पायेगा। उसका सारा ध्यान केवल संख्या 5 पर ही टिका रह जायेगा क्योंकि वह संख्या पद्धति से अपरिचित है। अगर वह कुछ लिख भी देगा तो वह आवश्यक नहीं कि सत्य हो और उसमें सुधार की पूरी सम्भावना बनी रहेगी। समाज सुधार के क्षेत्र में भी यही बात है। हम एक समस्या देखते हैं फिर उसमें कुछ सुधार कर देते हैं। फल यह होता है कि कुछ समय बाद पुनः उसमें सुधार की आवश्यकता आ जाती है।

जितने अधिक आकड़ों को विश्लेषित कर हम परिणाम को खोजेंगे उतने ही सत्य परिणाम हमारे सामने आयेंगे। प्रस्तुत शास्त्र व्यक्त अधिकतम आकड़ों के व्यवस्थित प्रस्तुतीकरण का शास्त्र है। दूसरे रूप में इसे धर्म ज्ञान का बैलेन्ससीट भी कह सकते है। इन सम्पूर्ण आकड़ों पर आधारित होकर व्यक्ति, समाज और विश्व राष्ट्र के लिए लिया गया निर्णय ही एक सत्य निर्णय हो सकता है। समाज सुधार के सम्बन्ध में स्वामी विवेकानन्द का कहना है कि-"तथाकथित समाज-सुधार के विषय में हस्तक्षेप न करना क्योंकि पहले आध्यात्मिक सुधार हुये बिना अन्य किसी भी प्रकार का सुधार हो नहीं सकता (राम पृष्ठ मिशन, पत्रावली भाग-1, पृष्ठ-29), भारत के शिक्षित समाज से मैं इस बात पर सहमत हूँ कि समाज का आमूल परिवर्तन करना आवश्यक है। पर यह किया किस तरह जाये? सुधारकों की सब कुछ नष्ट कर डालने की रीति व्यर्थ सिद्ध हो चुकी है। मेरी योजना यह है, हमने अतीत में कुछ बुरा नहीं किया। निश्चय ही नहीं किया। हमारा समाज खराब नहीं, बल्कि अच्छा है। मैं केवल चाहता हूँ कि वह और भी अच्छा हो। हमें असत्य से सत्य तक अथवा बुरे से अच्छे तक पहुँचना नहीं है। वरन् सत्य से उच्चतर सत्य तक, श्रेष्ठ से श्रेष्ठतर और श्रेष्ठतम तक पहुँचना है। मैं अपने देशवासियों से कहता हूँ कि अब तक जो तुमने किया, सो अच्छा ही किया है, अब इस समय और भी अच्छा करने का मौका आ गया है।"-(राम पृष्ठ मिशन, जितने मत उतने पथ, पृष्ठ-46)

व्यक्ति हो या ज्ञानी, समाज हो या राज्य, देश हो या विश्व, समाज नेता हों या राजनेता सभी को अब यह जान लेना चाहिए कि विश्व एक परिवार है और उस परिवार का शास्त्र-"विश्वशास्त्र" है। जब तक यह शास्त्र उपलब्ध नहीं था तब तक इस विश्व परिवार के एकीकरण का मार्ग नहीं खुला था, अब वह मार्ग मिल चुका है। कोई भी समाज निर्माण या युग परिवर्तन का कार्य एक क्षण का कार्य नहीं है। यह एक लम्बी अवधि की प्रक्रिया का कार्य है। इसे हम उन समाज सुधारकों के संस्थाओं के कार्य को देख कर अनुभव कर सकते हैं।

व्यवस्था परिवर्तन, एक राजनीतिक लुभावना वाला शब्द है। वह कैसे होगा, इसके लिए एक प्रारूप की आवश्यकता होती है अगर वह नहीं है तो व्यवस्था परिवर्तन चिल्लाने से नहीं होता। फिर व्यवस्था परिवर्तन किस बात का? मानव समाज को संचालित करने के लिए तो सिर्फ दो ही मूल व्यवस्था है-एक राजतन्त्र, जिसका युग जा चुका है। दूसरा-लोकतन्त्र, जिसका युग चल रहा है और यही अन्तिम व्यवस्था भी बनी रहेगी क्योंकि ब्रह्माण्डीय व्यवस्था भी लोकतन्त्र से ही चल रहा है और मनुष्य के मस्तिष्क से अन्ततः वही व्यक्त हो रहा है। लोकतन्त्र से हम राजतन्त्र में नहीं जा सकते इसलिए व्यवस्था परिवर्तन का अर्थ ही निरर्थक है।

आवश्यकता है वर्तमान लोकतन्त्र व्यवस्था को ही सत्य आधारित करने की जिसे व्यवस्था सत्यीकरण कहा जा सकता है। इस कार्य में हमें मानकशास्त्र की आवश्यकता है जिससे तोल कर यह देख सके कि इस लोकतन्त्र व्यवस्था में कहाँ सुधार करने से सत्यीकरण हो जायेगा। यह मानकशास्त्र ही "विश्वशास्त्र" है। सिर्फ मतदाता बनने व वोट डालने से ही लोकतन्त्र स्वस्थ नहीं हो सकता। उसके लिए देश व विश्व के पूर्ण ज्ञान की आवश्यकता होगी। इसलिए आवश्यक है कि प्रत्येक मतदाता "विश्वशास्त्र" के ज्ञान से युक्त हो।

अच्छा होता कि हमारे राजनेतागण कुछ दिनों के लिए सन्यास लेकर थोड़ा कुछ अध्ययन-चिंतन करते रहते ताकि उन्हें बार-बार लक्ष्य के लिए शब्दों का परिवर्तन न करना पड़ता। एक ही स्थिति में बहुत समय तक रहने पर बुद्धि, बद्ध हो जाती है। एक-एक सीढ़ी चढ़कर, पहुँच गये-पहुँच गये चिल्लाने से अच्छा है कि अन्तिम सीढ़ी पर पर बैठकर चिल्लाना कि पहुँच गये।

चाहे कुछ हो यदि प्रारूप नहीं, तो न तो व्यवस्था परिवर्तन हो सकता है, न ही व्यवस्था सत्यीकरण हो सकता है, न ही सम्पूर्ण क्रान्ति। भीड़ से क्रान्ति नहीं सिर्फ हंगामा होता है। भीड़ में जोश होता है, होश नहीं।

इस मानक शास्त्र के प्रस्तुत हो जाने से व्यवस्था परिवर्तन की नहीं बल्कि व्यवस्था के सत्यीकरण का मार्ग खुल चुका है। जिसका व्यक्ति, समाज और विश्व राष्ट्र को आवश्यकता भी है। किसी एक विषय पर बहुत अधिक पुस्तक मस्तिष्क को भ्रमित ही करती है। यह शास्त्र प्रारम्भ से अन्त तक के विकास को क्रमबद्ध प्रस्तुत करता है जिससे हम सभी एक सत्य निर्णय करने में सक्षम हों और पूर्ण ज्ञान से युक्त हो जायें और हमारा कोई भी सुधार एक स्थायी, अच्छा और दूरगामी परिणाम देने वाला हो।

प्रश्न यह भी उठता है कि परिवार का मुखिया जिसके द्वारा परिवार का संचालन होता है, यदि वह परिवार के हित व विकास के विषय में कर्म न करता हो तो क्या परिवार का सदस्य उसमें हस्तक्षेप करने का अधिकारी है या नहीं? यही बात देश को चलाने वाले संसद के विषय में भी है। यदि संसद स्वयं देशहित व जनहित के प्रति उदासीन हो जाये तो क्या जनता संसद को मार्गदर्शन देने का अधिकार नहीं रखती? यदि नहीं तो संविधान की धारा-51(ए) के अन्तर्गत नागरिक का मौलिक कर्तव्य की उपयोगिता क्या है? ध्यान रखने योग्य विषय यह है कि कोई भी चुना हुआ प्रतिनिधि सिर्फ उतने ही बड़े क्षेत्र का प्रतिनिधि होता है जिस क्षेत्र से वह चुना जाता है। भारत में ऐसा कोई प्रतिनिधि जनता से नहीं चुना जाता जो भारत का प्रतिनिधित्व करता हो और जब तक भारत का प्रतिनिधित्व करने वाला चुनाव नहीं होता या भारत की जनता का राष्ट्रीय मुद्दों पर विचार कर संसद के कर्तव्य का बोध कराने वाली स्वतन्त्र संस्था नहीं बन जाती, तब तक जनता को संसद को संविधान की धारा-51(ए) के अन्तर्गत नागरिक का मौलिक कर्तव्य के अनुसार न्यायालय व संसद के माध्यम से सरकार को मार्गदर्शन देने का कर्तव्य करना चाहिए जो उसका अधिकार भी है।

वे शब्द जिसके बिना युग परिवर्तन सम्भव नहीं

सन् 1893 से सन् 1993 के 100 वर्षों के समय में विश्व के बौद्धिक शक्ति को जिन्होंने सबसे अधिक हलचल दी वे हैं-धर्म की ओर से स्वामी विवेकानन्द और धार्मिकता की ओर से आचार्य रजनीश"ओशो"। मनुष्य जिस प्रकार भौतिक विज्ञान के नवीन आविष्कारों को आसानी से ग्रहण करता है उसी प्रकार धर्म-आध्यात्म-दर्शन के नवीन आविष्कारों को भी मनुष्य को ग्रहण करना चाहिए, तभी मानसिक-आध्यात्मिक स्वतन्त्रता का अनुभव हो सकेगा। अन्यथा पूर्ण शारीरिक गुलामी का समय बीत चुका, आर्थिक गुलामी का काल चल रहा है और मानसिक गुलामी के काल चक्र में मनुष्य फँस जायेगा।

स्वामी विवेकानन्द जी का कहना था-

- "उसी मूल सत्य की फिर से शिक्षा ग्रहण करनी होगी, जो केवल यहीं से, हमारी इसी मातृभूमि से प्रचारित हुआ था। फिर एक बार भारत को संसार में इसी मूल तत्व का-इसी सत्य का प्रचार करना होगा। ऐसा क्यों है? इसलिए नहीं कि यह सत्य हमारे शास्त्रों में लिखा है वरन् हमारे राष्ट्रीय साहित्य का प्रत्येक विभाग और हमारा राष्ट्रीय जीवन उससे पूर्णतः ओत-प्रोत है। इस धार्मिक सहिष्णुता की तथा इस सहानुभूति की, मातृभाव की महान शिक्षा प्रत्येक बालक, स्त्री, पुरुष, शिक्षित, अशिक्षित सब जाति और वर्ण वाले सीख सकते हैं। तुमको अनेक नामों से पुकारा जाता है, पर तुम एक हो।" (जितने मत उतने पथ, राम कृष्ण मिशन, पृष्ठ-39)।
- "अत: यदि भारत को महान बनाना है, तो इसके लिए आवश्यकता है संगठन की, शक्ति संग्रह की और बिखरी हुई इच्छाशक्ति को एकत्र कर उसमें समन्वय लाने की। अथर्ववेद संहिता की एक विलक्षण ऋचा याद आ गयी जिसमें कहा गया है, "तुम सब लोग एक मन हो जाओ, सब लोग एक ही विचार के बन जाओ। एक मन हो जाना ही समाज गठन का रहस्य है बस इच्छाशक्ति का संचय और उनका समन्वय कर उन्हें एकमुखी करना ही सारा रहस्य है।" (देखें "नया भारत गढ़ो" पृष्ठ संख्या-55)
- "यह भी न भूलना चाहिए कि हमारे बाद जो लोग आएंगे, वे उसी तरह हमारे धर्म और ईश्वर सम्बन्धी धारणा पर हँसेंगे, जिस तरह हम प्राचीन लोगों के धर्म और ईश्वर की धारणा पर हँसते हैं। यह सब होने पर भी, इन सब ईश्वर सम्बन्धित धारणाओं का संयोग करने वाला एक स्वर्ण सूत्र है और वेदान्त का उद्देश्य है-इस सूत्र की खोज करना। भागवान कृष्ण ने कहा है-""भिन्न भिन्न मणियाँ जिस प्रकार एक सूत्र में पिरोयी जा सकती हैं, उसी प्रकार इन सब विभिन्न भावों के भीतर भी एक सूत्र विद्यमान है।" (देखें "ज्ञानयोग", पृष्ठ संख्या-65) ,
- "एक शब्द में वेदान्त का आदर्श है-मनुष्य के सच्चे स्वरूप को जानना।" (देखें "विवेकानन्द राष्ट्र को आह्वान", पृष्ठ सं0-48)।
- यदि हम अपने व्यक्तिगत एवं सामूहिक जीवन में वैज्ञानिक चेतना सम्पन्न एवं आध्यात्मिक एक साथ न हो पाए, तो मानवजाति का अर्थपूर्ण अस्तित्व ही संशय का विषय हो जाएगा। (विज्ञान और आध्यात्मिकता, पृष्ठ-9)
- हमेशा यूरोप से सामाजिक तथा एशिया से आध्यात्मिक शक्तियों का उद्भव होता रहा है एवं इन दोनों शक्तियों के विभिन्न प्रकार के सम्मिश्रण से ही जगत का इतिहास बना है। वर्तमान मानवेतिहास का एक और नवीन पृष्ठ धीरे-धीरे विकसित हो रहा है एवं चारो ओर उसी का चिन्ह दिखाई दे रहा है। कितनी ही नवीन योजनाओं का उद्भव तथा नाश होगा, किन्तु योग्यतम वस्तु की प्रतिष्ठा सुनिश्चित है, सत्य और शिव की अपेक्षा योग्यतम वस्तु और हो ही क्या सकती है? (पत्रावली भाग-1, पृष्ठ-310)

स्वामी विवेकानन्द के अनुसार शब्द से सृष्टि का रहस्य

01. बृहत् ब्रह्माण्ड में भी ब्रह्मा, हिरण्यगर्भ या समष्टि महत् ने पहले अपने आप को नाम के, और फिर बाद में रुप के आकार में अर्थात् इस परिदृश्यमान जगत के आकार में अभिव्यक्त किया। (भक्ति योग, पृष्ठ-44)
02. यह सारा व्यक्त इन्द्रियग्राह्य जगत रुप है, और इसके पीछे है अनन्त अव्यक्त स्फोट। स्फोट का अर्थ-समस्त जगत की अभिव्यक्ति का कारण शब्द-ब्रह्म है। समस्त नामों अर्थात् भावों की नित्य समवायी उपादान स्वरुप यह नित्य स्फोट ही वह शक्ति है, जिससे भगवान इस विश्व की सृष्टि करते हैं। यही नहीं बल्कि भगवान पहले स्फोट रुप में परिणत हो जाते हैं और तत्पश्चात् अपने को उससे भी स्थूल इस इन्द्रियग्राह्य जगत के रुप में परिणत कर लेते हैं। (भक्ति योग, पृष्ठ-45)
03. इस स्फोट का एक मात्र वाचक शब्द है-"ऊँ"। और चूँकि हम किसी भी उपाय से शब्द को भाव से अलग नहीं कर सकते, इसलिए यह "ऊँ" भी इस नित्य स्फोट से नित्य संयुक्त है। (भक्ति योग, पृष्ठ-45)
04. एकमेव यह "ऊँ" ही इस प्रकार सर्वभावाव्यापी वाचक शब्द है, अन्य कोई भी इसके समान नहीं। स्फोट ही सारे भावों का उपादान है, फिर भी वह स्वयं पूर्ण रुप से विकसित कोई विशिष्ट भाव नहीं है। अर्थात् यदि उन सब भेदों को, जो एक भाव को दूसरे से अलग करते हैं, निकाल दिया जाय, तो जो कुछ बचा रहता है, वही स्फोट है। इसलिए इस स्फोट को "नादब्रह्म" कहते हैं। (भक्ति योग, पृष्ठ-45)
05. जो वाचक शब्द उसे सब से कम विशेषभावापन्न करेगा, पर साथ ही उसके स्वरुप को यथासम्भव पूरी तरह प्रकाशित करेगा, वही उसका सबसे सच्चा वाचक होगा। और यह वाचक शब्द है-एकमात्र "ऊँ" क्योंकि ये तीनों अक्षर अ, उ और म्, जिनका एक साथ उच्चारण करने से "ऊँ" होता है, समान शब्दों के साधारण वाचक के तौर पर लिये जा सकते हैं। (भक्ति योग पृष्ठ, पृष्ठ-46)
06. अक्षर "अ" सारे अक्षरों में सबसे कम विशेषभावापन्न है। इसीलिए भगवान श्रीकृष्ण गीता में कहते हैं-"अक्षरों में मैं "अ" कार हूँ। " (गीता,10/33) स्पष्ट रुप से उच्चारित जितने भी शब्द हैं, उनकी उच्चारण क्रिया मुख में जिह्वा के मूल से आरम्भ होती है और ओठों में आकर समाप्त हो जाती है। "अ" जिह्वा मूल अर्थात् कण्ठ से उच्चारित होता है, और "म" ओठों से होने वाला अन्तिम शब्द है। और "उ" उस शक्ति का सूचक है, जो जिह्वा मूल से आरम्भ होकर मुँह भर में लुढ़कती हुई ओठों में आकर समाप्त हो जाती है। यदि "ऊँ" का उच्चारण ठीक ढंग से किया जाय, तो इसके शब्दोच्चारण की सम्पूर्ण क्रिया सम्पन्न हो जाती है-दूसरे किसी भी शब्द में यह शक्ति नहीं। (भक्ति योग, पृष्ठ-46)
07. जिस प्रकार अल्पतम् विशेष भावात्मक तथा सार्वभौमिक वाचक शब्द "ऊँ" के सम्बन्ध में वाच्य और वाचक आपस में अभेद्य रुप से सम्बद्ध हैं उसी प्रकार वाच्य और वाचक का यह अविच्छिन्न सम्बन्ध भगवान और विश्व के विभिन्न खण्ड भावों पर भी लागू है, अतएव उनमें से प्रत्येक का एक विशिष्ट वाचक शब्द होना आवश्यक है। (भक्ति योग, पृष्ठ-47)
08. ये वाचक शब्द ऋषियों की गम्भीरतम आध्यात्मिक अनुभूति से उत्पन्न हुए हैं और वे भगवान तथा विश्व के जिन विशेष-विशेष खण्ड भाव के वाचक हैं, उन विशेष भावों को यथासम्भव प्रकाशित करते हैं। जिस प्रकार "ऊँ" अखण्ड ब्रह्म का वाचक है, उसी प्रकार अन्यान्य मंत्र भी उसी परम पुरुष के खण्ड-खण्ड भावों के वाचक हैं। ये सभी ईश्वर के ध्यान और प्रकृत ज्ञान की प्राप्ति में सहायक हैं। (भक्ति योग, पृष्ठ-47)
09. सृष्टि के पूर्व ब्रह्म शब्दात्मक बनते है, फिर ओंकारात्मक या नादात्मक होते है। तत्पश्चात पहले कल्पों के विशेष शब्द जैसे-भूः, भुवः, स्व-अथवा गो, मानव, घट, पट इत्यादि का प्रकाश उसी ओंकार से होता है। सिद्ध संकल्प ब्रह्म में क्रमशः-एक-एक शब्द के होते ही उसी क्षण उन सब पदार्थो का भी प्रकाश हो जाता है और इस विचित्र जगत् का विकास हो उठता है। अब समझे न कि कैसे शब्द ही सृष्टि का मूल है। -स्वामी विवेकानन्द (विवेकानन्द जी के संग में पृष्ठ-62)
10. यह सारा व्यक्त इन्द्रिय ग्राह्य जगत रूप है, और इसके पीछे है अनन्त अव्यक्त स्फोट। स्फोट का अर्थ-समस्त जगत की अभिव्यक्ति का कारण शब्द-ब्रह्म। समस्त नामों अर्थात् भावों की नित्य समवायी उपादान स्वरूप यह नित्य स्फोट ही वह शक्ति है, जिससे भगवान इस विश्व की सृष्टि करते है। यही नहीं बल्कि भगवान पहले स्फोट-रूप में परिणत हो जाते है और तत्पश्चात अपने को उससे भी स्थूल इस इन्द्रिय ग्राह्य जगत् के रूप में परिणत कर लेते है। -स्वामी विवेकानन्द (राजयोग-पृष्ठ-45)

आचार्य रजनीश"ओशो" का कहना था-

- "श्रीकृष्ण का महत्व अतीत के लिए कम भविष्य के लिए ज्यादा है। सच ऐसा है कि कृष्ण अपने समय से कम से कम पाँच हजार वर्ष पहले पैदा हुये। सभी महत्वपूर्ण व्यक्ति अपने समय से पहले पैदा होते हैं और

सभी गैर महत्वपूर्ण व्यक्ति अपने समय के बाद पैदा होते हैं। बस महत्वपूर्ण और गैर महत्वपूर्ण में इतना फर्क है और सभी साधारण व्यक्ति अपने समय के साथ पैदा होते हैं महत्वपूर्ण व्यक्ति को समझना आसान नहीं होता। उसका वर्तमान और अतीत उसे समझने में असमर्थता अनुभव करता है जब हम समझने योग्य नहीं हो पाते तब हम उसकी पूजा शुरु कर देते हैं या तो हम उसका विरोध करते हैं। दोनों पूजाएं हैं एक मित्र की एक शत्रु की।"

- उसके लिए सब हंसी खेल है, सब लीला है। इसलिए हमने कृष्ण को पूर्णावतार कहा। राम गम्भीर हैं छोटी-छोटी बात का हिसाब रखते हैं। नियम मर्यादा से चलते हैं- मर्यादा पुरूषोत्तम हैं। कृष्ण अमर्याद हैं न कोई नियम है न कोई मर्यादा। कृष्ण के लिए जीवन लीला है।
- धर्म कोई विषय थोड़े ही है। धर्म की कोई सीमा थोड़े ही है। धर्म तो समस्त जीवन का नाम है। जीवन में जो कुछ भी समाविष्ट है, धर्म उस सभी के सम्बन्ध में वक्तव्य देने का हकदार है। राजनीतिज्ञ, धर्म के सम्बन्ध में वक्तव्य नहीं दे सकता क्योंकि राजनीति की सीमा है। लेकिन धार्मिक व्यक्ति, राजनीति के सम्बन्ध में वक्तव्य दे सकता है क्योंकि धर्म की कोई सीमा नही है धर्म असीम है, धर्म तो पूरे जीवन को घेरता है जैसे आकाश घेरता है। धर्म से तो कोई भी चीज छोड़ी नहीं जा सकती। धार्मिक व्यक्ति की दृष्टि तो सब सम्बन्धों में होगी।
- जो एक गुरू बोल रहा है, वह अनन्त सिद्धों की वाणी है। अभिव्यक्ति में भेद होगा, शब्द अलग होंगे, प्रतीक अलग होंगे मगर जो एक सिद्ध बोलता है, वह सभी सिद्धों की वाणी है। इनसे अन्यथा नहीं हो सकता है। इसलिए जिसने एक सिद्ध को पा लिया, उसने सारे सिद्धों की परम्परा को पा लिया। क्योंकि उनका सूत्र एक ही है। कुंजी तो एक ही है, जिसमें ताला खुलता है अस्तित्व का।
- "इस देश को कुछ बाते समझनी होगी। एक तो इस देश को यह बात समझनी होगी कि तुम्हारी परेशानियों, तुम्हारी गरीबी, तुम्हारी मुसीबतों, तुम्हारी दीनता के बहुत कुछ कारण तुम्हारे अंध विश्वासों में है, भारत कम से कम डेढ़ हजार साल पिछे घिसट रहा है। ये डेढ़ हजार साल पूरे होने जरूरी है। भारत को खिंचकर आधुनिक बनाना जरूरी है। मेरी उत्सुकता है कि इस देश का सौभाग्य खुले, यह देश भी खुशहाल हो, यह देश भी समृद्ध हो। क्योंकि समृद्ध हो यह देश तो फिर राम की धुन गुंजे, समृद्ध हो यह देश तो फिर लोग गीत गाँये, प्रभु की प्रार्थना करें। समृद्ध हो यह देश तो मंदिर की घंटिया फिर बजे, पूजा के थाल फिर सजे। समृद्ध हो यह देश तो फिर बाँसुरी बजे कृष्ण की, फिर रास रचे! यह दीन दरिद्र देश, अभी तुम इसमें कृष्ण को भी ले आओंगे तो राधा कहाँ पाओगे नाचनेवाली? अभी तुम कृष्ण को भी ले आओगे, तो कृष्ण बड़ी मुश्किल में पड़ जायेंगे, माखन कहाँ चुरायेगें? माखन है कहाँ? दूध दही की मटकिया कैसे तोड़ोगे? दूध दही की कहाँ, पानी तक की मटकिया मुश्किल है। नलों पर इतनी भीड़ है! और एक आध गोपी की मटकी फोड़ दी, जो नल से पानी भरकर लौट रही थी, तो पुलिस में रिपोर्ट दर्ज करा देगी कृष्ण की, तीन बजे रात से पानी भरने खड़ी थी नौ बजते बजते पानी भर पायी और इन सज्जन ने कंकड़ी मार दी। धर्म का जन्म होता है जब देश समृद्ध होता है। धर्म समृद्ध की सुवास है। तो मैं जरूर चाहता हूँ यह देश सौभाग्यशाली हो लेकिन सबसे बड़ी अड़चन इसी देश की मान्यताएं है। इसलिए मैं तुमसे लड़ रहा हूँ। तुम्हारे लिए।"

व्यक्ति-समाज-राज्य-विश्व की आवश्यकता, भविष्यवक्ताओं की भविष्यवाणीयां, ग्रहों के चालों, सूर्य व चन्द्र ग्रहण, सामाजिक-राजनीतिक विचारकों के विचार-सपनें-उम्मीद इत्यादि युग परिवर्तन की ओर दिशा निर्देश कर रहीं हैं। ऐसे में सृष्टि के लिए सार्वभौम सर्वोच्च अन्तिम अर्थों वाले शब्दों (जिसकी सूची अगले पृष्ठ पर दी गई है।) **पर चर्चा ही एक मात्र युग परिवर्तन का मार्ग है।**

वे सार्वभौम एकात्म शब्द जिसके बिना युग परिवर्तन सम्भव नहीं (सर्वोच्च, अन्तिम और दृश्य)

क्र.सं. विषय क्षेत्र	सम्बन्धित क्षेत्र से मुख्य नाम
01. विश्व क्षेत्र	विश्व संविधान / साहित्य / विचार / सिद्धान्त / प्रबन्ध / दर्शन / मत / मानव / एकता / शान्ति / विकास / स्थिरता / आत्मा / अभिनेता / बुद्धि / राजनीति / क्रांति
02. राज्य क्षेत्र	विश्व (राष्ट्र) ऐजेण्डा–2012+ (WORLD NATION AGENDA-2012+) विश्व व्यवस्था का अधिकतम एवं न्यूनतम साझा कार्यक्रम
03. समाज क्षेत्र	लोक / गण / जन ऐजेण्डा–2012+ (PUBLIC AGENDA-2000+)
04. धर्म क्षेत्र	वेदान्त धर्म स्थापना
05. साहित्य क्षेत्र	विश्व साहित्य–"विश्वभारत" समाहित "विश्वशास्त्र" साहित्य– आदर्श वैश्विक व्यक्ति चरित्र कथा साहित्य
06. सामाज शास्त्र	मानक / जन / गण / लोक शास्त्र
07. धर्मशास्त्र	धर्मयुक्त नाम – कर्मवेदः प्रथम, अन्तिम और पंचम वेद और आधारित उपनिषद् (व्यष्टि एवं समष्टि) सर्वधर्मसमभाव / धर्मनिरपेक्ष नाम – मन की गुणवत्ता का विश्व मानक : शून्य श्रृंखला (व्यष्टि एवं समष्टि)
08. मानक क्षेत्र	मन की गुणवत्ता का विश्व मानक : शून्य श्रृंखला
09. अदृश्य विज्ञान	दृश्य आध्यात्म विज्ञान
10. दृश्य विज्ञान	धर्म विज्ञान या एकात्म विज्ञान (Integration Science)
11. इंजीनियरिंग	सत्य सामाजिक अभियंत्रण (Real Social Engineering)
12. तकनीकी	सत्य सामाजिक तकनीकी (Real Social Technology) : WCM-TLM-SHYAM.C Technology
13. संविधान	विवादमुक्त तन्त्रों पर आधारित संविधान
14. राजनीति	सत्य राजनीति / राजनीति–2012+ (POLITICS-2012+)
15. संगठन	विश्व राजनीतिक पार्टी संघ (World Political Party Organisation- WPPO)
16. शिक्षा	पूर्णज्ञान / पूर्ण शिक्षा प्रणाली / शिक्षा -2012+ (EDUCATION-2012+)
17. राष्ट्र सम्बन्ध	आदर्श राष्ट्रीय नागरिक
18. वेदान्त	कर्म वेदान्त : वेदान्त की अन्तिम शाखा
19. मतवाद	एकात्म कर्मवाद : एकात्म मानवतावाद का व्यावहारिक रुप
20. दार्शनिक	विकास दर्शन (Development Philosophy)
21. क्रांति	संपूर्ण क्रांति (Complete Revolution) : प्रलय, स्थिति एवं सृष्टि
22. सांस्कृतिक	भोगेश्वरः भोग (पाश्चात्य) + ईश्वर (प्राच्य) = एकात्म या ईश्वरत्व भाव से भोग
23. मन	विश्व मन (WOLD MIND)
24. मानव	विश्वमानव (विश्वमन से युक्त)
25. मनु	8वें मनु – सावर्णि मनु
26. अवतार	भगवान विष्णु के 10वें और अन्तिम तथा भगवान शंकर के 22वें और अन्तिम संयुक्तावतार (निष्कलंक कल्कि एवं भोगेश्वर)
27. निराकार ब्रह्म	सार्वभौम सत्य–सिद्धान्त (UNIVERSAL TRUTH-THEORY) : विश्व–बन्धुत्व का सिद्धान्त
28. साकार ब्रह्म	लव कुश सिंह
29. पुनर्जन्म–सत् मार्ग से	बुड्ढा कृष्ण (कृष्ण भाग – 2 और अन्तिम) – कृष्ण की अगली और अन्तिम कड़ी
30. पुनर्जन्म–रज मार्ग से	स्वामी विवेकानन्द का पुनर्जन्म
31. पुनर्जन्म–तम मार्ग से	रावण की अगली कड़ी
32. आत्मा	दृश्य विश्वात्मा / शिव / ब्रह्म / मैं
33. अभिनय	वास्तविक जीवन का अभिनेता (Real Life Actor)
34. बम	ज्ञान बम – आध्यात्मिक न्यूट्रान बम
35. अस्त्र	अनियन्त्रित पशुपास्त्र (नारायणास्त्र या सु–दर्शन चक्र व ब्रह्मास्त्र समाहित)
36. माया	योग माया समाहित भोगमाया
37. ज्ञान	एकात्म कर्मज्ञान (शास्वत) : व्यष्टि एवं समष्टि
38. बुद्धि	विश्व बुद्धि व चेतना या सत्य चेतना : पूर्व व्यक्त सत्य चेतना
39. ध्यान व योग	दृश्य सत्य–क्रियाकलाप–एकात्म योग व ध्यान (अन्तिम योग व अन्तिम ध्यान)
40. मिशन	प्राकृतिक सत्य मिशन (Natural Truth Mission)–सर्वोच्च और अन्तिम मिशन
41. धार्मिक नगर	एकात्म काशी– जीवनदायिनी सत्यकाशी : पंचम, अन्तिम तथा सप्तम काशी
42. शक्ति	आत्मशक्ति (SPIRIT POWER), मस्तिष्क शक्ति (BRAIN POWER), मन शक्ति (MIND POWER), सत्य शक्ति (TRUTH POWER)
43. जीवन कथा	विश्वमानव लीला / दर्पण : दो विपरीत दिशाओं के साथ प्रथम एवं अन्तिम कथा
44. प्रेम और कर्म	शास्वत प्रेम और कर्म
45. समन्वय	अन्तिम समन्वय–सिद्धान्त
46. आचार्य	अन्तिम समन्वयाचार्य
47. कला	विश्वमानव कला (कृष्ण कला समाहित)
48. परिचालन प्रणाली	अवतार का परिचालन प्रणाली : मानव–10 (Avatar's Operating System-AOS : Human-10)
49. शंकराचार्य पीठ	सत्यकाशी पीठ : पंचम और अन्तिम शंकराचार्य पीठ

भाग-9

केन्द्र या मध्य (भारत) में पांचवां और अन्तिम सत्यकाशी पीठ

सत्यकाशी पीठ: स्थान

सत्यकाशी पीठ: इतिहास और उद्देश्य

पाँचवाँ और अंतिम शंकराचार्य पीठ: इसकी विशेषता

"हिन्दू धर्म की जो पकड़ थी, वह इस समय कमजोर पड़ गयी है क्योंकि भारतीय स्वतंत्रता आन्दोलन के समय से राजनेताओं का वर्चस्व बढ़ा और उन्होंने धर्म रक्षकों को दबा दिया, जिसके परिणामस्वरूप 163 साल तक शंकराचार्य की पदवी खाली रही। इसलिए आवश्यक है कि शिक्षा के क्षेत्र में धर्म की स्थापना हो। स्वस्थ एवं श्रेष्ठ साहित्य का सृजन हो। महापुरूषों को घूम-घूम कर सनातन धर्म का प्रचार-प्रसार करना चाहिए जिससे लोगों के हृदय में भारतीय धर्म-शास्त्र के प्रति आस्था-विश्वास बढ़े।"

- स्वामी स्वरूपानन्द (द्वारिका पीठाधीश्वर जगद्‌गुरू शंकराचार्य)
साभार - दैनिक आज, समाचार पत्र, वाराणसी, दि0 10-5-1997

स्पष्टिकरण

सत्य से सार्वभौम सत्य-सिद्धान्त तक का मार्ग अवतारों का मार्ग है। सार्वभौम सत्य-सिद्धान्त की अनुभूति ही अवतरण है। इसके अंश अनुभूति को अंश अवतार तथा पूर्ण अनुभूति को पूर्ण अवतार कहते है। ग्रन्थों में अवतारों की कई कोटि बतायी गई है जैसे अंशाशावतार, अंशावतार, आवेशावतार, कलावतार, नित्यावतार, युगावतार इत्यादि, जो भी सार्वभौम सत्य-सिद्धान्त को व्यक्त करता है वे सभी अवतार कहलाते हैं। व्यक्ति से लेकर समाज के सर्वोच्च स्तर तक सार्वभौम सत्य-सिद्धान्त को व्यक्त करने के क्रम में ही विभिन्न कोटि के अवतार स्तरबद्ध होते हैं। अवतार मानव मात्र के लिए ही कर्म करते हैं न कि किसी विशेष मानव समूह या सम्प्रदाय के लिए। अवतार, धर्म, धर्मनिरपेक्ष व सर्वधर्मसमभाव से युक्त अर्थात एकात्म से युक्त होते है। इस प्रकार अवतार से उत्पन्न शास्त्र मानव के लिए होते हैं, न कि किसी विशेष मानव समूह के लिए। उत्प्रेरक, शासक और मार्गदर्शक आत्मा सर्वव्यापी है। इसलिए एकात्म का अर्थ संयुक्त आत्मा या सार्वजनिक आत्मा है। अवतारों के प्रत्यक्ष और प्रेरक दो कार्य विधि हैं। प्रत्यक्ष अवतार वे होते हैं जो स्वयं अपनी शक्ति का प्रत्यक्ष प्रयोग कर समाज का सत्यीकरण करते हैं। यह कार्य विधि समाज में उस समय प्रयोग होता है जब अधर्म का नेतृत्व एक या कुछ मानवों पर केन्द्रित होता है। प्रेरक अवतार वे होते हैं जो स्वयं अपनी शक्ति का अप्रत्यक्ष प्रयोग कर समाज का सत्यीकरण जनता एवं नेतृत्वकर्ता के माध्यम से करते हैं। यह कार्य विधि समाज में उस समय प्रयोग होता है जब समाज में अधर्म का नेतृत्व अनेक मानवों और नेतृत्वकर्ताओं पर केन्द्रित होता है।

इन विधियों में से कुल दस अवतारों में से प्रथम सात (मत्स्य, कूर्म, वाराह, नृसिंह, वामन, परशुराम, राम) अवतारों ने समाज का सत्यीकरण प्रत्यक्ष विधि के प्रयोग द्वारा किया था। आठवें अवतार (श्रीकृष्ण) ने दोनों विधियों प्रत्यक्ष ओर प्रेरक का प्रयोग किया था। नवें (भगवान बुद्ध) और अन्तिम दसवें अवतार की कार्य विधि प्रेरक ही है।

सनातन अद्वैत दर्शन के अनुसार यह जगत ही ईश्वर का दृश्य रूप है। ऐसे में सभी ईश्वर हैं। सभी ईश्वर के बहुरूप हैं और सभी में प्रकाशित वही ईश्वरीय सत्ता है। सार्वभौम एकात्म की ओर ले जाने वाले सभी प्रक्षेपित

मानक चरित्र सनातन हैं जैसे ब्रह्मा परिवार, विष्णु परिवार और महेश परिवार। इस सार्वभौम एकात्म की ओर विचार व्यक्त करने वाला अर्थात उसी का प्रचार-प्रसार व स्थापना करने वाला युगावतार तो नहीं हो सकता लेकिन वह अवतार अवश्य होता है क्योंकि उसने भी उस सार्वभौम सत्य-सिद्धान्त का साक्षात्कार किया है।

ईश्वर के मानवीयकरण व मानव के ईश्वरीयकरण के लिए आपके भौतिक शरीर से व्यक्त विश्वात्मा की इच्छा को धर्म क्षेत्र से नाम कर्मवेदः प्रथम, अन्तिम तथा पंचम वेद एवं धर्मनिरपेक्ष क्षेत्र से मन का विश्वमानकः शून्य श्रृंखला समाहित "विश्वशास्त्र-द नाॅलेज आॅफ फाइनल नाॅलेज" के रूप में पूर्ण किया जा चुका है। जिसमें पुराणों का धर्मनिरपेक्ष और सर्वधर्मसमभाव रूप भी सम्पूर्ण मानव जाति को स्पष्ट दृष्टिगत होगा। परिणामस्वरूप भारतीय धर्म शास्त्रों के प्रति विश्वव्यापी आस्था बढ़ना स्वाभाविक है। साथ ही अनेक सत्य-साहित्यों की रचना के लिए भी मार्ग प्रशस्त और रचना कर दिये गये हैं।

तीनों देवताओं ब्रह्मा, विष्णु और शिव-शंकर के मूल गुणों के आधार पर उनके वास्तविक रुप अर्थात् चार वेदों को व्यक्त करने वाले चार मुखों से युक्त सृष्टिकर्ता ब्रह्मा का रुप, चार भुजाओं से युक्त पालनकर्ता विष्णु का रुप तथा ब्रह्मा और विष्णु समाहित पाँचों वेदों को व्यक्त करने वाले पाँच मुखों से युक्त कल्याणकर्ता शिव-शंकर का अन्तिम रुप, तीनों देवताओं का दिव्यरुप कहलाता है। इसी अनुसार शिव-शंकर के अवतार ही केवल पंचमुखी होते हैं। इसी क्रम में पंचमुखी हनुमान और वेद माता मां गायत्री को भी दिखाया गया है। इस अनुसार पांचवें वेद और पांचवें शंकराचार्य पीठ की स्थापना ही युग परिवर्तन की प्रक्रिया का आरम्भ और सनातन विश्व की ओर कदम है।

व्यक्ति-समाज-राज्य-विश्व की आवश्यकता, भविष्यवक्ताओं की भविष्यवाणीयां, ग्रहों के चालों, सूर्य व चन्द्र ग्रहण, सामाजिक-राजनीतिक विचारकों के विचार-सपनें-उम्मीद इत्यादि युग परिवर्तन की ओर दिशा निर्देश कर रहीं हैं। ऐसे में सृष्टि के लिए सार्वभौम सर्वोच्च अन्तिम अर्थों वाले शब्दों पर चर्चा ही एक मात्र युग परिवर्तन का मार्ग है।

आविष्कार उपयोगी होता है, आविष्कारक नहीं। रचना अधिक समय तक रहती है रचनाकार अदृश्य हो जाता है और रचना के आधार पर अन्य रचना भी होती रहती है।

सनातन विश्व के लिए समस्त प्रक्रिया 150 पुस्तकों के रूप में वेबसाइट

www.64inch.com

पर उपलब्ध है और कार्य समाप्त होता है। व्यक्ति और नेतृत्वकर्ता अपने धर्म

का पालन करें, समाधान उपलब्ध हो चुका है।

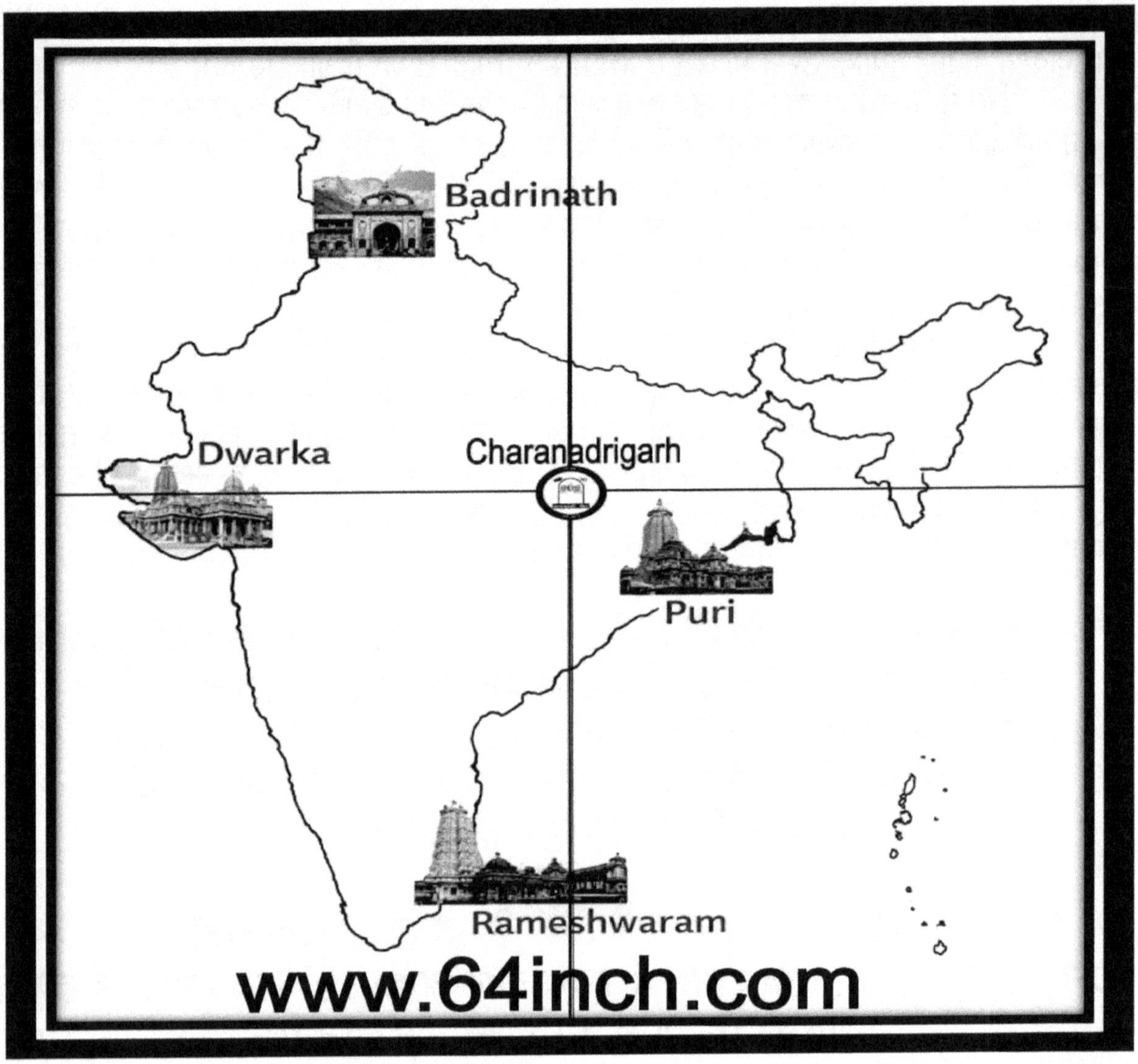

दिशा	पीठ का नाम/ स्थान	उद्देश्य	संबंधित वेद	महावाक्य	तत्व
उत्तर	बदरी ज्योतिर्मठ पीठ उत्तराखंड, जोशीमठ	ज्ञान और विवेक	अथर्ववेद	अयमात्मा ब्रह्म (यह आत्मा ब्रह्म है)	वायु
दक्षिण	श्रींगेरी शारदा पीठ कर्नाटक, श्रींगेरी	स्थिरता और परंपरा	यजुर्वेद	अहम् ब्रह्मास्मि (मैं ब्रह्म हूँ)	पृथ्वी
पूर्व	पुरी गोवर्धनमठ पीठ ओडिशा, पुरी	भक्ति और समर्पण	ऋग्वेद	प्रज्ञानं ब्रह्म (चेतना ब्रह्म है)	जल
पश्चिम	द्वारका शारदा पीठ गुजरात, द्वारका	कर्म और संकल्प	सामवेद	तत्त्वमसि (तू ब्रह्म है)	अग्नि
केन्द्र या मध्य	सत्यकाशी पीठ उत्तर प्रदेश, चरणाद्रिगढ़	चेतना और एकत्व	कर्मवेद	सर्वं ब्रह्म (सभी ब्रह्म हैं)	आकाश

क्षिति, जल, पावक, गगन, समीरा। पंच तत्व मिलि बनेहु शरीरा ।।

सत्यकाशी पीठः स्थान

मानव जीवन की यात्रा को हम चार स्तरों में देख सकते हैं - **संभल (Shambhal), संभला (Shambhala), ज्ञानगंज (Gyanganj) और संगरीला (Sangrila)**

संभल (Shambhal) को हम भौतिक जगत का प्रतीक मान सकते हैं। यह धरती पर बसा हुआ वास्तविक नगर है, जहाँ लोग रहते हैं, संघर्ष करते हैं और जीवन की यात्रा करते हैं। धार्मिक मान्यता के अनुसार यहाँ भविष्य में कल्कि अवतार का जन्म होगा। इसका अर्थ यह भी है कि संभल हमें यह याद दिलाता है कि परिवर्तन और नवजागरण हमेशा इसी सांसारिक धरती से प्रारंभ होता है।

संभला (Shambhala) आध्यात्मिक जगत का प्रतीक है। यह उस आदर्श समाज और चेतना की ओर संकेत करता है, जहाँ धर्म, करुणा और सत्य का शासन है। बौद्ध ग्रंथों में इसे एक अदृश्य, पवित्र राज्य बताया गया है। इसका दार्शनिक अर्थ यह है कि हर मनुष्य के भीतर एक संभला है - एक ऐसा क्षेत्र जहाँ शांति, संतुलन और धर्म की शक्ति हमेशा जीवित रहती है। यह हमारे भीतर के आदर्श और परम लक्ष्य का रूप है।

ज्ञानगंज (Gyanganj) गूढ़ और रहस्यमय चेतना का प्रतीक है। यह वह क्षेत्र है, जहाँ अमर योगी और सिद्ध रहते हैं, और जो साधारण दृष्टि से छिपा हुआ है। इसका अर्थ यह है कि सत्य और सर्वोच्च ज्ञान कभी सतही रूप में उपलब्ध नहीं होते, बल्कि गहन साधना और आंतरिक परिवर्तन से ही प्राप्त किए जा सकते हैं। ज्ञानगंज हमें यह सिखाता है कि परम सत्य अदृश्य है, परंतु साधना से प्रकट हो सकता है।

इस प्रकार, ये चारों स्तर - **भौतिक, आध्यात्मिक, गूढ़ और आदर्श** - मानव जीवन और चेतना की समग्र यात्रा का प्रतिनिधित्व करते हैं, जहाँ साधना, अनुभव और ज्ञान मिलकर आत्मा को पूर्णता की ओर ले जाते हैं।

इस प्रकार, इन तीनों को मिलाकर देखा जाए तो:

- **संभल** = जीवन और समाज का यथार्थ (भौतिक जगत)
- **संभला** = आदर्श और धर्म का उच्च स्वरूप (आध्यात्मिक जगत)
- **ज्ञानगंज** = रहस्यमय सत्य और अमर ज्ञान (गूढ़ जगत)

ये तीनों मिलकर मानव जीवन की पूर्ण यात्रा का संकेत देते हैं - भौतिक से आध्यात्मिक और फिर गूढ़ एवं परम सत्य तक।

संगरीला (Sangrila/Shangri-La) एक कल्पित पर्वतीय स्थल है, जिसे आदर्श समाज और शांति का प्रतीक माना जाता है। यह जगह सामान्य दृष्टि से अदृश्य या दूरस्थ मानी जाती है, जहाँ जीवन सुखमय, स्वस्थ और सामंजस्यपूर्ण होता है। दार्शनिक रूप से इसे मानव चेतना के उच्चतम स्तर, आत्मा की शांति और आदर्श जीवन का प्रतीक माना जाता है। **संगरीला (Sangrila)** का अर्थ यह भी है कि सच्ची खुशी और संतुलन केवल भीतर की यात्रा और साधना से ही प्राप्त होते हैं, बाहरी समृद्धि से नहीं।

1. **शब्द-संदर्भ में**: "Sangrila" अक्सर "Shangri-La" का रूपांतर होता है, जो कि एक कल्पित, आदर्श, रहस्यमयी और शांति-पूर्ण स्थान है।
2. **दार्शनिक/आध्यात्मिक संदर्भ में**: इसे ज्ञानगंज या संभला जैसे गूढ़ और रहस्यमयी क्षेत्रों के समान माना जा सकता है।
3. **अन्य संदर्भ**: यदि यह किसी किताब, स्थान या परियोजना का नाम है, तो उसका अलग अर्थ हो सकता है।

पीठ (Peeth) स्थापित करने की योजना

उद्देश्य और दर्शन तय करना

- पहले यह स्पष्ट करें कि पीठ का उद्देश्य क्या होगा:
    - **अद्वैत वेदांत का प्रचार**
    - **साधकों का प्रशिक्षण और मोक्ष की ओर मार्गदर्शन**
    - **धार्मिक शिक्षा, योग और ध्यान केंद्रित करना**
- पीठ का नाम "Satyakashi" इसलिए चुना गया है क्योंकि यह **सत्य और ज्ञान के प्रकाश का प्रतीक** है।

गुरु या आध्यात्मिक मार्गदर्शक

- पीठ को वैध और आध्यात्मिक मान्यता प्राप्त करने के लिए **एक योग्य गुरु या शिष्य परंपरा वाला व्यक्ति** आवश्यक है।
- गुरु का कार्य होगा:
    - **साधकों का प्रशिक्षण**
    - **धर्म और वेदांत का प्रचार**
    - **पीठ की प्रतिष्ठा बनाना**

स्थान और इमारत का चयन

- स्थान चुनते समय ध्यान दें:
    - **शांत और आध्यात्मिक वातावरण**
    - **साधकों के लिए आवास और साधना स्थल**
    - **भक्तों और पर्यटकों के आने-जाने की सुविधा**
- इमारत में हो सकते हैं:
    - मुख्य मंदिर / पूजा स्थल
    - ध्यान और साधना कक्ष
    - वेदांत शिक्षण कक्ष
    - गुरुकुल या आश्रम

धार्मिक और आध्यात्मिक गतिविधियाँ

- नियमित क्रियाएँ:

    - **साधना, ध्यान और कीर्तन**
    - **वेदांत और शास्त्र अध्ययन**
    - **धार्मिक कार्यशालाएँ और प्रवचन**
- विशेष आयोजन:
    - **अस्थायी या वार्षिक उत्सव**
    - **अद्वैत वेदांत पर सेमिनार**
    - **साधक प्रशिक्षण शिविर**

समुदाय और साधकों का निर्माण

- पीठ केवल इमारत नहीं, **साधकों और भक्तों का केंद्र** होना चाहिए।
- इसके लिए करें:
    - सामाजिक और आध्यात्मिक गतिविधियों का आयोजन
    - साधकों के लिए निवास और शिक्षा सुविधाएँ
    - पीठ का प्रचार: पुस्तकों, वेबसाइट और सामाजिक मंचों के माध्यम से

आधिकारिक मान्यता और नेटवर्क

- भारत में शंकराचार्य परंपरा के मुख्य पीठों के साथ **संपर्क और मार्गदर्शन**।
- नए पीठ को स्थानीय प्रशासन और धार्मिक संस्थानों से **मान्यता और सहयोग** दिलाना।
- अन्य पीठों और गुरु परिषदों के साथ **संवाद और सहयोग**।

दीर्घकालीन योजना

- पीठ को स्थायी और प्रतिष्ठित बनाने के लिए:
    - नियमित साधना और शिक्षा कार्यक्रम
    - नए साधकों और भक्तों को जोड़ना
    - पीठ के **अध्यात्मिक, सामाजिक और शैक्षिक प्रभाव** को बढ़ाना

निष्कर्ष:

नया **Satyakashi Peeth** बनाया जा सकता है, लेकिन यह केवल इमारत नहीं, बल्कि **ज्ञान, साधना और आध्यात्मिक मार्गदर्शन का केंद्र** होना चाहिए। एक योग्य गुरु, साधक समुदाय और सही दृष्टिकोण इसके लिए अनिवार्य हैं।

अन्तिम अवतार कल्कि
का संभल (Shambhal), संभला (Shambhala), ज्ञानगंज (Gyanganj) और संगरीला (Sangrila) से सम्बन्ध

इसका उत्तर गहराई से समझा जाए तो यह केवल भूगोल या कथा का नहीं, बल्कि चेतना के विकास का रहस्य है।

1. संभल (Shambhal) - अवतार का धरातल

हिन्दू ग्रन्थों में कहा गया है कि **कल्कि अवतार का जन्म 'संभल' नामक स्थान पर होगा।** यह स्थान भौतिक जगत में मौजूद है - उत्तर प्रदेश का एक नगर, परंतु प्रतीक रूप से यह मानवता के भीतर जन्म लेती दिव्यता का संकेत है। जब धर्म क्षीण होता है, तब वही संभल - अर्थात् "संभलने का बिंदु" - अवतार का आधार बनता है।

संभल = पृथ्वी पर दिव्यता का उद्भव बिंदु।

2. संभला (Shambhala) - धर्मराज्य या दिव्य व्यवस्था

बौद्ध और हिन्दू दोनों परम्पराओं में **Shambhala** को धर्म का गुप्त राज्य माना गया है। बौद्ध ग्रंथ 'कालचक्र तंत्र' में कहा गया है कि जब अधर्म चरम पर होगा, तब Shambhala से एक राजा प्रकट होगा जो अधर्म का अंत करेगा - यह प्रतीक रूप से **कल्कि अवतार का ही वर्णन** है।

संभला = दिव्य शासन या धर्मराज्य, जहाँ से कल्कि की प्रेरणा उठती है।

3. ज्ञानगंज (Gyanganj) - सिद्धों का अदृश्य लोक

ज्ञानगंज को अमर योगियों का क्षेत्र कहा जाता है, जहाँ से विश्व के आध्यात्मिक प्रवाह को दिशा मिलती है। कई सिद्ध परंपराएँ मानती हैं कि कल्कि का आध्यात्मिक मार्गदर्शन इन्हीं योगियों द्वारा किया जाएगा।

ज्ञानगंज = दिव्य ऊर्जा और योगिक शक्ति का स्रोत, जहाँ से कल्कि को आत्मिक बल प्राप्त होगा।

4. संगरीला (Sangrila / Shangri-La) - आदर्श समाज या चेतना का चरम स्वरूप

संगरीला का विचार पश्चिमी और तिब्बती रहस्य परंपराओं में आता है - एक अमर, शांति-पूर्ण, आदर्श स्थान, जहाँ कोई रोग, संघर्ष या अधर्म नहीं होता। यह उस अवस्था का प्रतीक है जो **कल्कि युग के बाद की सृष्टि** होगी - अर्थात सत्ययुग का पुनर्स्थापन।

संगरीला = वह दिव्य युग या चेतना का चरम, जो कल्कि अवतार के कार्य का परिणाम है।

सारांश (संक्षेप में सम्बन्ध)

स्तर	प्रतीक	सम्बन्ध कल्कि से
संभल (Shambhal)	भौतिक जन्मभूमि	कल्कि अवतार का पृथ्वी पर अवतरण
संभला (Shambhala)	दिव्य धर्मराज्य	धर्म का पुनःस्थापन करने की शक्ति का उद्गम
ज्ञानगंज (Gyanganj)	गूढ़ योगिक लोक	कल्कि को आत्मिक दिशा और सिद्ध शक्ति का आधार
संगरीला (Sangrila)	आदर्श चेतना का युग	कल्कि कार्य का अंतिम परिणाम - पुनः सत्ययुग

अर्थात् -

संभल में कल्कि अवतरित होते हैं, संभला से उन्हें धर्म की प्रेरणा मिलती है, ज्ञानगंज से योगिक शक्ति, और संगरीला उनके कार्य का लक्ष्य है - सत्य और शांति का पुनर्स्थापन।

सत्यकाशी पीठः योग्य स्थान

इस संसार को अन्तिम सन्देश देने से पहले आपको उस क्षेत्र से परिचय कराना चाहता हूँ जिस क्षेत्र से यह सन्देश देने का साहस किया गया है क्योंकि कोई भी क्रिया बिना कारण के नहीं होती।

समस्त मूल कार्य जिस क्षेत्र से सम्पूर्ण हुआ, उस क्षेत्र को सत्यकाशी क्षेत्र कहता हूँ और जिस ग्राम का निवासी हूँ वह काशी (वाराणसी) के चौरासी कोस यात्रा तथा सत्यकाशी क्षेत्र का उभय क्षेत्र में स्थित है। इसलिए जितना काशी (वाराणसी) का हूँ उतना ही सत्यकाशी का हूँ। इस प्रकार यह सन्देश काशी-सत्यकाशी का संयुक्त सन्देश है।

सत्यकाशी क्षेत्र जो काशी (वाराणसी), विन्ध्याचल, शिवद्वार और सोनभद्र के बीच का क्षेत्र है, एक पौराणिक-आध्यात्मिक और साधना के लिए उपयुक्त क्षेत्र के रूप में प्राचीन काल से आकर्षण में रहा है। इस क्षेत्र का हृदय क्षेत्र चुनार है। चुनार का किला राजा विक्रमादित्य ने अपने भाई भर्तहरि के तपस्या में हिंसक जानवरों द्वारा व्यवधान न उत्पन्न हो इसके लिए बनवाया था। ये राजा विक्रमादित्य वही हैं जिनके नाम से विक्रम सम्वत् कैलेण्डर स्थापित है। चुनार ईश्वर के पाँचवें अवतार-वामन अवतार का क्षेत्र है जिनसे समाज की शक्ति का प्रथम जन्म हुआ था।

सत्यकाशी क्षेत्र के चारों कोण पर स्थित

1. काशी (वाराणसी) का अपना प्राचीन और पुरातन इतिहास है जो सर्वविदित है।
2. विन्ध्याचल, जो शिव-शक्ति के उपासना का अद्‌भुत केन्द्र है। यशोदा से उत्पन्न पुत्री (जिनके बदले श्रीकृष्ण प्राप्त हुये थे) महासरस्वती अष्टभुजा देवी के नाम से यहीं स्थापित हैं। भारत देश का मानक समय माँ विन्ध्यवासिनी धाम से तय होता है। पुराणों के अनुसार रावण ने भी इसे मानक समय स्थल मानकर यहाँ शिवलिंग की स्थापना की थी।
3. शिवद्वार, त्रिकोणीय तान्त्रिक साधना के लिए जगत विख्यात था और साधना की राजधानी था। इसे ही मीरजापुर गजेटियर में गुप्तकाशी की संज्ञा से अभिकल्पित किया गया है।
4. सोनभद्र, सोन संस्कृति की पौराणिक पृष्ठभूमि वैदिककालीन सभ्यता की पराकाष्ठापरक ऐतिहासिकता से सम्बद्ध है। सन्त परम्पराओं का एक महत्वपूर्ण परिव्रजन इस क्षेत्र में हुआ जिसमें शैव व शाक्त प्रमुख थे। शैव सम्प्रदाय से जुड़े अघोर तन्त्र ने इसे बहुत सराहा और इसे अपनी कर्मभूमि बना लिया। सोन नद के तट पर शव छेदन क्रिया की भी प्रशिक्षा आयुर्वेद के जिज्ञासुओं को दी जाती थी। शैव तन्त्र से प्रभावित अघोर तन्त्र शव-साधना में सिद्धहस्त था और शव में इकार की प्राण प्रतिष्ठा का जीवन्त रूप शिव को दे देना इनकी अलौकिक साधना का चरमोत्कर्ष है। अघोरपन्थी नाम के पश्चात् "राम" का प्रयोग करते थे। इस क्षेत्र में सवर्ण वर्ग में प्रायः ब्राह्मण वर्ग भी राम का प्रयोग अपने नाम में करता है। इस क्षेत्र में पाशुपात तन्त्र के महान साधक लोरिक का नाम विशेष है।

उपरोक्त तो अति संक्षिप्त परिचय है विस्तार से "विश्वशास्त्र" के अध्याय-दो में प्रकाशित है, जिस क्षेत्र से ये विश्व ऐतिहासिक अन्तिम, अपरिवर्तनीय और अटलनीय सन्देश देने का साहस किया गया है।

भौतिक रूप से सत्यकाशी पीठ के लिए योग्य स्थान सत्यकाशी क्षेत्र ही है। सत्यकाशी पीठ उसी अद्वैत वेदान्त पर आधारित है। जिस के आधार पर आदि शंकाराचार्य द्वारा चार पीठों की स्थापना की थी। युग परिवर्तन के लिए आदि शंकाराचार्य द्वारा स्थापित चार पीठों के वर्तमान शंकाराचार्यों का यह दायित्व है कि वे इस श्रृंखला को आगे बढ़ाते हुये धर्म के वैश्विक स्थापना के लिए आगे आयें।

सत्यकाशी पीठ: इतिहास और उद्देश्य

भारत का इतिहास केवल राजाओं और युद्धों का इतिहास नहीं है,
बल्कि यह **चेतना के विकास का इतिहास** है।
हर युग में जब धर्म और राजनीति के बीच संतुलन बिगड़ता है,
तो कोई न कोई पीठ उस संतुलन को पुनर्स्थापित करने के लिए जन्म लेती है।

ऐसा ही एक अद्वितीय उदय है -
"सत्यकाशी पीठ" का,
जो मानवता के अगले अध्याय की भूमिका बन चुका है।

"जहाँ ज्ञान शासन को दिशा देता है,
वहीं शासन धर्म का साधन बन जाता है।"

काशी से सत्यकाशी तक: चेतना की यात्रा

प्राचीन काशी को "मोक्षभूमि" कहा गया,
क्योंकि वहाँ ज्ञान और मृत्यु - दोनों के रहस्य सिखाए जाते थे।
पर सत्यकाशी - ज्ञान का अगला आयाम है।
यह मृत्यु से मुक्ति नहीं, बल्कि **अज्ञान से मुक्ति** की भूमि है।

तीन चरणों में यह यात्रा समझी जा सकती है:

1. **काशी** - व्यक्तिगत मुक्ति का केंद्र।
2. **महाकाशी** - सार्वभौमिक चेतना का केंद्र।
3. **सत्यकाशी** - वैश्विक एकत्व और अद्वैत शासन का केंद्र।

"काशी आत्मा की दीक्षा है,
सत्यकाशी आत्मा का शासन है।"

स्थापना का उद्देश्य

सत्यकाशी पीठ का जन्म केवल धार्मिक नहीं,
बल्कि आध्यात्मिक-राजनीतिक समन्वय की आवश्यकता से हुआ।
विश्व में बढ़ती भौतिकता, असमानता, और नैतिक संकट के बीच
इस पीठ का उद्देश्य है -

1. **धर्म और शासन के बीच अद्वैत संबंध पुनः स्थापित करना।**
2. **राजनीति को आत्मा से जोड़ना।**
3. **विज्ञान, धर्म, और समाज - तीनों का एक समग्र मॉडल प्रस्तुत करना।**

इसके चार प्रमुख सूत्र:

- **धर्म = चेतना की नीति**
- **राजनीति = सेवा की क्रिया**
- **अर्थनीति = संतुलन की व्यवस्था**
- **विज्ञान = सत्य की खोज**

सत्यकाशी की परंपरा और वंश

सत्यकाशी पीठ किसी व्यक्ति द्वारा स्थापित संस्था नहीं है -
यह **ब्रह्म परंपरा का विस्तार** है।
आदि शंकराचार्य ने चार दिशाओं में चार पीठें स्थापित कीं -
पूर्व, पश्चिम, उत्तर, दक्षिण -
जो वेद, धर्म और आत्मज्ञान के केंद्र बने।

परंतु कालान्तर में जब राजनीति धर्म से अलग और धर्म समाज से अलग हुआ,
तो **पाँचवीं पीठ** की आवश्यकता पड़ी -
जो अद्वैत दर्शन को शासन की नीतियों में उतार सके।

"चार पीठों ने धर्म को जीवित रखा,
पाँचवीं पीठ उसे जीवन में उतारेगी।"

सत्यकाशी का उद्देश्य – धर्म का पुनर्निर्माण, शासन का पुनर्जागरण

आज की मानवता धर्म को या तो संप्रदाय मानती है या अनुष्ठान।
पर सत्यकाशी कहता है -

"धर्म = जीवन की वैज्ञानिक व्यवस्था।"

इस पीठ का उद्देश्य है -
धर्म को **व्यवहार में**, राजनीति को **सेवा में**,
और विज्ञान को **चेतना में** बदलना।

इसके तीन प्रमुख लक्ष्य:

1. **आध्यात्मिक शासन (Spiritual Governance):**
   जहाँ नीतियाँ करुणा और सत्य पर आधारित हों।
2. **चेतना आधारित शिक्षा (Conscious Education):**
   जहाँ बच्चों को ज्ञान नहीं, आत्मा से जोड़ने की विधि सिखाई जाए।
3. **वैश्विक समरसता (Global Oneness):**
   जहाँ राष्ट्रवाद का स्थान "मानववाद" ले ले।

सत्यकाशी और मानवता का भविष्य

सत्यकाशी केवल एक धार्मिक केंद्र नहीं,
बल्कि मानवता का भविष्य मॉडल है।

यह वह स्थान है जहाँ -

- विज्ञान और वेदांत मिलते हैं,
- राजनीति और करुणा जुड़ते हैं,
- और व्यक्ति स्वयं में "राजऋषि" बनता है।

"जब शासक साधक बन जाएगा,
तब ही पृथ्वी पर धर्मराज्य स्थापित होगा।"

निष्कर्ष

सत्यकाशी पीठ का इतिहास कोई कालखंड नहीं,
बल्कि एक **युग की उद्घोषणा** है।
यह उस समय का प्रतीक है
जब ब्रह्मज्ञान शासन का केंद्र बनेगा,
और शासन ब्रह्म की सेवा बन जाएगा।

"सत्यकाशी केवल एक स्थान नहीं -
वह चेतना की वह ज्योति है
जो युगों से अंधकार में जलती रही है।"

पाँचवाँ और अंतिम शंकराचार्य पीठ: इसकी विशेषता

आदि शंकराचार्य ने चार दिशाओं में चार पीठों की स्थापना की -
उत्तर में **ज्योतिर्मठ (बद्रीनाथ)**,
दक्षिण में **श्रृंगेरी पीठ**,
पूर्व में **गौड़पीठ (पुरी)**,
और पश्चिम में **द्वारका शारदापीठ**।

इन चारों पीठों ने धर्म की लौ को जलाए रखा -
ज्ञान, भक्ति, कर्म और योग - चारों मार्गों के संतुलन से।
परंतु जैसे-जैसे युग आगे बढ़ा,
मानवता की चुनौती केवल धर्म रक्षा नहीं रही,
बल्कि **धर्म को शासन, विज्ञान और समाज में जीवित रखना** बन गई।

इसी आवश्यकता से जन्म लेता है -
पाँचवाँ और अंतिम शंकराचार्य पीठ - "सत्यकाशी पीठ।"

"चार पीठों ने धर्म को सुरक्षित रखा,
पाँचवाँ पीठ धर्म को सार्वभौमिक बना देगा।"

पाँचवाँ पीठ क्यों आवश्यक हुआ

शंकराचार्य का कार्य केवल धार्मिक पुनर्जागरण नहीं था;
वह चेतना की क्रांति थी।
उनकी परंपरा ने अद्वैत का सिद्धांत दिया -
कि **सभी भिन्नताएँ एक ही परमसत्य की लहरें हैं।**

परंतु आधुनिक युग में -

- धर्म राजनीति से अलग हुआ,
- ज्ञान आस्था से अलग हुआ,

- और मनुष्य स्वयं अपने अस्तित्व से अलग हो गया।

ऐसे समय में आवश्यक था
कि अद्वैत केवल दर्शनशास्त्र न रह जाए,
बल्कि राजनीति और जीवन का सिद्धांत बन जाए।
इसी हेतु स्थापित हुआ -
सत्यकाशी पीठ - पाँचवाँ और अंतिम शंकराचार्य पीठ।

इसकी स्थापना का प्रतीकात्मक अर्थ

चार पीठें **चार तत्वों (पृथ्वी, जल, अग्नि, वायु)** से संबंधित हैं,
जबकि पाँचवाँ पीठ **आकाश तत्व** का प्रतीक है -
अर्थात् सर्वव्यापक चेतना।

दिशा	पीठ	तत्व	उद्देश्य
पूर्व	पुरी (गौड़)	जल	भक्ति और समर्पण
पश्चिम	द्वारका	अग्नि	कर्म और संकल्प
उत्तर	ज्योतिर्मठ	वायु	ज्ञान और विवेक
दक्षिण	श्रृंगेरी	पृथ्वी	स्थिरता और परंपरा
केंद्र	**सत्यकाशी**	**आकाश**	**चेतना और एकत्व**

"आकाश सबको जोड़ता है -
उसी तरह सत्यकाशी सभी परंपराओं को एक चेतना में जोड़ता है।"

पाँचवाँ पीठ - अद्वैत का आधुनिक रूप

सत्यकाशी पीठ का लक्ष्य अद्वैत को केवल ध्यान या उपनिषद तक सीमित नहीं रखना,
बल्कि उसे शासन और समाज की नीतियों में उतारना है।

इसका सार है -
"अद्वैत शासन" = ऐसा तंत्र जहाँ आत्मा और राज्य में कोई विभाजन न हो।
यह पीठ आत्मा-केन्द्रित राजनीति का सिद्धांत प्रस्तुत करती है -
जहाँ सत्ता साधना है,
शासन सेवा है,
और नेतृत्व तप है।

सत्यकाशी पीठ की पाँच विशेषताएँ

1. अद्वैत का संस्थागत रूप

यह पीठ अद्वैत को केवल तत्वज्ञान नहीं,
बल्कि संस्थागत चेतना बनाती है।
धर्म, शिक्षा, राजनीति, अर्थ और विज्ञान -
सभी को एकसूत्र में बाँधती है।

2. राजऋषि परंपरा का पुनर्जागरण

आदर्श शासक वही है जो साधक भी हो।
सत्यकाशी इस परंपरा को पुनर्जीवित करता है -
जहाँ राज्य का मार्गदर्शन ऋषियों द्वारा होता है।

3. विज्ञान और अध्यात्म का संगम

यह पीठ "Consciousness Studies" और "Spiritual Technology"
को एक साथ लाकर मानव चेतना के विकास को वैज्ञानिक दृष्टि देती है।

4. वैश्विक धर्म - Beyond Religion

सत्यकाशी का धर्म किसी संप्रदाय का नहीं,
बल्कि "मानवता की आत्मा" का है।
यह कहता है -

"जो सत्य को खोजता है, वही सनातन है।"

5. राज्य और आत्मा का समन्वय

यह पीठ बताती है कि शासन तंत्र तभी स्थायी है
जब वह आत्मिक अनुशासन पर आधारित हो।
यह "राजनीति का आध्यात्मिकीकरण" है,
जिसे भविष्य की सभ्यता का आधार माना गया है।

"अंतिम शंकराचार्य पीठ" क्यों कहा गया

चार पीठें धर्म की दिशा का प्रतीक थीं,
पाँचवाँ पीठ **धर्म की दिशा से परे उसकी पूर्णता** का प्रतीक है।
यह अब किसी भौगोलिक क्षेत्र के लिए नहीं,
बल्कि पूरे विश्व की चेतना के लिए है।

"जब मनुष्य का धर्म मानवता होगा,
तब सत्यकाशी पाँचवाँ ही नहीं, अंतिम पीठ सिद्ध होगा।"

सत्यकाशी पीठ का दार्शनिक आधार

इस पीठ की जड़ें तीन सूत्रों पर टिकी हैं -

1. **ब्रह्म सत्यम्** - सत्य सर्वत्र है।
2. **जगत् मिथ्या** - भेद, संप्रदाय और हिंसा केवल अज्ञान की छाया हैं।
3. **जीवो ब्रह्मैव नापरः** - प्रत्येक व्यक्ति ब्रह्म का ही अंश है।

यही दर्शन राजनीति में यह रूप लेता है -

दर्शन	राजनीतिक रूप
ब्रह्म सत्यम्	राज्य का आधार सत्य और नीति
जगत मिथ्या	जाति, रंग, धर्म से ऊपर समानता
जीवो ब्रह्मैव	प्रत्येक नागरिक में दिव्यता का सम्मान

निष्कर्ष

**सत्यकाशी पीठ शंकराचार्य की परंपरा का समापन नहीं,
बल्कि उसका परिपूर्ण रूप है।
यह धर्म, राजनीति, और चेतना -
तीनों के संगम से एक** नया युग **आरंभ करता है।**

**"पहले चार पीठों ने दिशा दी,
पाँचवें ने दिशा को प्रकाश बना दिया।"**

**सत्यकाशी पीठ इसलिए अंतिम है -
क्योंकि यह अद्वैत को सिद्धांत नहीं,
बल्कि जीवित अनुभव बना देता है।**

भाग-10

सत्यकाशी पीठ के कार्य

धारा-उद्धार: धर्म की पुनर्स्थापना

मनुष्य चेतना का रूपांतरण

साधना, दीक्षा और आध्यात्मिक अनुष्ठान

वैश्विक कार्य: मानवता के लिए संदेश

शिव-तत्व और कल्कि-तत्व का मिलन

"सार्वभौम सत्य-सिद्धान्त" पर आधारित "युग परिवर्तन श्रृंखला" के नवयुग के शास्त्र-साहित्य

धारा-उद्धारः धर्म की पुनर्स्थापना

सत्यकाशी पीठ का प्रथम और सर्वोपरि कार्य है-**धारा-उद्धार**, अर्थात वह दिव्य धारा जो युगों से मलीन, विभ्रांत या विकृत हो चुकी है, उसे पुनः शुद्ध स्वरूप में प्रवाहित करना। "धर्म" शब्द यहाँ किसी संप्रदाय, पद्धति या विचारधारा का नाम नहीं; धर्म का अर्थ है-**जगत की अंतर्निहित समरसता, सत्य और सृष्टि-नियम**।

जब युग बदलता है, धर्म की धारा अवरुद्ध हो जाती है।
सत्य केवल ग्रंथों में रह जाता है, इसके प्रयोग का बल खो जाता है।
लोग अनुष्ठान तो करते हैं, पररस के बिना;
मंत्र तो बोलते हैं, पर अर्थ के बिना;
धर्म का नाम तो लेते हैं, पर धर्म का जीवन नहीं जीते।

सत्यकाशी पीठ इस जड़ता को तोड़ता है।

यह धारा-उद्धार तीन प्रकार से होता है:

1. सत्य-दृष्टि का पुनर्जागरण

लोगों में सत्य को पहचानने और जीने की क्षमता पुनः सक्रिय होती है।
यह क्षमता बिना किसी प्रवचन-केवल चेतना-संक्रमण से जगती है।

2. धर्म का प्रयोगशाला-रूप

सत्यकाशी पीठ धर्म को जीवन के केंद्र में स्थापित करता है।
धर्म यहाँ सिद्धांत नहीं-व्यवहार और चरित्र का प्रवाह है।

3. युग-धर्म की घोषणा

हर युग का धर्म अलग होता है।
कलियुग से सतयुग में प्रवेश के लिए जो धर्म आवश्यक है-योग, करुणा, सत्य, उच्च चेतना, मानव-एकत्व-उसका पुनःस्थापन पीठ के मुख्य कार्यों में है।

इस प्रकार, धारा-उद्धार वह बीज है जिससे नए युग की पूरी फसल अंकुरित होती है।

मनुष्य चेतना का रूपांतरण

युग परिवर्तन का मूल आधार मनुष्य की बाहरी परिस्थितियाँ नहीं-उसकी **भीतर की चेतना** है। सत्यकाशी पीठ का दूसरा मुख्य कार्य इसी रूपांतरण से जुड़ा है।

मनुष्य आज बुद्धि में प्रबल है, पर चेतना में सुप्त।
ज्ञान बहुत है, पर विवेक कम।
सूचना बहुत है, पर अनुभूति नहीं।
असंतोष बहुत है, पर दिशा नहीं।

पीठ का उद्देश्य मनुष्य को बाहरी उपलब्धियों से हटाकर भीतर की यात्रा में प्रवेश कराना है।

रूपांतरण के चार चरण

1. जागरण (Awakening)

मनुष्य स्वयं से पहला प्रश्न पूछता है-"मैं कौन हूँ?"
यह प्रश्न जन्म देता है।

2. शुद्धि (Purification)

पुराने संस्कार, भय, भ्रम और अहंकार टूटने लगते हैं।

3. विस्तार (Expansion)

चेतना शरीर-मन से आगे बढ़कर सूक्ष्म और कारण-स्तरों को अनुभव करने लगती है।

4. परिणति (Realization)

मनुष्य अपने भीतर स्थित दिव्य-सत्ता को पहचान लेता है।
यही "नया मनुष्य" है-युग परिवर्तन का वाहक।

पीठ का कार्य प्रत्येक साधक को इन चार चरणों के मार्ग से गुज़ारना है-धीरे, सहज, और सामूहिक ऊर्जा के साथ।

साधना, दीक्षा और आध्यात्मिक अनुष्ठान

हर परिवर्तन की जड़ अनुशासन और साधना है।
सत्यकाशी पीठ में साधना केवल ध्यान या मंत्र नहीं-यह एक पूर्ण जीवन-शास्त्र है।

1. साधना (Spiritual Practice)

- आंतरिक शांति
- चेतना का विस्तार
- ऊर्जा का स्थिरीकरण
- स्मृति-शोधन
- आत्म-प्रकाश

पीठ की साधना आधुनिक मन के अनुसार सरल, गहरी और प्रभावकारी है।
यह शरीर, मन, प्राण और चेतना-सभी स्तरों पर काम करती है।

2. दीक्षा (Initiation)

दीक्षा बाहरी कर्म नहीं-ऊर्जा का आंतरिक स्थानांतरण है।
यह वह क्षण है जब साधक की चेतना में युग-ऊर्जा का बीज रोपा जाता है।
यह बीज धीरे-धीरे जागता है और साधक स्वयं एक "चेतना-केंद्र" बन जाता है।

3. अनुष्ठान (Rituals)

अनुष्ठान ब्रह्मांडीय ऊर्जा को पृथ्वी पर स्थिर करने के उपकरण हैं।
सत्यकाशी पीठ में अनुष्ठान प्राचीन और आधुनिक दोनों हैं-
वे बाहरी प्रतीकों से अधिक आंतरिक परिवर्तन पर आधारित हैं।

अनुष्ठान केवल पूजा नहीं-वे प्रकाश का आह्वान हैं।

वैश्विक कार्य - मानवता के लिए संदेश

सत्यकाशी पीठ का कार्य किसी एक देश, संस्कृति या समुदाय तक सीमित नहीं।
युग परिवर्तन हमेशा वैश्विक होता है-इसलिए उसका संदेश भी वैश्विक होता है।

आज मानवता कई स्तरों पर विभाजित है-
भाषा, धर्म, राजनीति, अर्थव्यवस्था, जाति, विचार।
पर चेतना का सत्य इन सभी से ऊपर है।

सत्यकाशी पीठ का वैश्विक संदेश यही है:

1. मानव एक है

भिन्नता केवल बाहरी है; भीतर सबमें एक ही प्रकाश विद्यमान है।

2. पृथ्वी हमारा साझा आश्रम है

मानवता को पृथ्वी-चेतना के साथ सुसंगत होना होगा।

3. धर्म संघर्ष नहीं-एकता का मार्ग है

सभी पवित्र परंपराएँ एक ही सत्य के भिन्न द्वार हैं।

4. विज्ञान और अध्यात्म एक-दूसरे के पूरक हैं

दुनिया का नया युग तभी जन्म लेगा जब विज्ञान चेतना को समझेगा, और अध्यात्म विज्ञान को अपनाएगा।

5. कल्कि-ऊर्जा सार्वभौमिक है

यह ऊर्जा किसी राष्ट्र का, पंथ का, या समूह का स्वामित्व नहीं;
यह सम्पूर्ण मानवता का जन्मसिद्ध अधिकार है।

सत्यकाशी पीठ का उद्देश्य इसी संदेश को विश्व तक पहुँचाना है-शब्द, कला, ध्यान, साधना, विज्ञान और ऊर्जा के माध्यम से।

शिव-तत्व और कल्कि-तत्व का मिलन

युग परिवर्तन का अंतिम रहस्य दो महाशक्तियों के मिलन में निहित है-
शिव-तत्व और **कल्कि-तत्व**।

शिव-तत्व

संहार, मौन, तत्त्व-ज्ञान, समाधि और शून्य का प्रतिनिधि।
यह सभी रूपों का विसर्जन है-स्रोत में लौटना।

कल्कि-तत्व

नव-सृष्टि, धर्मस्थापन, ऊर्जा का उत्थान और युग-चक्र का पुनर्मूल्यांकन।
यह समय को पुनः संतुलित करने वाली शक्ति है।

दोनों का मिलन तब होता है जब:

- पुराना युग समाप्त हो रहा हो
- नया युग जन्म ले रहा हो
- पृथ्वी अपनी चेतना बदल रही हो
- मानवता परिवर्तन की पुकार कर रही हो

शिव-तत्व पुरातन को शून्य करता है,
और उसी शून्य में कल्कि-तत्व नया ब्रह्मांडीय क्रम स्थापित करता है।

सत्यकाशी पीठ इसी मिलन का केंद्र है-
जहाँ **शिव का मौन** और **कल्कि का उदय**
एक साथ कार्य करते हैं।

यही मिलन युग के नये चक्र की शुरुआत है-
यहीं से सतयुग का नया सूर्योदय होता है।

"सार्वभौम सत्य-सिद्धान्त" पर आधारित "युग परिवर्तन श्रृंखला" के नवयुग के शास्त्र-साहित्य

विभिन्न सम्प्रदाय (धर्म), जाति, मत, दर्शन इत्यादि में विभाजित इस मानव समाज में वर्तमान तथा आने वाले भविष्य के समय की मूल आवश्यकता है- मानव के मनो का एकीकरण अर्थात मानव मन का भूमण्डलीकरण एवं ब्रह्माण्डीयकरण। इसकी आवश्यकता इसलिए भी है क्योंकि मानव अपने विज्ञान व तकनीकी ज्ञान से प्राप्त संसाधनो का प्रयोग करते हुये, एक तरफ तो ब्रह्माण्ड की ओर चल पड़ा है तो दुसरी तरफ विध्वंस के लिए अनेक हथियारों का भी निर्माण कर चुका है। ऐसी स्थिति में हमें निश्चित रूप से ऐसे एकीकरण की आवश्यकता है जिससे हम इस पृथ्वी से मानसिक स्तर के विवादों को समाप्त कर सकें।

माया सभ्यता के अनुसार विश्व के मानव समाज यह भी मान रहें हैं कि 21 दिसम्बर, 2012 को दुनिया का अन्त हो जायेगा। जबकि हिन्दू धर्म शास्त्र विष्णु पुराण, भागवत पुराण, अग्नि पुराण, गरूड़ पुराण, पद्म पुराण इत्यादि में भगवान के दसवें और महाअवतार "कल्कि" का होना अभी शेष है। जिनसे कलियुग के अंधकार व विनाश को समाप्त करने का कार्य सम्पन्न होगा, साथ ही सत्ययुग का आरम्भ होगा। सिक्ख धर्म के पवित्र ग्रन्थ "दशम् ग्रन्थ" में भी "कल्कि अवतार" का वर्णन मिलता है।

सृजन और विनाश, का स्तर शारीरिक, आर्थिक व मानसिक होता है। जो एक व्यक्ति, समाज, देश और विश्व राष्ट्र के लिए होता है। व्यक्ति पर हुये शारीरिक, आर्थिक व मानसिक सृजन और विनाश को व्यक्ति ही अनुभव करता है परन्तु समाज, देश और विश्व राष्ट्र पर हुये शारीरिक, आर्थिक व मानसिक सृजन व विनाश को सार्वजनिक रूप से सभी देखते है। समाज, देश और विश्व राष्ट्र पर शारीरिक व आर्थिक सृजन और विनाश वर्तमान में तो चल ही रहा है जिसे सार्वजनिक रूप से मानव समाज देख रहा है।

भौतिकवादी पश्चिमी संस्कृति किसी भी सृजन व विनाश को मानसिक स्तर पर सोच ही नहीं सकता क्योंकि वह समस्त क्रियाकलाप को बाह्य जगत में ही घटित होता समझाता है जबकि वर्तमान समय मानसिक स्तर पर विनाश व सृजन का है। इस आधार पर यह कहा जा सकता है कि माया सभ्यता के अनुसार 21 दिसम्बर, 2012 को जो विनाश व सृजन होगा, वह मानसिक स्तर का ही होगा। जिसके परिणामस्वरूप सभी सम्प्रदाय, मत, दर्शन एक उच्च स्तर के विचार या सत्य में विलीन अर्थात विनाश को प्राप्त करेगा। फलस्वरूप उच्च स्तर के विचार या सत्य में स्थापित होने से सृजन होगा। कुल मिलाकर माया सभ्यता के कैलेण्डर का अन्त तिथि 21 दिसम्बर, 2012, दुनिया के अन्त की तिथि नहीं बल्कि वह वर्तमान युग के अन्त की अन्तिम तिथि का अनुमान है जिसके बाद नये युग का आरम्भ होगा।

ईश्वर भी इतना मूर्ख व अज्ञानी नहीं है कि वह स्वयं को इस मानव षरीर में पूर्ण व्यक्त किये बिना ही दुनिया को नष्ट कर दे। इसके सम्बन्ध में हिन्दू धर्म शास्त्रों में सृष्टि के प्रारम्भ के सम्बन्ध में कहा गया है कि- "ईश्वर ने इच्छा व्यक्त की कि मैं एक हूँ, अनेक हो जाऊँ"। इस प्रकार जब वही ईश्वर सभी में है तब निश्चित रूप से जब तक सभी मानव ईश्वर नहीं हो जाते तब तक दुनिया के अन्त होने का कोई प्रश्न ही नहीं उठता। और विकास क्रम चलता रहेगा।

21 दिसम्बर, 2012 के बाद का समय नये युग के प्रारम्भ का समय है जिसमें ज्ञान, ध्यान, चेतना, भाव, जन, देश, विश्व राष्ट्र, आध्यात्मिक जागरण, मानवता इत्यादि का विश्वव्यापी विकास होगा। परिणामस्वरूप सभी मानव को ईश्वर रूप में स्थापित होने का अवसर प्राप्त होगा। और यही विश्व मानव समाज की मूल आवश्यकता है। प्राचीन वैदिक काल में समाज को नियंत्रित करने के लिए ज्ञानार्जन सबके लिए खुला नहीं था परन्तु वर्तमान और भविष्य की आवश्यकता यह है कि समाज को नियंत्रित करने के लिए सभी को पूर्ण ज्ञान से युक्त कर सभी के लिए ज्ञान को खोल दिया जाय। यही कारण था कि वेद को प्रतीकात्मक रूप में लिख कर गुरू-शिष्य परम्परा द्वारा उसकी व्याख्या की जाती रही थी जिससे राजा और समाज को नियंत्रण में रखा जा सके।

सभी मानव को ईश्वर रूप में स्थापित होने के लिए जो माध्यम चाहिए वह है-"एकात्म विज्ञान" व "ईश्वर शास्त्र" विषय से मानव को शिक्षित करना और शिक्षा पाठ्यक्रम में अनिवार्य रूप से अध्ययन के लिए शामिल कराया जा सके।

"सार्वभौम सत्य-सिद्धांत"पर आधारित "युग परिवर्तन श्रृंखला" मानवता के अगली पीढ़ी के उदय के लिए

"नये युग" में "नये भारत" के लिए "नवीन मान-राग-प्राण" पर आधारित क्रियान्वयन प्रणाली (Operation System)-मानव-10 (MANAV-10) की पुस्तकें

यह नई पीढ़ी (Gen-Z) के लिए "विकसित भारत" और "मानव-10 प्रणाली" (MANAV-10 System) को प्रोत्साहित करने वाली श्रृंखला का हिस्सा है।

अर्थात् यह पुस्तक किसी धर्म, जाति या मत से ऊपर उठकर "Universal Truth Principles" की ओर संकेत करती है।

मुद्रित (Printed Hard Copy) पुस्तक के लिए लिंक(Link)

https://notionpress.com/author/lava_kush

E_Book के लिए

www.64inch.com

द्वापर युग में आठवें अवतार श्रीकृष्ण द्वारा प्रारम्भ किया गया कार्य नवसृजन के प्रथम भाग सार्वभौम ज्ञान के शास्त्र "गीता" के बाद कलियुग में द्वितीय और अन्तिम भाग "सार्वभौम कर्मज्ञान" और "पूर्णज्ञान का पूरक शास्त्र"

विश्व युद्ध के पहले
दिव्य दृष्टि
सत्यकाशी पीठ
पांचवां और अन्तिम शंकराचार्य पीठ

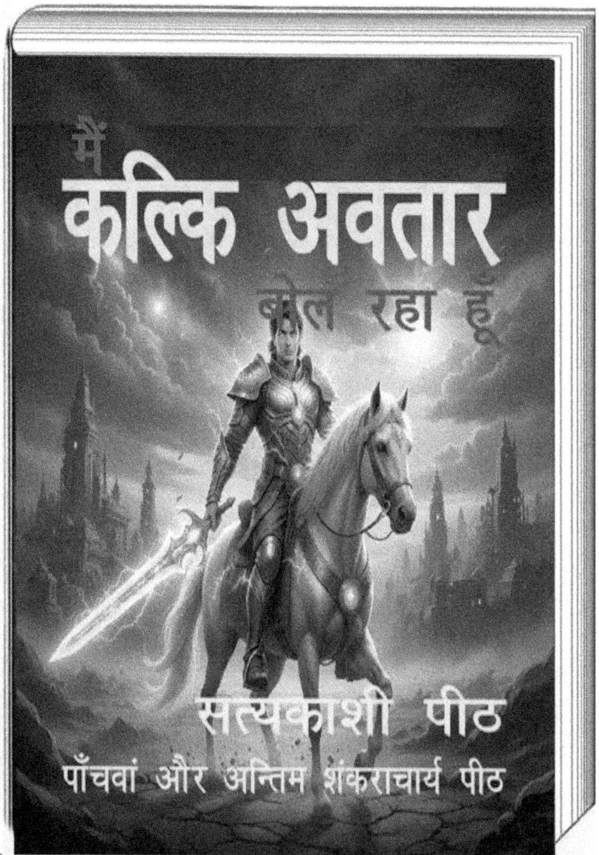
मैं
कल्कि अवतार
बोल रहा हूँ
सत्यकाशी पीठ
पाँचवां और अन्तिम शंकराचार्य पीठ

समष्टि गीता
सत्यकाशी पीठ
पाँचवां और अन्तिम शंकराचार्य पीठ

फिल्म स्क्रीप्ट
राइटिंग
IDEAS
You are the writer of your life
Writing is designing with words
LIGHTS CAMERA ACTION
Short Films.
लव कुश सिंह “विश्वमानव”

प्रारम्भिक सत्य
अन्तिम
दृष्टि
सत्यकाशी पीठ
पाँचवां और अन्तिम शंकराचार्य पीठ

सत्य धर्म
युग परिवर्तक
दृष्टि
सत्यकाशी पीठ
पाँचवां और अन्तिम शंकराचार्य पीठ

सत्य दार्शनिक-दर्शन
और
कर्म वेदान्त-विकास
दर्शन
सत्यकाशी पीठ
पाँचवां और अन्तिम शंकराचार्य पीठ

सत्य शास्त्र
एवं
पुराण रहस्य
महर्षि व्यास
कला
सत्यकाशी पीठ
पाँचवां और अन्तिम शंकराचार्य पीठ

संत एवं गुरु
और
विश्व संत एवं गुरु
सत्यकाशी पीठ
पाँचवां और अन्तिम शंकराचार्य पीठ

समाज और
ईश्वरीय समाज
सत्यकाशी पीठ
पाँचवां और अन्तिम शंकराचार्य पीठ

सत्य शास्त्र और
विश्वशास्त्र
सत्यकाशी पीठ
पाँचवां और अन्तिम शंकराचार्य पीठ

कृति
और
विश्व
कृति
सत्यकाशी पीठ
पाँचवां और अन्तिम शंकराचार्य पीठ

भारत माता मन्दिर
और
विश्वधर्म मन्दिर
सत्यकाशी पीठ
पाँचवां और अन्तिम शंकराचार्य पीठ

महाभारत
और
विश्वभारत
सत्यकाशी पीठ
पाँचवां और अन्तिम शंकराचार्य पीठ

संविधान और
विश्व संविधान
सत्यकाशी पीठ
पांचवां और अन्तिम शंकराचार्य पीठ

शिक्षा और
पूर्ण शिक्षा
सत्यकाशी पीठ
पांचवां और अन्तिम शंकराचार्य पीठ

देवता और सार्वभौम देवता
कल्कि
सत्यकाशी पीठ

माँ कल्कि

द्वादस ज्योतिर्लिंग और
१३वां अन्तिम ज्योतिर्लिंग
सत्यकाशी पीठ
पाँचवां और अन्तिम शंकराचार्य पीठ

काशी
मोक्षदायिनी
और
जीवनदायिनी

सत्यकाशी
स्वर्णयुग
का
तीर्थ

काशी
रहस्योद्घाटन
सत्यकाशी पीठ
पांचवां और अन्तिम शंकराचार्य पीठ

2020
सत्यकाशी पीठ
पाँचवां और अन्तिम शंकराचार्य पीठ

ईश्वर
का
संक्षिप्त इतिहास
सत्यकाशी पीठ
पाँचवां और अन्तिम शंकराचार्य पीठ

अवतार
अन्तिम सत्य दृष्टि
सत्यकाशी पीठ
पाँचवां और अन्तिम शंकराचार्य पीठ

भविष्यवाणियाँ
और
कल्कि अवतार
सत्यकाशी पीठ
पाँचवां और अन्तिम शंकराचार्य पीठ

स्वामी विवेकानन्द
और
कल्कि अवतार
सत्यकाशी पीठ
पाँचवां और अन्तिम शंकराचार्य पीठ

मनु, मनवन्तर
और
कल्कि अवतार
सत्यकाशी पीठ
पाँचवां और अन्तिम शंकराचार्य पीठ

व्यास, शास्त्र
और
कल्कि अवतार
सत्यकाशी पीठ
पाँचवां और अन्तिम शंकराचार्य पीठ

ऋषि, ऋषि परम्परा
और
कल्कि अवतार
सत्यकाशी पीठ
पाँचवां और अन्तिम शंकराचार्य पीठ

दूसरा आगमन
या
अन्तिम आगमन
सत्यकाशी पीठ
पाँचवां और अन्तिम शंकराचार्य पीठ

परिवर्तन
काल, मनु, युग,
व्यास और शास्त्र
सत्यकाशी पीठ
पाँचवां और अन्तिम शंकराचार्य पीठ

राम, रावण
और
सार्वभौम एकात्म
सत्यकाशी पीठ
पाँचवां और अन्तिम शंकराचार्य पीठ

मैं
व्यक्तिगत या सार्वभौम
सत्यकाशी पीठ
पाँचवां और अन्तिम शंकराचार्य पीठ

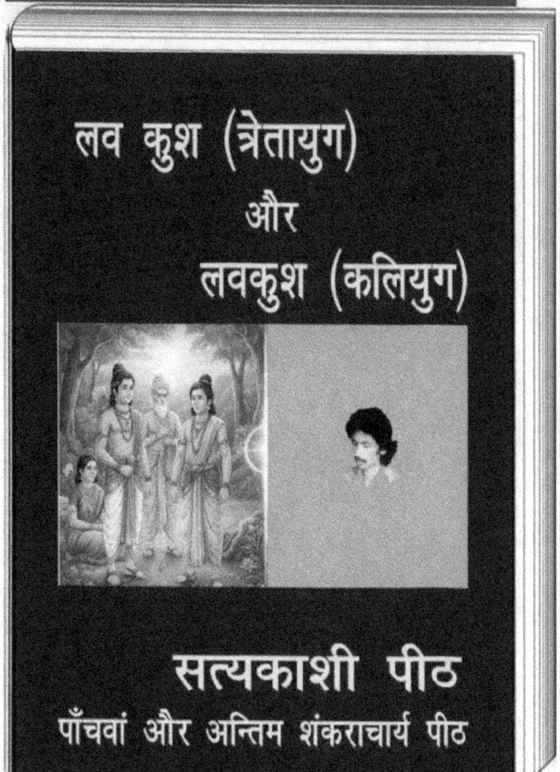
लव कुश (त्रेतायुग)
और
लवकुश (कलियुग)
सत्यकाशी पीठ
पाँचवां और अन्तिम शंकराचार्य पीठ

कल्कि महावतार
आ चुके हैं
(ACTION PLAN)
सत्यकाशी पीठ
पाँचवां और अन्तिम शंकराचार्य पीठ

लव कुश सिंह
(कल्कि महावतार)
जीवन, ज्ञान, कर्म और विश्वरूप
सत्यकाशी पीठ
पाँचवां और अन्तिम शंकराचार्य पीठ

वैश्विक बुद्ध
बुद्ध का
भाग-दो
और अन्तिम
सत्यकाशी पीठ
पाँचवां और अन्तिम शंकराचार्य पीठ

बुड्ढ़ा कृष्ण
कृष्ण का
भाग-दो
और अन्तिम
सत्यकाशी पीठ
पाँचवां और अन्तिम शंकराचार्य पीठ

सम्पूर्ण क्रान्ति
अन्तिम कार्य योजना
64
सत्यकाशी पीठ
पांचवां और अन्तिम शंकराचार्य पीठ

सम्पूर्ण क्रान्ति
वेबसाइट मार्गदर्शन
विवरणिका
सत्यकाशी पीठ
पाँचवां और अन्तिम शंकराचार्य पीठ

पुनर्निर्माण
(RENEW)
समस्या, समाधान
और
राष्ट्र निर्माण की योजना
सत्यकाशी पीठ
पाँचवां और अन्तिम शंकराचार्य पीठ

पुनर्निर्माण
(RENEW)
ग्राम एवं नगर वार्ड
प्रेरक
सत्यकाशी पीठ
पाँचवां और अन्तिम शंकराचार्य पीठ

द्वापर युग में आठवें अवतार श्रीकृष्ण द्वारा प्रारम्भ किया गया कार्य "नवसृजन" के
प्रथम भाग "सार्वभौम ज्ञान" के शास्त्र "गीता" के बाद कलियुग में
द्वितीय और अन्तिम भाग "सार्वभौम कर्मज्ञान" और "पूर्णज्ञान का पूरक शास्त्र"
।। विश्वशास्त्र ।।
द नॉलेज ऑफ फाइनल नॉलेज
परिचय
- लव कुश सिंह "विश्वमानव"

एन्टायर पालिटिक्स
पूर्ण पाठ्यक्रम
सत्यकाशी पीठ
पाँचवा और अन्तिम शंकराचार्य पीठ

वसुधैव
कुटुम्बकम्
सत्यकाशी पीठ
पाँचवां और अन्तिम शंकराचार्य पीठ

।।कर्मवेद।।
प्रथम, अन्तिम तथा पंचम
सत्यकाशी पीठ
पांचवां और अन्तिम शंकराचार्य पीठ

आठवें अवतार
श्रीकृष्ण
सत्यकाशी पीठ
पांचवां और अन्तिम शंकराचार्य पीठ

अयोध्या नहीं,
मुंगेर है
राम जन्मभूमि
सत्यकाशी पीठ
पाँचवां और अन्तिम शंकराचार्य पीठ

विश्वमानव
भूतपूर्व नेतृत्वकर्ताओं
का
स्पष्टिकरण
सत्यकाशी पीठ
पाँचवां और अन्तिम शंकराचार्य पीठ

विश्वमानव
वर्तमान नेतृत्वकर्ताओं
का
स्पष्टिकरण
सत्यकाशी पीठ
पाँचवां और अन्तिम शंकराचार्य पीठ

विश्वमानव
वार्ता, वक्तव्य
एवं
वाणीयाँ
सत्यकाशी पीठ
पाँचवां और अन्तिम शंकराचार्य पीठ

विश्वमानव
पत्रावली, प्रसारण
और
अन्तिम पत्र
सत्यकाशी पीठ
पाँचवां और अन्तिम शंकराचार्य पीठ

सत्य जनहित
आह्वान
सत्यकाशी पीठ
पाँचवां और अन्तिम शंकराचार्य पीठ

विश्व शान्ति
अन्तिम सत्य दृष्टि
सत्यकाशी पीठ
पाँचवां और अन्तिम शंकराचार्य पीठ

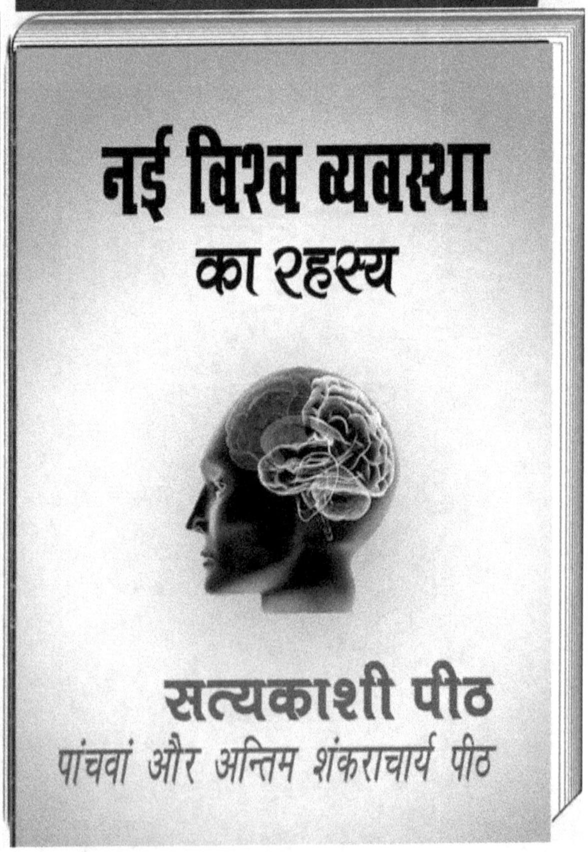
नई विश्व व्यवस्था
का रहस्य
सत्यकाशी पीठ
पांचवां और अन्तिम शंकराचार्य पीठ

समाजवाद
ब्रह्माण्डीय विकास का अवतारी मार्ग
सत्यकाशी पीठ
पांचवां और अन्तिम शंकराचार्य पीठ

भारतवाद
राष्ट्रवाद की मुख्यधारा
सत्यकाशी पीठ
पांचवां और अन्तिम शंकराचार्य पीठ

100 वर्षीय संयुक्त राष्ट्र
को अग्रिम सन्देश
सत्यकाशी पीठ
पांचवां और अन्तिम शंकराचार्य पीठ

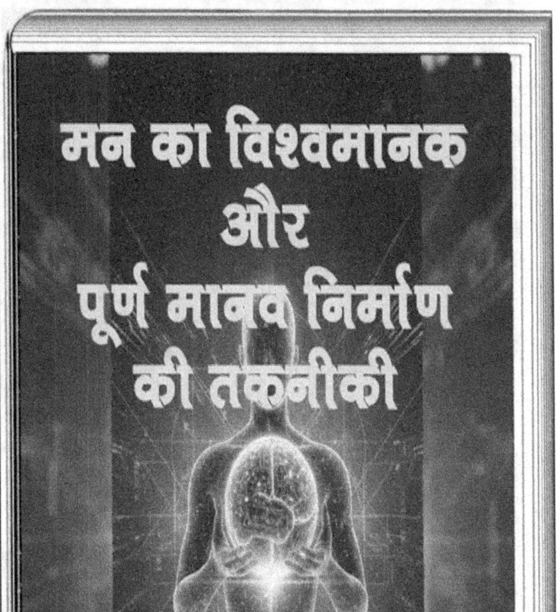
मन का विश्वमानक
और
पूर्ण मानव निर्माण
की तकनीकी
सत्यकाशी पीठ
पांचवां और अन्तिम शंकराचार्य पीठ

गणराज्य, संघ,
मानकीकरण संगठन
और
सम्पूर्ण मानक
सत्यकाशी पीठ
पाँचवां और अन्तिम शंकराचार्य पीठ

व्यापार केन्द्र
(TRADE CENTRE)
दृश्य सत्य
सत्यकाशी पीठ
पाँचवां और अन्तिम शंकराचार्य पीठ

सार्वभौम एकात्म
नव विश्व निर्माण
सत्यकाशी पीठ
पांचवां और अन्तिम शंकराचार्य पीठ

मानक विपणन
प्रणाली
सत्यकाशी पीठ
पाँचवां और अन्तिम शंकराचार्य पीठ

स्वर्णयुग का मानक
आदर्श नागरिक
दिशा निर्देश
सत्यकाशी पीठ
पांचवां और अन्तिम शंकराचार्य पीठ

स्वर्णयुग का
विश्वधर्म
परिचय
सत्यकाशी पीठ
पांचवां और अन्तिम शंकराचार्य पीठ

मैत्रेय बुद्ध
की ओर
सत्यकाशी पीठ
पांचवां और अन्तिम शंकराचार्य पीठ

विशाल ज्ञान विज्ञान
सबका समाधान
सूर्योदय
जय जनता जय कानून
हम सब एक दूसरे से हैं और एक दूसरे के लिए हैं
सौजन्य से : सारे गैर सरकारी प्राणी : सरकारी प्राणी : इज्जतदार नेता और सबका भविष्य विद्यार्थियों........के लिए।

सार्वभौम सत्य-सिद्धान्त आधारित "युग परिवर्तक" श्रृंखला
कल्कि धाम
और
कल्कि परिचय
- लव कुश सिंह "विश्वमानव"

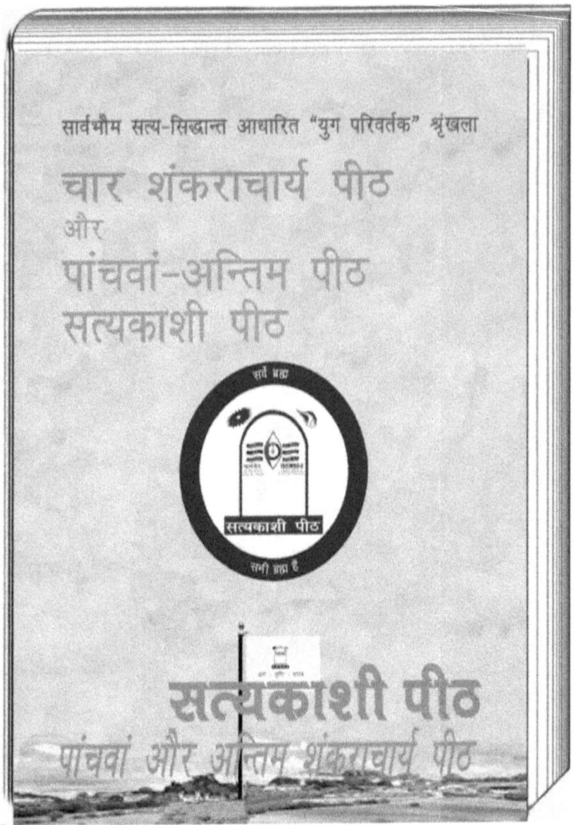
सार्वभौम सत्य-सिद्धान्त आधारित "युग परिवर्तक" श्रृंखला
चार शंकराचार्य पीठ
और
पांचवां-अन्तिम पीठ
सत्यकाशी पीठ
सत्यकाशी पीठ
पांचवां और अन्तिम शंकराचार्य पीठ

कल्कि अमृत
महाकुम्भ
2025
FINAL KNOWLEDGE BOMB BLAST
सत्यकाशी पीठ
पांचवां और अन्तिम शंकराचार्य पीठ

ज्योति
युग परिवर्तन की
TRANSACTION
TRADE
DEVELOPMENT
RURAL
GD
EDUCATION
ADVANCEMENT
NATURAL TRUTH
सत्यकाशी पीठ
पांचवां और अन्तिम शंकराचार्य पीठ

युग परिवर्तन
के
शब्द
सत्यकाशी पीठ
पांचवां और अन्तिम शंकराचार्य पीठ

विचारों का अंत
2025
सत्यकाशी पीठ
पांचवां और अन्तिम शंकराचार्य पीठ

विश्व सत्य घोषणा-पत्र
2025–मानव जाति तक
RSS
Rational Service
Society
सत्यकाशी पीठ
पांचवां और अन्तिम शंकराचार्यपीठ

वैश्विक युग परिवर्तन के लिए
विश्व राजनीतिक पार्टी
संघ
RSS
Rational Service
Society
सत्यकाशी पीठ
पांचवां और अन्तिम शंकराचार्यपीठ

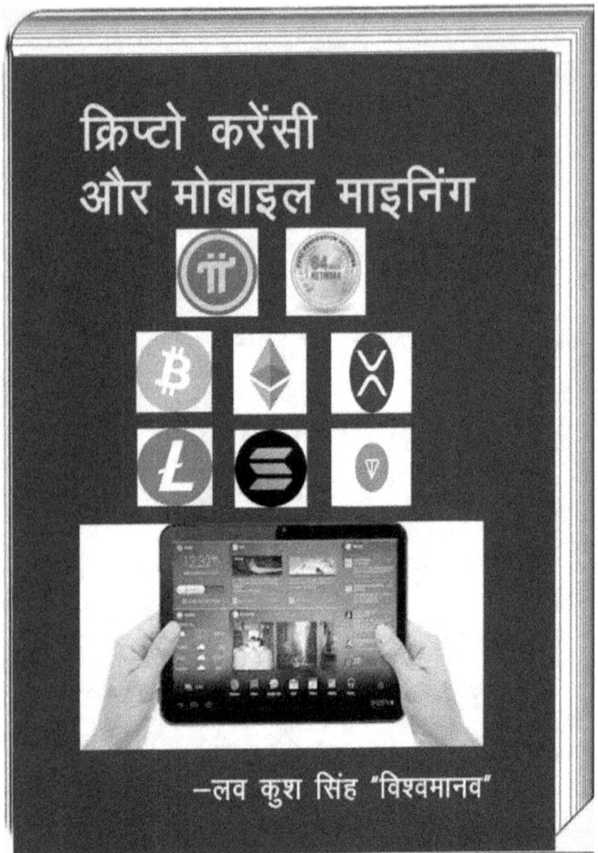
क्रिप्टो करेंसी
और मोबाइल माइनिंग
–लव कुश सिंह "विश्वमानव"

पीढ़ी
मानवीय और ईश्वरीय
2 3 4 5 6 7 8 9 10
वात्सल्य त्रिपाठी

बुढ़ा कृष्ण
अन्तिम मिलन
वात्सल्य त्रिपाठी

जेन जी
अन्तिम लक्ष्य
वात्सल्य त्रिपाठी

पॉचवां-अन्तिम पीठ
सत्यकाशी पीठ
परिचय
वात्सल्य त्रिपाठी
पॉचवां और आंतिम शंकराचार्य पीठ

कबीर और जेन-जी
नई चेतना, नया मानव
चेतना और नवयुग की संवाद यात्रा
वात्सल्य त्रिपाठी

कल्कि की ज्योति
बिहार से
ज्योति राठौड़

एक बिहारी धरती पर भारी
ज्योति राठौड़

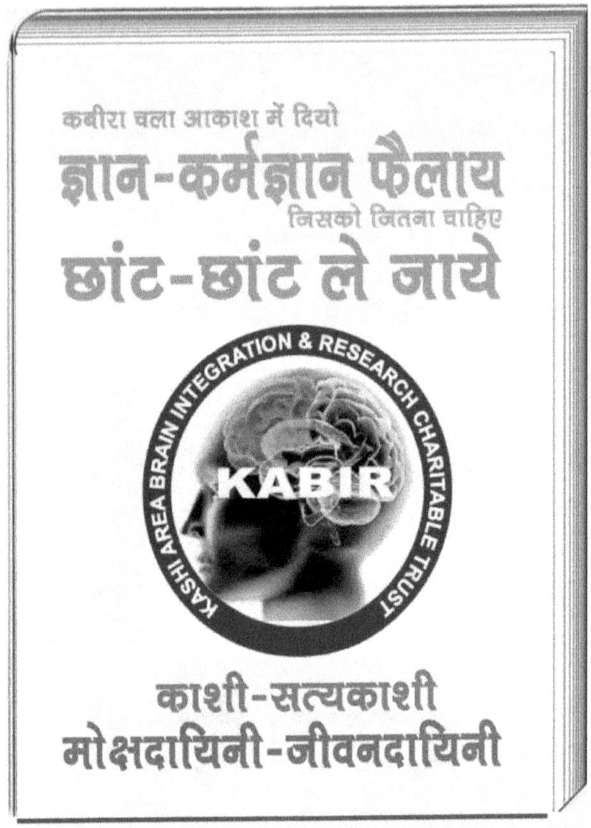
कबीरा चला आकाश में दियो
ज्ञान-कर्मज्ञान फैलाय
जिसको जितना चाहिए
छांट-छांट ले जाये
KASHI AREA BRAIN INTEGRATION & RESEARCH CHARITABLE TRUST
KABIR
काशी-सत्यकाशी
मोक्षदायिनी-जीवनदायिनी

कुर्म वंश
और
चरणाद्रिगढ़
स्वामी रमेशानन्द

आर.एस.एस
नवयुग के लिए
वैश्विक व्यक्तिगत पुस्तकालय
RATIONAL SERVICE SOCIETY (RSS)
WORLD PERSONAL LIBRARY FOR NEW AGE
A GUIDE TO GLOBAL WISDOM & FUTURE THOUGHT
स्वामी रमेशानन्द

झोला उठने के बाद
सोशल मीडिया
के लिए
कन्टेन्ट बैंक
विस्तृत गाइड: विचार, रणनीतियाँ, और संसाधन
www.64inch.com
सत्यकाशी पीठ
पाँचवां और अन्तिम शंकराचार्य पीठ

झोला उठने के बाद
कल्कि
सत्यकाशी पीठ
पांचवां और अन्तिम शंकराचार्य पीठ

युग परिवर्तन के लिए:
विश्व पुस्तकालय बनाम कल्कि पुस्तकालय
www.64inch.com
बनाम
कल्कि पुस्तकालय
ज्ञान का महासंग्राम - भविष्य का निर्माण
सत्यकाशी पीठ
पांचवां और अन्तिम शंकराचार्य पीठ

व्हाट्सएप्प यूनिवर्सिटी
और
सु-इसु यूनिवर्सिटी
सत्यकाशी पीठ
पांचवां और अन्तिम शंकराचार्य पीठ

इंडिया
भारत का विश्वरूप
सत्यकाशी पीठ
पांचवां और अन्तिम शंकराचार्य पीठ

अधूरे
सपनों
का
अन्तिम मार्ग
सत्यकाशी पीठ
पांचवां और अन्तिम शंकराचार्य पीठ

मानक
संविधान
और
बहुजन
सत्यकाशी पीठ
पांचवां और अन्तिम शंकराचार्य पीठ

विकसित भारत
अन्तिम मुद्दे
-ईश्वरीय/मानवीय पीढ़ी 10 (GEN-10)
-व्यक्तिगत
-पारिवारीक
-सामाजिक
-धार्मिक
-राष्ट्रीय
-वैश्विक
सत्यकाशी पीठ
पांचवां और अन्तिम शंकराचार्य पीठ

एक नया
विकल्प
THREADS
सत्यकाशी पीठ
पांचवां और अन्तिम शंकराचार्य पीठ

विकसित भारत
शिक्षितों का अन्तिम ईश्वरीय मॉडल
सत्यकाशी पीठ
पांचवां और अन्तिम शंकराचार्य पीठ

विकास मॉडल
आसुरी
और
ईश्वरीय
सत्यकाशी पीठ
पांचवां और अन्तिम शंकराचार्य पीठ

युग परिवर्तन और 1000 वर्षों के लिए
सत्यकाशी पीठ
का सम्पूर्ण कार्य
कौन,
क्यों,
कैसे
कल्कि?
सत्यकाशी पीठ
पांचवां और अन्तिम शंकराचार्य पीठ

बैल बुद्धि
और
विकसित
भारत
सत्यकाशी पीठ
पांचवां और अन्तिम शंकराचार्य पीठ

सत्यकाशी पीठ
पांचवां और अन्तिम शंकराचार्य पीठ

एक्सट्रा
टु ए बी
समान नागरिक व्यापार ज्ञान संहिता (CCTKC)
सत्यकाशी पीठ
पांचवां और अन्तिम शंकराचार्य पीठ

एक्सट्रा
टु ए बी
समान नागरिक आर्थिक संहिता (UCEC)
सत्यकाशी पीठ
पांचवां और अन्तिम शंकराचार्य पीठ

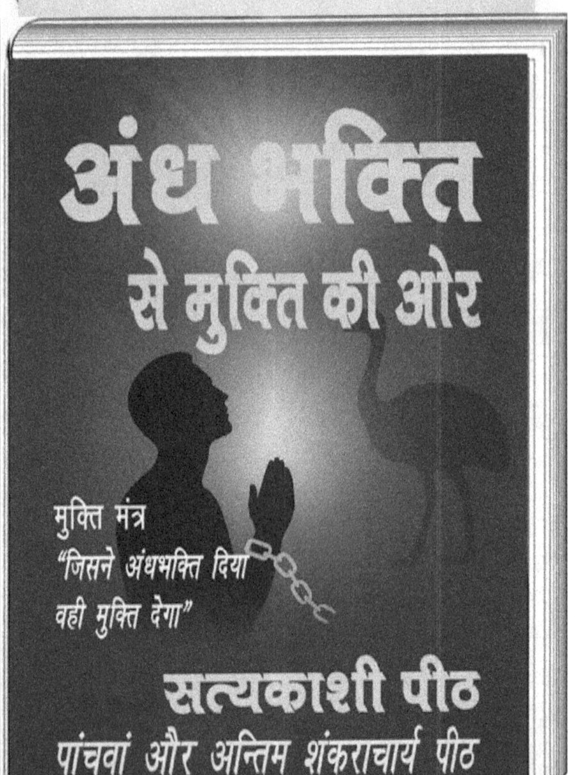
अंध भक्ति
से मुक्ति की ओर
मुक्ति मंत्र
"जिसने अंधभक्ति दिया
वही मुक्ति देगा"
सत्यकाशी पीठ
पांचवां और अन्तिम शंकराचार्य पीठ

VISHVABHARAT
न मो
नारायण
सत्यकाशी पीठ
पांचवां और अन्तिम शंकराचार्य पीठ

अगला स्तर
फिल्म और राजनीति पर
विचारों का संग्रह
सत्यकाशी पीठ
पांचवां और अन्तिम शंकराचार्य पीठ

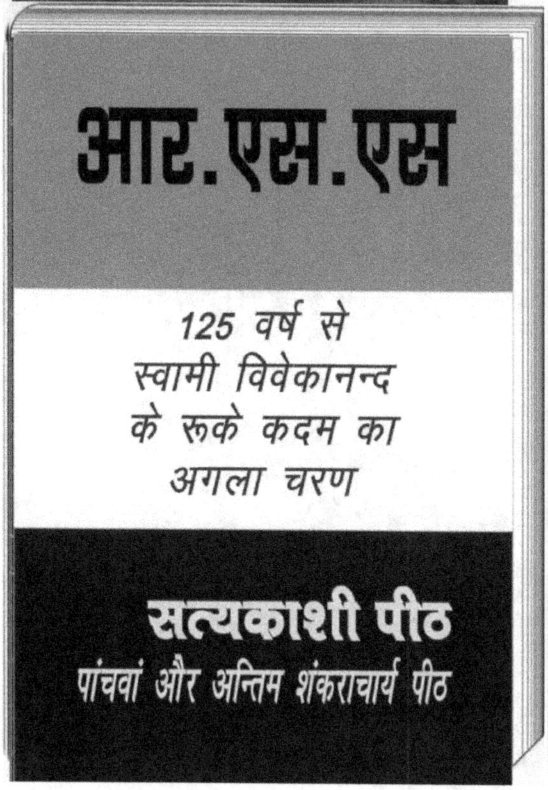
आर.एस.एस
125 वर्ष से
स्वामी विवेकानन्द
के रूके कदम का
अगला चरण
सत्यकाशी पीठ
पांचवां और अन्तिम शंकराचार्य पीठ

आर.एस.एस
रहस्योद्घाटन
सत्यकाशी पीठ
पांचवां और अन्तिम शंकराचार्य पीठ

125 वर्ष बाद
स्वामी विवेकानन्द
का अगला चरण

सत्येश्वर नरेन्द्र
सत्यकाशी पीठ
पांचवां और अन्तिम शंकराचार्य पीठ

आत्मकथा
लेखन कला
का विश्वमानक
सत्यकाशी पीठ
पांचवां और अन्तिम शंकराचार्य पीठ

लुच्चा
पुराण
पौराणिक कथाओं
और पात्रों के
सत्य समझ की व्यास दृष्टि
सत्यकाशी पीठ
पांचवां और अन्तिम शंकराचार्य पीठ

आठवां
सावर्णि मनु स्मृति
सत्यकाशी पीठ
पांचवां और अन्तिम शंकराचार्य पीठ

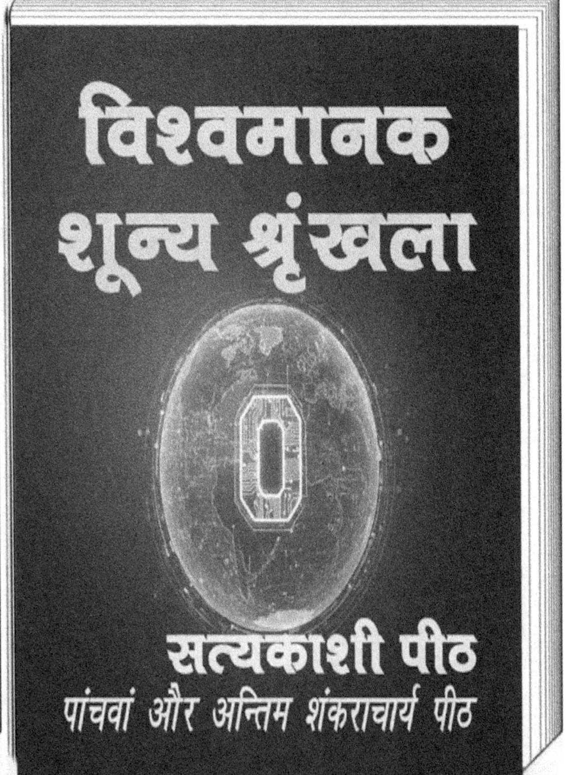
विश्वमानक
शून्य श्रृंखला
0
सत्यकाशी पीठ
पांचवां और अन्तिम शंकराचार्य पीठ

सर्वजीत साधना
भवन
एक आध्यात्मिक अनुभव
सत्यकाशी पीठ
पांचवां और अन्तिम शंकराचार्य पीठ

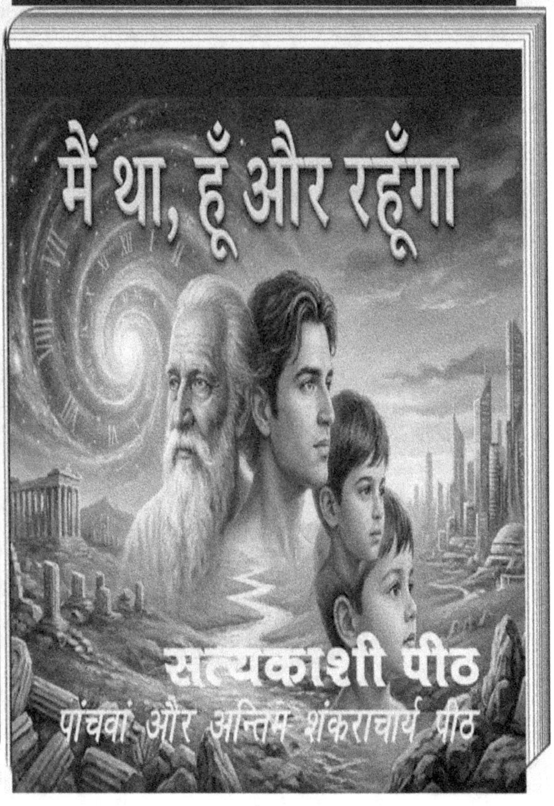
मैं था, हूँ और रहूँगा
सत्यकाशी पीठ
पांचवां और अन्तिम शंकराचार्य पीठ

लव
सत्यकाशी पीठ
पांचवां और अन्तिम शंकराचार्य पीठ

परब्रह्म,
प्रकृति,
अवतार
और वानर
सत्यकाशी पीठ
पांचवां और अन्तिम शंकराचार्य पीठ

संसार
दृश्य
और
अदृश्य
सत्यकाशी पीठ
पांचवां और अन्तिम शंकराचार्य पीठ

कर्मोपनिषद्
सत्यकाशी पीठ
पांचवां और अन्तिम शंकराचार्य पीठ

विश्वभारत
पुराण
सत्यकाशी पीठ
पांचवां और अन्तिम शंकराचार्य पीठ

एकात्म विज्ञान
सत्यकाशी पीठ
पांचवां और अन्तिम शंकराचार्य पीठ

मानक विज्ञान
सत्यकाशी पीठ
पांचवां और अन्तिम शंकराचार्य पीठ

ईश्वर शास्त्र
सत्यकाशी पीठ
पांचवां और अन्तिम शंकराचार्य पीठ

युगावतारों के प्रकटीकरण की कार्यविधि:
राम-कृष्ण-लवकुश
सत्यकाशी पीठ
पांचवां और अन्तिम शंकराचार्य पीठ

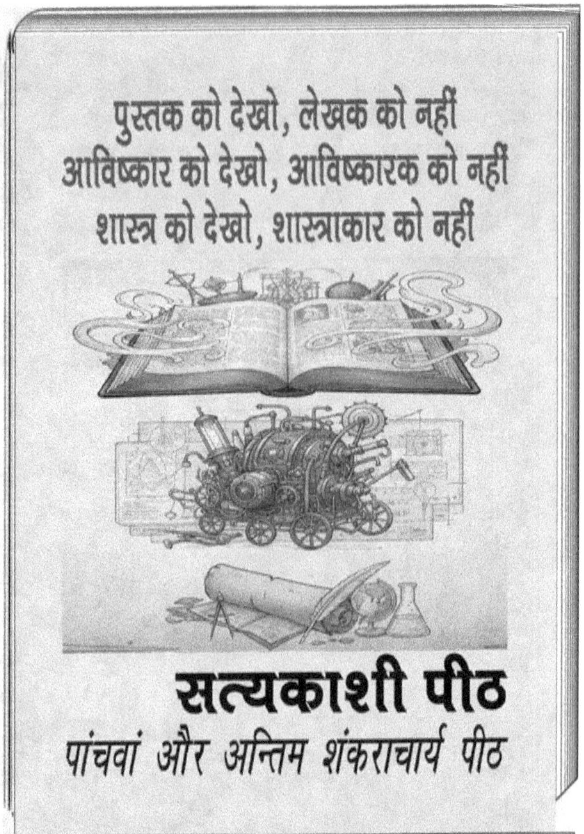
पुस्तक को देखो, लेखक को नहीं
आविष्कार को देखो, आविष्कारक को नहीं
शास्त्र को देखो, शास्त्राकार को नहीं
सत्यकाशी पीठ
पांचवां और अन्तिम शंकराचार्य पीठ

56 से 64
की ओर
सत्यकाशी पीठ
पांचवां और अन्तिम शंकराचार्य पीठ

मैं सत्यकाशी हूँ
कविता
सत्यकाशी पीठ
पांचवां और अन्तिम शंकराचार्य पीठ

पटेल
भारत के शारीरिक एकीकरण के बाद
मन का एकीकरण लक्ष्य
सत्यकाशी पीठ
पांचवां और अन्तिम शंकराचार्य पीठ

मन से
आत्मा तक
3 6 9 और 7
6
3
9
7
सत्यकाशी पीठ
पांचवां और अन्तिम शंकराचार्य पीठ

भारत
400 पार मुद्दा किसका
?
सत्यकाशी पीठ
पांचवां और अन्तिम शंकराचार्य पीठ

आर. एस. एस - पुस्तकालय
पढ़ो और कमाओ
शिक्षित समाज, समर्थ राष्ट्र
सत्यकाशी पीठ
पांचवां और अन्तिम शंकराचार्य पीठ

विश्वयुद्ध के पहले
विश्वगुरु भारत
का विश्व शान्ति और
पुनर्निर्माण का अन्तिम सन्देश
सत्यकाशी पीठ
पांचवां और अन्तिम शंकराचार्य पीठ

चुटिया पण्डित
वृन्दावन की सत्य घटना
स्वामी नन्दनानंद

कल्कि का
चुनार और वृन्दावन
से उठता प्रेम
स्वामी नन्दनानंद

कल्कि का
बेगुसराय और मीरजापुर
जन्म और कर्म क्षेत्र
स्वामी नन्दनानंद

सत्येश्वरोपनिषद्
सत्येश्वर
और
झूठेश्वर
वात्सल्य त्रिपाठी

अन्तिम अवतार
कल्कि
के लिए शेष कर्म
वात्सल्य त्रिपाठी

कल्कि अवतार
का मानव-10
विकसित भारत का प्रवेश द्वार
वात्सल्य त्रिपाठी

पप्पू-गप्पू
और
नागरिक झुलेलाल
वात्सल्य त्रिपाठी

ओपेन गेम
कभी-कभी नहीं,
अब कन्फर्म है
अपुन ही
भगवान है
(वेब सीरीज)
वात्सल्य त्रिपाठी

SATYAKASHI
THE END OF MIRZAPUR
सत्यकाशी पीठ
पांचवां और अन्तिम शंकराचार्य पीठ

अण्डरवर्ल्ड
सनातन से पुरूषों से छुपी महिलाओं की कहानी
(फिल्म स्क्रीनप्ले-रेडी टू शूट)
वात्सल्य त्रिपाठी

सोना और सोना
एवं
नारी सशक्तिकरण
वैदिक काल से वर्तमान तक
सत्यकाशी पीठ
पांचवां और अन्तिम शंकराचार्य पीठ

स्लम डॉग
गॉड
फिल्म स्क्रीनप्ले-रेडी टू शूट

उत्तर प्रदेश
का
उत्तर
वात्सल्य त्रिपाठी

अन्तिम समन्वयाचार्य
कल्कि
वात्सल्य त्रिपाठी

2026
2+0+2+6=10
सत्यकाशी
पांचवां और अन्तिम शंकराचार्य पीठ

राम न आयेंगे
लवकुश आ रहें हैं
www.64inch.com
पांचवां और अन्तिम शंकराचार्य पीठ

युग परिवर्तन के
150 पुस्तकें-परिचय
ज्ञान, प्रेरणा और भविष्य की ओर एक कदम
150
सत्यकाशी पीठ
पांचवां और अन्तिम शंकराचार्य पीठ
"एक नई शुरुआत के लिए ज्ञान की खोज"

जैसी तुम्हारी इच्छा वैसा करो

डॉ0 सर्वपल्ली राधाकृष्णन का जन्म 5 सितम्बर, 1888 को दक्षिण भारत के तिरूतनि स्थान पर हुआ था जो चेन्नई से 64 किमी उत्तर–पूर्व में है। डॉ0 सर्वपल्ली राधाकृष्णन भारत के उपराष्ट्रपति और दूसरे राष्ट्रपति सन् 1952 से 1962 तक में रहे। डॉ0 सर्वपल्ली राधाकृष्णन भारतीय समाजिक संस्कृति से ओत–प्रोत एक महान शिक्षाविद् महान दार्शनिक, महान वक्ता और आस्थावान हिन्दू विचारक थे। डॉ0 सर्वपल्ली राधाकृष्णन ने अपने जीवन के महत्वपूर्ण 40 वर्ष शिक्षक के रूप में व्यतीत किये। उनमें एक आदर्श शिक्षक के सारे गुण मौजूद थे। डॉ0 सर्वपल्ली राधाकृष्णन समस्त विश्व को एक शिक्षालय मानते थे। उनकी मान्यता थी कि शिक्षा के द्वारा ही मानव दिमाग का सद्उपयोग किया जाना सम्भव है इसलिए समस्त विश्व को एक इकाई समझकर ही शिक्षा का प्रबन्धन किया जाना चाहिए। उनके जन्मदिन को "शिक्षक दिवस" के रूप में मनाया जाता है।

इति ते ज्ञानमाख्यातं गुह्याद्गुह्यतरं मया।
विमृश्यैतदशेषेण यथेच्छसि तथा कुरू।।

(श्रीमद्भगवद्गीता, अध्याय–18, श्लोक–63)

अर्थात् – मैंने तुम्हें जो बताया, वह सब से बड़ा रहस्य है। इस पर भलीभाँति विचार कर तुम्हारी जैसी इच्छा वैसा करो।

"परमात्मा देखने में तटस्थ या निरपेक्ष दिखाई देता है, क्योंकि उसने चुनने का निर्णय अर्जुन के हाथ में छोड़ दिया है। उसकी यह निरपेक्षता ही अर्जुन के चिन्ता का कारण है। वह किसी पर भी दबाव नहीं डालता क्योंकि स्वतःस्फूर्त स्वतन्त्रता बहुत मूल्यवान होती है। भगवान अपना आदेश ऊपर से नहीं थोपता। वह स्वतन्त्र छोड़ देता है। परमात्मा की पुकार को स्वीकार करने या अस्वीकार कर देने के लिए हम हर समय स्वतन्त्र हैं। हम लड़खड़ाने लगें तो वह सहायता देने के लिए तैयार रहता है और प्रतीक्षा करने को तैयार है जब तक हम उसकी ओर उन्मुख न हों।

सब कुछ पहले से निर्धारित मानने वाले सिद्धान्त में टकराव के कारण यूरोप और भारत में काफी वाद–विवाद हुआ है। यूरोप का प्रमुख सिद्धान्त है कि संकल्प शक्ति और मानवीय प्रयत्न की स्वतन्त्रता का मनुष्य के उद्धार में बहुत बड़ा हाथ होता है। यद्यपि स्वयं संकल्प शक्ति को भी परमात्मा की कृपा के समर्थन की आवश्यकता पड़ सकती है। पहले से सब कुछ तय मानने वालों को अच्छे कार्यों और प्रार्थना के लिए यत्न करना होता है, क्योंकि वहाँ भी मानते हैं कि ये उपाय नियति को आगे बढ़ाने में सहायक तो हो सकते हैं लेकिन वे उसे रोक नहीं सकते। मनुष्य इस बात के लिए स्वतन्त्र है कि परमात्मा उन मनुष्यों पर कृपा करना चाहता है जो अपने आचरण से उस कृपा को ग्रहण करने के लिए तैयार करते हैं।

आध्यात्मिक नेता हम पर शारीरिक हिंसा, चमत्कार, प्रदर्शन के जरिये प्रभाव नहीं डालते। यदि सच्चा शिष्य कोई गलती कर भी बैठे, तो वह उसे केवल सलाह देगा। यदि शिष्य को चुनाव करने की स्वतन्त्रता पर आँच आती हो, तो वह उसे गलत रास्ते से भी वापस लौट आने के लिए विवश नहीं करेगा। गलती भी विकास की एक दिशा है।

कृष्ण केवल सारथी हैं। वह अर्जुन के आदेश का पालन करेगा। उसने कोई शस्त्र धारण नहीं किया हुआ है। यदि वह अर्जुन पर कोई प्रभाव डालता है तो वह उसे अपने उस सर्वजयी प्रेम के जरिए डालता है। जो कभी समाप्त नहीं होता।

अर्जुन को अपने लिए स्वयं विचार करना चाहिए और अपने लिए स्वयं ही मार्ग खोज करना चाहिए। अस्पष्ट मान्यताओं को अनिवार्य रूप से और भावुकतापूर्वक अपना लिए जाने के कारण फलस्वरूप कट्टर धर्मान्धता उत्पन्न हुई है और उनके कारण मनुष्यों को अकथनीय कष्ट उठाना पड़ा है। इसलिए यह आवश्यक है कि मन और विश्वासों के लिए कोई तर्क संगत और अनुभावात्मक औचित्य ढूंढे।

अर्जुन को एक वास्तविक अखण्डता की अनुभूति प्राप्त करनी होगी लेकिन उसके विचार अपने हैं। और गुरू के जरिये उस पर थोपे नहीं गये हैं। दूसरों पर अपने विचार थोपना शिक्षण नहीं हैं।"

– भगवद्गीता के आखिरी उपदेश पर भारतीय दर्शन के व्याख्याकार और दूसरे राष्ट्रपति डॉ0 राधाकृष्णनन का विवेचन

"यह विश्वशास्त्र, मनुष्यों पर थोपा नहीं जा रहा बल्कि वह मनुष्यों को, मनुष्यो के इस संसार मे जो वर्तमान है उसे और उसके आगे अनन्त मार्ग दिखा रहा है और सभी मार्गों के एकीकरण द्वारा, उस मार्ग को भी दिखा रहा है जो विश्व को सत्य–सुन्दर–शिव बना सकता है। फिर भी हे मनुष्यों जैसी तुम्हारी इच्छा वैसा करो। वर्तमान से योग कराने के लिए ही मैं व्यक्त होता हूँ।"

– लव कुश सिंह "विश्वमानव"

सत्य मानक शिक्षा
App-64inch-BOOK
सत्य मानक शिक्षा
(Real Standard Education)
64 Inch-BOOK
NOTICE - Software का Testing
Login?
Register now?
एक राष्ट्र
एक शास्त्र
विश्वशास्त्र
डिग्री और नौकरी
की शिक्षा
सरकार से
जीवन की "समझ और बुद्धि" की शिक्षा
रू0 1/– प्रतिदिन में यहाँ से
App-64inch-BOOK

"सत्य मानक शिक्षा" का व्यापार-एक अन्तहीन व्यापार

एक नदी पर पुल था जिसे कोई व्यक्ति पैदल दो घण्टे में पार करता था। यह पुल पैदल यात्रीयों के लिए रोक दिया गया था जिसके लिए पुल के ठीक मध्य (एक घण्टे की यात्रा) पर एक गार्ड नियुक्त था। गार्ड एक घण्टे सोता था और एक घण्टे जागता था। एक चालाक व्यक्ति को पुल से नदी पार करना अतिआवश्यक था। इसलिए गार्ड जब सोया तब वह यात्रा प्रारम्भ किया जैसे ही गार्ड के जागने का समय आया, वह वापस लौटने लगा। गार्ड समझा कि वह दूसरे किनारे से आ रहा है इसलिए उसने उस यात्री को पकड़ा और दूसरी ओर भेज दिया। इस प्रकार यात्री नदी पार हो गया।

यदि हम में से किसी को तैरकर नदी पार करना हो और आधे से पहले ही हमारा हिम्मत टूटने लगे तो हम वापस ही आना चाहेंगे। यदि आधे से अधिक तैरने के बाद हिम्मत टूटने लगेगा तो हौसला बढ़ाकर आगे ही बढकर पार करना चाहेंगे।

इसी प्रकार मनुष्य के विकास क्रम में हम सब अदृश्य विज्ञान (आध्यात्म) से दृश्य विज्ञान (भौतिक) की ओर बढ़ गये हैं। नदी या पुल का एक किनारा अदृश्य विज्ञान है तो दूसरा किनारा दृश्य विज्ञान। वर्तमान का हमारा अधिकतम जीवन नदी के दूसरे किनारे दृश्य विज्ञान की ओर है, हर पल। जन्म से ही हम अधिकतम वे सब वस्तुएँ प्रयोग कर रहे हैं जिसका कच्चा माल भले ही ईश्वरकृत हो परन्तु उपयोग का रूप मनुष्यकृत है और विज्ञान द्वारा निर्मित है। इस प्रकार मनुष्य निर्माता के रूप में अपना रूप व्यक्त कर ईश्वर की ओर ही बढ़ रहा है।

नदी के पुल पर बैठे उस गार्ड का काम और तैरने वाले का निर्णय "सत्य शिक्षा" है। वर्तमान में मनुष्य समाज अदृश्य काल से चलकर दृश्य काल में आ चुका है। आधे से वापस किनारे जाना "सत्य" को पाना है। और आधे से दूसरे किनारे पार हो जाना "सिद्धान्त" को पाना है। इन्हीं सिद्धान्त को पाने के बाद संविधान-नियम-कानून का जन्म होता है जिससे आज हम सभी संचालित व प्रभावित है। इस "सत्य-सिद्धान्त" की शिक्षा ही "सत्य मानक शिक्षा" है।

वर्तमान में जीने का अर्थ होता है-विश्व ज्ञान जहाँ तक बढ़ चुका है वहाँ तक के ज्ञान से अपने मस्तिष्क को युक्त करना। तभी डेढ़ हजार वर्ष पुराने हमारे मस्तिष्क का आधुनिकीकरण हो पायेगा। सिर्फ वर्तमान में तो पशु रहकर कर्म करते हैं। "सत्य मानक शिक्षा" मनुष्य के मस्तिष्क के आधुनिकीकरण की शिक्षा है या विज्ञान की भाषा में कहें तो मस्तिष्क के आधुनिकीकरण का साफ्टवेयर या माइक्रोचिप्स (Integrated Circuit-I.C) है। वर्तमान की अब नवीनतम परिभाषा है-"पूर्ण ज्ञान से युक्त होना" और कार्यशैली की परिभाषा है-"भूतकाल का अनुभव, भविष्य की आवश्यकतानुसार पूर्णज्ञान और परिणाम ज्ञान से युक्त होकर वर्तमान समय में कार्य करना।"

ज्ञान के इस युग में शिक्षा-विद्या-कला का व्यापार मनुष्य के धरती पर रहने तक रहेगा। ऐसी स्थिति में "सत्य मानक शिक्षा"का व्यापार भी उस समय तक के लिए स्थायित्व में है। शिक्षा-विद्या-कला कोई प्रापर्टी नहीं है कि पिता जी ग्रहण कर चुके हैं तो पुत्र को हिस्सा प्राप्त हो जायेगा। पुत्र को भी वहीं से अर्थात् अक्षर ज्ञान से शुरू होना पड़ेगा जहाँ से पिता ने शुरू किया था। इस प्रकार "सत्य मानक शिक्षा"का व्यापार एक अन्तहीन व्यापार है जो मनुष्य के पृथ्वी पर रहने तक चलता रहेगा।

स्कूल-कालेजों के जाल से शिक्षा के व्यापार का विकास होता है न कि शिक्षा का। शिक्षा का विकास तो शिक्षा पाठ्यक्रम पर निर्भर होता है जिससे शिक्षक और शिक्षार्थी दोनों निर्मित होते हैं। जब तक पूर्ण शिक्षा पाठ्यक्रम का निर्माण नहीं होता, शिक्षा का विकास नहीं हो सकता लेकिन शिक्षा के व्यापार का विकास होता रहेगा।

आध्यात्म और विज्ञान ने मानव सभ्यता के विकास में अब कम से इतना विकास तो कर ही चुका है कि अब हमें मन के एकीकरण के लिए कार्य करना चाहिए। और उस मन पर कार्य करने का ही परिणाम है-

सम्पूर्ण ब्रह्माण्ड में व्याप्त एक ही सत्य-सिद्धान्त द्वारा व्यक्तिगत व संयुक्त मन को एकमुखी कर सर्वोच्च, मूल और अन्तिम स्तर पर स्थापित करने के लिए शून्य पर अन्तिम आविष्कार WS-0 श्रृंखला की निम्नलिखित पाँच शाखाएँ है।

1. डब्ल्यू.एस. (WS)-0: विचार एवम् साहित्य का विश्वमानक
2. डब्ल्यू.एस. (WS)-00: विषय एवम् विशेषज्ञों की परिभाषा का विश्वमानक
3. डब्ल्यू.एस. (WS)-000: ब्रह्माण्ड (सूक्ष्म एवम् स्थूल) के प्रबन्ध और क्रियाकलाप का विश्वमानक
4. डब्ल्यू.एस. (WS)-0000: मानव (सूक्ष्म तथा स्थूल) के प्रबन्ध और क्रियाकलाप का विश्वमानक
5. डब्ल्यू.एस. (WS)-00000: उपासना और उपासना स्थल का विश्वमानक

और पूर्णमानव निर्माण की तकनीकी WCM-TLM-SHYAM.C (World Class Manufacturing – Total Life Maintenance – Satya-Heart-Yog-Ashram-Meditaion.Conciousness) है।

जो शिक्षा का नया माडल है। गरीबों की समस्या सुलझानें का नैतिक दायित्व है। देश में 25 वर्ष से कम उम्र के 55 करोड़ लोगों के लिए पुननिर्माण जैसी योजना हैं। उन्हें नौकरी और प्रशिक्षण की व्यवस्था है। रचनात्मकता, समन्वय, लीडरशिप, ग्लोबल तथा प्रोफेशनल विषयों को पढ़ने तथा सूचना तकनीक के जरिए पढ़ाई पर ध्यान केन्द्रित करने से युक्त है। हमारे देश में जो अध्यापक हैं, वे शोध नहीं करते और जो शोध करते हैं वे पढ़ाते नहीं, इसलिए शिक्षार्थी को ही शोध पत्र (विश्वशास्त्र) पढ़ाया जाय क्योंकि शिक्षक पढ़ने से तो रहे क्योंकि समान्यतः धन के आने की सुनिश्चितता के बाद लोग पढ़ना छोड़ देते हैं, यही नहीं कोशिश तो यह भी रहती है कि पढ़ाना भी न पड़े और उन्हें सेवा से हटाया भी नहीं जा सकता।

स्वामी विवेकान्द जी ने कहा था – "सुधारकों से मैं कहूंगा कि मैं स्वयं उनसे कहीं बढ़कर सुधारक हूँ। वे लोग इधर-उधर थोड़ा सुधार करना चाहते हैं- और मैं चाहता हूँ आमूल सुधार। हम लोगों का मतभेद है केवल सुधार की प्रणाली में। उनकी प्रणाली विनाशात्मक है और मेरी संघटनात्मक। मैं सुधार में विश्वास नहीं करता, मैं विश्वास करता हूँ स्वाभाविक उन्नति में।"

स्वाभाविक उन्नति तभी होती है जब संसाधन उपलब्ध हो। कार-मोटरसाइकिल घर में पहले से रहता है तो स्वाभाविक रूप से कम उम्र में ही घर के लोग चलाना सिख जाते हैं

जो व्यक्ति या देश केवल आर्थिक उन्नति को ही सर्वस्व मानता है वह व्यक्ति या देश एक पशुवत् जीवन निर्वाह के मार्ग पर है-जीना और पीढ़ी बढ़ाना। दूसरे रूप में इसे ऐसे समझा जा सकता है कि ऐसे व्यक्ति जिनका लक्ष्य धन रहा था वे अपने धन के बल पर अपनी मूर्ति अपने घर पर ही लगा सकते हैं परन्तु जिनका लक्ष्य धन नहीं था, उनका समाज ने उन्हें, उनके रहते या उनके जाने के बाद अनेकों प्रकार से सम्मान दिया है और ये सार्वजनिक रूप से सभी के सामने प्रमाणित है। पूर्णत्व की प्राप्ति का मार्ग शारीरिक-आर्थिक उत्थान के साथ-साथ मानसिक-बौद्धिक उत्थान होना चाहिए और यही है ही। इस प्रकार भारत यदि पूर्णता व विश्व गुरूता की ओर बढ़ना चाहता है तब उसे मात्र कौशल विकास ही नहीं बल्कि राष्ट्रीय बौद्धिक विकास की ओर भी बढ़ना होगा। बौद्धिक विकास, व्यक्ति व राष्ट्र का इस ब्रह्माण्ड के प्रति दायित्व है और उसका लक्ष्य है।

राष्ट्र के पूर्णत्व के लिए पूर्ण शिक्षा निम्नलिखित शिक्षा का संयुक्त रूप है-

अ-सामान्यीकरण (Generalisation) शिक्षा

ज्ञान के लिए- यह शिक्षा व्यक्ति और राष्ट्र का बौद्धिक विकास कराती है जिससे व्यक्ति व राष्ट्रीय सुख में वृद्धि होती है।

ब-विशेषीकरण (Specialisation) शिक्षा

कौशल के लिए- यह शिक्षा व्यक्ति और राष्ट्र का कौशल विकास कराती है जिससे व्यक्ति व राष्ट्रीय उत्पादकता में वृद्धि होती है।

स-सत्य नेटवर्क (REAL NETWORK)

समाज में प्रकाशित होने के लिए-क्योंकि कोई भी क्यों न हो उसे स्वयं अपना परिचय (BIO-DATA) देना पड़ता है तभी उसके अनुसार समाज उसका उपयोग करता है।

वर्तमान समय में विशेषीकरण की शिक्षा, भारत में चल ही रहा है और वह कोई बहुत बड़ी समस्या भी नहीं है। समस्या है सामान्यीकरण शिक्षा की। व्यक्तियों के विचार से सदैव व्यक्त होता रहा है कि-मैकाले शिक्षा पद्धति बदलनी चाहिए, राष्ट्रीय शिक्षा नीति व पाठ्यक्रम बनना चाहिए। ये तो विचार हैं। पाठ्यक्रम बनेगा कैसे?, कौन बनायेगा? पाठ्यक्रम में पढ़ायेंगे क्या?

एक पूर्ण मानव निर्माण प्रक्रिया में शिक्षा पाठ्यक्रम के स्वरूप का विश्वमानक निम्नवत् है। जो किसी विशेष देश-काल-पात्र पर निर्भर नही करता अर्थात् यह प्रत्येक देशों और व्यक्तियों के लिए शिक्षा का स्वरूप है। जिससे ब्रह्माण्डीय, वैश्विक और व्यक्तिगत संतुलन, स्थिरता, एकता, प्रबन्ध, विकास, शान्ति और सुरक्षा निर्धारित होती है।

1. प्राइमरी शिक्षा (कक्षा-5 तक)-भाषा ज्ञान आधारित:- क्षेत्रीय, देश, विश्व और विज्ञान की भाषा का ज्ञान, सामान्य विज्ञान, सामान्य ज्ञान, चित्र कला।

2. जूनियर हाई स्कूल (कक्षा-6 से 8 तक)-समाज ज्ञान आधारित:- क्षेत्रीय, देश, विश्व और विज्ञान की भाषा का ज्ञान, सामान्य विज्ञान, सामान्य ज्ञान, चित्र कला का विस्तार, खेल, संगीत, कृषि, समाज विज्ञान।

3. हाई स्कूल (कक्षा-9 से 10 तक)-सामान्यीकृत ज्ञान आधारित:- ज्ञान-कर्मज्ञान समाहित WCM-TLM-SHYAM.C (World Class Manufacturing – Total Life Maintenance – Satya-Heart-Yog-Ashram-Meditaion.Conciousness) प्रणाली अर्थात शिक्षा पाठ्यक्रम का विश्व मानक, कालानुसार विज्ञान, तकनीकी, व्यापारीक व प्रबन्धकीय ज्ञान की शिक्षा।

4. इण्टरमीडिएट (कक्षा-11 से 12 तक)-विशेषीकृत ज्ञान आधारित:- कौशल विकास की शिक्षा।

5. उच्च शिक्षा-इच्छानुसार विशेष क्षेत्र आधारित

"किसी देश का संविधान, उस देश के स्वाभिमान का शास्त्र तब तक नहीं हो सकता जब तक उस देश की मूल भावना का शिक्षा पाठ्यक्रम उसका अंग न हो। इस प्रकार भारत देश का संविधान भारत देश का शास्त्र नहीं है। संविधान को भारत का शास्त्र बनाने के लिए भारत की मूल भावना के अनुरूप नागरिक निर्माण के शिक्षा पाठ्यक्रम को संविधान के अंग के रूप में शामिल करना होगा। जबकि राष्ट्रीय संविधान और राष्ट्रीय शास्त्र के लिए हमें विश्व के स्तर पर देखना होगा क्योंकि देश तो अनेक हैं राष्ट्र केवल एक विश्व है, यह धरती है, यह पृथ्वी है। भारत को विश्व गुरू बनने का अन्तिम रास्ता यह है कि वह अपने संविधान को वैश्विक स्तर पर विचार कर उसमें विश्व शिक्षा पाठ्यक्रम को शामिल करे। यह कार्य उसी दिशा की ओर एक पहल है, एक मार्ग है और उस उम्मीद का एक हल है। राष्ट्रीयता की परिभाषा व नागरिक कर्तव्य के निर्धारण का मार्ग है। जिस पर विचार करने का मार्ग खुला हुआ है।"

"भारत का प्रत्येक नागरिक अपने जीवकोपार्जन के मार्ग व संघर्ष में अपने विषय का जानकार व अनुभव तो प्राप्त कर रहा है परन्तु कुछ पाने के क्रम में कुछ छूट भी जाता है इसलिए प्रत्येक नागरिक को अपने अहंकार को भूलकर यह स्वीकार करना होगा कि वह अपने विषय से हटकर अन्य विषय के विषय में कम या नहीं जानता है।"

अतः एक "आदर्श नागरिक" बनने के क्रम में न्यूनतम ज्ञान सभी को एक समान रूप से चाहिए।

www.ingramcontent.com/pod-product-compliance
Lightning Source LLC
LaVergne TN
LVHW080934071026
849535LV00013B/4198